高等职业教育公共基础课通用教材

大学生心理健康教育（理论篇）

主　　编：翟秀军　董　媛　刘富星
副主编：张小晶　房梦媛　高奇峰
　　　　祝艺辉　武晓会　蔡云龙

北京理工大学出版社
BEIJING INSTITUTE OF TECHNOLOGY PRESS

图书在版编目（CIP）数据

大学生心理健康教育．理论篇／翟秀军，董媛，刘
富星主编．--北京：北京理工大学出版社，2024.9.
ISBN 978 - 7 - 5763 - 4481 - 3

Ⅰ．G444

中国国家版本馆 CIP 数据核字第 2024841TR4 号

责任编辑：芈　岚　　　　**文案编辑：**芈　岚
责任校对：刘亚男　　　　**责任印制：**施胜娟

出版发行／北京理工大学出版社有限责任公司

社　　址／北京市丰台区四合庄路6号

邮　　编／100070

电　　话／（010）68914026（教材售后服务热线）
　　　　　　　（010）63726648（课件资源服务热线）

网　　址／http：//www.bitpress.com.cn

版印次／2024年9月第1版第1次印刷

印　　刷／涿州市新华印刷有限公司

开　　本／787 mm × 1092 mm　1/16

印　　张／19.25

字　　数／449千字

定　　价／48.00元

前　　言

在当今社会，大学生群体正面临着前所未有的挑战和机遇。随着社会的快速发展和竞争的日益激烈，大学生在学业、就业、人际关系以及自我认知等方面承受着巨大的压力。心理健康教育作为培养健全人格、促进个体全面发展的关键环节，对于大学生的成长具有不可替代的作用。

本教材的编写，以马克思主义为指导，坚持科学发展观，贯彻党的教育方针，根据教育部等十七部委《全面加强和改进新时代学生心理健康工作专项行动计划（2023－2025年)》（教体艺〔2023〕1号)、河南省委教育工委等五部门《关于进一步加强和改进大学生心理健康教育工作的实施意见》（豫教工委〔2023〕140号）等文件精神，遵循大学生心理发展的规律，旨在帮助大学生树立正确的世界观、人生观和价值观。我们致力于构建一个以学生为中心，注重实践与体验，促进学生自我成长和自我完善的教育体系。

全书结构严谨，条理清晰，语言流畅，知识全面，重点突出，具有以下特点。

一、理实结合，操作性强

在内容上，本教材注重理论与实践相结合，不仅介绍心理健康的基本知识和理论，还提供了丰富的案例分析、心理测评工具和自我调适技巧，以期帮助学生更好地认识自我、管理情绪、解决心理困扰，提升人际交往能力，增强应对压力和挑战的能力。在教学中为学生提供具体可行的心理调适技巧和策略，便于学生将所学知识应用于实际生活。

二、五育并举，注重创新

本教材的编写坚持以心理健康培育为核心，同时兼备德育、智育、体育、美育、劳育功能。在不断提高大学生心理健康水平的同时，凝聚人心、完善人格、开发智力、培育人才。

本教材融入"项目式"教学理念，在每个项目设置了"知识导图"和"案例导入"，在章节内设有"知识链接""案例分析"；章节结束后设有"课堂活动""心理测试""思考与练习"等模块，增加了本书的趣味性和可读性。通过丰富多彩的训练活动帮助学生有效提升心理调适能力，培养其分析问题、解决问题的能力。

三、知行合一，内容丰富

心理健康教育的最终目的在于生活实践。本教材在编写过程中，在发挥教师教育引导作用的同时充分运用各种资源，利用相关的图书资料、影视资料、心理测评工具等丰富教学手段。配备丰富的教学资源，包括课件、教案、习题、微课视频等，丰富学习体验，满足不同学生的学习偏好。

本教材共十一个章节，分别为大学生心理健康导论、大学生心理咨询、大学生心理困惑及异常心理、了解自我发展自我、大学生人格发展与心理健康、大学期间生涯规划及能力发展、大学生学习心理、大学生情绪管理、大学生人际交往、做好准备邂逅爱情、大学生压力管理与挫折应对。

本书由郑州铁路职业技术学翟秀军、董媛、刘富星任主编，郑州铁路职业技术学院张小晶、房梦媛、高奇峰、祝艺辉、武晓会、蔡云龙任副主编。在编写过程中，编者参考了许多专家、学者的研究成果，并引用了有关书籍和网络上的一些案例，在此对相关作者表示衷心的感谢。

由于编者水平有限，书中难免存在不足之处，敬请广大读者批评指正。

目　录

第一章　大学生心理健康导论

知识导图

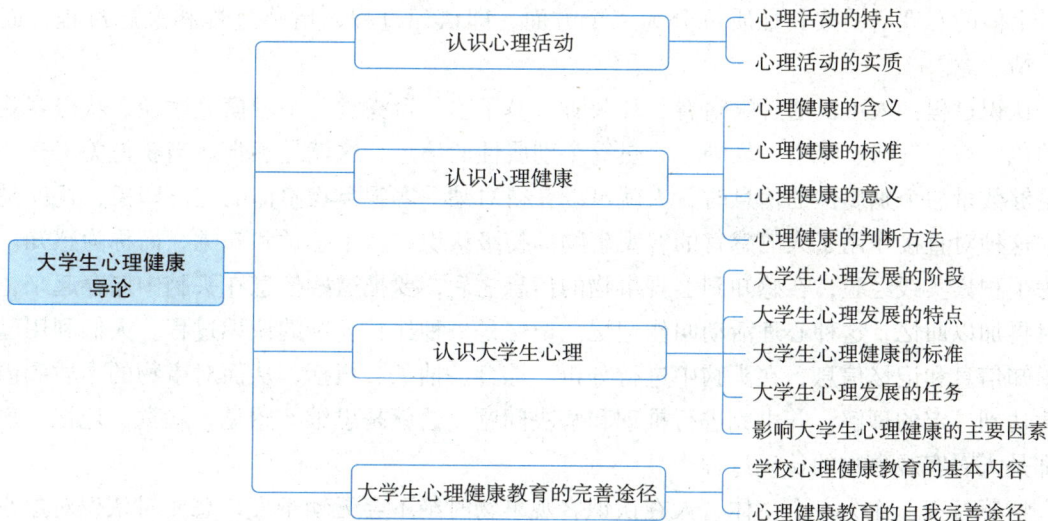

案例导入

身体健康就代表心理健康吗?

小李是一名即将毕业的大学生,她经常感到迷茫,再加上前一段时间小李的男朋友提出了分手,她因此一直闷闷不乐,情绪低落,不参加集体活动,经常一个人在宿舍待着、哭泣,早上起床很晚,总是和同学说"活着没意思"之类的话。同学们将她的这些情况反映给了辅导员和心理咨询老师,经过辅导员与心理咨询老师的初步判断,小李可能有患抑郁症的倾向。于是辅导员将情况如实告诉了小李的父母,希望小李的父母能带她就医。但是小李的父母认为她没病:"我女儿身体好好的,怎么可能得抑郁症?失恋没什么大不了,她就是太娇气了,从小太顺利,没经受过挫折和打击,过段时间自然就会好了,不用去看医生。"

思考:我们是不是也经常像小李的父母那样认为看上去好好的就是没事,只看重身体的健康而忽视了心理的健康呢?

第一节　认识心理活动

心理是人在大脑中形成的客观事物的主观映像，这种映像本身是看不见摸不着的，但因为心理可以支配人的行为活动，可以通过行为活动表现出来，所以，我们可以间接地通过这些表现去了解一个人的心理状态。人们在活动的时候，通过各种感官认识外部世界的事物，通过头脑的活动思考着事物的因果关系，并伴随着喜、怒、哀、乐等情感体验。这折射着一系列心理现象的整个过程就是心理活动的过程。

个体的心理活动按其性质可分为三个方面，即认识过程、情感过程和意志过程，简称知、情、意。

认识过程：人可以通过眼睛看、耳朵听、鼻子嗅、舌头尝、手触摸等途径，获得客观事物的色、声、气味、味道、软硬、冷热等个别属性的信息，这就是感觉。当获得关于某一事物足够数量的个别属性的信息时，人就可以获得对某一客观事物整体的完整印象，这就是知觉。这种对直接作用于人的感官的客观事物的初级认识，就是感觉和知觉，简称为感知。人们为了积累实践经验，在感知到客观事物的信息之后，要把这些信息在头脑中储存起来，必要时再加以回忆，这种心理活动叫作记忆。记忆是一种比较复杂的认识过程。人们利用已有的感知信息和记忆信息，在头脑中进行分析、综合、抽象、概括，从而对事物的本质和内在规律达到一定的理解，并由此进行推理和解决问题，这就是思维。感觉、知觉、记忆、思维等都是人对客观事物的认识过程。

情感过程：作为一个主体，人在认识客观事物时绝不会无动于衷，总要对认识对象表现出一定的态度，并产生满意、不满意、喜爱、厌恶、恐惧或愤怒等主观体验，这些表现为主观态度或体验的心理现象称为情绪或情感。情绪是人们从事某种活动时产生的兴奋心理状态，是一种原始的简单的情感。情绪持续时间短暂，外部表现特别显著，容易观察。情感是人们的需要是否得到满足时所产生的一种内心体验。情感常是一种比较高级的、复杂的情绪，常与社会需要相联系。和情绪相比，情感持续时间较长，外部表现不显著。这是心理过程的另一方面，即伴随着认识过程的情感过程。

意志过程：人在与周围环境相互作用时，不仅认识事物，产生情感，还要采取行动。无论是积极地进取，或是消极地回避，总要对环境做出应答性活动。人有意识地反作用于客观现实的活动称为意志行动。意志行动中下定决心、制订计划和克服困难以实现预定目标等内部心理活动称为意志过程。

总之，认识过程、情感过程和意志过程是心理现象的三个重要的方面，三者在统一的心理活动中既相互联系，又相互依存。认识是情绪和意志的前提，情感、意志随认识而产生，意志对认识和情感又起着控制和调节作用。所谓"知之深，爱之切"，就是说认识对情感的影响，一般来说，认识越深，情感越浓。反过来情感和意志又会影响认识过程，例如，对职业的热爱和成才的决心可以加速专业知识和技能的学习。

一、心理活动的特点

心理活动是人类思维、感受和行为的内在动力，是人类行为的基础和指导，具有以下几个特点。

（一）多样性：人类心理活动的表现形式丰富多样

人类的思维可以是理性的、感性的、直观的、抽象的等；情感可以是喜、怒、哀、乐等多种多样的情绪；意志可以是坚定的、优柔寡断的等。人类心理活动的多样性使人类在不同的情境下表现出不同的心理特点。

（二）目的性：人类心理活动具有明确的目的和动机

人类的思维和行为往往是为了实现某种目标或满足某种需要，有一定的目的性和动机性。例如，人类的思维活动往往是为了解决问题、获取知识、做出决策等；人类的情感活动往往是为了满足情感需求、表达个人态度等；人类的意志活动往往是为了实现个人意愿和目标。

（三）可变性：人类心理活动具有可变性和灵活性

人类的心理活动会随着外界环境的变化而变化，会受到个体的经历、价值观、信念等因素的影响。同样的情境下，不同的人可能会有不同的思维方式、情感反应和意志表现。人类的心理活动具有一定的可塑性，可以通过学习、训练和调节来改变和调整。

（四）有机性：人类心理活动是一个有机整体

人类的认识、情感和意志等心理活动，相互影响、相互渗透，形成一个复杂的心理系统。人类的思维活动会受到情感的影响，情感活动会受到意志的调节，意志活动又可以影响思维和情感等。这种相互关系使得人类心理活动具有内在的一致性和统一性。

（五）可调节性：人类心理活动具有一定的可调节性

人类可以通过自我观察、自我反思和自我调节来调和控制自己的心理活动。例如，人类可以通过认知重建来改变消极的思维模式，通过情绪调节来调整情绪状态，通过意志力来控制和调节自己的行为。人类的心理活动可以通过训练和实践来不断提升和改善。人类心理活动是多样的、有目的的、可变的、有机的和可调节的。了解人类心理活动的特点可以帮助我们更好地理解人类的行为和心理状态，对心理健康的维护和促进也具有重要意义。

二、心理活动的实质

（一）心理活动是客观现实的反映

人的心理活动，就其产生方式来说，是客观事物引起人脑反射的活动；就其内容来说，是作用于人脑的客观现实的反映。物质是第一性的，心理是第二性的，人的心理是客观现实的反映。客观现实既包括自然界，也包括人类社会，还包括人类自己。必须强调的是，人的社会生活实践对人的心理起着决定性的作用，因为社会生活条件才是人的心理源泉，是心理内容的决定性组成部分。印度狼孩卡玛拉的事例表明，社会存在是人的心理内容的决定部分。即使卡玛拉有健全的大脑，但脱离了人类社会，他也只具备了狼的本性而缺失了人类的心理。

总之，人的心理是客观现实的反映，并且是能动的反映，心理活动不仅能认识事物的外部现象，还能认识到事物的本质和事物之间的内在联系，并用这种认识来指导人的实践活动，改造客观世界。

（二）心理活动是大脑活动的结果

从生物进化的角度来看，心理是人类开启高级认知、情感、意志等各种功能的重要媒介和体现。心理现象是随着神经系统的产生而出现的，又是随着神经系统的不断发展和不断完善，而由初级向高级不断发展的。无机物和植物没有心理，没有神经系统的动物也没有心理，只有具备神经系统的动物才有心理。无脊椎动物的神经系统非常简单，其心理发展只停留在感觉这个层次上，所以它们的心理仅能反映事物的个别属性；脊椎动物有了脊髓和大脑，达到了知觉这个层次，所以它们能够认识事物的整体面貌。灵长类动物的大脑有了相当高度的发展，能够认识事物的外部联系，有了思维的萌芽，但是对于事物的本质和事物之间的联系还没有办法完全认知。只有人类，不仅有了思维和意识，且其心理发展达到了最高水平。因为人的大脑是神经系统发展的最高产物，所以，心理现象产生和发展的过程，也说明了心理是神经系统，特别是大脑活动的结果。

（三）心理是以活动的形式存在的

心理是在人的大脑中产生的客观事物的映像，这种映像本身从外部是看不见也摸不着的。但是，心理支配人的行为活动，又通过行为活动表现出来，因此，可以通过观察和分析人的行为活动客观地研究人的心理。

（四）心理活动是个体与社会相互作用的结果

人类是一种社会动物，每个个体的心理活动都受到社会因素的影响。生活环境、文化和语言环境、家庭教育、同龄关系等都会影响到个体的心理活动表现和发展。例如，当个体意识到自己与群体的规范、行为不一致时，很容易产生从众心理，这就是个体行为被社会群体影响了。同时，人们的心理活动也会影响个体的社会行为，不同的心理因素和机制会塑造出不同的社会行为和价值观念。不同的文化体系和社会价值观也对人们的心理活动的表现形式和倾向产生深远的影响。

第二节　认识心理健康

传统的健康观是"无病即健康"，而这一观念逐渐被新的健康观所取代。世界卫生组织认为所谓健康就是一个人在身体上、精神上、社会适应上完全处于良好的状态。也就是说，只有身体健康、心理健康、社会适应能力良好和道德健康四个方面都健全才能称得上是健康。其中身体健康是健康的基础，心理健康是健康的核心，现代人的健康观是内部和外部的整体健康。

一、心理健康的含义

心理健康又称为精神健康，是一种持续的心理正常状态。

不同的学者从不同的角度对心理健康有不同的论述。所谓心理健康，不仅是指在心理上没有疾病或病态，而且人的基本心理活动协调一致，即认知、情感、意志、行为和人格完整协调，在身体、心理和社会上均能保持最佳的状态。心理健康者的特质：积极的自我观念；悦纳他人；面对现实；认知完整；情绪适度；热爱生活；丰富的人生经验。

1946 年世界心理卫生大会提出心理健康的具体标准有四点：身体、智力、情绪十分调和；适应环境，在人际关系中能彼此谦让；有幸福感；在工作中能充分发挥自己的能力，过有效率的生活。

（一）正确理解心理健康

人的心理健康是一个动态的、连续变化的过程。连续变化是指健康与不健康为一个连续体，人在心理健康者和心理疾病患者之间变化的过程符合量变到质变的规律。这里的动态是指由于健康是相对的，健康的人随时可能陷入不健康的状态，若及时予以调整，则可以恢复到健康状况；若状态恶化，亦可走上极端，成为难以治愈的心理疾病患者甚至精神病患者。因此，从心理正常到出现心理疾病乃至精神疾病是一个不断变化的连续过程。精神病是心理不健康发展至极端的表现，没有精神病的人并不意味着心理就完全健康。事实上，每个人都有可能处在这一发展变化过程中的某一个点上。或者说，绝大多数人没有心理疾病，但在某段时间内很有可能处于某种程度的心理不健康状态。

【知识链接】

心理健康中的"灰色区"概念

心理正常与不正常无明显界限，它们之间有一个连续变化的过程。具体地说，如果将心理正常比作白色，心理不正常比作黑色，那么，在白色和黑色之间存在着一个巨大的缓冲区域灰色区。世界上大多数人都散落在灰色区域内。灰色区是非器质性精神痛苦的总和，其中包括心理不平衡、情绪障碍及变态人格。这些问题不同程度地干扰了人们的情绪状态与正常生活。

灰色区又可以进一步划分为浅灰色区与深灰色区两个区域。浅灰色区的人只有心理冲突而无人格变态，突出表现为由诸如失恋、丧亲、工作不顺心、人际关系不和睦等矛盾而带来的心理不平衡与精神压抑。处在深灰色区的人则患有种种异常人格和神经症，如强迫症、恐怖症、癔症、性倒错等症状。浅灰色区和深灰色区之间也无明显界限，后者往往包含了前者。

灰色区的存在，说明在人生的发展过程中我们面临心理问题是正常的，不必大惊小怪，应积极加以调整和矫正。

（二）心理亚健康的特点

处于心理亚健康状态的人虽然其各项体检指标均正常，也无法证明患有某种器质性疾病，但与健康人相比显得生活质量差、工作效率低、极易疲劳，大多数人常有食欲不振、睡眠不佳、腰酸腿痛、疲劳乏力等不适症状。从心理健康的角度来看，心理亚健康者虽然没有明显的精神疾病和心理障碍，但会表现出情绪低落、反应迟缓、失眠多梦、白天困倦、注意力不集中、记忆力减退、烦躁、焦虑等症状。

大学生作为高压力、高教育水平、高智商、高自我价值感的"四高人群"，导致大学生亚健康状态的原因很多。据一项对大学生的调查结果显示：大学生的亚健康状态主要表现为：人生目标茫然；学习目标不明确、学习动力缺失；生活目标随波逐流，常有无意义感伴随；自卑与自负两极振荡；懒散与退缩，恐惧失败等。事实上，任何一个处于亚健康状态的大学生，对黄金年华、美丽大学生活的感受力下降，对自我发展的心理预期也会变得不确定，人际吸引力降低，而且自我满足感不高，内在潜能不能够得到充分发掘。

知识链接

心理亚健康的自我调整方法

（一）保持满意的心境、积极的心态

心境就是我们平时说的心情，它对人的生活、工作和学习都有很大的影响，而且会直接影响人的心理健康。心理健康的大学生对自己的生活学习和人际关系现状总有一种比较满意的感觉，也自觉有足够的能力应对周围的环境，努力学习，积极实践。人只要拥有满意的心境、积极的心态，那么无论处于逆境还是顺境，都能随遇而安，努力寻找事业的乐趣。

（二）培养和完善人格

人格的健全是心理健康的重要组成部分，大学生应当正确评价客观事物，正确对待自己与他人；善于管理情绪，情绪反应适度正常，体验正常的情绪情感，主动有效地适应社会环境与学校生活。

（三）投身社会实践，扩大人际交往，建立广泛的社会支持系统

大学生应当积极主动地参加各类社会实践活动，并在活动中全面提高自身素质，通过群体交往活动，理解人与人之间的关系，体验友谊与沟通的快乐，开阔视野，并寻找广泛的社会支持。当面临挫折与压力时，广泛宽厚的社会支持会帮助大学生走出沼泽地，走向开满鲜花的坦途。

（四）保持健康的生活习惯

1. 适度运动。"生命在于运动"，大学生应坚持适宜的运动内容和运动方式，或者选择

参加各项能延缓人体各器官的衰退老化的健身运动，如游泳、爬山、跑步等。

2. 全面均衡适量的营养。人体对各种物质的需求量都有一个度，过量摄入将会适得其反。高糖、高盐、高脂肪食物的长期过量进食，尤其是饱和脂肪酸过量会导致亚健康状态。因此均衡、适量的营养是维护健康的基本手段之一。

3. 大学生可适当培养业余喜好，如读书、听音乐、练字画等有益于身心健康的活动。

4. 提高自我保健意识。日常生活中戒除不良习惯和喜好，如吸烟、酗酒、偏食，做到饮食有节、起居有常，不过度劳累，提高自我保健意识。

（五）及时寻求心理咨询的帮助

不要把生活中的问题看成你一个人的，无论是学校和社会，都有你需要的资源，放开自己，放宽眼界地寻求支持吧。

案例分析

小孙，男，19岁，高职二年级学生。最近这两周他特别难受，也很郁闷，做什么事都提不起精神，情绪很低落，寝室里同学的说笑声也令他烦躁不已。他想每天快乐地生活、高效率地学习，可是做不到，进而对生活产生消极情绪。辅导员和他谈心后，了解到他是因考试不理想而情绪低落，便对其进行辅导。之后，他又热情地投入到学习和生活当中。

分析： 当客观现实不符合个体需要和愿望时，个体就会产生消极的情绪，但消极的情绪是可以通过恰当的途径克服和消除的。当个体的心理处于一种不平衡状态时，可以通过适当调节回到健康、积极的状态上来。

二、心理健康的标准

通常来说，心理健康没有一个一成不变、绝对的标准，不同的学者有不同的定义。从不同的角度、不同的时代、不同的文化环境来看，心理健康的标准是不尽相同的。在这里，我们认为心理健康的标准表现为以下八个方面。

（一）智力正常

智力是以思维为核心的各种认识能力和操作能力的总和，包括观察能力、记忆能力、思维能力、想象能力和实际操作能力。正常的智力水平是人们生活、学习、工作最基本的心理条件，是心理健康的首要标准。

（二）情绪良好

情绪是反映人心理健康与否的标志之一。健康的情绪是指愉快情绪多于负性情绪，乐观开朗、富有朝气，对生活充满希望；情绪较稳定，善于控制与调节自己的情绪，既能克制又能合理宣泄；情绪反应与环境相适应等。

（三）意志健全

意志健全表现为自觉性高、意志坚韧、有毅力、心理承受能力强、自制力好，具有克服困难、排除干扰、坚持不懈的奋斗精神。

（四）人格完整统一

完整统一的人格是指在气质、性格、能力、兴趣、爱好、需要、理想、信念等方面完整统一，平衡发展。

（五）人际关系和谐

人际关系和谐是心理健康的重要标准，良好的人际关系是事业成功与生活幸福的前提。和谐的人际关系表现为：在人际交往中，互相接纳、尊重，而不相互排斥、贬低；对人情感真诚、善良，而不冷漠无情；积极的交往态度多于消极态度；交往动机端正等。

（六）适应能力正常

适应能力正常包括适应各种环境的能力、人际关系的适应能力，以及处理、应对家庭和社会生活的能力正常。

（七）心理行为与所属年龄段大致相符

一个人心理行为的发展，总是随着年龄的增长而发展变化的。一般情况下，心理特点与所属年龄段的共同心理特征大致相符。如果一个人经常严重地偏离其年龄特征，有可能是心理异常的表现。

（八）自我评价正确

自我评价正确是能清醒地认识目前所处状态和环境、自我未来的发展方向，并能正确地认识和客观地评价自己，有自信心、自尊心，能够自觉地发展自己。

案例分析

张某，女，20岁，高职学生，家境贫困。自入学以来，她常担心因交不起学费而辍学。她觉得自己学习成绩不太好，没什么优点，不讨人喜欢，并且总不相信他人，不愿理会他人，对人冷漠、缺乏热情。总之，她感到学校生活非常灰暗，没有任何快乐，多次想退学。近来，她连续几天晚上做相同的噩梦，梦见父亲去世了。她每次都从梦中哭醒，因此情绪更加低落，无法学习。

分析：这是典型的自我意识混乱的案例。所谓自我意识，是指个体对自己心理和行为的意识，包括自我概念、自我评价和自我控制等。当个体无法形成正确的自我概念和准确的自我评价，不能确立自我同一性而获得稳定、平衡的心理状态时，就会出现自我意识混乱。青年期是人的自我意识迅速发展的一个特殊阶段。学习如何正确认识自我、理解自我，是这一时期的一个重要发展任务，直接关系到青年人能否建立健全的人格。

三、心理健康的意义

心理健康对个体发展和社会发展都有着极其重要的意义。

（一）心理健康有利于个体生理健康

健康的心理对生理发展有重要的促进作用，不仅可以减少心身疾病的产生，而且可以增强病人战胜疾病的勇气和信心，促进疾病康复。

（二）心理健康使个体形成良好品质

心理健康的人，能正视现实，展望未来；能注重实际，不胡思乱想；能接纳挫折，积极应付；能有理有情、情理相融，这些对良好的道德品质的形成和发展都有极大的促进作用。

（三）心理健康能够促进个性的形成

心理健康的人有强烈的自我发展倾向，不仅对自己各种个性特点有客观的认识，而且能够努力地进行自我锻炼，发展良好的心理品质。

（四）心理健康促进学习效率的提高

心理健康的人能正确地处理主客观关系，在两者之间找到最佳结合点；有良好的意志品质，活动中自觉性、坚持性都较高；善于调节自己，应付各种复杂情境，这对学习效率的提高有很大的促进作用；心理健康的人乐观、富有情趣、充满活力，这样的人的生活质量也是很高的，兴趣盎然，格调高雅。

（五）心理健康促进良好的社会适应

心理健康的人能够悦纳自己，也能接纳别人，在和各种人的交往中既能热情、宽容，又能把握自己，有理有节，容易获得和谐的人际关系，还能在复杂的社会条件下找到与社会相适应的生活道路，促进良好的社会适应。

（六）心理健康体现着精神文明水平

一个成员之间充满嫉妒、争斗、冷漠、悲观等不良品质的社会或集体，精神文明水平不可能高；反之，成员之间充满友爱、谅解、宽容的社会或集体，其每个成员都是乐观向上、积极进取的社会或集体，必然体现出高度的精神文明。

（七）心理健康影响社会安定和发展

社会或集体中人际关系的和谐是社会安定的一个重要条件，个体心理健康直接影响到人际关系的建立，对整个社会或集体的安定有很大的影响。社会要发展，集体要前进，必须是一个高效率的社会或集体，社会或集体成员的心理健康不仅影响其自身的工作效率，且影响到社会或集体活动的效率，一个有高度精神文明的高效率社会或集体，必然是高速向上发展的社会或集体。其间，社会或集体成员的心理健康水平有着极其重要的意义。

四、心理健康的判断方法

除了运用心理量表测评心理健康状态之外，还可以简单有效地根据日常生活标准"检查"自己的心理状态。

（一）体验的标准

如果你常常感到幸福、快乐，觉得自己有价值、充满希望，说明你的心理处于健康状态。但如果你常常茶饭不思、夜不能寐，不能有效调节自己的情绪，控制自己的行为，这个时候就得问问自己，我的心理状态是不是不对劲？我需要寻求帮助吗？主观体验是判断心理健康状态的重要标准。它之所以重要是因为你知道"正常"的自己是怎样的。当你偏离"正常"的自己太远时，就可以认为自己的心理状态出现了"异常"。与此同时，异常的心理状态往往也伴随着痛苦的主观体验，影响你的学习与生活。减轻或改善这些痛苦的体验正是我们心理保健的重要目标。与此同时，每个人在以往生活中会形成比较稳定的行为模式。如果这一行为模式突然发生巨大的改变，也预示着心理健康状态的变化。

（二）适应的标准

以社会中大多数人的常态为参照标准，在行为准则上，能够根据社会要求的道德规范行事；在行为能力上，能够配合他人，完成自己的工作。如果你能够很好地适应新的大学环境，能够胜任工作和学习，与周围人相处良好，则说明你的心理处于健康状态，反之亦然。

（三）发展的标准

如果你的行为和心理符合自己的年龄，既不过于幼稚，也不过于老成，则说明你的心理处于健康的状态。心理学家埃里克森曾提出心理社会发展的八阶段理论，包括婴儿期、儿童期、学龄初期、学龄期、青春期、成年早期、成年前和成熟期。每个阶段都有其核心的任务，只有当这一阶段的任务较好地解决之后，其人格的同一性才能较为完整。大学生正处于青春期至成年早期的过渡当中，这一阶段的核心任务是完成自我同一性，建立完整的心理自我，并尝试亲密关系。这两个任务的顺利完成能为将来的家庭生活打下坚实的基础。

（四）统计学标准

如同一个人的身高、体重、血压等有一个大致正常的范围一样，正常人的心理活动在总体上也有一个分布比较集中的区域。如果偏离常态分布，超过某个界限值，就可视为心理健康状态有问题。开学初，学校会安排所有新生参加一次心理普查，就是为了帮助大家更好地了解自我。请大家一定要把握好这次机会，认真测量，将测量结果进行自我比对。

第三节　认识大学生心理

人的心理特征是随着外在因素的变化而变化的，大学生正处于迅速走向成熟而又未真正完全成熟的发展阶段，这个群体的心理特征与社会青年不同，具有其独特性，反映在他们的智力、情感、意志、思维方式都已达到了一定的水平，但又没有真正承担起作为一个成年人应当承担的责任。由于其特殊性和矛盾性，大学生的心理健康状态更需要得到广泛关注。

一、大学生心理发展的阶段

为了更深入地了解大学生的心理发展历程，可以将大学生的心理发展分为以下三个阶段：适应准备阶段、稳定发展阶段、趋于成熟阶段。

（一）适应准备阶段

新生步入大学，带着高考成功的喜悦满怀信心地走进高校，首先面临的就是从中学生活到大学生活的急剧转折。生活环境的变迁，人际关系的变化，学习方式的变更，凡此种种，都使得他们心理上一时感到陌生而且难以适应。他们整个身心处于动荡不安之中。原有的、习惯化了的心理结构被一下子破坏，心理平衡被搅乱，周围全是陌生的面孔、陌生的事物。在一片陌生之中，需要逐步开始新的生活；在克服各种不适应的同时，力图建立新的心理结构，以达到新的心理平衡，从而开始真正的大学生活。大学新生对大学生活从不适应到适应的过程，称为适应准备阶段。他们的心理特征有以下表现。

1. 自豪感和自卑感交织

经过了十几年的苦读，终于通过了高考，成为一名"时代的骄子"，他们感到非常自豪。但是，在大学中，同学们个个都很优秀，自己原来在中学时的那种优势不存在了，因此产生了一种自卑感。

2. 新鲜感和恋旧感交织

大学生在未入学时，往往将大学生活想象得过于神秘，有的甚至把大学想象为"理想的天堂""生活的乐园"。刚刚踏入大学校门时，新的环境、室友、学习内容，以及现代化的设施和教学设备等，展现在他们面前的一切，都带有迷人的色彩，使得他们产生了一种说不出的新鲜感。但是，随着时间的推移，他们感到大学环境的现实与自己原来熟悉的那一套不同了，有的人发现自己在许多方面不适应，尤其是周末，如果再有点不顺心，就会想家，想老同学，恋旧感由此而生。

3. 轻松感和被动感交织

大学和高中相比，考试的压力减轻了，大学生不用担心老师的课堂提问，学习放松了。但是"一分耕耘，一分收获"，到了期末考试，发现题目不是那么容易，因为大学的知识内容相比高中深多了，并要求学生具有创造性思维，如果平时不能很好地利用图书馆、实验室，不会自学，那么考试就不容易过关。因此，大学第一学期和第二学期考试不合格率高，学生心理负担加重，比较被动。

适应准备阶段是整个大学时代的困难期，很多问题解决不好，会影响到以后几年的大学生活乃至毕业后的生活。适应准备阶段持续时间的长短因人而异，这与个人适应能力的强弱有关。

（二）稳定发展阶段

稳定发展阶段是大学生活全面深化和发展的时期。入学时的不适应已基本消除，大学生活进入相对稳定的阶段。此时的大学生已逐渐适应大学生活，对一些问题的认识和处理有了自己的主见和理智，不再单纯和盲目。他们开始认真思考人生之路，确立自己的奋斗目标并为之努力。这一阶段是大学生活最主要、最持久的阶段，将一直延续到大学毕业前夕，一般有三年左右时间。其主要特征如下。

1. 世界观、人生观逐步确立，并趋于稳定

大多数学生积极上进，有的积极参加社团活动，担任学生会、共青团的学生干部；有的准备各种考试，踊跃选读选修课、辅修课，开始为以后的人生做打算。

2. 同学之间形成差距

在这个阶段，少数同学由于种种原因开始落后了。有的不能适应大学的学习方式，学习跟不上，补考科目较多，慢慢失去了学习的兴趣；有的被新鲜的生活娱乐方式所诱惑，沉迷于网络或各种游戏；有的感情受挫一蹶不振……由此造成了学生的两极分化现象。

在这一看似平静的时期，大学生极强的可塑性在这一阶段得到充分展示，每个人都按自身独特的方式塑造着自己。可能会遇到许多锻炼提高的机遇，也可能会有克服困难取得成功的欣喜，还可能会遇到困惑、苦恼，这正是大学生的成长过程，大学教育的主要目标将在此期间完成。

（三）趋于成熟阶段

成熟阶段是大学生从学生生活向职业生活过渡的阶段。大学生经过三四年的生活和学习，世界观、人生观逐步形成，心理渐臻成熟。面对又一次环境变迁、角色变化，大学生心理将又起波澜。

1. 存在不同程度的紧迫感

临近毕业，觉得大学时间一晃而过，还有很多知识没学到，很多事情没做完。同时面临着走向社会，不免感觉自己准备不足，甚至产生焦虑感。

2. 存在不同程度的责任感

这时候，大多数同学对社会政治和经济生活中的重大事件更为关心，并把这些与自己未来的工作联系起来，希望社会安定团结，政治经济政策稳定。

从大学生的心理发展特点和不同发展阶段可以看出，大学生心理发展正在迅速走向成熟，而又未达到真正的成熟；既存在积极面，又存在消极面，因而在心理发展过程中，矛盾和冲突是在所难免的。正是在解决这些矛盾、冲突的过程中，大学生的心理才进一步成熟起来。

二、大学生心理发展的特点

（一）抽象思维迅速发展，但思维易带主观片面性

大学生随着自己身心发展趋于成熟，学习的知识越来越多，思维训练越来越复杂，其抽象思维能力也获得迅速发展，并逐渐占据思维活动中的主导地位。思维的独立性、批判性日益增强，思维的深度、广度、灵活性与创造性有长足发展。不过，他们抽象思维的水平还没有达到完全成熟的程度，思维品质的发展也不平衡，在对复杂社会问题进行认识时，还易出现简单、主观、片面、想当然、脱离实际或固执偏激的不良倾向。由于个人阅历浅，社会经验不足，看问题时容易过分地钻"牛角尖"，并且掺杂了个人的感情色彩，缺乏深思熟虑，往往有偏激、过分自信和固执己见的倾向。

（二）情感丰富，但情绪波动较大

大学生富有青春气息，对生活充满激情和活力。随着他们对大学生活的逐步熟悉、适应和深入展开，以及参与社会交往和联系的增多，社会性需要的增强，他们的情感也日益丰富、强烈、发展、完善。大学生情感日渐丰富的同时，对情绪控制的能力也在不断由弱变强。不过，无论从生理、心理和社会的角度，还是从青春期情绪丰富而不稳定特点的角度来看，当大学生们受到内心需要和外界环境影响的强烈刺激时，他们的情绪又容易产生较大波动而表现出两极性，既可能在短时间内从高度的振奋变得十分消沉，又可能从冷漠突然转变为狂热，乃至造成消极的后果。同时，大学生的情绪还存在着外显性与内隐性的矛盾，这种矛盾冲突也给大学生带来了较多的情绪适应问题，生活经验的匮乏，使大学生常常体验到挫折与焦虑。

（三）自我意识增强，但发展不成熟

大学生根据自身、周围环境及社会现实，来正确认识自己，恰当为自己定位，给自己的学习和未来发展做精心设计和准备，并进行心理和行为上的努力。他们大多数对自己的评价和别人对他们的评价比较一致。大学生借助于他人、社会评价认识自己，但又不完全依赖于别人的评价，具有明显的独立性、自主性和自信心。他们不喜欢别人指手画脚、干涉指责，或者继续把他们当未成年人看待，期待社会把他们看作成熟的一员，得到他人的尊重。

另外，由于大学生自身社会生活的知识、能力和经验等的不足，他们中的相当一部分人还不善于正确处理自我完善与社会发展需要之间的关系，一旦遇到自己无力解决的困难或遇到某种挫折时，容易产生对现实不满的过激行为或强烈的自卑感。心理健康的大学生不仅自我结构相对稳定，而且能够在新环境或新经验的基础上，对自我进行适当的调整。相反，有心理障碍者则往往不能及时协调自己的自我结构，从而对行为和心理健康产生不利的影响。正因如此，大学生自我意识的发展状况充分反映出他们正处于迅速走向成熟但未真正完全成熟的心理特点。

（四）意志水平明显，提高但不平衡、不稳定

大学生随着社会知识经验的增多，他们对社会、人生的意义有了更深刻的认识。大多数人已能逐步自觉地确定自己的奋斗目标，并根据目标制定实施计划，排除内外障碍和困难去努力实现奋斗目标，其意志的自觉性、坚韧性、自制性和果断性都有了较大发展。他们的世界观、人生观、价值观逐步确立，他们出于对目标价值的认同和受到目标强烈的吸引激励作用，会为实现奋斗目标而克服前进道路中的各种困难和障碍，表现出坚强的意志力。但大学生意志发展水平不平衡、不稳定。一般来说，他们意志的自觉性和坚持性品质发展水平较高，但果断性和自制性品质发展相对缓慢一些，这主要表现在他们处理关键问题或采取重大行动时，有时优柔寡断、动摇不定，或有时草率武断、盲目从众。大学生意志水平在不同活动中的表现不一样，即便是同一种活动，心境的好坏也会使意志水平表现出较大差异。

（五）人格发展基本成熟，但不完善

人格由气质、性格等诸因素构成，是相对稳定、具有独特倾向性的心理特征的总和。人格影响人的身心健康、活动效率、潜能开发及社会适应状况。它是在长期实践中形成发展起来的，反映了一个人总的心理面貌。大学生处于身心急剧发展和自我意识由分化、矛盾逐渐走向统一的特殊时期，这是他们人格发展的重要时期。当代大学生人格发展中有成熟积极的一面，如能正确认识自我；智能结构健全合理；对社会环境的适应能力较强；富有事业心，具有一定创造性和竞争意识；情感饱满适度等。但也有相当一部分人不同程度地存在着人格发展上的缺陷或不完善，如常见的自卑、懒惰、拖拉、粗心、鲁莽、急躁、悲观、孤僻、多疑、抑郁、狭隘、冷漠、被动、骄傲、虚荣、焦虑、自我中心、敌对、冲动、脆弱、适应性差等。大学生良好的人格是在正确认识自我的基础上，通过不断学习、实践、优化、完善来实现的。

三、大学生心理健康的标准

心理是否健康是可以测量的，但测量心理健康的工具却不是像测长度、高度的尺子那样具体和客观。测量心理健康一般采用量表测量，其标准不是固定不变的。心理的健康与否随着时代的变迁、文化背景的变化、对象的不同等有着不同的评价标准。根据我国大学生的实际情况，评判大学生的心理健康水平应从以下几个标准给予着重考虑。

（一）自我评价正确

心理健康的人能接受自己，对别人的评价能做出客观的反应，自我认识稳定，并保持积极的生活态度，努力发挥自己的潜能。反之，一个心理不健康的人，不能恰当地认同自己，总存在强烈的心理矛盾冲突，对自己总是不满意，缺乏积极的自我态度。总是要求十全十美，却总是无法达到，因此无法保持平衡的心理状态。

正确的自我评价是大学生心理健康的重要条件。一个心理健康的大学生，对于自己的认

识应当比较接近现实，尽力做到有自知之明；对于自己的优点感到欣慰但又不至于狂妄自大，对于自己的弱点和错误既不回避也不自暴自弃，而是善于正确地接受自我。

（二）适应能力强

较强的适应能力是心理健康的重要特征，而一个人不能有效地处理与周围现实环境的关系则是导致心理障碍的重要原因。心理健康的大学生，应能和社会保持良好的接触，对于社会现状有清晰正确的认识，其思想和行动都能跟得上时代的发展步伐、与社会的要求相符合；而当发现自己的需求和愿望与社会需求发生矛盾时，能够迅速进行自我调节，以求与社会协调一致，而不是逃避现实，更不是妄自尊大和一意孤行，与社会需要背道而驰。

（三）满意的心境

心理健康的大学生，对自己的学习、生活和人际关系总是有一定程度的满意感，并自感有较强适应周围环境的能力，从而获得自尊和自信。虽然他们的聪慧程度不尽相同，但由于没有心理障碍，其聪明才智都能得以充分发挥，从而取得一定的成就，赢得成功的喜悦。这种满意的心境主要来源于较高的精神修养，因而他们无论是出于顺境或逆境，都能积极进取，在拼搏中找到事业的乐趣，发掘出生活的光明一面。

（四）乐观的生活态度

心理健康的人能珍惜和热爱生活，积极投身于生活，并在生活中尽情享受人生的乐趣，有积极的人生体验。心理健康的大学生能正确地对待学习压力、择业竞争、情感纠葛等，以积极乐观的生活态度对待周围发生的事情，平常心、坦然处之，而不是悲观、抱怨、自暴自弃，把一切作为人生的阅历，作为迎接未来艰巨挑战的心理准备。

（五）智力正常

智力，是指一个人的认识能力和活动能力所能达到的水平。它是人的观察力、注意力、记忆力、想象力、思维力、创造力及实践活动能力等的综合，包括在经验中学习或理解的能力、获得和保持知识的能力、迅速而成功地对新情境做出反应的能力、运用推理有效地解决问题的能力等。智力正常，是大学生学习、生活和工作的最基本的心理条件，是大学生胜任学习任务、适应周围环境变化所需要的心理保证。因此，智力正常是衡量大学生心理健康的首要标准。一般来说，大学生的智力都是正常的，与同龄人相比较而言，其智力总体水平是比较高的，因而衡量大学生的智力是否正常，关键是看其是否充分地发挥了效能。大学生智力正常且充分发挥效能的标准是：有强烈的求知欲和浓厚的探索兴趣；智力结构中各要素在其认识活动和实践活动中都能积极协调地参与并正常地发挥作用，乐于学习。

（六）情绪健康

情绪健康的主要标志是情绪稳定和心情愉快。情绪健康，是大学生心理健康的一个重要指标，这是因为情绪在心理变化中起着核心的作用，情绪异常往往是心理疾病的先兆。大学生的情绪健康应包括以下内容。

（1）愉快情绪多于不愉快情绪，一般表现为乐观开朗、充满热情、富有朝气、满怀自信、善于自得其乐和对生活充满希望。

（2）情绪稳定性好，善于控制和调节自己的情绪，既能克制约束又能适度宣泄而不过分压抑，情绪的表达既符合社会的要求又符合自身的需要，在不同的时间和场合有恰如其分的情绪表达。

（3）情绪反应是由适当的原因引起的，情绪反应与环境相适应，反应的强度与引起这种反应的情境相符合。

（七）意志健全

意志健全者在行动的自觉性、果断性、顽强性和自制能力等方面都表现出较高的水平。意志健全的大学生在各种活动中，都有自觉的目的性，能及时做出决定并运用切实有效的方法解决所遇到的各种困难，在困难和挫折面前能够采取合理的反应方式，能在行动中控制自己的情绪和言行，而不是行动盲目、优柔寡断、轻率鲁莽、害怕困难、意志薄弱、顽固执拗、言行冲动。

正确理解大学生心理健康的标准应重视以下几个方面。

一是标准的相对性。事实上大学生心理健康与不健康并无明显界限，而是一个连续化的过程，如将正常比作白色，将不正常比作黑色，那么在白色与黑色之间存在着一个巨大的缓冲区域——灰色区，世间大多数人都处在这一区域内。这也说明，对多数学生群体而言，在人生的发展过程中面临心理问题是正常的，不必大惊小怪，应积极加以自我调整。

二是整体协调性。把握心理健康的标准，应以心理活动为本，考察其内外关系的整体协调性。从个性角度看，每个人都有自己长期形成的稳定的个性心理，一个人的个性在没有明显的、剧烈的外部因素影响下是不会轻易发生变化的，否则说明其心理健康状况发生了变化。

三是发展性。事实上，不健康的心理可能是人的发展中不可避免的发展性问题，其症状随着发展而自行消失。

四、大学生心理发展的任务

每一个心理发展阶段都有其特点，大学生的心理发展阶段也不例外。按照心理学家埃里克森的发展模型，大学生处于成年早期，这一时期的心理发展任务是确定明确的自我观念与自我追寻的方向、建立良好的社会关系、学习建立亲密关系、更好地认识自己、能够承担社会责任等。另外，大学生还面临更复杂的人际关系，需要学会怎样更好地与人交往，其中包括恋人、老师、朋友、同学、领导等。这些发展任务贯穿整个大学生涯，并且都是需要学生们在具体的生活中通过不断学习与体验，逐渐发展。

具体来说，处于大学阶段的学生的心理发展任务主要有如下几点。

（一）发现自我

发现自我是青年期最重要的心理发展任务。这个任务包括实现内在的自我体验与外在的自我经验的统一，认识自己是什么样的人，正确认识自己的优缺点，培养恰当的自尊与抗挫折能力。获得自我变化的连续性观念，完成对过去经验的整合，并对未来的理想有一个基本的看法，即有明确理想的自我，并试图让自己成为那样的自己，尝试建立一个能让自己满意的社会关系，拥有归属感。

（二）性别适应

性别适应是必须完成对异性世界的调适，包括对自己性别角色的适应、性问题的认知和解决等，进一步还包括恋爱、择偶和结婚等。

（三）学习自立

大学生还需要在心理上更加独立，找到适合自己未来的发展方向，确立属于自己的基本价值观、职业规划和生活方式等。

五、影响大学生心理健康的主要因素

（一）生理因素

1. 遗传因素

人的心理主要是在后天环境影响下形成和发展起来的，但同时心理发展与遗传因素也有着密切的关系。根据统计调查及临床观察，许多精神疾病的发生，确实有遗传方面的原因。同时，遗传上的易感性在一些人身上也是存在的，以遗传素质为基础的神经类型及各个年龄阶段所表现的身体特征也影响着人的心理活动。

2. 躯体疾病

不同的躯体疾病会给人带来不同程度的痛苦体验，如绝症和慢性疾病会给人带来较大痛苦，对个体的心理健康影响很大，使个体产生烦躁、恐惧、抑郁等负面情绪，人际关系也可能受到影响。

3. 神经系统素质

神经系统的先天素质的不健全，如大脑皮层和皮下组织之间的相互协调作用有某种障碍，大脑皮层的兴奋和抑制过程的协调作用存在障碍等，均会导致病态人格等心理异常的现象。

4. 病毒感染与大脑的器质性病变

由病菌、病毒等引起的中枢神经系统的传染病会损害人的神经组织结构，导致器质性心理障碍或精神失常。这一点对儿童影响尤为严重，是造成智力迟滞或痴呆的重要原因。根据临床医学研究，大脑的器质性病变，如脑肿瘤、脑炎、脑外伤等，可能导致各种精神异常，如意识障碍、智力障碍、严重失忆、人格异常等。

（二）心理因素

1. 自我同一性认同危机

自我同一性是青年期重要的心理发展课题，而自我同一性混乱被认为是造成个体心理问题和心理疾病的重要原因之一。

2. 面对挫折，心理承受力低

关于挫折，有这样一句话：人生逆境十之八九，顺境十之一二。在人生的道路上，随时都会遇到难以克服的困难，如考试失败、没有如意的工作、受到批评、亲人去世等，就会产生不愉快的情绪反应，如焦虑、紧张、失望、沮丧、悲哀、愤怒等。一般来说，挫折产生的压力如果没有超过个体的承受力，在某种程度上具有积极作用，焦虑也是"一种生产力""失败是成功之母"，压力会成为一种动力，挫折就会成为一种磨炼，能提高你解决问题的能力，能让你的承受力逐渐增强，能让你逐渐成熟起来。但若挫折过于强烈或承受挫折的能力低，超过了个体的耐受能力，而个体在承受不了的情况下又不能正确对待，就可能引起情绪紊乱，心理失去平衡，出现心理障碍或是身心疾病。

3. 心理冲突和矛盾

在我们生活中会面临很多的机会和选择，在众多可能性中做出选择时，往往有得有失，选择其中一个的同时会丢掉另一个机会，选择往往是两难或者几难，这时心理冲突就发生了。比如，有两个部门你都可以去工作，两个部门都有利弊，要选择一个部门去工作，要权衡利弊做出选择，心理冲突就产生了。又如，想换工作，又怕失去目前的稳定，心理冲突就产生了。心理冲突就是两个或两个以上相反或者是相互排斥的动机所产生的一种矛盾的心理状态。当自己缺乏主见，价值观不确定时，选择就更困难，因此产生不良的躯体和心理反应，从而对心理健康产生有害的影响。

4. 性格特点

个性心理品质决定了个体心理和行为的方式和风格，而这些方式和风格会体现在个体的待人、接物、处世等各方面。良好的性格特点使人容易适应社会环境，被周围接纳，而负面的性格特点会给个体的学习、生活造成直接的不良影响，从而影响个体的情绪，导致心理问题。常见的不良性格特征有：孤僻、忧郁、自卑、自负、冲动、偏执、多疑、虚荣、敏感、贪婪、自我中心等。

5. 生活事件

生活事件指的是在日常生活中遇到的各种各样的社会生活的变动，如环境变化、亲人死亡、家庭破裂、失恋、就业等都可以引起心理障碍，即使是中等水平的刺激事件，如果它们连续发生，也可以引起心理障碍。因为每经历一次生活事件，都要付出精力去调整由于这一事件的发生所带来的变化，如果生活事件增加，个体适应变化的努力也要相应增加。如果在一段时间内发生太多的生活事件，或者是某个生活事件持续挥之不去，个体的躯体和心理健康状况就很容易受到影响。

6. 情绪不稳定

大学生正处于情绪和情感发展最强烈、复杂、波动的时期，尤其是在大学这一阶段的许多特殊事件，如交友、恋爱、就业等，都可能给个体带来积极美好或者消极痛苦的情感体验，学会控制和调节自身情绪也是维护身心健康的重要手段。

（三）社会因素

1. 家庭因素

（1）父母期望值的压力。当今社会，家长的望子成龙心态普遍存在。为了子女的升学问题，许多家长都是煞费苦心，不惜一切代价。这样一种来自父母的强烈期望，一方面可以成为大学生们勤奋学习的动力，但另一方面也可能适得其反，成为大学生难以承受的心理负担。

（2）经济困难的压力。来自经济困难家庭的学生在生活条件方面乃至言行举止方面都与大城市来的学生有很大差距。他们除了参与学业竞争外，还得承受因高额的学费和生活开支而带来的经济方面的压力。不少贫困学生在学习之余，不得不靠勤工俭学来维持学习生活。因此，他们所承受的心理负担明显地超过了其他同学，极易导致心理上的不平衡。

（3）家庭氛围。能综合反映家庭成员的价值观念、精神面貌和情感态度，它对个体的心理健康发展有着重要的影响。在一个家庭中，如果父母性情暴躁、言语粗鲁、意气用事，相互之间的关系不和谐，甚至相互大打出手，那么身处这种家庭氛围中的孩子往往会不知所措，并会因为父母之间的关系而焦虑不安，容易形成孤僻、自私、玩世不恭等不良的心理品质。

知识链接

双生子实验

双生子的研究被许多心理学家认为是研究人格遗传因素的最好办法，并提出了双生子的研究原则：同卵双生子既然具有相同的基因形态，那么他们之间的任何差异都可归于环境因素。而异卵双生子的基因虽然不同，但在环境上有许多相似性，如出生顺序、母亲年龄等，因此也提供了环境控制的可能性。系统研究这两种双生子，就可以看出不同环境对相同基因的影响，或者是相同环境下不同基因的表现。

艾森克指出：在同一环境中成长的同卵双生子，其外向性的相关为 0.61，而分开在不同环境下成长的同卵双生子，其外向性的相关为 0.42；异卵双生子的外向性相关为 0.17。在神经质方面也有同样的发现，在相同环境中成长的同卵双生子其相关为 0.53，在不同环境中成长的同卵双生子的相关为 0.138，而异卵双生子的相关为 0.11。由于同卵双生子在外向性和神经质方面的相关显著高于异卵双生子，说明遗传因素在人格形成中有重要作用；由于在相同的环境下成长的同卵双生子，其外向性和神经质方面的相关均高于在不同环境中成长的同卵双生子，说明环境在人格的形成中也起着重要作用。

案例分析

李某，男，21 岁，某高职院校三年级学生。李某在中学阶段学习成绩优异，一切顺利。

进入高职院校后，由于成绩下降，他觉得生活没有意义，不愿意参与集体活动，很少与人交流，对什么事情都不感兴趣，情绪低落，经常失眠，不能正常地学习。经了解，李某的家长非常注重孩子的学习成绩，总是要求孩子考第一名，而对孩子成长的其他方面（学习兴趣、人际交往、挫折教育等）却比较忽视。家长的教育方式简单粗暴，使李某从小性格内向，胆小怕事，害怕失败，最终由于成绩下降而导致一蹶不振。

分析：家庭是人生的第一个课堂，家庭成员的关系以及家庭氛围对个人的成长有很大的影响。正确的教育观念能够科学地引导学生的身心健康成长。当个体发现自身的情绪一直处于低迷状态，或者因自卑而无法自拔时，应该积极地进行自我调节，或者寻求老师、朋友等家庭以外的帮助，缓解自卑情绪，走出心理困境。

2. 学校环境因素

（1）新环境适应的压力。进入大学意味着进入全新的人际关系之中，面对来自各地风格、特点各异的新同学，如何建立协调、友好的人际关系是非常重要的。这一过程的进展将对整个大学生活产生非常大的影响，在大学生中普遍存在人际关系、交往以及适应障碍。

（2）学业的压力。随着社会对大学生要求的提高，用人标准的转变，促使很多在校大学生既要学习专业知识，同时还要选修一些相关知识，如外语、计算机、汽车驾驶等，考取各类证书，以适应激烈的市场竞争。如果大学生学习方法不当，学习动机不强，学习目的不明确，自我约束能力弱，就容易出现焦虑、紧张等情绪反应，同时还会严重影响自信心，产生苦恼以及自我否定等心理问题，导致学业失败。学习成绩不理想以至学业失败会极大地影响学生的心理健康。

（3）个人情感的压力。大学生渴望与异性交朋友，渴望得到异性的友谊甚至爱情。但由于其生理早熟和心理滞后之间的矛盾往往导致需要爱与理解爱之间的偏差。一方面，大学生生理成熟使人萌发性意识，产生需要爱情的欲望，但道德、纪律和法律又限制着这种欲望，于是在需求与满足之间出现了尖锐的矛盾和冲突，失去心理平衡。另一方面，由于大学生的世界观、人生观相对不稳，没有树立正确的恋爱观，因而出现了诸如三角恋、单相思、失恋、胁迫恋爱以及性心理异常等现象，这些来自情感的压力，一旦不能得到及时而有效的缓解和调适，就可能引起心理失衡，严重的会导致精神类疾病。

3. 社会环境因素

（1）社会竞争的压力。随着我国社会的变迁、各种政策的深入发展、竞争机制在人才培养和就业制度上的引进等，大学生面临着各种竞争的压力。由于大学扩招，本科生、研究生数量都达到了一个历史性的高度，使职业院校的学生感到前途渺茫。加之我国许多机构单位正在进行人事制度改革，社会的下岗失业人数逐年增加，对大学生造成比较大的冲击。这些都极易导致大学生产生心理问题。

（2）价值观冲突引起的认知问题。市场经济带来了经济的繁荣，外边的世界各种物质的、金钱的、精神的、文化的诱惑比以往任何时候都强烈。经济的发展、竞争的加剧、社会的各种弊端，必然导致人们价值观的冲突日益加剧，而积极的、消极的社会风气和社会舆论也会对成长中的大学生产生各种积极的、消极的影响。

（四）个体因素

1. 人格特征

人格是指个体在社会适应行为上的内部倾向性和心理特征。除遗传因素外，人格特征更受环境因素的影响，如父母的教养方式、社区文化、学校环境等。由于环境因素存在差异，所以每一个体都具有与众不同的人格特征。研究表明，人格特征是影响心理健康的重要因素。例如，完美主义是一种稳定的人格特征，它分为正常完美主义和神经质完美主义两类。正常完美主义者适应良好，健康积极，从事活动时是放松的、认真的，虽然做事时有很高的标准，但是能以适当的标准来评价自身。神经质完美主义者适应不良，常常紧张而谨慎地追求不切实际的目标，不能根据环境的改变对已有标准做出相应的调整，因此这一类完美主义者容易受负面情绪的困扰。

2. 个体自我认知

相当一部分学生进入大学后，面对学习与生活方式的转变，一时难以适应，从而出现心理问题，如抑郁、焦虑等。与此同时，其自我认知也可能出现两极振荡，如自我评价过高或自我评价过低，进而容易产生自负心理或自卑心理。有少数大学生确实是因为遗传等因素的影响，在长相、身材、高矮、胖瘦等方面存在一些先天的生理缺陷；或是因为身体素质不好，患有疾病，在学习和训练的过程中往往感到力不从心；或是因为自身的个性缺陷，如性格内向、心胸狭窄、孤僻封闭、急躁冲动、固执多疑等。这些因素很容易使大学生产生"我不如人"的心理，久而久之，造成严重的心理负荷，这样恶性循环，其心理承受力将越来越差。无论是自负还是自卑，都可能导致大学生产生心理问题。因此，大学生不断调整自我认知对自身心理的健康发展具有非常重要的意义。

3. 心理抗挫折能力

挫折在个体的成长过程中无处不在。在大学学习和生活中，大学生同样会遇到各种各样的挫折，如考试方面的挫折、人际方面的挫折、经济上的挫折、理想与现实之间的落差所带来的挫折、家庭关系上的挫折、情感上的挫折等。面对这些挫折，心理抗挫能力较强的大学生可以很好地调适心理，及时消除挫折带来的挫败感；而抗挫折能力较弱的大学生则容易产生消极的情绪反应，如感到自尊心受损、自信心丧失，或产生紧张、不安、焦虑、恐惧、抑郁等心理，这些负面心理会影响大学生心理的健康发展。

第四节　大学生心理健康教育的完善途径

心理健康不仅关系到大学生的生活、学习、成长、幸福，也关系到社会的发展、民族的兴衰。除了应向大学生普及心理学知识外，更重要的是应针对当代大学生存在的主要心理困惑和问题，在全体大学生中开展以下专题的心理健康教育。

一、学校心理健康教育的基本内容

（一）认知发展教育

认知发展教育是使大学生了解认知发展的规律、特点及自身认知发展水平，然后通过常规或特殊训练，帮助大学生挖掘和认识自身不良的认知，并学会对认知进行调整。比如，认知教育的一个重要内容是进行学习指导，通过指导使大学生迅速适应高校学习，掌握有效的学习方法，养成良好的学习习惯，形成独立思考的能力，具备积极的探索精神，并会自觉调节自己的学习心理和学习行为，提高学习效率。

（二）情绪稳定教育

情绪稳定教育是使大学生了解人情绪的正常值及自身情绪变化的特点，学会运用有效手段，科学调控自己的情绪，使自己经常保持良好的心境和乐观的情绪，形成适度的情绪反应能力和抗干扰能力，避免情绪的大起大落、两极波动，避免心理失衡。情绪是引发大学生心理问题的主要因素，大学生生活中发生的各种各样过激性行为，很多都是因为不良情绪失控引起的。

（三）意志力优化教育

意志力优化教育是使大学生充分了解意志在成才中的作用和自身意志品质的弱点，协助大学生提高调节自我、克服困难的主观能动性，学会调节激情，应对挫折刺激，增强心理承受能力，克服内部困难，提高意志行为水平，不为偶发诱因所驱使，具有意志自觉、果断、坚持、自制的优良品质。

（四）个性健全教育

个性健全教育是使大学生了解健康人格的标准及培养途径，在客观准确地认识自我、评价自我的基础上，学会修身养性，增强自我教育能力，矫正不良个性，并通过有意识的训练形成开朗、活泼、具有同情心和正义感完善的人格。个性健全教育要做到面向全体学生的发展性教育和对个别学生的矫正性指导相结合，使每一个学生的人格都得到健全发展。

（五）人际和谐教育

人际和谐教育是在帮助大学生把握人际关系基本知识和人际交往特点规律的基础上，通过训练掌握一定的人际交往技能技巧和人际交往艺术，学会在群体中与人和睦相处，与老师、同学、家长、朋友、异性等保持融洽的人际关系，懂得尊重他人、悦纳他人，也悦纳自己，善于在群体中发挥自己的才干，达到高水平的自我实现。

（六）积极适应教育

积极适应教育是使大学生积极适应自身、环境、社会的各种变化，学会调节自己学习、生活中的各种烦恼，通过有意识训练掌握排解心理困扰、减轻心理压力的方法，保持心理和谐健康。大学生心理适应涉及学校环境、学习、生活、交往、恋爱、自我心理认识和发展、竞争、择业等许多方面的内容，大学生除了依靠自身努力增强社会适应能力和心理承受能力，主动进行自我调节和心理适应外，还有赖于心理健康教育帮助其提高心理适应水平。

（七）挫折教育

挫折是导致心理障碍的原因之一。挫折承受力差的人在活动过程中可能采取不理智的反应，如攻击行为、自毁行为等。对大学生进行挫折教育，主要是让他们了解挫折对人的辩证影响及挫折产生的原因，懂得人是在战胜自己的挫折中成长的，懂得逆境成才的道理，知道受到挫折后理智地去找出解决办法，在挫折的自我教育中培养耐受力，积累生活经验，锻炼出坚强的毅力和不屈不挠的意志。

二、心理健康教育的自我完善途径

（一）认识并完善自己的人格

良好的人格品质首先应该正确认识自我，培养悦纳自我的态度，扬长避短，不断完善自己；应该提高对挫折的承受能力，对挫折有正确的认识，在挫折面前不惊慌失措，采取理智的应付方法，化消极因素为积极因素。挫折承受能力的高低与个人的思想境界、对挫折的主观判断、挫折体验等有关。提高挫折承受能力应努力提高自身的思想境界，树立科学的人生观，积极参加各类实践活动，丰富人生经验。

（二）养成科学的生活方式

生活方式对心理健康的影响已为科学研究所证明。健康的生活方式指生活有规律、劳逸结合、科学用脑、坚持体育锻炼、少饮酒、不吸烟、讲究卫生等。大学生的学习负担较重，心理压力较大，为了长期保持学习效率，必须科学地安排好每天的学习、锻炼、休息，使生活有规律。同时，也要学会科学用脑。大脑是心理的物质器官，是心理活动最重要的物质基础。过度疲劳、紧张或长时间的高度兴奋，都会引起脑功能失调。科学用脑就是要勤用脑、合理用脑、适时用脑，避免用脑过度引起神经衰弱，使思维、记忆能力减退。

（三）善于调节和控制情绪

情绪是心理状态的晴雨表，几乎每一种心理疾病在情绪上都有表现。自我调节是心理健康的核心内容，包括调整认识结构、情绪状态，锻炼意志品质，改善适应能力等。情绪健康的大学生，能够保持一个正确客观的理性认知，善于采用多种方式及时调整自己的情绪，找到情绪背后的原因：愤怒时，能将情绪控制在他人可以接受的程度内；兴奋时，也能将情绪控制在不使自己失态的状态下；忧虑时，尽可能将其控制在不影响自己正常学习和生活的范围内，能把消极情绪转化为积极的情绪，也能将激情转化为冷静。

（四）建立良好的人际关系，积极参加业余活动

丰富多彩的业余活动不仅丰富了大学生的生活，而且为大学生的健康发展提供了课堂以外的活动机会。大学生应培养多种兴趣，发展业余爱好，通过参加各种课余活动，发挥潜能、振奋精神、缓解紧张，维护身心健康。通过社会交往才能实现思想交流和信息资料共享。发展社会交往可以不断地丰富和激活人们的内心世界，有利于心理保健。

（五）要掌握一定的心理学知识，及时求助心理咨询

大学生要增强心理卫生的意识，学习并掌握一定的心理卫生知识，用这些知识来武装自己。有了一定的心理卫生知识，就等于把握了心理健康的钥匙，掌握了心理健康的主动权，即有了自助自救的能力，能防微杜渐、防患于未然，顺顺当当地度过大学生活。

心理咨询是指通过人际关系，运用心理学的方法和技巧，帮助来访者自强自立的过程。通过咨询者与来访者的交谈、指导，针对来访者的各种心理适应和提出的问题，帮助来访者正确地认识到自身产生心理问题的根本原因；引导来访者更为有效地面对现实，为来访者提供建立新型人际关系的机会；增加来访者的心理自由度，帮助来访者改变过去的异常心理，最终恢复健康的心理。心理咨询兼有心理预防和心理治疗功能，通过心理咨询，可达到为咨询对象创设一个良好的社会心理环境和条件，提高其精神生活质量和心理效能水平，以实现降低和减少心理障碍，防止精神疾病，保障心理健康的目的。

（六）培养坚强意志

学习是一项艰苦的脑力劳动，在学习过程中会遇到许多困难和挫折，所以大学生要想取得优秀的学习成绩，掌握更多的科学文化知识，没有坚强的意志，没有不屈不挠的精神是不可能的。大学生拥有健康的心理，以积极进取、服务于社会的人生观作为自己人格的核心，并以此为中心把自己的需要、愿望、目标和行为统一起来，树立远大理想，"以天下为己任"，从而产生强大的学习内驱力，推动大学生努力完成学业，自觉攀登科学高峰。

知识链接

学会自我暗示

自我暗示是通过内部言语或语言对自己施加影响，以达到心理卫生、心理预防和治疗目的的方法。自我暗示可以对自己的心境、感情、爱好、意志乃至工作能力起到非常积极的作用。比如，面临紧张的考试，反复告诫自己"沉着"；在荣誉面前，自敲警钟告诉自己要"谦虚"；在遭遇挫折时，安慰自己"要看到光明，要鼓起勇气"……下面具体介绍两种自我暗示的方法。

1. 冥想放松法。

你可以用一个真实的物件，如某种球、某种水果，或者手头可以找到的小块物体，来发挥自己的想象力，具体做法如下。

（1）凝视手中的橘子（或其他物体），反复、仔细地观察它的形状、颜色、纹理脉络；然后用手触摸它的质地，看看是光滑还是粗糙；再闻闻它的气味。

（2）闭上眼睛，回忆这个橘子给你留下的印象。

（3）放松肌肉，排除杂念，想象自己钻进了橘子里，里面是什么样子？你感觉到了什么？里边的颜色和外边的颜色一样吗？然后想象你尝了这个橘子，记住它的滋味。

（4）想象自己走出了橘子，并记住刚才在橘子里面所看到的、尝到的和感觉到的一切，然后做五遍深呼吸，慢慢数五下，睁开眼睛，你会感觉到头脑清爽，心情轻松。

2. 自主训练法。

自主训练法又叫适应训练法，其中较简单的一种方法如下。

（1）坐姿训练，把背部轻轻地靠在椅子上，并保持挺直，头稍微前倾，两脚与肩同宽，脚心贴地。

（2）两手平放在大腿上，闭目静静地深呼吸三次，排除杂念，把注意力引向两手和大腿的边缘部位，把意念引导至手心。

（3）不久，你会感到注意力最先指向的部位慢慢地产生温暖感，然后逐渐扩散到整个手心。这时，你心里可以反复默念"静下心来，静下心来"，两手就会暖和起来。

（4）做五遍深呼吸，慢慢数五下，睁开眼睛。

3. 蝴蝶拍减压法。

（1）调整呼吸，闭上眼睛，想象一些积极词语，如"舒适、温暖、宁静、轻松、喜悦"等。

（2）双臂在胸前交叉，右手放在左上臂，左手放在右上臂，轻轻抱住两侧的肩膀。

（3）双手轮流轻拍自己的肩膀（可以从左侧开始，也可以从右侧开始，用自己最自然、最习惯的方式即可），左一下右一下为一轮。

（4）速度尽量放慢，轻柔地拍打，轻重以自己感觉舒适为准，4～12轮为一组。当一组结束后，停下来深呼吸几次，感受自己的情绪变化，如果好的感受在不断增加，可以继续进行下一组蝴蝶拍，直到情绪完全平复。

课堂活动

眼见一定为实吗？

请仔细观察图1-1～图1-6。

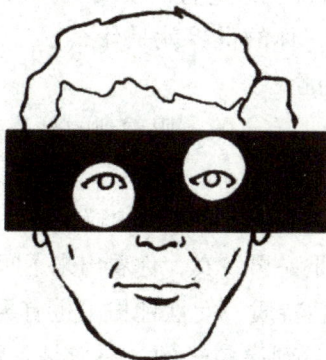

图1-1　眼睛排错了吗？

图1-2　线是直的还是弯的？

图1-3　你看到的是少女吗？

图1-4　你看到几只海豚？

图1-5　爱的面具

图1-6　是兔子还是鸭子？

图1-1 眼睛排错了吗？解析：眼睛是排列整齐的，圆圈是每只眼睛的参照物。人们往往以参照物作为判断标准，因为圆圈不齐平，所以眼睛看起来也不齐，这是一种视觉错误。

图1-2 线是直的还是弯的？横线都是平行的。涉世越深的人，受社会侵蚀越严重，压力越大，看到的直线越变形。你还是单纯的你吗？你能看出几条笔直的横线？

图1-3 你看到的是少女吗？解析：你的心里有什么，你的世界就是什么，当你心情好的时候，能看到少女的脸；心情坏的时候，能看到巫婆的脸。

图1-4 你看到几只海豚？解析：画名为《海豚的爱》，有人第一眼看到的是一群玩耍的海豚，有人第一眼看到的是恋人。

图1-5 爱的面具。解析：这是在第七届年度最佳幻觉比赛上评选出的冠军作品：《爱的面具》（Mask of Love），它的谜题是面具中的人像，其实是一男一女，你看出来了吗？

图1-6 是兔子还是鸭子？解析：男性性格中会有女性特质，女性性格中也有男性特质。第一眼看到是鸭子的，一般是男性特质多一点；第一眼看到是兔子的，一般是女性特质多一点。

喜相逢

目的：通过自我介绍与交流互动，增加同学们之间的熟悉程度，学习积极减压的途径。

一、分组

号码分组或随机自愿分组，一般十人为一组，每小组坐前后两排，选一个同学为组长。

二、互识

1. 以小组为单位，围圈而坐。从组长开始，按顺时针方向，依次把刚才认识的朋友介绍给大家。介绍完后，其他人可以向被介绍者提一个自己想知道的问题。这样，回答者因被全组其他组员关注而增加信心。

2. 滚雪球。从其中一个人开始，按逆时针方向，每人用一句话介绍自己。这一句话中必须包含三项内容：姓名、所属地、自己与众不同的特征。规则是：当第一个人说完后，第二个人必须从第一个人开始讲起，第三个人一直到第十个人都必须从第一个人开始讲起。如第一个人介绍："我是来自某某地方的、性格比较外向的张三丰。"第二个人则说："我是来自某某地方的、性格外向的张三丰左边的，来自某某地方的、酷爱读书的王力。"以此类推，比一比哪一组最先完成。

三、猜一猜：我是谁？

请任意一组的一名同学做猜者到讲台上来，随机指定该组某一同学为被猜者，并从被猜者的生理、心理、社会三方面进行描述，比如，他（她）个子……他喜欢……性格……等。本组同学根据描述判断被猜者的名字，看哪组最快猜出。

四、效果评估

1. 请用一两句话表达自己的收获。

2. 请用一两个字眼形容自己在小组中的感觉。若用1~10（非常不舒服~非常舒服）的分数来评价你的状态，现在你会用哪个数字表示你的感觉？

画树测验

请拿出纸和笔，而后闭上眼睛，静静地感受。在你的脑海中浮现一棵树，它是你的生命之树，看清楚它的样子，而后慢慢睁开眼睛，将它画在你面前的纸上。在完成后请你介绍自己的画。在介绍时要注意说明以下问题。

1. 你画的是什么树？是现实中的树还是想象中的树？如果是现实中的树，是否有变形？

2. 这棵树是否有果实？如果有，是大还是小？有几种果实？果实的名称与果树的名称是否相一致？

3. 这棵树生长在什么季节中？这个季节与果实有什么样的关系？是否与开花结果的季节相符合？季节与树的生命力的关系是怎样的？

4. 你在作画时的心情（情绪）是什么？作画本身是否触动了你的潜意识中的某种情结？

5. 对树的自由联想描述是什么？

心理测试

症状自评量表

指导语：下面列出了每个人都可能会有的问题，请仔细阅读，根据最近一周内你的实际感觉，在症状自评表（见表1-1）的相应题号空格内选择填写1~5的数字，症状的轻重程度请根据你个人的主观感觉自我评定，测试时间约20分钟。

轻重程度：1—没有　2—很轻　3—中等　4—偏重　5—严重。

表1-1　症状自评量表

题号	症状	轻重程度
1	头痛	
2	神经过敏，心中不踏实	
3	头脑中有不必要的想法或字句盘旋	
4	头晕或昏倒	
5	对异性的兴趣减退	
6	对旁人责备求全	
7	感到别人能控制你的思想	
8	责怪别人制造麻烦	
9	忘性大	
10	担心自己的衣饰不整齐及仪态不端庄	
11	容易烦恼和激动	
12	胸痛	
13	害怕空旷的场所或街道	
14	感到自己精力下降，活动减慢	
15	想结束自己的生命	
16	听到旁人听不到的声音	
17	发抖	
18	感到大多数人都不可信任	
19	胃口不好	
20	容易哭泣	
21	同异性相处时感到害羞不自在	
22	感到受骗、中了圈套或有人想抓你	
23	无缘无故地感到害怕	
24	自己不能控制地大发脾气	
25	怕单独出门	

续表

题号	症状	轻重程度
26	经常责怪自己	
27	腰痛	
28	感到难以完成任务	
29	感到孤独	
30	感到苦闷	
31	过分担忧	
32	对事物不感兴趣	
33	感到害怕	
34	你的感情容易受到伤害	
35	旁人能知道你的私下想法	
36	感到别人不理解你、不同情你	
37	感到人们对你不友好、不喜欢你	
38	做事必须做得很慢以保证做得正确	
39	心跳得很厉害	
40	恶心或胃部不舒服	
41	感到比不上他人	
42	肌肉酸痛	
43	感到有人在监视你、谈论你	
44	难以入睡	
45	做事必须反复检查	
46	难以做出决定	
47	怕乘电车、公共汽车、地铁或火车	
48	呼吸有困难	
49	一阵阵发冷或发热	
50	因为感到害怕而避开某些东西、场合或活动	
51	脑子变空了	
52	身体发麻或有刺痛感	
53	喉咙有哽塞感	
54	感到前途没有希望	
55	不能集中注意力	
56	感到身体的某一部分软弱无力	
57	感到紧张或容易紧张	

续表

题号	症状	轻重程度
58	感到手或脚发重	
59	想到死亡的事	
60	吃得太多	
61	当别人看着你或谈论你时感到不自在	
62	有一些属于你自己的看法	
63	有想打人或伤害他人的冲动	
64	醒得太早	
65	必须反复洗手、点数目或触摸某些东西	
66	睡得不稳不深	
67	有想摔坏或破坏东西的冲动	
68	有一些别人没有的想法或念头	
69	感到对别人神经过敏	
70	在商场或电影院等人多的地方感到不自在	
71	感到做任何事情都很困难	
72	一阵阵恐惧或惊恐	
73	感到在公共场合吃东西很不舒服	
74	经常与人争论	
75	单独一个人时神经很紧张	
76	别人对你的成绩没有做出恰当的评论	
77	即使和别人在一起也感到孤独	
78	感到坐立不安心神不定	
79	感到自己没有什么价值	
80	感到熟悉的东西变得陌生或不像真的	
81	大叫或摔东西	
82	害怕会在公共场合晕倒	
83	感到别人想占你便宜	
84	为一些有关"性"的想法而苦恼	
85	你认为应该为自己的过错而受惩罚	
86	感到要赶快把事情做完	
87	感到自己的身体有严重问题	
88	从未感到和其他人亲近	
89	感到自己有罪	
90	感到自己的脑子有毛病	

测试结果分析：

（1）总分：90个项目所选数字即为该题分数，将分数相加为总分，总分超过160分，需进一步检查。

（2）请与校心理咨询室预约咨询进行进一步测评。

思考与练习

1. 什么是心理现象？如何理解人类的心理本质？

2. 什么是健康？什么是心理健康？心理健康的理想状态是什么？心理健康的标准有哪些？心理健康的主要特征有哪些？

3. 大学生心理发展一般有哪些特点？大学生心理发展有几个阶段？影响大学生心理发展的主要因素有哪些？

4. 大学生应该怎样维护自己的心理健康？

第二章　大学生心理咨询

知识导图

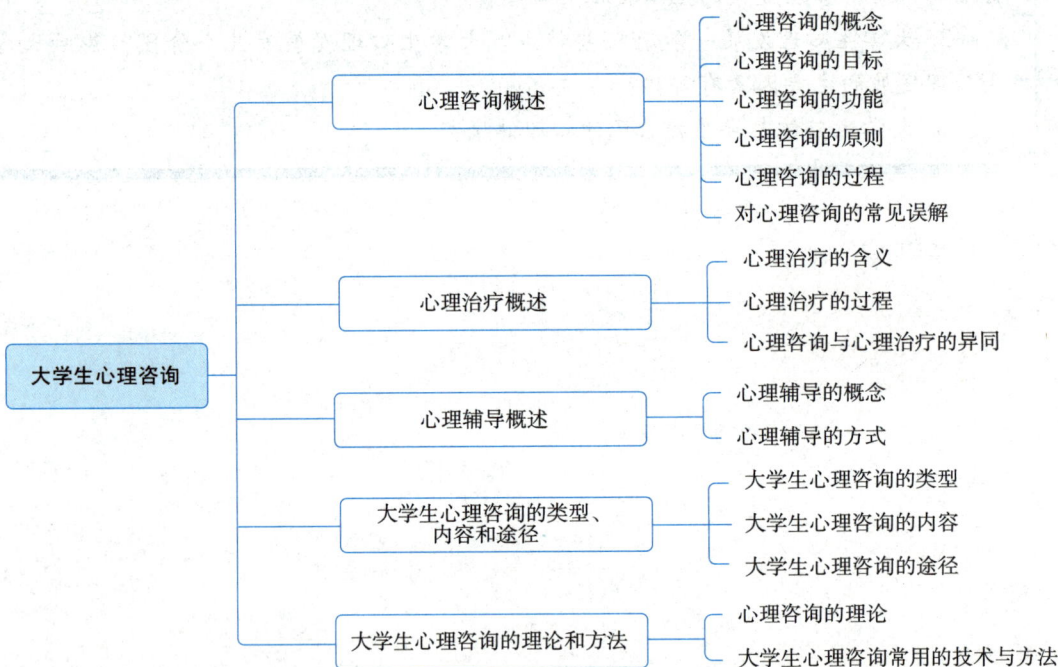

案例导入

　　小宁是某校大一的新生，刚进入大学校园，她对一切都觉得很新鲜。军训结束后没多久，小宁发现自己开始有了说不清的烦恼。首先是晚上睡不好，入睡比较困难，迷迷糊糊了很久才能勉强睡着。晚上睡不好，第二天小宁总是困倦得不行，学习方面也有困难。小宁以前的成绩非常好，现在这样的学习状态让她很是焦虑。以前专注于学习，很少和人交往，到了大学里，她发现身边的舍友都有了一个固定的伙伴，平时一起吃饭、上课、自习，只有自己落单了，心里很不是滋味。看着别人似乎都有目标，小宁越发觉得自己很没用、很失败，经常陷入抑郁状态。她给以前高中时的好朋友，现在在另外一所大学读书的小璐打电话诉苦："小璐，我感觉自己很难受，这段时间特别郁闷。"小璐一边耐心听小宁诉说，一边在脑海里思索着怎么给她建议，突然她想起今天班里发的心理手册，于是说："要不你试着去做个心理咨询？"小宁沉默了一会儿，对着电话那头问："心理咨询？

那不是心理有问题的人才会去的吗?"

　　思考：心理咨询的适用群体是那些心理有问题甚至有心理疾病的人群吗?我们对心理咨询还有哪些刻板印象呢?

第一节　心理咨询概述

　　西方有句谚语："自助者，天助之。"一个人在遇到困难时，最终还是要靠自己来解决问题，但有些人可能误解了这句话的含义，认为求人不如求己，而不去求助。求助在广义上说也是自我帮助的一种形式。自我帮助更多的途径是通过自我学习，包括参加各种技能技巧培训、听讲座、看书、网上和图书馆查阅资料等，自我分析、判断和解决问题。求助则意味着他人的参与，通过他人的帮助来解决自己的问题。他人的帮助相当于书籍、资讯等的作用，但是，他人可能提供更为有针对性的帮助，更能根据你的个人特点和具体情况而进行帮助，因而更为有效。常言道："当局者迷，旁观者清。""不识庐山真面目，只缘身在此山中。"他人的帮助可以让你对自己的问题有更清楚的认识，也可以提供一些解决问题的方法，当然，最后还是需要你靠自己的行动来解决问题。

　　有些学生遇到心理问题时自己没有足够的内在资源去应对问题，而又不知道向谁求助，这种情况致使他们没有寻求心理帮助，以至于不少学生最后出现心理崩溃而造成严重的后果。

一、心理咨询的概念

(一) 心理咨询的含义

　　心理咨询是运用心理学的理论和技术，借助语言等媒介，与来访者建立一定的人际关系，进行信息交流，帮助来访者就问题进行分析、研究和讨论，找出问题的根本原因，探讨出解决的方法，从而解决来访者的心理困扰，帮助其恢复心理平衡，维护身心健康，发挥自身潜能，以有效适应社会生活环境的过程。

　　第一，心理咨询师运用心理学的理论、方法、技术进行心理咨询的过程，建立在咨询师与来访者良好的人际关系基础之上。在咨询中，咨询师运用其专业技能和良好的咨询氛围，帮助来访者学会以更为有效的方式认识自己、与他人相处、与周围环境协调发展，促进个人的成长与发展。

　　第二，心理咨询是一系列心理活动的过程。心理咨询师在咨询过程中运用以心理学为基础的有关理论与技术，帮助来访者更好地理解自己，更愉快地生活。这其中必然包含一系列的心理活动，如来访者对新信息的接受、对新行为的理解与掌握、情绪的调整等。

　　第三，心理咨询是由专业人员从事的服务。心理咨询者必须受过严格的专业训练，拥有这项服务所必需的知识和技能，其中包含对来访者的关注、倾听，对来访者问题的分析与评估，以及在心理学有关原理、技术的指导下，运用各种心理咨询技术帮助来访者。

第四，心理咨询的服务对象，是有一些心理问题或在发展过程中需要得到帮助的正常人，而不是处于发病期的精神病人、智力低下或脑器质性病变的患者。

第五，心理咨询有独特的目标。咨询师在咨询过程中要助人自助，帮助来访者认识自己、确定目标、解决问题，最终使来访者更好地适应社会、完善人格和发挥潜能。

（二）心理咨询的特点

一般而言，心理咨询的特点包含心理性、职业性、限制性、保密性、成长性和自愿性等。

1. 心理性

心理咨询解决的是来访者心理或精神方面存在的问题，而不是帮助个体处理生活中的具体问题。例如，一位生活孤单的大学生，希望咨询师帮他找一位有共同爱好的朋友，或介绍他参加某社团组织；一位考试焦虑的大学生，希望咨询师替他和学校交涉缓考的问题等。显而易见，这些问题都不属于心理咨询的工作范围。

2. 职业性

心理咨询是一种从心理上为来访者提供帮助的职业化行为，而不是一般的帮助活动。在日常生活中，人们也可以互相帮助，如通过谈心交流来缓解别人的紧张情绪、缓解别人的伤感，但这不是心理咨询。心理咨询有特定的目标和任务，有专门的理论与方法，重在帮助来访者分析内心的矛盾冲突，探讨影响其情绪和行为的原因，协助他们进行自我改变，而不是人与人之间一般的社会交往。

3. 限制性

心理咨询强调良好的人际关系。咨询师对来访者的理解和帮助是真诚的，态度是诚恳的，接受是无条件的。因此，在咨询过程中，人际关系的深度要远远超过一般的人际关系。

在这种良好的人际关系中，来访者可以向咨询师袒露自己的隐私、痛苦和软弱；咨询师则帮助对方重新认识和接纳自己。因此，这种良好人际关系的氛围是有治疗功能的，也是非常独特的。但是，咨询师和来访者的良好人际关系，通常只能限定在咨询时空内，一般会随着咨询活动的结束而结束，不能将这种关系延伸到咨询活动以外。

4. 保密性

心理咨询中良好的人际关系是在特定时空内建立起来的具有隐蔽性和保密性的特殊关系。来访者不希望将咨询内容和咨询关系公开化；咨询师也有责任为来访者保守秘密（危及生命安全的除外）。这是咨询师必须遵守的原则。

5. 成长性

咨询是学习和人格成长的过程。通过心理咨询，来访者从不能自强自立到能够自强自立，从不能正确对待自己和他人到学会正确对待自己和他人，从不善交往或具有交往焦虑的困扰到学会怎样与他人和谐相处，减少了内心的矛盾和冲突，最终在生活的各个领域发挥个人的潜能。这些都是在心理咨询过程中实现的学习和人格方面的成长。

6. 自愿性

咨询是来访者的自愿行为。一般来说，只有当来访者感到心理不适，产生主动寻求咨询的愿望时，咨询才有效果。

> **知识链接**

心理咨询专家帕特森提出的心理咨询的特点

1. 心理咨询关注的是来访者主动和自愿的行为变化。
2. 心理咨询是为来访者自主的行为变化提供条件。
3. 和其他所有关系一样，这种关系对来访者有一定的限制。
4. 促使来访者行为变化的条件是通过会话的过程提供的。
5. 心理咨询过程中的倾听是一个重要部分，但是并非所有倾听都是咨询。
6. 心理咨询师理解其来访者是通过有关理论和知识做到的。
7. 心理咨询是在私密环境中进行的，也是保密的。
8. 心理咨询不求教训他人，而求开导他人。
9. 心理咨询不是要替人决策，而是要帮人决策。
10. 心理咨询的首要任务是思想沟通，而非心理分析。
11. 心理咨询是现代人的精神享受，而非见不得人的事情。
12. 心理咨询确信人皆可自我完善，而非人是不能自我逾越的。
13. 心理咨询应增强人的自立能力，而非增强其对他人的依赖。
14. 心理咨询不仅可以帮助他人成长，也可以帮助自己成长。
15. 心理咨询使人更加相信自我，而非更加迷信别人。
16. 心理咨询使人学会多听少言，而非少听多言。

二、心理咨询的目标

心理咨询的目标是协助个体真正了解自己，进而促进自我成长。简单地说，就是助人自助。

（一）学会自我调适

自我调适包括调节与适应两个方面。调节针对的是个体自身内部的心理问题。其重点是自我认知和情绪体验。学会调节就是要学会正确认识自己、接纳自己，确立适当的志向，保持个人心理空间的内部和谐。适应是处理人与环境的关系问题。学会适应就是要掌握正确的思维方式，形成积极的生活态度，养成良好的行为习惯，建立和谐的人际关系，能够及时发现和矫正错误。

（二）学会自我发展

自我发展是针对部分来访者存在的妨碍自身发展的问题提出的，要解决的问题主要是如何充分发挥自身潜能，促进自我实现。寻求发展就是要客观评价自己的能力与潜力，确立适合自己的发展目标，发展建设性的人际关系，充分发挥自身的主动性与创造性，使自己的生活更加积极、有价值。

三、心理咨询的功能

心理咨询能够为大学生提供全新的人生经验和体验，可以展示全新的思维、情感和行为方式。对那些进行发展性咨询的大学生来说，咨询所提供的全新环境可以帮助他们认识自己与社会，处理好各种关系，以便更好地发挥他们的潜能，实现自我价值。那些进行障碍性咨询的大学生可以在心理咨询师的帮助下，逐渐改变思维、情感和反应方式，并学会与外界相适应的方法，提高学习效率，改善生活品质。具体地说，心理咨询具有以下几个方面的功能。

（一）建立良好的人际关系

咨询师与来访者之间建立起一种不同寻常的新型人际关系。在与咨询师的咨询中，来访者可以直抒胸臆而不必顾虑破坏性的后果。在咨询中，来访者可能做出过激的或冷淡的情绪反应，但咨询师要用积极的态度去回应，促进来访者做出新的建设性的积极反应，并成功地运用于其他人际交往中。

（二）纠正不合理观念

来访者确信他们清楚自己需要什么和在乎什么，但实际上并非如此，他们是以种种不合理的观念来进行自我欺骗的。心理咨询促使他们对自己的错误观念进行认真思考，引导来访者以更加合理的信念来取代原有的不合理信念，形成完整积极的自我概念，获得适合社会的新行为，以及采取更加积极的方式应对生活。

> **知识链接**

不合理观念

不合理观念就是个体内心中不现实的、不合逻辑的、站不住脚的信念，即那些绝对化的、过分概括化的、极端化的思想认识。

绝对化的要求是指人们常常以自己的意愿为出发点，认为某事物必定发生或不发生的想法。其特征通常是与"必须"和"应该"或"一定要"这类词联系在一起。如"我必须成功""别人必须对我好"等。

过分概括化是一种以偏概全的不合理思维方式，它是个体对自己或别人不合理的评价，其典型特征是以某一件或某几件事来评价自身或他人的整体价值。比如，个体把"有时""某些"过分概括化为"总是""所有"等，在遭受一些失败后，认为自己一无是处、毫无价值。

极端化是指个体对事物的可能后果做出非常可怕、非常糟糕甚至是灾难性的设想。比如，某人一次失恋后就认为自己再也找不到幸福的爱情了。

（三）深化对自我的认知

心理咨询可以帮助来访者认识到，大部分心理困扰是源于自己尚未解决的内部冲突，而不是源于外界。心理咨询师引导来访者进行自我探索，当人们真正认识自己时，他们也就认识了自己的需要、价值观、态度、动机、长处和短处，而一旦认识了自己，就可以随时根据自己的情况规划自己的人生。心理咨询可以促进来访者人格的完善，为来访者的健康人格修炼打下基础。来访者可以借助咨询的过程，学习新经验，体验新感觉，不断完善自身的人格，从而获得成长。

（四）学会面对现实

来访者一般都喜欢逃避现实，往往会花很多时间回味过去，计划未来，话题总离不开昨天和明天，但总回避今天。来访者总想按照自己的愿望摆脱现实，不仅通过躲避现实来减少自己的焦虑，还经常想方设法求得周围人的支持以利于他们逃避现实。咨询师应促使其认识到这一点，并引导其面对现实。

最后要说明的一点是，心理咨询是咨询师和来访者之间相互合作的过程。也就是说，心理咨询的效果取决于咨询双方相互作用的质量。一方面，咨询师不能主观地下定论，而应从来访者的实际情况出发；另一方面，心理咨询能否取得最后的成功，也需要来访者积极主动地配合。

四、心理咨询的原则

在心理咨询过程中遵循的基本咨询原则是心理咨询的根本要求，是咨询者与来访者建立良好人际关系的重要条件，也是有效运用咨询方法和技术从而获得良好咨询效果的重要保证。心理咨询的基本原则可以概括为以下几个方面。

（一）保密性原则

保密性原则是心理咨询中最重要的原则，它既是职业道德的要求，又是咨询双方建立和维系信任关系的基础，为维护心理咨询工作的信誉以及心理咨询工作的有效开展提供根本保障。然而，对来访者资料保密并非绝对的、无限度的。在某些情况下，允许咨询者公开来访者的资料、违背保密诺言。咨询者在遵守保密原则的总前提下，对以下特殊情况应根据道德准则认可的方式予以处理：第一种情况是在公开案例研究、教学、演讲或发表有关文章而必须使用来访者的个人资料时，要确认交流是在纯专业情景下进行的，并要注意文字技巧，不可透露任何可能体现来访者特征的内容，以避免被他人对号入座。第二种情况是为了来访者的利益，需要与其他咨询者、教师或其父母等交换意见或采取配合措施时，应先确认这样做是为了来访者的最大利益。先需向来访者说明这样做的理由以及其应该如何与第三方交流，得到来访者的同意和信任。第三种情况是咨询者在咨询过程中意识到来访者有强烈的自杀或攻击他人的倾向、破坏公共设施的企图以及法庭要提供个案资料时，可以违背保密规定，并且咨询者不必先将此打算告诉来访者。

（二）自愿原则

心理咨询是建立在咨询者和来访者双方"知情同意"基础上的，来访者必须以完全自愿为前提，咨询者不能以任何形式强迫来访者接受或维持心理咨询，这不仅是对当事人的尊重，也是确立平等信任人际关系的先决条件。

（三）发展性原则

发展性原则是在心理咨询过程中，咨询人员要以发展变化的观点来看待来访者的问题，不仅要在问题分析和本质把握时善于用发展的眼光做动态考察，而且在对问题的解决和咨询结果的预测上不宜轻易将来访者的问题归为某种心理障碍或某种疾病。在大学生心理咨询中，其问题大多只是适应、交往和学习等方面的暂时性困难。因此，咨询者不仅要了解来访者已有的发展历程和结果，还要帮助来访者开发潜能以及提示来访者今后良好发展的可能性和发展方向。

（四）时间限定原则

心理咨询必须遵守一定的时间限制。咨询时间一般规定为每次 50 分钟左右（初次咨询时间可以适当延长），原则上不能随意延长咨询时间。

（五）感情限定原则

感情限定原则是指良好人际关系的确立虽然是顺利开展心理咨询的关键，有利于咨询者与来访者心理的沟通与接近，但也是有限度的。咨询者不要与来访者在咨询室以外亲密接触和交往。

（六）多样性原则

心理咨询的形式多种多样：除了个别心理咨询外，还有团体心理咨询；除了直接咨询来访者外，还有间接咨询；除了面谈外，还有电话、书信、网络等咨询形式。在高校开展心理咨询，多样化的心理咨询形式可以满足大学生们不同的心理需求。

（七）非指导性原则

非指导性原则是指咨询师和来访者的关系不是教导和灌输的关系，而是启发和促进的平等关系。咨询师要充分尊重来访者的价值观，不能强迫对方接受自己的价值观和道德准则，也不能对来访者的言行进行道德评判。咨询师不能代替来访者做决定，也不能直接表示来访者该怎么做。咨询师可以帮助来访者寻求问题产生的根源，和来访者共同探讨、分析、设想问题的解决方案，但不能喧宾夺主，把自己的意见强加于人。决定权应在来访者手上。

五、心理咨询的过程

心理咨询是一种过程，包括一连串有序的步骤和阶段。了解和重视每个阶段的任务以及重点、难点和注意事项，有助于工作的顺利开展和效果的提高。虽然个别咨询的形式多样、流派各异，但是个别咨询的过程一般都可以划分为开始、实施、结束三个阶段。

（一）开始阶段

个别咨询的开始阶段主要包括以下两个环节：收集信息，建立咨询关系；分析诊断。

1. 收集信息，建立咨询关系

收集信息，建立咨询关系环节的主要任务是广泛深入地收集与来访者及其问题有关的所有资料，并与来访者建立初步的信任关系。其主要步骤和要求有：首先，建立良好和恰当的关系。咨询师要给来访者良好的第一印象，给他们以职业上的信任感，并让他们感到你乐意帮助他们。同时，咨询师要以热情而自然的态度、亲切而温和的言行，消除初次见面的陌生感，使来访者的紧张情绪得到放松。其次，通过来访者的自述和询问，了解他们的基本情况、社会文化背景和存在的问题。在这一阶段，咨询师要注意倾听对方的谈话，不要随意打断，避免过多提问和追问，只在必要时才加以引导。

2. 分析诊断

分析诊断的主要任务是根据收集到的材料和有关信息，对来访者进行分析和诊断，明确来访者所存在问题的类型、性质、原因等，以便确立目标、选择方法。其要求和注意事项有：首先，弄清来访者是否适宜做个别咨询。例如，来访者是由家人、亲友、师生送来，而非本人自愿，没有求助的咨询动机；某些人的文化水平或智力极低，缺乏领悟能力；某些人对咨询师持不信任的态度等。通常情况下，这些人都不适宜做个别咨询，因此就要在这一阶段对这些情况进行分析、诊断和确认。其次，对来访者存在的问题及其原因、形式、性质等进行分析诊断。来访者的有些问题可能包括精神病的症状，这属于精神病学范畴，要注意区别和转介。咨询师要对来访者的问题进行辨认，并对其严重程度予以评估，特别是对问题的原因进行分析，必要时可结合心理测量等手段进行诊断和分析。最后，此阶段还要进行信息反馈。咨询师要把自己对来访者所存在问题的了解和判断反馈给来访者，以求证实和肯定，使来访者做出进一步决定，考虑是否继续进行咨询。反馈要尽可能清晰、简短、具体和通俗易懂。

（二）实施阶段

个别咨询的实施阶段包括目标确立、方案探讨和行动实施等环节。

1. 目标确立

目标确立的主要任务是心理咨询的双方，在心理分析和诊断的基础上，共同协商和制定个别咨询的目标。通过个别咨询目标，引导个别咨询过程，并对咨询过程的进展和效果进行监控评估，督促双方积极投入咨询。

2. 方案探讨

方案探讨的主要任务是根据问题性质及其与环境的联系，还有来访者自身的条件、资源、能力、经验等，结合既定的个别咨询目标，设计达到目标的方案。通俗地说，也就是双方共同拟订类似日程表一样的方案，明确双方在什么时间，做什么事情，怎样去做等问题。

3. 行动实施

行动实施的主要任务是根据拟订的方案，采取行动，达到个别咨询的目标。在此阶段，咨询师应以心理学的方法和技术帮助来访者消除各种心理问题，改变不良心理状态，提高心理健康水平。

（三）结束阶段

个别咨询结束阶段的主要任务是对咨询情况做一个小结，帮助来访者回顾咨询工作的要点，检查目标的实现情况，指出来访者的进步、成绩和需要注意的问题，更需注意传达这样的信息：你现在表现得越来越好了。

心理咨询是一个过程，由不同的环节和阶段构成，每个阶段都有各自的任务和侧重点。它们相互关联、相互重叠，形成一个整体。

六、对心理咨询的常见误解

虽然今天的大学生已经越来越注重心理健康了，"心理咨询"一词也不断被提及，但不少同学对心理咨询的认识仍然存在局限性，甚至是一种误解。下面我们列出了一些关于心理咨询的常见误解，并做出解释。

误解一：只有那些有严重心理问题的人才需要心理咨询。

心理咨询是一个涵盖非常广泛的概念，涉及教育辅导、职业指导、心理健康咨询、婚姻家庭咨询等诸多方面。日常生活中每个人都或多或少有些心理困扰，有的心理困扰很快就能得到解决，而有的则不能。心理咨询可以处理正常人在适应和发展方面的障碍，如人际交往、学业、升学就业、调节情绪，恋爱与婚姻及个别变态行为。如果一个人的心理问题长期得不到解决，个体的矛盾冲突加剧，就有可能导致心理障碍的产生，此时就属于心理治疗的处理范畴了。

误解二：心理咨询解决不了任何问题。

心理咨询只能提供咨询帮助，其目的是协助来访者解决自身问题。通过心理咨询，来访者可以更好地了解自己和适应社会，能够在不断成长的同时充分发挥自己的潜能，从而解决问题并生活得更愉快。心理咨询不干预来访者的个人事务，也不帮助来访者解决现实实际困难。

误解三：心理咨询就是灵丹妙药，可以解决所有问题。

在传统的医疗模式中，病人看病，医生开药，病人常常处于医患关系中。一些来访者也抱有这种心态：我来咨询，咨询师就可以帮我解决所有问题。事实上，心理咨询只能通过分析、引导、启发、支持促进来访者的改变和人格成长，最终起决定作用的还是来访者本人的努力。以此，心理咨询的过程是一个互相配合的过程，咨询师与来访者是工作伙伴的关系，在心理咨询过程中，来访者要积极配合，主动表达，与咨询师共同探讨自己产生的心理问题的根源及成因并寻求解决之道。只有来访者自己可以改变自己的生活，只有来访者自己可以为自己的选择和生活负责。

误解四：心理咨询师应该是百分之百的心理健康。

心理咨询师首先也是普通人，要面对生活的各种压力，要调节自己的情绪，甚至因为职业缘故，还可能出现替代性创伤等心理困扰及问题。这正如医生可以给人看病，但同样可能生病一样。只要心理咨询师的个人问题不影响到他的专业操守和专业能力，他仍然可以完成好自己的咨询工作。

误解五：心理咨询就是思想教育工作。

有些人认为心理咨询没多大用处，就是讲些道德，做做思想教育工作。事实上，心理咨询作为应用心理学中的一门重要分支，具有高难度的专业性。它与单纯的思想工作和教育工作有很大区别。思想教育工作的目标更多体现在说服个体关注集体、社会和国家的利益，促使个体遵循社会规范和道德标准，而心理咨询中咨询师持客观中立态度，其目标是促进来访者更好地了解自己，对自己的生活负责，帮助来访者解决自己的问题，更重视来访者的个人成长和人格完善，而不是对来访者进行批评教育。

第二节　心理治疗概述

一、心理治疗的含义

心理治疗是在治疗师与来访者建立良好关系的基础上，由经过专业训练的治疗师运用心理治疗的有关理论和技术，对来访者进行帮助的过程。其目的是激发和调动来访者改善动机和潜能，以消除或缓解来访者的心理障碍，促进其人格的成熟和发展。

二、心理治疗的过程

心理治疗是一个动态的过程，基于心理治疗的复杂性，不同的心理学流派对此看法不一，本节将通常心理治疗的主要过程介绍给大学生。

（一）诊断阶段

诊断阶段的主要任务：收集来访者的基本背景资料，认识其存在的主要问题；确定良好的医患关系；制定治疗的目标。这是个很重要的开端。心理治疗主要取决于来访者与治疗师之间能否建立起互相依赖、合作无间的关系，并基于此种友好的关系而施予治疗。因此，在心理治疗过程中，医患关系的建立是非常重要的。良好医患关系的建立是为了帮助来访者以更合适的方式思考和行事。通过这种关系的内化，来访者可以尝试去改变自己，达到矫治的目的。并非所有的来访者都适宜做心理治疗，因此需要慎重决定治疗的适合性。也就是说，来访者的精神状况达到可以谈话的条件，且愿意接受治疗，才适合心理治疗。

一般来说，治疗师收集的资料越多，对进行心理诊断就越有利。有时候需要来访者做些心理测量甚至生理测量。信息的收集包括三个维度：一是时间维度，即注意来访者过去、现在、将来的有关信息。对来访者过去经历的了解，可以得知其目前的概况。二是思维与情绪的维度，即注意来访者对于自身、他人及有关事件的看法。对思维与情绪的认识有助于了解思维与情绪之间的交互作用，以及理智与思维不协调甚至对立的情况。三是行为维度，即注意来访者怎样待人处世，怎样处理自身所遭遇的各种问题，注意其出现心理冲突时，采取什么应对措施。这有助于了解来访者是怎样一个人，有助于了解其思维与行为之间的关系，并可预测其今后在某事上的反应。

（二）制定目标阶段

在制定目标阶段，治疗者就要和来访者共同协商，明确治疗的目标。即与来访者明确讨论通过治疗解决什么问题，应有什么改变，达到什么程度等。治疗目标的制定应注意以下几点：首先，治疗目标应具体且具有可测性。其次，应切实可行。治疗的目标应是现实的，要根据来访者的潜力、水平及其所受周围环境的限制来确定。超越现实可能性的目标不仅不会使治疗成功，反而会加大来访者心理治疗的难度。最后，应有轻重缓急。有些来访者只有一个治疗目标，而有的来访者可能会有多个治疗目标。因此，要注意分出轻重缓急。当然，在治疗过程中，随着治疗师对来访者的深入了解，治疗目标可能会重新排序，或者也可能引申出其他治疗目标。制定治疗目标后，还需要探讨方案。首先，双方根据问题的性质、程度，来访者个人及环境条件情况，治疗师的策略和技术储备等，结合已确定的治疗目标，设想出各种可能的方案。其次，对这些方案的优劣进行权衡、评估。再次，评价方案应以有效性、可行性和经济作为标准。最后，双方共同确定方案。

（三）实施阶段

来访者的心理障碍是过去很长时间形成的，要解决也需要一个过程，所以心理治疗要持续做一段时间。首先，治疗阶段不能使来访者变成一种被动、接受、依赖的角色。其次，治疗方法的应用也具有试错性。再次，要注意实践以及在实际生活中的迁移应用情况。最后，治疗阶段要经常进行评估。在确定方案后，需要来访者在生活中认真完成治疗师布置的家庭作业，把具体的面对和解决问题的策略、方法应用在生活实践中，通过练习获得经验，发现新问题之后，自己先尝试想办法解决，并且在下一次的心理治疗中讨论。这个阶段的主要工作是：持续的情感疏导、问题梳理和解析；发现生活实践中的问题并做出相应的调整；坚定治疗的方向，进一步完善解决方案，寻找更有效的策略和方法，发现和发展出更有利于解决问题的资源。

（四）结尾阶段

心理治疗实施一段时间，取得满意的治疗效果后，随即应进入结尾阶段，结束治疗。在结尾阶段应注意以下几点：首先，综合所有资料，做结论性解释，并向来访者指出还有哪些应该注意的问题，以便应对将来可能面对的压力。其次，帮助来访者学习应用治疗经验。心理治疗的最终目的，不仅希望来访者能把在治疗过程中所学习到的新知识、体会与经验应用到日常生活里，而且更希望来访者以后不经治疗师指点、帮助，自己也能继续学习、发展，走向成熟。最后，回顾过程，接受离别。治疗全部结束后，治疗师要对整个治疗过程进行回顾性的客观评估，总结经验，吸取教训。有的来访者经过长期心理治疗以后，可能形成依赖治疗师的心理，舍不得结束离别，因此，在结束之前，治疗师必须评估来访者在结束治疗关系时是否会有强烈的感受，从而适当地处理这些感受，使其能接受离别，独立自主。

三、心理咨询与心理治疗的异同

心理治疗是一个与心理咨询既相互联系又相互区别的专业领域。心理咨询与心理治疗的相似之处主要有：两者采用的理论和方法常常是一致的；在强调帮助来访者成长和改变方面，两者是相似的；两者都注重建立帮助者和来访者之间的良好人际关系，认为这是帮助来访者改变和成长的必要条件。但二者的区别也是明显的，心理治疗与心理咨询的区别如表 2 - 1 所示。

表 2 - 1　心理治疗与心理咨询的区别

	心理治疗	心理咨询
接受帮助者	一般被称为病人或患者	一般被称为来访者、当事人
给予帮助者	①精神病医生，以接受医学训练为主，接受心理学训练为辅。 ②临床心理学家，以接受心理学训练为主，接受精神医学训练为辅	①咨询者或咨询心理学家，接受心理学的专业训练。 ②社会工作者
咨询的内容	神经症、人格障碍、行为障碍、心身疾病、性心理变态、处在缓解期的某些精神疾病等	正常人在适应和发展方面的障碍，如人际交往、学业、升学就业、婚姻家庭等方面，也涉及一些变态行为
干预的特点	强调人格的塑造和行为矫正，重视症状的消除	强调教育和发展的原则，重视来访者自身的作用，强调发掘、利用其潜在积极因素，促进来访者自己解决困难
工作地点	必须在有资质的医疗机构里才能进行	既可以在医疗机构，也可以在非医疗机构开展

第三节　心理辅导概述

一、心理辅导的概念

心理辅导是指学校教育者或辅导人员根据学生心理发展的特点和规律，在一种新型的、建设性的人际关系中，运用心理学等专业知识和技能，设计与组织各种教育性活动，为学生提供结合其需求的协助和服务，帮助学生准确认识自己、适应环境，设立符合自身实际情况并且有助于自身发展的目标，在成长的过程中克服困难，增强自身适应能力，形成良好的心理素质，充分发挥个人潜能，进一步提高心理健康水平的过程。心理辅导的对象往往是处在转变或转折时期的普通学生，即他们的心理健康状况良好。心理辅导关注对象的未来，心理干预的重点是预防，根本目标是为防止未来问题的发生提供知识性服务，帮助学生形成良好的心理素质。

二、心理辅导的方式

在方式上，心理辅导员多倾向于采用团体辅导或与个别辅导相结合的方式，在时间上可以伴随着整个教育的全过程，并具有超前性的特点。高校里常见的大学生心理辅导方式主要有朋辈心理辅导和团体心理辅导。中国青年报社 2020 年对中国大学生健康调查显示，绝大多数大学生在面对压力时会主动采取行动，但解决的方式因人而异，其中 51% 的人采用"转移注意力"的方式，45% 的人采用"向同学（朋友）倾诉"的方式，33% 的人采用"运动"的方式，17% 的人采用"大哭一场"的方式，11% 的人采用"在社交平台发布内容"的方式，只有 6% 的人希望通过采用"向专业人士寻求帮助"的方式。可见，对大学生来说，朋辈心理辅导是不可或缺的一种方式。

（一）朋辈心理辅导

朋辈心理辅导是从朋辈辅导衍生出来的概念，是指年龄相当者对需要心理帮助的同学和朋友给予心理开导、安慰和支持，提供一种具有心理辅导功能的帮助。朋辈心理辅导具有自发性、义务性、亲情性、友谊性和有效性，通常由同龄人来担任朋辈心理辅导员。

朋辈心理辅导涉及大学生学习和生活的各个方面，根据辅导内容可分为学习辅导、生活辅导、生涯辅导、适应辅导、不良行为矫治、危机干预等。大学生在学习、生活、情感中经常会遇到挫折、烦恼等，往往需要朋友的指导、安慰和鼓励，正因如此，大学生朋辈心理辅导员的角色定位就是——成长的陪伴者和同行者。尊重、温暖、真诚、积极关注、通情达理，是建立良好咨访关系的必要条件。朋辈心理辅导员需要具备"五心"：爱心、耐心、诚心、细心、虚心。大学生朋辈心理辅导员虽然不属于专业心理工作者，但必须掌握与心理辅导相关的基础知识，如心理学、教育学、社会学等，掌握谈话技巧、倾听技巧、反应技能等。同时，朋辈心理辅导同样需要严格遵循保密原则。

（二）团体心理辅导

团体心理辅导是在团体情境下进行的一种心理辅导形式，它是通过团体内人际交互作用，促使个体在交往中观察、学习、体验，认识自我，探索自我，调整改善与他人的关系，学习新的态度与行为方式，以促进良好的适应与发展的助人过程。

团体咨询的优势和局限性是相对个别咨询而言的，个别咨询是咨询者与来访者通过一对一的交流来解决问题的，而团体咨询与个别咨询的最大区别在于来访者对自己问题的认识和解决，是在团体中通过成员之间的相互交流、相互作用来实现的。因此，团体咨询具有独特的优势和局限性。

1. 团体咨询的优势

团体咨询具有以下优势。

（1）感染力强，影响广泛。团体咨询是多向交流的过程，其中的成员在影响其他成员的同时也受到其他成员的影响。因此，在团体情境下，成员不仅可以从多角度观察自己和模仿多个成员的行为，还可以共同探讨解决问题的方法，从而减少对咨询师的依赖。

（2）咨询效率高，省时又省人。在团体咨询中，一个咨询者可以同时指导多个来访者。在增加来访者人数的同时，也就节省了咨询的人力和时间。

（3）咨询效果好，不易反复。在团体咨询中，成员个体在团体中的言行往往是他们日常生活的复制。在此场景下，他们通过示范、模仿和训练等方法，成员之间进行着交流、探讨和模拟，以寻求解决问题的方法。因此，不仅贴近日常生活，咨询效果好且不易反复。

（4）对人际关系适应不良效果明显。团体咨询对人际关系适应不良者效果明显，特别适宜解决大学生的人际关系问题。部分大学生由于缺乏社会化的经验，在人际交往方面往往存在各种问题，团体咨询则在这方面具有独特的作用。在团体情境中，成员个体之间的真情倾诉和互动，可以有效地增强团体成员之间的信任感及对团体的归属感，这两点是改善不良人际关系的基础。

2. 团体咨询的局限性

团体咨询虽然有许多优势，但是同样也存在不足之处。首先，团体咨询对咨询者的要求相对个别咨询的要求更高。其次，团体咨询中成员个体深层次的问题不易暴露出来。再次，团体咨询中由于成员存在个体差异，因此可能对成员照顾不周或使有的成员受到伤害。最后，在团体咨询中成员间获得的他人隐私可能会给当事人带来麻烦。

第四节　大学生心理咨询的类型、内容和途径

一、大学生心理咨询的类型

（一）发展性心理咨询和障碍性心理

按照心理咨询的性质，心理咨询可以划分为发展性心理咨询和障碍性心理咨询。

1. 发展性心理咨询

在每个人成长的各个阶段，都有可能产生不同的困惑和迷茫，比如，到了一个新的环境如何更好地适应，在面临人生抉择的关口如何做好决策，如何改善人际关系等一切涉及如何才能发展得更好的问题都是发展性心理咨询的范围。发展性心理咨询根据个体的个性特点和

心理发展的一般规律，帮助处于人生不同时期的个体顺利完成心理发展课题和阶段任务，正确面对现实，调整心态，解决心理不适，更好地认识自己和社会，充分开发潜能，增强适应能力，促进个性的发展和人格的完善。发展性心理咨询更着重于某一年龄阶段普遍存在的发展问题，具有群体性和普遍性。大学生的心理咨询大多属于发展性心理咨询，主要解决大学生在正常发展过程中的心理困惑，比如，新生适应、人际关系、学业问题、择业问题等。

2. 障碍性心理咨询

个体因各类心理刺激、社会刺激，引起焦虑、紧张、恐惧、抑郁等不良情绪状态，或因各种挫折引起某些行为问题，有明显的心理冲突和心理症状，心理健康遭到破坏，这类问题的咨询就是障碍性心理咨询。比如，一些大学生一到考试期间就出现明显的焦虑情绪，心理上很痛苦，影响了日常生活。障碍性心理咨询的重点是从根源上消除考试焦虑症状，预防再次复发。障碍性心理咨询解决的心理问题常常具有较突出的个体性和独特性，这些都与个体不同时期的具体生活情境有密切的关系。

知识链接

抑郁症及其表现

抑郁症是指一种以持久的抑郁心境为主，并伴有焦虑、空虚感、疲惫、躯体不适应和睡眠障碍的神经症。抑郁症是 21 世纪严重的心理疾病之一，是最常见的一种情感障碍。当前世界十大疾病中，抑郁症名列第五位。一般情况下，抑郁症患者对自己的看法很消极，对现在和将来也很悲观，对改变自己的状态感到无能为力或无助。有一部分人甚至会出现自杀的念头和行动，如何诊断和识别抑郁症呢？CCMD - 3 标准（中国精神障碍分类与诊断标准第三版）如下。

【症状标准】以心境低落为主要症状且持续至少两周，并至少有下列表现中的任意四种情况。

1. 对日常活动丧失兴趣或无愉快感——情绪。
2. 精力明显减退，无原因的持续疲乏感——行为。
3. 精神运动性迟滞或活动明显减少——行为。
4. 自我评价过低或自责或有内疚感，可达妄想程度——自知力。
5. 联想困难或自觉思考能力显著下降——思维。
6. 反复出现死亡的念头或自杀行为——行为。
7. 失眠或早醒或睡眠过多——生理功能。
8. 食欲不振或体重明显减轻——生理功能。
9. 性欲明显减退——生理功能。

【严重标准】

社会功能受损，给本人造成痛苦或不良后果。

【病程标准】

符合症状标准和严重标准且至少已持续两周。

（二）个体心理咨询和团体心理咨询

按照心理咨询的规模，心理咨询可以划分为个体心理咨询和团体心理咨询。

1. 个体心理咨询

个体心理咨询是咨询师和来访者一对一、面对面的咨询。这是最安全的一种心灵释放形式，也是最常用的心理咨询类型，适合处理个人的心理问题。来访者在这种咨询中直接单独面对咨询师，可以尽情倾吐内心秘密，顾虑较少。

2. 团体心理咨询

团体心理咨询又叫小组咨询，是一位咨询师面对多个来访者，将具有同类问题、共同需求的来访者组成小组，进行共同讨论、指导或矫治，解决共有的发展问题或心理问题。

团体心理咨询的人数没有固定的标准，一般控制在 20 人以内。团队心理咨询创设一个微型社会环境，让来访者看到其他人和自己有着类似的痛苦，达到心理慰藉和稳定情绪的作用，营造成员间相互支持、相互影响、相互理解的氛围。团体心理咨询一次性解决多人的心理问题，效率高，特别适合解决人际交往方面的问题。但难以照顾个体差异，不容易深入挖掘个体的深层次问题。

（三）短期心理咨询、中期心理咨询和长期心理咨询。

按照咨询时间的长短，心理咨询可以划分为短期心理咨询、中期心理咨询和长期心理咨询。

1. 短期心理咨询

短期心理咨询一般在 1～3 周内完成，主要是就事论事。咨询师将精力和时间集中在解决关键问题上，适合处理一般心理问题。

2. 中期心理咨询

中期心理咨询一般在 1～3 个月内完成，咨询计划和方案比较完整，追求中期疗效，适合处理较严重的心理问题。

3. 长期心理咨询

长期心理咨询一般在 3 个月以上才能完成，咨询计划和方案完整、详细、标准，追求彻底解决问题根源，追求长期疗效，适合处理严重心理问题或神经症性的心理问题。

（四）面对面心理咨询、电话心理咨询、网络心理咨询

按照心理咨询的形式，心理咨询可以划分为面对面心理咨询、电话心理咨询、网络心理咨询。

1. 面对面心理咨询

面对面心理咨询是心理咨询中最常见、最主要、最有效的形式，是指来访者直接到心理咨询中心登门求助。

它的优点：（1）针对性强，咨询师能针对来访者的具体问题提供有针对性的服务；（2）了解信息全面，咨询师不仅可以听到来访者叙述的内容，还可以观察其表情动作、情

绪反应等，从而做出准确的判断，及时处理；（3）保护来访者隐私，面对面心理咨询多数以一对一的个别形式进行，可以消除来访者的顾虑，便于咨询的深入；（4）双方及时互动，面对面心理咨询中，咨询师和来访者都可以随时提出问题，并根据对方的反馈信息随时调整对策，有助于双方的互动。

目前，国内各高校、中小学都设立了心理咨询中心，安排专门的咨询场所和咨询师为学生开展心理咨询服务。一些精神专科医院、综合医院和社区也设立了心理咨询科室，由心理学、社会学、医学工作者等参与。私人的心理咨询机构也发展迅速，比如心理咨询工作室、心理咨询与培训机构等。在校学生一般前往本校心理中心进行咨询，一方面本校的心理咨询是免费服务，不会给学生带来经济负担；另一方面本校的心理咨询师对学生的情况更了解，咨询的效果更佳。

2. 电话心理咨询

电话心理咨询是咨询师和来访者之间通过电话进行沟通的一种较方便、迅速的咨询方式。国内不少大中城市已经开设了心理咨询电话热线，在为心理困扰者排忧解难方面发挥了不少作用。电话心理咨询的优势在于咨询双方彼此不认识，来访者心理上更为放松，更能尽情畅诉，适合解决来访者不愿意或不好意思当面求助的问题，如性问题、自杀危机等。但是，电话心理咨询也有不利之处，如信息收集不够全面，咨询师不能充分通过来访者的肢体语言或面部表情了解他的内心世界，传递的信息也有限，并且很多心理咨询的技术也无法在电话里实施。

3. 网络心理咨询

随着网络技术的发展，网络心理咨询也越来越普及。网络心理咨询主要是通过 QQ 聊天、微信视频、微博互动、网络留言答复、电子邮件等形式进行的远程心理咨询。它的优势在于来访者不必出门，在家中就可以进行心理咨询，这对于那些距离太远而不能直接登门寻求心理咨询的来访者，以及由于个人生活风格或生活习惯，不愿意直接面对心理咨询师的来访者来说，网络心理咨询是非常便捷的互动形式。此外，网络心理咨询还可以结合在线心理测量，更有效评估来访者的心理。可以将咨询过程全程记录下来，方便反思案例，但是网络心理咨询很难保证求助者的信息真实性，毕竟网络世界相对现实世界更加虚拟、隐蔽，网络交流也很难保证信息充分交流，有些心理咨询的方法很难在网络沟通中得以运用。

二、大学生心理咨询的内容

大学生遇到自己不能解决的问题，产生了一些情绪困扰而又无法自行调整，且已经明显影响日常生活和学习，可以寻求心理咨询的帮助。

（一）适应与成长问题

从中学跨入大学，进入新的校园环境，部分学生缺乏独立性，处于迷茫之中，不少人出现了适应问题。缺乏独自生活的能力，无所适从，无法适应新的校园环境，出现心理应激状态：一部分学生不能融入新环境、新角色，处于困惑状态，没有适应大学里的学习方式，没有及时掌握大学学习的方法，曾经的学习优势不复存在，造成情绪低落和精神压力；还有一部分学生不能适应大学里的人际交往，无法和舍友、同学磨合，人际关系困难，情绪抑郁。适应不良容易造成迷茫、失落、无助、孤独、失望等心理问题。

（二）情绪困扰问题

处于青年期的学生有着丰富的情绪体验，情绪波动大。不良情绪会影响大学生的个性发展，影响他们对自我的认识和评价，还会影响他们的认知思维水平，降低学习效率。严重的情绪困扰甚至会影响大学生的身心健康。大学生常见的情绪困扰主要有缺乏信心、情绪低落、抑郁消沉、绝望、激动易怒、怨恨、敏感、冷漠、恐惧、嫉妒、压抑、自卑等。当大学生的不良情绪持续较长时间仍然没有好转时，就要考虑寻求心理咨询的帮助了。

（三）学业学习问题

学习是大学生的主要任务之一。大学生的许多心理问题来源于学习。不少大学生无法适应大学学习方式，不仅影响了学业，还影响了心理健康。如缺乏学习动机，缺乏信心，出现学习焦虑、学习拖延与疲劳、记忆力衰退、注意力分散、考试焦虑等学习问题。

（四）人际交往问题

大学生面临的人际交往较之以前更加多样化，同学关系、师生关系、舍友关系、亲友关系、恋爱关系、朋友关系、网络人际关系等错综复杂的人际关系网让大学生不可避免地遇到人际交往的苦恼和困惑。比如，同学不和、师生之间矛盾、舍友冲突、朋友误会、恋人猜疑等，都可能会对大学生的生活、学习、身心健康造成影响，产生不良后果。

（五）恋爱情感问题

爱情是大学校园里永恒不变的浪漫主题。恋爱心理直接影响大学生的学习、生活和未来的幸福。恋爱在给人带来甜蜜幸福的同时，也给人带来烦恼和苦闷。大学生对恋爱情感问题的认识和处理正确与否，严重影响着大学生的心理健康。因恋爱所造成的情感危机，是诱发大学生心理问题的重要因素。恋爱失败往往导致大学生产生心理问题。有的大学生因为心理负担过重而走向极端，导致悲剧，产生重大的社会影响。

（六）自我意识问题

大学生的自我意识正处于发展与成熟的关键时期，自我意识的变化容易影响心理的变化。大学生的特殊社会地位，使他们的自我期望普遍较高，加上多年的校园生活，使他们对现实和未来常常抱着不切实际的幻想，出现了一系列自我矛盾与冲突。比如，主观我与客观我的冲突、理想我与现实我的冲突、渴望独立与依附依赖的冲突、交往需求与自我封闭的冲突、自负与自卑的冲突、理智与感情的冲突等。

（七）择业就业问题

随着高等教育由精英教育过渡到大众化教育，大学毕业生就业难已成为当今社会普遍关注的热点问题。严峻的就业形势使在校大学生产生了巨大的思想压力。大学生的心理普遍不够稳定，认识问题和分析问题能力存在一定的局限性，生理和心理发育明显不同步，加之他们无工作经验，对自我和社会的了解有限，在求职择业过程中往往会出现各种心理冲突和困扰。比如，自我认识模糊、职业选择迷茫、择业焦虑紧张、择业自卑心理、择业嫉妒心理、择业怕苦心理、就业攀高心理、就业盲目依赖心理、自视过高心理、功利心理、从众心理、求稳心理等。

三、大学生心理咨询的途径

目前，我国各高校都设立了大学生心理健康教育中心（如图2-1所示），负责开展大学生心理健康相关活动，如"3.25善爱我活动""5.25（我爱我）大学生心理健康教育宣传月活动"等。根据不同人群的需求，心理中心通过编制心理健康宣传册、举办心理情景

图2-1　某大学心理健康教育中心

剧比赛、开设大学生心理健康必修课、选修课等，宣传和普及心理健康知识。同时心理中心面向大学生开设个体心理咨询、团体心理咨询和朋辈心理辅导，大学生可以根据自己所在高校的微信公众号获取相关资讯。

如果大学生的心理困扰已经无法自行调整，或做了心理咨询也收效甚微，那么可以选择到当地医院的心理门诊或精神科就诊，遵医嘱服药，配合心理咨询，可以起到更好的治疗效果。

如果情况比较紧急，大学生或者身边的同学处在情绪激动或危及生命安全的情况下，可以选择拨打心理危机热线电话求助，如全国热线青少年心理专线 4000 – 100 – 525、希望 24h 热线 400 – 161 – 9995、北京心理危机研究与干预中心热线 800 – 810 – 1117、上海心理咨询热线 021 – 64383562。

第五节　大学生心理咨询的理论和方法

一、心理咨询的理论

心理咨询的理论流派和模式众多，其中对心理咨询过程的性质、目标和方法等方面影响最大的有四大流派的理论：心理分析理论、行为治疗理论、以人为中心的治疗理论和认知行为治疗理论。此外，还有存在主义流派和系流流流派。

（一）心理分析理论

心理分析理论又称精神分析理论，是由奥地利著名心理学家弗洛伊德创建的，也是第一个系统解释心理病理学的理论。该理论强调无意识的冲突对行为的主导作用，认为非理性的意欲与外界现实在内心引起的冲突是造成精神异常的原因。该理论把注意力集中到来访者过去的经历上，探索他们的内部心理动力过程。在精神分析治疗中，咨询者与来访者的关系是影响治疗的关键因素。该理论多用于各种精神症病症的治疗，咨询者主要采取自由联想和释梦等技术来分析来访者无意识的症结，着重研究来访者幼年时期的经历和心理矛盾冲突，从而使来访者产生意识层次的领悟，真正了解其问题的症结所在。

（二）行为治疗理论

行为治疗理论主要来自行为主义的学习原理，其主要代表人物是斯金纳、艾森克和班杜拉等。该理论认为人的行为完全取决于外界因素，人的行为是后天习得的。人之所以产生精神障碍，是人在学习过程中学到了不适应行为的结果。要想纠正不适应行为，也只有通过不断学习和实践才能真正达到目标。行为治疗理论主要通过强化来塑造来访者新的行为，不同的行为由不同的强化过程形成，因此，通过行为分析可以了解行为产生的过程，从而采取操作条件作用和模仿学习等技术帮助来访者对行为进行矫正。

（三）以人为中心的治疗理论

以人为中心的治疗理论的主要代表人物是罗杰斯。该理论认为人对外界的知觉或认识决定了其行为；任何人在正常情况下都有着积极、奋发向上以及自我肯定的潜能；如果人的潜能受到削弱或阻碍，就会表现为心理病态和适应困难。以人为中心的治疗理论研究对个人和社会有意义的问题，关心个人的创造性和自我实现，强调咨询者与来访者之间要建立一种和谐的治疗关系，即创造一种良好的环境，形成真诚相待、互相理解、彼此信任的气氛。这样可以帮助来访者认识自身的价值和潜能，发现真正的自我，使其行为和人格发生建设性改变，达到自我的协调发展。该理论所采用的技术主要是自我暴露和角色扮演等。

（四）认知行为治疗理论

认知行为治疗理论的基础是贝克提出的情绪障碍认知理论。贝克指出，每个人的情感和行为在很大程度上是由其自身认识世界和处世的方式或方法决定的。也就是说，一个人的思想决定了他的内心体验和反应，其出发点在于确认思想和信念是情绪状态和行为表现的原因。20 世纪 50 年代艾利斯在美国创立合理情绪治疗，指出人的情绪来自人对所遭遇的事情所持的信念、评价、解释或哲学观点，而非来自事情本身。合理情绪治疗理论强调认知的决定性作用，认为心理障碍源于不正确的认知，主张改变认知以矫正心理障碍，咨询者的主要作用是帮助来访者建立一个有效的认知结构，帮助来访者以合理的思维方式和信念代替不合理的思维方式和信念，从而最大限度地减少这种不合理认知对情绪带来的不良影响，即以改变认知为主帮助来访者纠正不良的情绪或行为。

（五）存在主义流派

存在主义流派关注个体的存在和意义。存在主义心理学的核心观点是，个体是自由的、有责任的存在，他们通过自我选择和行动来赋予生活以意义。存在主义流派的理论基础是对人类存在的本质和经验的探索。存在主义者认为，个体面临着生死、自由、孤独和意义等基本问题，他们的存在是有限的和不可避免的。存在主义心理学强调个体的主观体验和内心世界，关注他们对于生活和存在的感受和反应。

存在主义流派的代表人物之一是尼采。尼采强调个体的自由意志和自主性，认为他们应该通过自我创造和自我超越来赋予生活以意义。他提出了"超人"的概念，指个体通过超越自身的局限和平庸，追求更高的存在状态。存在主义流派的另一位代表人物是西门·德·波伏娃。波伏娃认为，个体在面对生活的困境和选择时，应该承担起责任并主动地创造自己的意义。她强调个体的自由选择和行动对于塑造他们的存在和实现自我价值的重要性。

存在主义流派的咨询方法注重个体的自我探索和意义寻求。心理咨询师与个体共同探索他们的存在和意义问题，帮助他们对生活的基本问题进行反思和思考。咨询过程中，个体被鼓励面对困境和选择，承担责任并自主地做出决策。心理咨询师通过提供支持、理解和挑战，帮助个体发现和赋予生活以意义，并帮助他们更好地应对存在中的困扰和挑战。

（六）系统流派

系统流派关注个体与其所处环境之间的相互关系和互动。系统心理学的核心观点是个体和环境之间形成了一个相互作用的系统，变化一个部分会影响整个系统。系统流派的理论基础是系统论和家庭系统理论。系统论认为，个体不是孤立存在的，而是嵌入在一个更大的系统中。家庭系统理论强调家庭是一个动态的互动系统，个体的问题和困扰往往源自家庭系统的不平衡和功能失调。

系统流派的代表人物之一是弗里茨·B·西蒙。弗里茨·B·西蒙提出了家庭系统理论的核心概念——家庭规则和家庭角色。他认为，家庭的规则和角色安排对个体的行为和心理健康有重要影响。通过观察和干预家庭系统的互动模式，可以促进个体和家庭的变化和发展。

系统流派的咨询方法注重个体与其所处系统之间的互动和影响。心理咨询师关注个体的家庭和社会环境，以及个体与这些环境之间的相互作用。咨询过程中，个体被视为系统的一部分，心理咨询师通过观察和干预系统中的互动模式和结构，帮助个体调整和改善他们与环境的关系。系统流派的咨询方法包括家庭咨询和结构咨询等。家庭咨询关注家庭系统的互动和功能，心理咨询师与整个家庭系统一起工作，帮助家庭成员改善沟通、解决冲突和建立健康的亲密关系。结构咨询则关注家庭系统的结构和规则，心理咨询师通过调整家庭成员的角色和互动模式，促进家庭系统的平衡和适应。

二、大学生心理咨询常用的技术与方法

在众多心理咨询理论的影响下，心理咨询的方法多达400多种。以下简要介绍几种具有代表性的方法。

（一）心理分析疗法

心理分析疗法即精神分析法，其理论根据是心理分析的理论，多用于对神经症的治疗。心理分析疗法力图破除来访者的心理阻抗，使来访者自己意识到其无意识中的症结所在，并产生意识层次的领悟，了解症状的实质，从而使症状失去存在的意义而消失。其基本治疗方法有五种：自由联想、释梦、阻抗、移情和解释。心理分析法以来访者愿意接受咨询并遵守咨询规则为前提。传统的心理分析疗法的治疗疗程较长，少则0.5~1年，多则2~4年，通常每周会谈3~6次，且不宜间断。改进后的心理分析疗法时间可大大缩短，但一般也需要一个月以上或10次左右。后者可以用于对大学生的心理咨询。

（二）行为疗法

行为疗法又称行为矫正法，来源于行为治疗理论。行为疗法着重于人的外在行为，用来矫正人的某些适应不良的行为和习惯。行为疗法可操作性强、效果好，被广泛运用于咨询实践中，尤其对消除大学生的考试焦虑情绪和强迫症等有特殊作用。常用的基本方法有以下几种。

1. 系统脱敏法

系统脱敏法又称交互抑制法，是由美国学者沃尔帕创立和发展的。利用这种方法主要是诱导来访者缓慢地暴露出导致神经症焦虑、恐惧的情境，并通过心理的放松状态来对抗这种焦虑情绪，从而达到消除焦虑或恐惧的目的。

根据这一原理，在心理治疗时从能引起个体较低程度的焦虑或恐怖反应的刺激物开始进行治疗，一旦某个刺激不会再引起患者焦虑和恐怖等情绪反应时，治疗者便可向处于放松状态的患者呈现另一个比前一刺激略强一点的刺激，如果一个刺激所引起的焦虑或恐怖状态在患者所能忍受的范围之内，经过多次反复的呈现，他便不再会对该刺激感到焦虑和恐怖，治疗目标也就达到了，这就是系统脱敏疗法的治疗原理。

2. 放松疗法

放松疗法又称松弛疗法、放松训练，是一种通过自我调整训练，由身体放松进而导致整个身心放松，以对抗由于心理应激而引发的神经兴奋的紧张，从而达到消除紧张的一种行为训练技术。放松疗法的理论基础是，个体在进入放松状态时，表现为全身骨骼张力下降，呼吸频率和心率减慢、血压下降，并有四肢温暖、头脑清醒、心情愉快、全身舒适的感觉，能促进营养性系统功能的提高，通过调节神经、内分泌系统的功能，可影响机体各方面的功能，从而达到增进心理健康的目的。

（三）以人为中心疗法

以人为中心疗法是以接受咨询的来访者为中心的一种疗法，是根据罗杰斯的自我理念逐步发展而来的。以人为中心疗法关注来访者的情感体验，强调在咨询过程中创造一种以来访者为中心的和谐的咨询气氛。以人为中心的治疗一般不强调技术，而强调咨询师的态度，要求咨询师用尊重、真诚和同感心理咨询中的三个基本要素，与来访者之间建立一个开放的、安全的气氛，协助来访者进行自我探索、认识自身的价值和潜能、发现真正的自我，最终达到自我实现的人生境界。

（四）认知疗法

认知疗法的基本观点是认知过程及其导致的观念是行为和情绪的中介，适应不良的行为和情绪与不合理的认知有关。咨询的关键是指导来访者重新构建认知结构，纠正不合理的思维方式和信念，从而改变行为。其中，心理学家艾利斯创立的合理情绪疗法颇具代表性，其基本理论又称为 ABC 理论，他认为人的情绪和行为障碍不是由于某一激发事件直接引起，而是由于经受这一事件的个体对它不正确的认知和评价所引起的信念，最后导致在特定情景下的情绪和行为后果，这就称为 ABC 理论。

案例分析

丽丽，20 岁，大二女生，性格内向，在高二时与同学小志谈恋爱，虽然家人不同意，但是他们仍保持恋爱关系。进入大学后，丽丽经常给小志买礼物，多次乘车去看小志。上学期间，小志与本系的一个女生关系亲近，并向丽丽提出分手。

丽丽瞬间感到既伤心又气愤，认为生活太不公平，做什么事都没精神，很痛苦。

分析：根据情绪 ABC 理论，B 起着至关重要的作用。同样的事件 A，不同的 B，会导致不同的 C。运用情绪 ABC 理论分析"男朋友提出分手"，不同的信念会导致不同的结果，如表 2 - 2 所示。

表 2 - 2　运用情绪 ABC 理论分析"男朋友提出分手"

A（诱发性事件）	B（信念）	C（结果）
男朋友提出分手	他不爱我了	痛苦、沮丧
	恋人之间存在误会	真诚沟通，相爱需要坦诚相对
	他是一个见异思迁的人	幸亏发现得早，不值得托付终身
	两人不合适	理性，从长远考虑
	……	……

（五）支持疗法

支持疗法一般是咨询者合理地采用支持与鼓励、耐心倾听和解释等交谈方法，帮助来访者认识问题、改善心境、提高自信并培养合理的适应方式，从而减轻来访者的心理负担，促进其身心康复的过程。

支持性心理治疗的基本原则是二元治疗，即一方面直接改善症状；另一方面维持、重建自尊或提高自信、自我功能和适应技能。为了达到目标，治疗师需要检查来访者的现实或移情性人际关系，以及情绪或者行为的过去和当前模式。通过对患者的直接观察而支持患者的防御（通常应对困难处境的方式），减轻患者的焦虑，增加患者的适应能力。

（六）森田疗法

"森田疗法"又叫禅疗法、根治的自然疗法，由日本东京慈惠会医科大学森田正马教授（1874—1938）创立，取名为神经症的"特殊疗法"。森田疗法的治疗原则是"顺其自然"和"为所当为"，鼓励来访者带着症状生活，淡化或转移对症状的关注。主要适用于强迫症、社交恐怖、广场恐怖、惊恐发作的治疗，另外对广泛性焦虑、疑病等神经症，还有抑郁症等也有疗效。森田疗法随着时代变迁在不断得到继承和发展，治疗适应症已从神经症扩大到精神病、人格障碍、酒精药物依赖等，还扩大到正常人的生活适应中。

课堂活动

小小咨询师

目的：

1. 在模拟咨询过程中，让同学了解心理咨询的具体过程是什么。

2. 学会体验心理咨询师和来访者等角色的感觉和专业要求。

时间：约一个小时。

准备：纸和笔，足够的空间。

步骤：

1. 分组：三人一组，随机组合。

2. 秘密大公开：请大家拿出一张白纸，写下困扰自己的问题，然后将写好的纸条收集起来。

3. 漂流瓶：将刚收集起来的纸条打乱，然后随机发给大家，让大家看收到的纸条，并根据收到的纸条想出作为心理咨询师角色应给出的合理解决方法。

4. 小小咨询师：三个人为一组，一个同学扮演咨询师，一个同学扮演来访者，一个同学做观察者。当来访者开始倾诉自己的问题时，咨询师要全身心地投入，通过语言与非语言的观察，尽可能多地了解来访者，并给予积极正面的启发和指导。同时，观察者要记住咨询过程中观察到的咨询师和来访者的信息。咨询十五分钟后，三个角色彼此分享感受。然后，咨询师、来访者和观察者彼此轮流角色互换。

5. 分享：咨询结束后，每组推选一名代表上台交流此次心理咨询的感受。

肢体语言拷贝

活动目的：

1. 通过活动，学会仔细观察、准确理解和清晰表达。

2. 体验彼此信任、沟通融洽、团队合作带来的成就感与快乐。

活动时间：约二十分钟。

活动流程：

1. 全班学生分为若干组，每组十人以上。

2. 每组成员排纵队站好，主持人将写有一个名词的纸条让各组的第一个成员看一眼，然后请他通过肢体语言向其身后的一名成员表达自己所看到的内容，同组成员依次"拷贝"传递；最后一名成员到主持人处，写出自己所得到的信息。

3. 全班学生相互交流，分享感受。

注意事项：

1. 各组成员应避免相互之间的影响；不同小组的"拷贝"内容不可相同。

2. 在游戏的过程中不要发出声音，否则游戏就没有意义了。

3. 肢体语言信息只可在两个人之间传递，不允许集体参谋、交流；已传递完信息的成员和还未传递信息的成员都必须背对着两个正在传递信息的成员。

心理测试

焦虑自评量表（SAS）

填表注意事项：请仔细阅读每一条，把意思弄明白，然后根据你最近一星期的实际感觉进行回答。主要评定项目为所定义的症状出现的频度，其标准为："1"表示没有或很少有；"2"表示有时有；"3"表示大部分时间有；"4"表示绝大部分或全部时间都有。将对应数字填入相应的空格内（见表2-3），并计算总分。

表 2－3　焦虑自评量表

序号	题目	没有或很少有	有时有	大部分时间有	绝大部分或全部时间都有
1	我觉得比平时容易紧张和着急				
2	我无缘无故地感到害怕				
3	我容易心里烦乱或觉得惊恐				
4	我觉得我可能将要发疯				
5	我觉得一切都很好，也不会发生什么不幸				
6	我手脚发抖打颤				
7	我因为头痛、头颈痛和背痛而苦恼				
8	我感觉容易衰弱和疲乏				
9	我觉得心平气和，并且容易安静坐着				
10	我觉得心跳得很快				
11	我因为一阵阵头晕而苦恼				
12	我有晕倒发作，或觉得要晕倒似的				
13	我呼气吸气都感到很容易				
14	我的手脚麻木和刺痛				
15	我因为胃痛和消化不良而苦恼				
16	我常常要小便				
17	我的手常常是干燥温暖的				
18	我脸红发热				
19	我容易入睡，并且一夜睡得很好				
20	我做噩梦				

测试结果分析：

（1）

（2）

思考与练习

1. 什么是心理咨询？心理咨询的程序有哪些？
2. 什么是团体咨询？影响咨询效果的因素有哪些？
3. 大学生心理求助的方法有哪些？
4. 心理咨询的原则有哪些？

第三章　大学生心理困惑及异常心理

知识导图

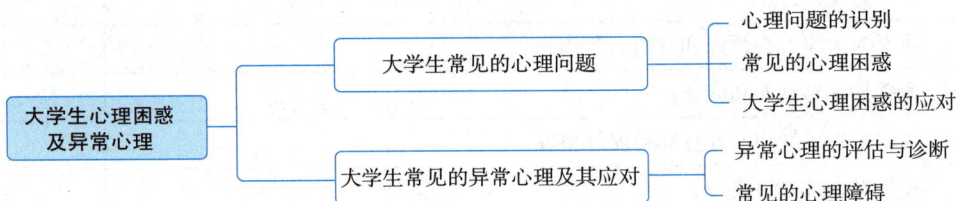

大学生心理困惑
及异常心理
├── 大学生常见的心理问题
│   ├── 心理问题的识别
│   ├── 常见的心理困惑
│   └── 大学生心理困惑的应对
└── 大学生常见的异常心理及其应对
    ├── 异常心理的评估与诊断
    └── 常见的心理障碍

案例导入

心理问题就是心情不好吗？

赵某，女，20 岁，大二，独生女。最近发现自己恋爱一年的男友跟一个漂亮女生经常在一起。询问男友那个女生是谁，男友回复是学生会一个工作伙伴，让其不要胡思乱想，但是赵某越想越怀疑，觉得近期男友对自己怠慢很多，短信也回复得很慢，有时候还不回。所以心里十分烦躁，还跟男朋友吵了一架。最近两周状态很糟糕，情绪焦虑、无心学习，睡眠不好，食欲下降，因此来咨询求助。焦虑自评（SAS）测量结果为中度焦虑；抑郁自评（SDS）测量结果为正常。

思考：咨询师评估赵某为一般心理问题，首先其问题是由现实因素引起，是对男友的怀疑引起的；持续时间较短，两周；反应强度与现实一致，可以理解；反映内容尚未泛化；有很好的自知力，故为一般心理问题。现实生活中，我们该如何区别心理问题呢？

第一节　大学生常见的心理问题

大学生作为一个特殊的社会群体，正处于个体发展、身心成长、知识储备、健康素养培养的关键时期。《中国国民心理健康发展报告（2021—2022）》中指出，大学生的总体心理健康状况良好，其对生活的满意度较高，有 10%～30% 的大学生会受到心理问题的困扰。

一、心理问题的识别

一般来说，心理问题是指人们心理上出现的当事人意识到或意识不到的如情绪消沉、焦虑、恐惧、紧张、抑郁、压抑等消极或不良的心理。每个人在现实生活中的某个阶段，都会在一定程度上存在心理问题，即心理问题是普遍存在的，只是由于不同的人、不同的情境及不同的原因所导致的程度不同而已。就像医学中的感冒发烧一样，每个人都有过患病的经历。心理问题不同于心理疾病，它是由人的外在社会因素或内在精神因素所引发的一系列问题，它会间接地改变人的世界观、性格及情绪状态。

在心理不健康的状态中，根据病程和影响程度的不同，可以划分为一般心理问题、严重心理问题及心理疾病边缘三种类型。

1. 一般心理问题

一般心理问题是由现实因素激发的，持续时间较短，情绪反应能在理智控制之下，不严重破坏社会功能，是情绪反应尚未泛化的心理不健康状态。其突出表现为心理压力较大、人际关系不协调、家庭关系不和、情绪困扰等生活矛盾带来的心理不平衡与精神压抑状态。

判断条件：现实因素导致冲突，体验到不良情绪；不良情绪不间断地持续满一个月或持续两个月仍不能自行化解；不良情绪仍在相当程度的理性控制下，能始终保持行为不失常态，社会功能基本维持正常，但效率有所下降；不良情绪的激发因素仅仅局限在最初事件，没有泛化现象。

对一般心理问题，除了依靠学校心理咨询机构外，还可以靠有经验的班主任、辅导员和朋辈心理协会同学的帮助，有时也可自行化解。如果不及时解决，任其发展，很有可能发展为严重心理问题。

2. 严重心理问题

严重心理问题是由相对强烈的现实因素激发，初始情绪反应剧烈、持续时间长、内容充分泛化的心理不健康状态。当事人内心深感痛苦，自身难以摆脱，有时常伴有一定程度的人格缺陷。严重心理问题一旦形成，单纯地依靠非专业性干预难以解决，对生活、工作和社会交往均有一定程度的影响。

判断条件：现实刺激较为强烈，对个体威胁较大；痛苦情绪间断或不间断地持续两个月以上，半年以下；多数情况下，会短暂地失去理性控制，对社会功能有一定程度的影响；痛苦情绪不但能被最初的刺激引起，而且与最初刺激相类似、相关联的刺激，也可以引起此类痛苦，即反应对象被泛化。

3. 心理疾病边缘

心理疾病边缘这种不健康状态，已经接近神经症等心理不正常状态，或者它本身就是某种疾病的早期阶段。主要表现是注意力涣散、偏执、意志薄弱、有幻觉或不系统的妄想，但自制力仍然部分保留或基本完整，在精神紊乱的基础上产生某些怪异行为。对于出现这种情况的大学生，同学们要及时将情况反馈给班主任或者学校心理中心的相关人员，对其进一步鉴别之后，送精神科专科医院确诊和治疗。

二、常见的心理困惑

（一）学业困惑

大学的学习特点与中学阶段有明显的不同，针对大学生学业的调查显示，大学生学习方面主要存在以下几个问题：（1）学习动力不足。在大学生生活事件量表中，列在第一位的是学习压力大。调查结果表明：有69.6%的新生和54%的老生感到"学习难度加大，非常困难"；曾有学生在调查时，写道："学习始终不能进入状态，总感到是在巨大的考试压力下被动地学，而静下来想为什么学时，会感到很苦恼。"针对大学一年级学生的调查显示认为"学习负担重，难以应付"的占70.4%。（2）学习目的不明。很多同学为了应付不得不参加的考试、不能不做的事而学习。至于为何学，很多学生会回答为了能够考试过关。很多进入大学的学生，在中学时代，各方面表现都很出色，进入大学后，沿着中学的惯性学习，尽管成绩还算理想，却常常感到心力交瘁，学而无所获。面对就业市场的巨大压力，很多大学生虽然也感到危机重重，但真正想多学一点时，却提不起精神来。（3）学习成绩不良。学习困难的学生虽然在大学生群体中所占的比例并不大，但他们的负性情绪对自己的成长是很不利的。一些学生在进入大学之前，一直是尖子生、优等生，受到老师的关注，但进入大学之后变为普通学生，个人自制力弱，因而学习成绩总是不理想，从而感到自卑，也感觉大学生活十分压抑。（4）学习动机不纯。市场经济的利益杠杆也直接影响着学生，对于学习，学生表现出空前的功利意识。还没有学的课，学生问的第一个问题是"我学习这门课有什么用？"，校园内出现基础课、专业课门前冷落，技能类课程如计算机、外语、股票等却门庭若市的现象，以及学生"考证热"都与学习功利化有关。

（二）适应问题

从中学进入大学是人生的一个重要转折。在这个转折中，生活环境、人际环境、人际关系的改变使大学生难以适应而产生矛盾和困惑。对绝大部分大学新生来说，他们面临着陌生的校园、生疏的新群体，多数大学生首次远离家门，离开长期依赖的父母及其他亲人、朋友和熟悉的环境，意味着今后将开始独立生活，所有的事都要由自己来决定和解决。所有这些都会给大学生带来不同程度的环境应激。主要表现有两种：（1）生活能力弱。很多大学生在之前的生活中对父母的依赖性比较强，进入大学后，没有了家庭的照顾，不少学生生活中不能自理。主要表现为：缺少了父母的呵护，不知什么事情该做什么事情不该做、该怎样做，常常丢三落四；生活没有规律，影响了身体健康和正常的学习；习惯了家里的优越生活环境，认为学校条件差，不习惯过集体生活，也不能很好地处理与寝室同学的关系；没有住校经历，不会料理简单的日常生活事务，如收拾内务、清洗衣物和被子等；部分毕业生面对竞争日益激烈的人才市场，显得思想和心理准备不足，一味等待家里想办法。（2）耐挫能力差。可以说大部分学生在过去的学习生活中，家里由"父母捧着"，学校由"老师宠着"，可谓是"一路高歌到大学"。进入大学后，面对学习、生活等方面的压力和挫折，他们显得无所适从，反映出种种不良心理。主要有：因学习成绩不佳而产生紧张、厌倦情绪；因人际关系不协调而产生羞怯、孤独心理；因失恋而产生绝望、自弃情绪；因就业困难而产生烦躁、焦虑情绪；因身体疾病或生理缺陷而产生自卑、失望情绪等。家庭经济困难的学生在独立性、未来感、自由感、自信心等方面更容易受到挫折。

案例分析

迷茫的大学生活

　　小李的家乡在千里之外的一个小县城。小李刚入校时踌躇满志，但那股兴奋劲很快就消失了，随之而来的是强烈的失落和空虚。小李晚上经常失眠，心情烦躁，时常感到精神紧张，总觉得哪里都很不对劲。小李发现大学校园高手如云，自己获得的那些荣誉根本不值一提。大学生活比中学复杂，校园活动丰富多彩，新鲜事物令人应接不暇。小李常常思考，我为什么上大学？我的目标在哪里？我这几年应该怎么过？这些问题一直让小李感到强烈的不安和担忧。

　　分析：老师分析认为小李的问题就是典型的适应不良，面对新的环境，新的挑战，小李产生了迷茫、焦虑的不良情绪。

（三）恋爱与性问题

　　大学生的年龄特征正处于青春期的中期，生理上趋于成熟，心智上有了一定的发展，对爱情生活有所向往和追求。因此，大学生谈恋爱是一种普遍现象。虽然谈恋爱并非大学生的必修课，但是如何正确处理爱情与学业的关系是大学生必须掌握的。一些大学生因单恋而自闭，因热恋而无心学习，因多角恋而内心焦灼，而且大学生因为社会阅历尚浅，心理承受能力较差，而自身期望值又高，还很容易冲动，一旦失恋，往往不能妥善处理，造成爱情悲剧：伤害对方的有之；精神分裂的有之；厌恶俗世、破罐破摔的有之。还有个别学生因恋爱发生越轨行为而懊恼、悔恨，因担心怀孕或已经怀孕而不知所措。再加之由于性教育的缺乏，使一些大学生产生性与爱的困惑，对自己的性心理缺乏正确的认知和评价，因而对自己的性心理感到困惑、不适，对性欲和性冲动感到不安、羞愧和压抑，这些都会影响大学生的心理健康。

案例分析

失恋的挫败感

　　小阳是高校大一男生，开学两个月，宿舍四个同学有两个人谈了恋爱。过了一段时间，宿舍里另一个男生也谈恋爱了。他觉得好孤单也开始追求女生，可是追了好几次、都被女生拒绝。想到舍友都恋爱成功，沉浸爱河，自己却连个女朋友都追不到，小阳觉得自己缺乏魅力，渐渐地变得很自卑，很少主动与女生交流，成绩也一落千丈。

分析：大学中有许多人是为了谈恋爱而谈恋爱，在一开始就抱着错误的恋爱动机去恋爱，自然容易出现问题。小阳就是这样，因攀比、孤独而寻求恋爱，因为被拒而引发自卑，认为自己对异性没有吸引力，不敢坦然与异性交往，出现自我评价偏差。

（四）人际关系问题

进入大学后，面对全新的生活学习环境和新的老师新的同学，部分同学不懂得如何处理新的人际关系，不知道如何与人沟通，不懂得交往的技巧与原则，容易产生不良心理问题。"心里话儿对谁说？"成为学生普遍的困惑。

一些大学生是独生子女，以自己为中心的意识比较强，缺乏合作精神，另外由于家长的过分呵护造成他们缺乏独立为人处世的能力，往往对如何去关心别人想得较少，却又迫切希望得到别人的认可。再加上每个人待人接物的态度、个性都不尽相同，以及大学生青春期特有的羞怯、敏感和冲动心理，容易使他们面临孤独、抑郁、焦虑、沮丧等心理问题。比如，有的同学想与异性同学多往来，但一见异性同学就脸红；有的同学想与老师多交流，但一见老师就紧张；有的同学与其他同学发生了误会或口角，也不知如何正确去解决等。调查表明，30%的新生认为"没有朋友"，25%的学生感到"孤独、寂寞"，对与人主动交往，45%的学生更希望自己成为交流的对象而不是交流的直接发起者。与此同时，由于个体间正常的交往不够，又容易引发猜疑、妒忌等，不利于学生的健康成长。

（五）生涯与就业问题

近年来，由于社会竞争的加剧，就业市场的不景气，大学生就业难成为社会现状。很多大学生缺乏足够而必要的就业心理准备，毕业甚至未毕业时就出现了严重的就业心理压力。具体表现为：无法紧张有序地进行大学后期的学习，整日忧心忡忡、情绪低落，出现严重的心理焦虑和躯体不适，心理承受能力越发脆弱。如不及时排解、调适，往往会发生心理崩溃，导致消极、负面的后果。在面临强大竞争时，有的学生还缺少必要的生涯规划，在学校学习的过程中缺少目标，没有方向，感到迷茫，觉得生活没意义，这也是心理问题的来源之一。

三、大学生心理困惑的应对

面对飞速发展的现代信息社会，大学生在竞争激烈的学习、生活环境中遇到困扰是在所难免的，也许我们无法改变环境，但我们可以改变我们的心境，也许我们无法回避挫折，但我们可以选择勇敢面对。在遇到心理问题时，我们要积极自助和主动求助，向健康出发。

（一）积极自助

在现实生活中，很多同学爱拿自己的劣势去比别人的优势，因而觉得自己处处不如别人，也就是说这些同学看不到自己拥有的东西，其实正如作家村上春树所说，不存在十全十美的文章，如同不存在彻头彻尾的绝望。他还说过，不必太纠结于当下，也不必太忧虑未来，当你经历过一些事情的时候，眼前的风景已经和从前不一样了。解决和预防心理问题最好的方法便是积极自助，进行自我调整，具体可以采取以下做法。

1. 积极参加心理健康教育活动

心理健康教育是一门影响大学生终生发展和幸福的学科。大学生要转变过去重智育、轻德育的传统观念，积极参加各类心理健康教育活动，学习心理健康的科学知识，掌握心理调适的基本方法。

2. 进行积极的人际交往

通过人际交往，大学生可以进行思想的碰撞、启迪彼此的人生，有利于个人的成长，因此大学生应进行积极的人际交往，丰富自己的人生，实现自己的人生价值。

3. 学会管理和调整情绪

良好的情绪有助于发挥人的潜能，提高学习和工作效率。调整情绪可以从培养乐观的心态开始，相信未来、拥有希望，赶走自己心中的阴霾。

4. 学会应对挫折

就像世界上没有一条笔直的河流，也没有一棵不经历风雨的树一样，人生不可能不遇到挫折。挫折就是磨刀的石，水不磨不锋利；火上的锅，锅不热炒不出好菜；河床上的鹅卵石，石不冲不光亮。任何人的成长与成功都不是一帆风顺的，都是在跟挫折和困境斗争中获得进步的。在应对挫折的过程中我们首先要保持乐观的心态，如你遇上了塞车，着急也没有用，何不利用这个时间听听音乐什么的，放松一下也就过去了。其次要学会欣赏和悦纳，孟子曰："行有不得，反求诸己。"这句话的含义是：事情做不成功，遇到了挫折和困难，或者人际关系处得不好，就要自我反省，一切从自己身上找原因。要微笑着面对困难，多从自己身上找原因，不断地完善自我是应对挫折和困境的好方法。接下来要坚定理想与信念，事实证明，一个人只要坚定自己的理想和信念，遇到再大的困难都不会屈服的。最后要不断调整阶段性目标，使自己的目标容易实现，个个目标都能达成的话，自信心就会不断地增强，即使出现一些不如意，也能客观地去面对。

知识链接

NLP 五步脱困法

心理学研究表明，人可以通过改变说话方式来改善绝对化的思维方式和错误认知，明确行动目标和途径。你也试试吧！NLP 五步脱困法如图 3-1 所示。

①困境：我不能做到 X。例如，我不能做到主动结识新同学。

②改写：到目前为止，我尚未做到 X。例如，到目前为止，我尚未做到主动结识新同学。

③因果：因为过去我不懂 Y，所以到现在为止，我尚未做到 X。例如，因为过去我不知道人际交往技巧，所以到现在为止，我尚未做到主动结识新同学。（注意："因"必须是某些本人能控制或有所行动的事。）

④假设：当我学会 Y，我便能做到 X。例如，当我学会人际交往技巧，我便能做到主动结识新同学。

⑤未来：我要学会 Y，使我能做到 X。例如，我要学会人际交往技巧，使我能做到主动结识新同学。

图 3-1　NLP 五步脱困法

（二）主动求助

俗话说"当局者迷，旁观者清"，当我们遇到心理问题时，可以主动求助，除了向亲友倾诉、寻求帮助外，我们还可以求助于专业的心理咨询师，他们可以为我们提供最专业的心理帮助。首先，心理咨询的内容是完全保密的，可以消除大学生害怕同学、老师、家长、朋友知道自己隐私的顾虑。其次，心理咨询师都受过专门、系统的心理学培训，可以更专业地帮助大学生解决心理方面的问题。寻求心理咨询是帮助你维护自己心理健康做出的成熟而理性的选择，是强者的表现，是一种积极的人生态度。

第二节　大学生常见的异常心理及其应对

一、异常心理的评估与诊断

心理异常是大脑的结构或机能失调或者人对客观现实反映的紊乱和歪曲，既反映为个人自我概念和某些能力的异常，也反映为社会人际关系和个人生活上的适应障碍。

鉴别心理正常和异常至今没有公认的统一判断标准，非专业人员判断正常与异常心理，可以依据生活经验，尽管这种做法不太科学，但也不失为一种方法，可以归纳为以下四点。

（一）离奇怪异的言谈、思想和行为

如果有人对你讲："我是联合国督察大使，主管世界所有国家的军政大事，昨天我刚从莫斯科回来，明天飞往纽约，找美国总统特朗普，让他陪我检阅波罗的海航空母舰。"又如，大街上见到一人披头散发、满脸污垢、满街乱跑、行为怪异。这时，尽管你不是变态心理学家或精神科医生，你也可以判断他们的言行是异常的。

（二）过度的情绪体验和表现

如果一个人终日低头少语，行动迟缓，与人交流十分吃力，甚至词语不连贯，词不达意，未开言先流泪；流露出对生活的悲观失望情绪，失去兴趣，觉得现实世界似乎笼罩在灰蒙蒙的雾中；或者，一个人彻夜不眠，时而唱歌，时而跳舞，言语兴奋，东扯西扯，滔滔不绝。这时，你可以根据自己的生活经验判断，他的行为已经偏离了正常。

（三）自身社会功能不完整

如果一个人怕与他人目光相对，为此而不敢见人；作为一个大学生，不愿意参加任何活动，经常逃课，躲在自己的世界里我行我素，躲进小楼成一统，管他冬夏与春秋；作为一个社会人，不愿意参加工作，成天在家里"啃老"；面对种种矛盾不能正确处理，感情上不能与别人沟通，惧怕各种形式的冲突，时常感到孤独和不被理解。你碰到这样的人，也会依据自己的生活经验，认定他的行为偏离了正常。

（四）影响他人正常生活

生活中有一些人缺乏对自己或他人的尊重，说话、做事不考虑后果和影响，不考虑环境条件，旁若无人，无是非标准，做事缺乏持久性；行为失常或做出无效的行为，对自己的不良行为感觉不到可耻和不安；时常怀疑别人，以敌对的态度面对他人，固执己见，难以接纳他人的意见，不讲道理，经常会对别人造成伤害而不自知。如果这样，你可以判断："对方的精神有问题！"这同样是依据生活经验做出的判断。

二、常见的心理障碍

心理障碍是由于心理创伤所造成的心理失常，表现为神经症和心身障碍等，如焦虑症、强迫症、神经衰弱、抑郁症等。这类问题的解决不仅需要心理咨询，而且需要采用心理治疗的手段。即解决这类问题，不但要提供信息，进行方法的指导，还要采用一定的心理矫正术进行矫正。

（一）神经症

神经症又称神经官能症，是一组轻性心理障碍的总称。神经症是由心理因素引起的，基本都是主观感觉方面的不良，没有相应的器质性损害。表现为当事人一般社会适应能力保持

正常或影响不大，有良好的自知力，对自己的不适有充分的感受，一般能主动求治。神经症也是门诊中最常见的疾病之一，患病率相当高。神经症根据不同症状又可分为多种类型，大学生群体里，常见的有神经衰弱、焦虑症、抑郁症、强迫症、恐惧症等。

1. 神经衰弱

神经衰弱是由于大脑神经活动长期持续性过度紧张，导致大脑的兴奋和抑制失调，精神活动能力的减弱而产生的心理障碍。

（1）神经衰弱的诊断标准。

①衰弱症状。来访者脑力易疲劳，感到没有精神，自感脑子迟钝，注意力不易集中或不能持久，记忆力差，效率显著下降，体力也易疲劳。

②情绪症状。烦恼，心情紧张而不能松弛，易被激怒等，可有轻度焦虑或抑郁。

③兴奋症状。感到精神易兴奋，表现为回忆或联想增多且控制不住，伴有不快感，但没有语言和运动的增多。

④肌肉紧张性疼痛。自觉头部发胀或有紧缩感，似乎头皮变厚或像是戴了一顶橡皮帽，头晕、头痛、机体肌肉酸痛等。

⑤睡眠障碍。如入睡困难，多梦，醒后感到不解乏，睡眠感丧失（实际已睡，自感未睡），睡眠节律紊乱（夜间不眠，白天无精打采和打瞌睡）。

此外还有心悸、气短、多汗、肢冷、腹胀、尿频、遗精等植物神经功能紊乱症状。

上述必须具备三项以上时，才可判断为神经衰弱，其中睡眠障碍最主要。

（2）常见致病因素。

①遭遇某些负性生活事件。如亲人死亡，与家人、同学或导师及上级领导关系紧张，失恋、学业上的失败等，有这些负性生活事件所引起的忧虑、愤怒、怨恨、委屈及悲伤等情绪体验，可导致大脑皮层的神经活动失调，进而发生神经衰弱。

②生活及学习安排不当、杂乱无章，对所计划或规定完成的学习任务难以完成时所产生的慌乱或紧迫感，以及对学习、生活环境突然改变的适应困难等，也可促使大脑神经活动的过度紧张而产生神经衰弱。

③学习及脑力劳动时间过长，缺乏良好的休息和睡眠，同时伴有思想负担或压力，或者对学习或工作不满，但又非要完成不可，由此所产生的抵触情绪也往往易导致神经衰弱的发生。

④身体患有某些急慢性疾病、长期失眠及其他可能削弱机体机能的各种心理因素均能助长神经衰弱的发生。

⑤个性及体型也与神经衰弱的发病有关。多数来访者病前的性格偏于情绪不稳、敏感多疑、易激怒、急躁、自制力差、心胸狭窄、胆怯等。此外，患神经衰弱者大都属于身体瘦长和肌肉不结实的无力体型。不过，神经衰弱除少数是由于某种过强精神刺激引起外，大多是上述多种原因共同作用所致。

2. 焦虑症

在日常生活中，很多人都体会过焦虑情绪。焦虑是一种情绪反应，是个体在面临不良刺激或预感到会出现挫折情境时所产生的一种复杂的、消极或不愉快的情绪状态。轻度焦虑是正常的情绪反应，例如，考试之前的夜不能寐，参加演讲比赛前的忐忑不安，这些暂时性的轻度焦虑不属于焦虑症。焦虑症是一个人在毫无缘由或在一些无关紧要的情况下，呈现出严重的焦虑不安、胆战心惊等症状，而这些症状并非由实际威胁所引起，其紧张及焦虑的程度与现实情况很不相称。

案例分析

焦虑的小玉

大二女生小玉是乡里唯一的大学生，家人对她寄予很高的期望，这让她觉得压力很大，常常担心学不好怎么办，上课时注意力无法集中，每晚看书直到凌晨。半年前某个深夜，小玉突然觉得呼吸困难，醒来后胸部疼痛，好像生命就快到终点了。起初她以为是心脏的问题，看了医生，做了检查，结果都说很正常。可是那种痛苦的感受还是随时会发生。这几个月来，她常常感到一种莫名其妙的紧张、恐惧，有时会突然出现心慌、气急、胸闷、心神不定、焦躁不安等症状，有一种大祸临头的感觉，这让她非常痛苦。

分析：小玉的表现是典型的焦虑情绪引起了躯体化的表现，呼吸困难、胸部疼痛等。需要及时就诊，接受系统的心理治疗。

（1）引起焦虑的原因。

①遗传因素。据研究，单卵双生子的同病率为35%，高于全部其他的神经症。

②心理因素。心理素质在焦虑症的发生中也有着重要作用。焦虑症来访者大都谨小慎微、胆小怕事、情绪不稳，对轻微的心理挫折或身体不适极易发生焦虑和紧张。

③精神压力因素。当人们长期面临威胁，处于不利环境之中，或遭遇重大的生活事件如亲人死亡等，就更易于发生焦虑症。值得注意的是，儿童时期的创伤性体验常会由于现实生活中某些事物的唤起作用而诱发焦虑症。

（2）焦虑症分类。

①急性形式，或称惊恐发作，指来访者常出现大祸临头或死亡来临之感，使他们恐惧不安、尖叫或逃离，同时伴有心慌、心悸、心急等，发作时通常可持续数分钟。

②慢性形式，或称普遍性焦虑，比前者更为常见，主要表现为精神不安、心情紧张和容易激怒等，有时感到心惊肉跳、头痛、背痛、全身颤抖等，来访者常因不明原因的惊恐感而意志消沉、忧虑不安，夜间入睡困难。

3. 抑郁症

抑郁症又叫忧郁症，是最常见的一类情绪障碍。该症主要是对痛苦经历的抑郁反应，但抑郁的程度常与其痛苦经历不相称。通常表现为情绪低落、焦虑不安、凄凉悲哀、暗自伤心落泪，对任何事物都不感兴趣，不愿与人交往，感到处处不如意，总觉得有什么不幸的事情要发生，甚至悲观厌世，觉得活着没意思，想以死来寻求解脱。此外，他们常伴有身体不适感，如食欲减退、失眠等。

（1）诊断标准。

①对日常事物丧失兴趣，无愉快感。

②精力明显减退，无原因的持续疲劳感。

③精神运动性迟缓或激起。

④自我评价过低，或自责，或有内疚感，可达到妄想程度。

⑤联想困难，或自觉思考能力显著下降。

⑥失眠，或早醒，或睡眠过多。

⑦食欲不振，或体重明显减轻。

⑧性欲明显减退。

以上症状标准中至少有四项，以心境低落为主要特征，并且症状持续至少两周。此外，要参照严重程度标准，或者社会功能受损，或者给本人造成不良后果，至少符合情况之一。

（2）原因。

抑郁症由多种原因引起，主要是心理因素。绝大多数来访者都是由一定的负性生活事件所引起，如亲人死亡、与亲友分离、较大或慢性伤病、工作学习上的挫折及经济问题等。但这些负性生活事件之所以会导致本症的发生，与下列一些基本因素有关。

①来访者病前多情绪不稳、性格不开朗、思虑过多、依赖心重等。这些性格特点使他们对负性生活事件的反应强度和性质起着决定作用。

②由于在生活中遭受的挫折或损伤所引起的心境突然改变，破坏了其情感生活的平衡。

③突如其来的打击使自尊心受到严重伤害，动摇了所有自信心和价值观。

知识链接

抑郁情绪的自疗

第一步：把消极念头写在纸上。

写下之后坐下来读几遍，想想是否合理，若认为不合理，写上几句评语。当一种消极念头淡化了，你再把写的东西看两遍，自然会觉得幼稚可笑，还可以趁机讽刺自己几句。

人的各种消极情绪都来源于自我认识，克服认知障碍可以帮助你调整自己的消极思想。

（1）别求尽善尽美。事事不要追求完整无缺，比如，在公共场合被人骂了一句，觉得损害了自己的形象，转而又埋怨自己不好，认为自己无能，处处都倒霉。其实，这是自寻烦恼。

（2）别对自己太绝对。对过失看得太重，进而在思想上走极端。被异性甩了，便认为所有的异性都不好，再也不与异性交往了。如此下去，只能是凄凉、孤独伴随着自己。

（3）别盲目下结论。人生在发展，千万别草率地给自己下结论。一次考试考砸了，就说自己一辈子没出息。别人说一句话，可能并不是冲你来的，你偏往他故意刺激你那里想，当然觉得处处不尽如人意。

（4）改变自责的习惯。明明是小偷掏了你的腰包。你却想：如果今天不上街就不会发生这件事了。什么事做完以后都对自己挑别一番，什么事都后悔，当然再做什么事时，总是畏畏缩缩、顾虑重重。

第二步：走出体验圈子。

产生抑郁情绪往往是人给自己套上了枷锁。若在平常环境中无法排除抑郁情绪，可以到新的环境中去，到人群中去，在新环境中驱散烦恼。例如，与老朋友聚会、聊天、旅游，与家人团聚、共享天伦之乐，发展自己的业余爱好等；此外，听音乐、参加体育运动和兴趣收藏等也会引发正向情绪。当然，还可以通过主动帮助别人的方式让自己体会到人生的价值与快乐，"送人玫瑰，手留余香"，帮助别人可以从心理上获得自我肯定和鼓励。

第三步：放松肌肉。

静静地躺在床上，伸直腿，闭上眼，自然呼吸，注意空气从鼻腔、口腔、喉部进入肺部的过程，让全身处于全部松弛状态。默默地体验肌肉放松时的愉快感。走路时，放松四肢，学会昂首阔步。随着肌肉的放松，心境也会开朗起来。

4. 强迫症

在日常生活中很多人会有强迫倾向，比如，走出宿舍楼，忽然想起可能忘记锁门，这个念头一出现便有些担心，回去检查发现已经锁好才安心去上课，这是很正常的。强迫症是指当事人的行为不受自由意志的支配，即使其行为违反自己的意志，却仍然一再身不由己地重复。

强迫症有两种含义：一种是强迫性观念；另一种是强迫性动作。强迫性观念主要表现为无法控制反复出现的一些想法，如强迫性记忆、强迫性疑虑、强迫性穷思竭虑等。强迫性记忆，来访者反复回忆无关紧要的事或过去的经历；强迫性疑虑，对自己的行动是否正确无误，产生不必要的疑虑；强迫性穷思竭虑，即对自然现象或日常生活事件发生的原因进行无效的反复思考。强迫性行为主要表现为不由自主地重复自己认为毫无必要的行为，如强迫洗涤，当来访者的手或身体接触陌生人或陌生人用的东西时，不能控制地去洗手、洗涤全身；强迫性计数，来访者不可克制地计数某些东西；强迫性仪式动作，来访者常重复一套刻板动作，进门一定要左足先跨，接着向前走两步向后退一步；或上床睡觉前，按规定的次序脱衣脱鞋，然后绕床一圈，不这样做，会感到心中不安。二者有时单独出现，有时同时出现。当事人明知这种思考或动作毫无意义、毫无必要，至感到荒谬，却难以控制。如果没有这样做，就总觉得内心不安。不去做，痛苦，做完之后再反复数次做，更加痛苦。

5. 恐惧症

恐惧症是指对某些不具备任何伤害性质的事物做出不合理的恐惧反应。也就是说，即使当事人明明知道自己不会受到伤害，却仍然无法控制自己的恐惧情绪。恐惧症最重要的特点是内心恐惧感的不合理性。比如，与他人交往是很正常的事，可有些人不敢与人接近，不敢在陌生人面前讲话，必须这样做时会非常紧张、脸红语塞，甚至逃避，这是社交恐惧症。

（1）场所恐惧症。

场所恐惧症主要表现为对公共场所产生恐惧，因而害怕到各种公共场所中去。当来访者看到周围都是人时，便会产生强烈的恐惧感，担心自己无法自控或晕倒，或出现濒死感，焦虑不安，有些来访者对高空或黑暗等产生恐惧，不敢在高处停留，甚至不敢在高楼上居住，或不敢独自一人处于黑暗中。

（2）物体恐惧症。

物体恐惧症主要表现为对某些特定的物体产生恐惧。如对动物的恐惧，害怕猫、老鼠、狗、蛇、鸟类及昆虫等；有些来访者表现为对尖锐物体的恐惧，不敢接触尖锐物体，害怕自己或他人会受到这些物体的伤害。

（3）社交恐惧症。

社交恐惧症患者会害怕人多的地方，如聚会、开会；在公共场合吃饭、说话，或在与人交往时，都会有极度的焦虑，害怕与他人目光对视，害怕自己会当众出丑。有些患者会脸红，说话不流畅，甚至说不出一句话来。他们常伴有自我评价低和害怕被批评的心理状态，所以出现在社交场合或是与人交往，对他们来说都是一种极其恐怖的事情，能回避尽量回避。

对于恐惧症的治疗，一般以心理治疗为主，药物治疗为辅。心理治疗可采用认知疗法和行为疗法。认知疗法是通过改变患者的认知，让其了解恐惧是自己错误的主观意志所导致，要勇敢面对恐惧的事物，学会控制和调适害怕的情绪。行为疗法可采用系统脱敏疗法和暴露疗法。

6. 疑病症

疑病症是一种以担心或认为自己患有某种严重躯体疾病的持久性观念为主的神经症。患者对身体的某一部分或功能过分关注，怀疑自己患了某种躯体方面的疾病，常年奔走于各大医院，各种医学检查结果和医生的解释都不能消除其顾虑，并使自己处在对想象出来的疾病的强烈恐惧之中。其主要表现有以下几种。

（1）过度关心身体变化。总是担心自己患有一种或多种严重躯体疾病，并做出与实际健康状况不符合的疑病性解释，常常反复求医或回避就医，但是又不相信检查结果以及医生的诊断，并因此感到痛苦、焦虑。

（2）躯体症状。没有躯体症状或即使有，程度也是轻微的。如果存在躯体症状也通常是一种正常的生理感受，例如，体位性眩晕、短暂性耳鸣、打嗝等。

（3）反复就医。不停地看医生，想获得医学检验的证实。

对于疑病症患者应该采用认知疗法，引导其正确认识自身的健康状况，消除错误观念，把时间和精力转移到其他事情上，使自己的心理得到调适。另外，疑病症患者也可以通过自我暗示的方法加以调节。

（二）人格障碍

严格意义的人格障碍，是变态心理学范围中一种介于精神疾病及正常人格之间的行为特征。人格障碍是指人格特征显著偏离正常，使来访者形成了特有的行为模式，对环境适应不良，常影响其社会功能，甚至与社会发生冲突，给自己或社会造成恶果。人格障碍常开始于幼年，青年期定型。持续至成年期或者终生。人格障碍有时与精神疾病有相似之处或易于发生精神疾病，但其本身尚非病态。严重躯体疾病、伤残、脑器质性疾病、精神疾病或灾难性生活体验之后发生的人格特征偏离，应列入相应疾病的人格改变。儿童少年期的行为异常或成年后的人格特征偏离尚不影响其社会功能时，暂不诊断为人格障碍。

1. 偏执型人格

偏执型人格又叫妄想型人格。其行为特点常常表现为：极度感觉过敏，对侮辱和伤害耿耿于怀；思想行为固执死板，敏感多疑、心胸狭隘；爱嫉妒，对别人获得成就或荣誉感到紧张不安，妒火中烧，不是寻衅争吵，就是在背后说风凉话，或公开抱怨和指责别人；自以为是，自命不凡，对自己的能力估计过高，惯于把失败和责任归咎于他人，在工作和学习上往往言过其实；同时又很自卑，总是过多过高地要求别人，但从来不信任别人的动机和愿望，认为别人居心不良；不能正确、客观地分析形势，有问题易从个人感情出发，主观片面性大；如果建立家庭，常怀疑自己的配偶不忠等。持这种人格的人在家不能和睦，在外不能与朋友、同事相处融洽，别人只好对他敬而远之。

（1）表现特征。

为了便于诊断，《中国精神障碍分类与诊断标准第三版》中将偏执型人格的特征描述为：

①广泛猜疑，常将他人无意的、非恶意的甚至友好的行为误解为敌意或歧视，或无足够根据，怀疑会被人利用或伤害，因此过分警惕与防卫。

②将周围事物解释为不符合实际情况的"阴谋"，并可成为超价观念。

③易产生病态嫉妒。

④过分自负，若有挫折或失败则归咎于人，总认为自己正确。

⑤好嫉恨别人，对他人的过错不能宽容。

⑥脱离实际地好争辩与敌对，固执地追求个人不够合理的"权利"或利益。

⑦忽视或不相信与来访者想法不相符合的客观证据，因而很难以说理或用事实来改变来访者的想法。

来访者的症状至少要符合上述项目中的三项，方可诊断为偏执型人格障碍。

偏执型人格的人很少有自知之明，对自己的偏执行为持否认态度，因此在社会上人数和比例确实不详。据1988年上海市青少年心理卫生调查资料表明，这种人格障碍的人数占心理障碍总人数的5.8%，实际情况可能要超过这个比例。在调查研究中还发现，偏执型人格障碍来访者中以男性较多见，且以胆汁质或外向型性格的人居多。

（2）治疗方法。

对偏执型人格障碍的治疗应采用心理治疗为主，以克服多疑敏感、固执、不安全感和自我中心的人格缺陷。主要有以下几种方法。

方法一：认知提高法。由于来访者对别人不信任、敏感多疑，不会接受任何善意忠告，所以首先要与他们建立信任关系，在相互信任的基础上交流情感，向他们全面介绍其自身人格障碍的性质、特点、危害性及纠正方法，使其对自己有正确、客观的认识，并自觉自愿产生要求改变自身人格缺陷的愿望。这是进一步进行心理治疗的先决条件。

方法二：交友训练法。鼓励他们积极主动地进行交友活动，在交友中学会信任别人，消除不安感。交友训练的原则和要领如下。

①真诚相见，以诚交心。本人必须采取诚心诚意、肝胆相照的态度积极地交友。要相信大多数人是友好的和比较好的，可以信赖的，不应该对朋友，尤其是知心朋友存在偏见和不

信任态度。必须明确，交友的目的在于克服偏执心理，寻求友谊和帮助，交流思想感情，消除心理障碍。

②交往中尽量主动给予知心朋友各种帮助。这有助于以心换心，取得对方的信任和巩固友谊。尤其当别人有困难时，更应鼎力相助，患难见真情，这样才能取得朋友的信赖和增进友谊。

③注意交友的"心理相容原则"。性格、脾气的相似和一致，有助于心理相容，搞好朋友关系。

另外，性别、年龄、职业、文化修养、经济水平、社会地位和兴趣爱好等亦存在"心理相容"的问题。但是最基本的心理相容的条件是思想意识和人生观价值观的相似和一致，即所谓"志同道合"。这是发展合作、巩固友谊的心理基础。

方法三：自我疗法。具有偏执型人格的人喜欢走极端，这与其头脑里的非理性观念相关联。因此，要改变偏执行为，偏执型人格来访者首先必须分析自己的非理性观念。如：

①我不能容忍别人一丝一毫的不忠。

②世上没有好人，我只相信自己。

③对别人的进攻，我必须立即予以强烈反击，要让他知道我比他更强。

④我不能表现出温柔，这会给人一种不强健的感觉。

现在对这些观念加以改造，以除去其中极端偏激的成分。

①我不是说一不二的君王，别人偶尔的不忠应该原谅。

②世上好人和坏人都存在，我应该相信那些好人。

③对别人的进攻，马上反击未必是上策，而且我必须首先辨清是否真的受到了攻击。

④我不敢表示真实的情感，这本身就是虚弱的表现。

每当故态复萌时，就应该把改造过的合理化观念默念一遍，以此来阻止自己的偏激行为。有时自己不知不觉表现出了偏激行为，事后应重新分析当时的想法和当时的非理性观念，然后加以改造，以防下次再犯。

方法四：敌意纠正训练法。偏执型人格障碍来访者易对他人和周围环境充满敌意和不信任感，采取以下训练方法，有助于克服敌意对抗心理。

①经常提醒自己不要陷于"敌对心理"的旋涡中。事先自我提醒和警告，处世待人时注意纠正，这样会明显减轻敌意心理和强烈的情绪反应。

②要懂得只有尊重别人，才能得到别人尊重的基本道理。要学会对那些帮助过你的人说感谢的话，而不要不疼不痒地说一声"谢谢"，更不能不理不睬。

③要学会向你认识的所有人微笑。可能开始时你很不习惯，做得不自然，但必须这样做，而且努力去做好。

④要在生活中学会忍让和有耐心。生活在复杂的大千世界中，冲突纠纷和摩擦是难免的，这时必须忍让和克制，不能让敌对的怒火烧得自己晕头转向，肝火旺旺。

2. 分裂样人格障碍

分裂样人格障碍是日常生活中和医学心理咨询门诊中比较常见的人格障碍。据上海市青少年心理健康调查资料显示，其中分裂样人格障碍占人格障碍总数的29%左右，接近1/3。

1975 年，著名的精神病学家罗逊特指出这种类型的人约占正常人群的 7.5%，且男性多于女性。

（1）表现特征。

《中国精神障碍分类与诊断标准》（CCMD－2－R）中对分裂样人格障碍的特征表述为：

①有奇异的信念，或与文化背景不相称的行为，如相信透视力、心灵感应、特异功能和第六感官等。

②奇怪的、反常的或特殊的行为或外貌，如服饰奇特、不修边幅、行为不合时宜、习惯或目的不明确。

③言语怪异，如离题、用词不要、繁简失当、表达意见不清，且并非由文化程度或智能障碍等因素所引起。

④不寻常的知觉体验，如妄想性的错觉、幻觉、看见不存在的人。

⑤对人冷淡，对亲属也不例外，缺少温暖体贴。

⑥表情淡漠，缺乏深刻或生动的情感体验。

⑦多单独活动，主动与人交往仅限于生活或工作中必需的接触，除一级亲属外无亲密友人。

来访者症状至少符合上述项目中的三项，方可诊断为分裂样人格障碍。从以上的诊断标准可以看出，分裂样人格障碍来访者主要表现出缺乏温情，难以与别人建立深切的情感联系。因此，他们的人际关系一般很差。他们似乎超脱凡尘，不能享受人间的种种乐趣，如夫妻间的交融、家人团聚的天伦之乐等，同时也缺乏表达人类细腻情感的能力。故大多数分裂样人格障碍来访者独身。即使结了婚，也多以离婚告终。一般来说，这类人对别人的意见也漠不关心，无论是赞扬还是批评，均无动于衷，过着一种孤独寂寞的生活。其中有些人，可以有些业余爱好，但多是阅读、欣赏音乐、思考之类安静被动的活动，部分人还可能一生沉醉于某种专业，做出较高的成就。但从总体来说，这类人生活平淡、刻板，缺乏创造性和独立性，难以适应多变的现代社会生活。这类人内心世界极其广阔，常常想入非非，但往往缺乏相应的情感内容，缺乏进取心。他们总是以冷漠无情来应付环境，以"眼不见为净"的方式逃避现实，但他们这种与世无争的外表不能压抑内心的焦虑和敌意的痛苦。

分裂样人格的人可以适应人少的工作，如图书馆书库、山地农场林场等，他们更容易从事宗教工作或过隐居生活，但很难适应人员众多的场合和需要交际的工作。

分裂样人格很容易让人联想起另一个词：精神分裂症。一般认为，分裂样人格容易诱发精神分裂症，但一直没有令人信服的证明。有些学者研究表明多数精神分裂症来访者病前有分裂样人格，而另一些学者的研究发现，对分裂样人格来访者持续观察 15～20 年后，极少有变为精神分裂症的，分裂样人格的血清中也并无较一般正常族群更多的精神分裂症病患特征。因此分裂样人格与精神分裂症和遗传的关系尚待证实。

分裂样人格障碍的形成一般与人的早期心理发展有很大关系。人类个体出生以后，有很长一段时间不能独立，需要父母亲的照顾，在这个过程中，儿童与父母的关系占重要地位，儿童就是在与父母的关系中建立自己的早期人格的。在成长过程中，尽管每个儿童不免要受到一些指责，但只要他感觉到周围有人爱他，就不会产生心理上的偏差。但如果终日不断被骂、被批评，得不到父母的爱，儿童就会觉得自己毫无价值。更进一步，如果父母对子女不公正，就会使儿童的是非观念不稳定，产生心理上的焦虑和敌对情绪，有些儿童因此而分离、独立、逃避与父母身体和情感的接触，进而逃避与其他人和事物的接触，这样就极易形成分裂样人格。

（2）治疗方法。

对分裂样人格障碍的治疗目标是要纠正孤独离群性、情感淡漠和与周围环境的分离性。具体方法有以下几种。

方法一：社交训练法。旨在纠正孤独不合群性，一般按照以下步骤进行。

①提高认知能力，懂得孤独不合群、严重内向的危害，自觉投入心理训练。同时，讲清训练的方法、步骤、目的和注意事项，要求积极配合实施。

②制定社交训练评分表。自我评分，每天小结，每周总结。8～12周为一疗程。施治者（医生、专业人员、家长等）每周核对记录，并做出评价。

自我评分标准：0分训练无变化；1分稍有进步，愿意参加社交，与人接触交谈，但接触交谈仍比较勉强和刻板；2分明显进步，能够主动与人接触交谈，孤独不合群的倾向改变程度在50%以上；3分孤独不合群现象基本消失。

评分计算和奖励措施：每日最低分为0分，最高分为3分，每周最高分为18分。如果以8周为一疗程，总分144分。一般以奖励表扬为主，对点滴进步都要加以肯定，并给予强化，以鼓励其自信心，这一点很重要。奖励方式通常可采用现金、代币、赠送喜爱的生活学习用品、允许定期外出旅游等。切忌因为无进步或进步微小而批评责备，以免造成来访者心理反感和对自己丧失信心。

训练内容和目标：训练内容从简到繁，从易到难。开始时由施治者和受训者共同商定，以一位朋友（同学或同事）为交谈对象，每次要求主动与他交谈5分钟，交谈内容和方式不限，逐渐做到主动、自然，比较融洽地随便交谈。进而逐步增加交谈的时间（从5分钟增加到20分钟，再增加到半小时）；对象由1人增加到5人。训练成功后，改变训练内容，鼓励其转向积极参加集体活动，投入现实生活。

方法二：兴趣培养法。兴趣是指积极探究某种事物而给予优先注意的认识倾向，并具有向往的良好情感。因此兴趣培养有助于克服兴趣索然、情感淡漠的人格。具体做法如下。

①提高认知。要求本人有意识地分析自己，确定积极人生的理想追求目标。应使其懂得这样一个道理：人生是一种情趣无穷的愉快旅程，每一个人都应该像一位情趣盎然的旅行家，像欣赏宇宙万物那样，每时每刻都在奇趣欢乐的道路上旅行，这样才能充满生活乐趣和前进的活力。

②社会实践。要创造条件，有意识地接触社会实际生活，扩大接受的社会信息量，促使兴趣多样化。

③参加兴趣小组活动。这是培养兴趣的较好形式，内容有绘画、歌咏、舞蹈、艺术、体育锻炼、科技活动等。

3. 边缘型人格障碍

（1）特点。

边缘型人格障碍是一种以行为和情绪具有明显冲动性为主要特征的人格障碍，起病于儿童后期或青春期，主要表现为紊乱的自我身份认同、不稳定且快速变化的心境、显著的分离焦虑、冲突的亲密关系、冲动性与应激性的精神病性症状、持久空虚感和厌倦感及自伤自杀行为等。其通常还有以下特点。

①情绪不稳定，表现为可能在上一刻好争论，下一刻就变得抑郁，强烈的愤怒爆发常导致暴力或"行为爆炸"。在冲动行为被人评判或阻止情况下，极易诱发上述表现。

②人际关系不稳定，与人关系要么极好，要么极坏，几乎没有持久的朋友。害怕被抛弃，不能忍受孤独，疯狂地寻找伴侣，无论自己是否满意。这种强烈及不稳定的人际关系，可能会导致连续的情感危机，并可能伴有一连串的自杀威胁或自伤行为。

③自我形象、目的及内心的偏好常常是模糊不清或扭曲的，缺乏持久的自我同一性。因而自尊心不足，常有持续空虚感，挫折耐受性低。

④行为不计后果，事先进行计划的能力很差，易冲动。

⑤有时会有短暂的应激性精神病性症状，但和精神分裂症不同，一般比较轻微，历时短暂，多频繁发生真实、想象、被抛弃的恐惧，可持续几分钟到几小时。表现为真实感和个体认同出现偏离所致的人格解体和非真实感，但同时现实检验能力又相对保存，也有一些来访者出现偏执症状和分离症状。

（2）形成原因。

遗传因素。某些人的遗传倾向可能导致其对生活应激的反应较差，使之更容易出现边缘型人格障碍和其他精神疾病。此外，边缘型人格障碍往往有家族性，进一步表明这种倾向可能部分遗传。

早期经历。儿童早期的应激经历可能会导致发生边缘型人格障碍。许多患有边缘型人格障碍的人受到身体或性方面的虐待，与看护人分开，或在儿童期失去父母。他们对照顾者依恋上的不安全感导致了边缘型人格障碍的症状。

（3）治疗方法。

边缘型人格障碍的主要治疗是心理治疗。针对边缘型人格障碍的特定心理治疗可以减少自杀相关行为，有助于缓解抑郁，并帮助来访者改善功能。以下认知行为治疗侧重于调节情绪和帮助来访者提高社交技能。

①辩证行为治疗。辩证行为治疗提供每周一次的个人和小组咨询，以及能够通过电话联系的治疗师。治疗师充当行为教练。治疗目标是帮助来访者发现针对应激的更好解决方法，例如，如何抵抗自我破坏的渴望。

②针对情绪化的预测和问题解决能力的系统培训。为每周一次的团体咨询，持续20周。来访者学习管理自己情绪的能力、挑战他们的负面期望，并学习更好地照顾自己的技能。例如，他们学习把自己与当下的感觉分开。他们学习设定目标，避免使用违禁品，改善他们的饮食、睡眠和锻炼习惯。此外，还会要求来访者确认一支由朋友、家庭成员和医务人员组成的支持团队，这些人应在来访者面临危机时愿意提供指导。

③以移情为焦点的心理治疗，以来访者和治疗师之间的互动为中心。治疗师提出问题，并帮助来访者检视夸大、扭曲、不现实的自我形象，和对不同情况的反应。强调当前时刻（包括来访者是怎样与治疗师互动的）而不是过去。例如，当一个胆小的、安静的来访者突然变得敌对和好争执时，治疗师可以提问，来访者是否注意到自己感受的变化，然后要求来访者思考当事情发生变化时，他对治疗师和自己是怎样体验的。目的是：使来访者能够对自我和他人建立稳定感和现实感，通过与治疗师之间的移情，学习与他人建立更健康的关系。

④家庭治疗。边缘型人格障碍的形成与父母、配偶等家庭成员关系密切，来访者的家庭互动往往存在两种极端，要么过分强烈的纠缠粘连，要么过分冷漠和疏离，因此加强正常沟通、改善家庭环境的同时，家属也有必要进行治疗，改变家庭成员间的病态羁绊。

4. 回避型人格障碍

（1）表现特征。

回避型人格又叫逃避型人格，其最大特点是行为退缩、心理自卑，面对挑战多采取回避态度或无能应付。美国《精神障碍的诊断与统计手册》中对回避型人格的特征定义为：

①很容易因他人的批评或不赞同而受到伤害。

②除了至亲之外，没有好朋友或知心人（或仅有一个）。

③除非确信受欢迎，一般总是不愿卷入他人事务之中。

④行为退缩，对需要人际交往的社会活动或工作总是尽量逃避。

⑤心理自卑，在社交场合总是缄默无语，怕惹人笑话，怕回答不出问题。

⑥敏感羞涩，害怕在别人面前露出窘态。

⑦在做那些普通的但不在自己常规之中的事时，总是夸大潜在的困难、危险或可能的冒险。

只要满足其中四项，即可诊断为回避型人格。有回避型人格障碍的人被批评指责后，常常感到自尊心受到了伤害而陷于痛苦，且很难从中解脱出来。他们害怕参加社交活动，担心自己的言行不当而被人讥笑讽刺，因而，即使参加集体活动，也多是躲在一旁沉默寡言。在处理某个一般性问题时，他们往往也表现得瞻前顾后，左思右想，常常是等到下定决心，却又错过了解决问题的时机。在日常生活中，他们多安分守己，从不做那些冒险的事情，除了每日按部就班地工作、生活和学习外，很少去参加社交活动，因为他们觉得自己的精力不足。这些人在单位一般都被领导视为积极肯干、工作认真的好职员，因此，经常得到领导和同事的称赞，可是当领导委以重任时，他们却都想方设法推辞，从不接受过多的社会工作。

回避型人格障碍的行为退缩性与分裂样人格障碍的行为退缩性不同：前者并不安于或欣赏自己的孤独，不与人来往并非出于自己的心愿，他们行为的退缩源于心理的自卑。想与人来往，又怕被拒绝、嫌弃；想得到别人的关心与体贴，又因害羞而不敢亲近。

（2）形成原因。

回避型人格形成的主要原因是自卑心理。心理学家认为，自卑感起源于人的幼年时期，由于无能而产生的不胜任和痛苦的感觉，也包括一个人由于生理缺陷或某些心理缺陷（如智力、记忆力、性格等）而产生的轻视自己、认为自己在某些方面不如他人的心理。具体说来，自卑感的产生有以下几方面原因。

①自我认识不足，过低估计自己。每个人总是以他人为镜来认识自己，如果他人对自己做了较低的评价，特别是较有权威的人的评价，就会影响对自己的认识，从而低估自己。有人发现，性格较内向的人，多愿意接受别人的低评价而不愿接受别人的高评价；在与他人比较的过程中，也喜欢拿自己的短处与他人的长处比，这样越比越泄气，越比越自卑。

②消极的自我暗示抑制了自信心。当每个人面临一种新局面时，首先都会自我衡量是否有能力应付。有的人会因为自我认识不足，常觉得"我不行"，由于事先有这样一种消极的自我暗示，就会抑制自信心，增加紧张，产生心理负担，工作效果必然不佳。这种结果又会形成一种消极的反馈作用，影响到以后的行为，这样恶性循环，使自卑感进一步加重。

③挫折的影响。有的人由于神经过程的感受性高而耐受性低，轻微的挫折就会给他们以沉重的打击，变得消极悲观而自卑。

此外，生理缺陷、性别、出身、经济条件、政治地位、工作单位等都有可能是自卑心理产生的原因。这种自卑感得不到妥善消除，久而久之就成了人格的一部分，造成行为的退缩和遇事回避的态度，形成回避型人格障碍。

（3）治疗方法。

对这类人格障碍的治疗，可以从以下几方面着手。

第一，消除自卑感。

①要正确认识自己，提高自我评价。形成自卑感的最主要原因是不能正确认识和对待自己，因此要消除自卑心理，须从改变认识入手。要善于发现自己的长处，肯定自己的成绩，不要把别人看得十全十美，把自己看得一无是处，认识到他人也会有不足之处。只有提高自我评价，才能提高自信心，克服自卑感。

②要正确认识自卑感的利与弊，提高克服自卑感的自信心。有的人把自卑心理看作一种有弊无利的不治之症，因而感到悲观绝望，这是一种不正确的认识，它不仅不利于自卑心理的消除，反而会加重。

心理学家认为，自卑的人不仅要正确认识自己各方面的特长，而且要正确看待自己的自卑心理。自卑的人往往都很谦虚，善于体谅人，不会与人争名夺利，安分随和，善于思考，做事谨慎，一般人都较相信他们，并乐于与他们相处。指出自卑者的这些优点，不是要他们保持自卑，而是要使他们明白，自卑感也有其有利的一面，不要因自卑感而绝望，认识这些优点可以增强他们生活的信心，为消除自卑感奠定心理基础。

③要进行积极的自我暗示，自我鼓励，相信事在人为。当面临某种情况感到自信心不足时，不妨自己给自己壮胆："我一定会成功，一定会的！"或者不妨自问："人人都能干，我为什么不能干？我不也是人吗？"如果怀着"豁出去了"的心理去从事自己的活动，事先不过多地体验失败后的情绪，就会产生自信心。

第二，克服人际交往障碍。回避型人格的人都存在着不同程度的人交往障碍，因此必须按梯级任务作业的要求给自己定一个交朋友的计划。起始的级别比较低，任务比较简单，以后逐步加深难度。例如：

第一周，每天与同事（或邻居、亲戚、室友等）聊天十分钟。

第二周，每天与他人聊天二十分钟，同时与其中某一位多聊十分钟。

第三周，保持上周的交友时间量，找一位朋友做不计时的随意谈心。

第四周，保持上周的交友时间量，找几位朋友在周末小聚一次，随意聊天，或家宴，或郊游。

第五周，保持上周的交友时间量，积极参加各种思想交流、学术交流、技术交流等。

第六周，保持上周的交友时间量，尝试去与陌生人或不太熟悉的人交往。

一般来说，上述梯级任务看似轻松，但认真做起来并不是一件轻松的事。最好找一个监督员，让他来评定执行情况，并督促坚持下去。其实，第六周的任务已超出常人的生活习惯，但作为治疗手段，在强度上超出常规生活是适宜的。在开始进行梯级任务时，你可能会觉得很困难，也可能觉得毫无趣味，这些都要尽量设法克服，以取得良好的治疗效果。

5. 反社会型人格障碍

反社会型人格也称精神病态或社会病态、悖德性人格等。在人格障碍的各种类型中，反社会型人格障碍是心理学家和精神病学家所最为重视的。

根据精神病学家和心理学家研究的成果来看，产生反社会型人格的主要原因有：早年丧父丧母或双亲离异，养子，先天体质异常，恶劣的社会环境、家庭环境和不合理的社会制度的影响，以及中枢神经系统发育不成熟等。一般认为，家庭破裂、儿童被父母抛弃和受到忽视、从小缺乏父母亲在生活上和情感上的照顾和爱护，是反社会型人格形成和发展的主要社会因素。儿童被父母抛弃和受到忽视包括两种含义：其一，父母对孩子冷淡，情感上疏远，这就使儿童不可能发展人与人之间的温顺、热情和亲密无间的关系。随后儿童虽然形式上学习到了社会生活的某些要求，但对他人的情感移入得不到应有的发展。心理学中所谓情感移入，是指理解他人以及分担他人心情的能力，或从思想情感上把自己纳入他人的心境。其二，是指父母的行为与父母对孩子的要求缺乏一致性。父母表现得朝三暮四，喜恶、赏罚无定规，使孩子无所适从。由于经常缺乏可效仿的榜样，儿童就不可能发展具有明确的自我同一性。反社会型人格障碍来访者对坏人和对同伙的引诱缺乏抵抗力、对过错缺乏内在愧疚心等现象，都是由于他人赏罚的不一致性、本人善恶价值的判断自相矛盾所造成的；他们的冲动性和无法自制某些意愿及欲望，都是由于家庭成员对于自己的行为无原则、不道德、缺乏意志等负面影响造成的。可见，反社会型人格的情绪不稳定、不负责任、撒谎欺骗，但又泰然而无动于衷的行为，都与家庭、社会环境有重要的关系。

（1）表现特征。

①外表迷人，具有中等或中等以上智力水平。初次相识给人很好的印象，能帮助别人消除忧烦、解决困难。

②没有通常被认为是精神病症状的非理性和其他表现，没有幻觉、妄想和其他思维障碍。

③没有神经症性焦虑；对一般人心神不宁的情绪感觉不敏感。

④他们是不可靠的人，对朋友无信义，对妻子（丈夫）不忠诚。

⑤对事情不论大小，都无责任感。

⑥无后悔之心，也无羞耻之感。

⑦有反社会行为但缺乏契合的动机；叙述事实真相时态度随便，即使谎言将被识破也泰

然自若。

　　⑧判别能力差，常常不能吃一堑长一智。

　　⑨病态的自我中心，自私，心理发育不成熟，没有爱和依恋能力。

　　⑩麻木不仁，对重要事件的情感反应淡漠。

　　⑪缺乏真正的洞察力，不能自知问题的性质。

　　⑫对一般的人际关系无反应。

　　⑬做出幻想性的或使人讨厌的行为，对他人给予的关心和善意无动于衷。

　　⑭无真正企图自杀的历史。

　　⑮性生活轻浮、随便，方式与对象都与本人不相称。有性顺应障碍。

　　⑯生活无计划，除了老是和自己过不去外，没有任何生活规律，没有稳定的生活目的。他们的犯罪行为也是突然迸发的，而不是在严密计划和准备下进行的。

　　上述这些反社会人格特征都是在青年早期就出现了，最晚不迟于 25 岁。

　　在做出反社会型人格的诊断时，所要考虑的最关键方面是个人对自己的反社会行为的反应。在上述特征中，无责任感和无羞耻心特别重要。反社会型人格障碍来访者即便在做了大多数人通常会感到可耻和罪恶的事后，在情感上也无反应。

　　临床心理学家还发现，反社会人格障碍来访者，在童年时期就有所表现，如偷窃、任性、逃学、离家出走、积习不改、流浪和对一切权威的反抗行为；少年时期过早出现性行为或性犯罪；常有酗酒和破坏公物、不遵守规章制度等不良习惯；成年后工作表现差，常旷工，对家庭不负责任，在外欠款不还，常犯规违法；30 岁以后，有 30%～40% 的来访者有缓解或明显的改善。

　　（2）治疗方法。

　　由于反社会型人格障碍的病因相当复杂、目前对此症的治疗尚缺乏十分有效的方法。如使用镇静剂和抗精神类药物治疗，只能治标不治本，且疗效不显著；而心理治疗对那些由于中枢神经系统功能障碍而成为反社会型人格的来访者又毫无作用。但在实践中发现，对那些由于环境影响形成的、程度较轻的来访者，实施认知领悟疗法有一定疗效。施治者可帮助来访者提高认识，了解自己的行为对社会的危害，培养来访者的责任感，使他们担负起对家庭、对社会的责任；提高来访者的道德意识和法律意识，使他们明白什么事可以做，什么事不能做，努力增强控制自己行为的能力。这些措施对减少来访者的反社会行为不失为有效的方法。

　　少数家庭关系极为恶劣而与社会相处尚可的来访者，可以在学校或机关住集体宿舍或到亲友家寄养，以减少家庭环境的负面影响，同时培养其独立生活的能力。个别威胁家庭与社会安全的反社会型人格障碍来访者，可送入少年工读学校或成人劳动教养机构，参加劳动并限制其自由。对情节特别恶劣、屡教不改的来访者，可采用行为治疗中的厌恶疗法。当来访者出现反社会行为时，给予强制性的惩罚（如电击、禁闭等），使其产生痛苦的体验，实施多次以后，来访者一产生反社会行为的冲动，就感到厌恶，全身不舒服，通过这样减少其反社会的行为。然后根据其行为矫正的实际表现，放宽限制，逐步恢复其正常家庭生活与社会生活。

（三）精神疾病

　　精神疾病一般指在重性精神病时出现的精神障碍，广义的包括因妄想、持久和反复出现的幻觉、错觉及紧张症状群，严重抑郁发作或躁狂发作等引起患者有现实检验能力和自知力受损，一般持续时间在一周以上，且这些症状不是在意识障碍和智能障碍的基础上产生的。

精神疾病多见于精神分裂症、偏执性精神障碍、严重的抑郁症和躁狂症。

1. 精神分裂症

精神分裂症的症状复杂而多样，不同临床类型、病程的不同阶段其症状差别很大，但都有特征性的感知觉和思维障碍、情感行为不协调及脱离现实的特点。

（1）主要表现。

①联想障碍，主要表现为联想过程缺乏连贯性。患者在谈话或者写文章时，虽然每个句子都可被人听懂，但句与句之间缺乏意义上的联系，使人感到不易理解（思维松弛）。严重时，语言支离破碎（破裂性思维）、思维中断、出现强制性思维或象征性思维。

②幻觉，以听幻觉为主，亦可见触、嗅、味幻觉，视幻觉则较器质性精神病少见。患者的幻觉多在意识清楚下出现，多数情况下自己不能觉察幻觉的不真实性。功能性幻觉、假性幻觉及性幻觉均多见于精神分裂症。

③妄想，其妄想的特征为结构松散，妄想的对象和内容易泛化和多变，以被害、关系、钟情、夸大等妄想多见。妄想与幻觉常常相互影响，相互加重。内容荒谬的被控制感、被洞悉感等则是常见的精神分裂症的特征性症状。

④情感障碍，表现为情感活动范围的狭窄，严重时可表现为淡漠，对朋友不关心，对亲人不体贴，对周围事物的情感反应变得迟钝，甚至对使人感到莫大痛苦的事，也表现为惊人的平淡。同时，还表现为情感反应不适切，即情感活动与当时的思维内容和处境不协调。

⑤行为与动作障碍，做怪相、扮鬼脸是青春型精神分裂症的常见症状，刻板行为和刻板姿势等则是紧张型精神分裂症的常见症状。

⑥意志活动减退或缺乏，表现为孤僻离群、懒散被动、活动减少，主动性日趋丧失，即意志活动减退。严重时对生活缺乏基本要求，如不洗澡，不理发，不换洗衣服，甚至整日呆坐或卧床。有些患者吃一些不能吃的东西，伤害自己的身体，是一种行为与环境不协调症状（意向倒错）。

⑦自知力，绝大多数患者不认为自己有病，而认为是由于某些人的恶意加害于他或不理解他。由于缺乏自知力，患者往往不愿意接受治疗。

（2）治疗原则。

①目前尚无法根治精神分裂症，但治疗能减轻或缓解病症，并减少伴发疾病的患病率及病死率。治疗目标是降低复发的频率、严重性及社会性不良后果，并增强发作间歇期的心理社会功能。

②应识别分裂症的促发或延续因素，提倡早期发现，早期治疗。应用恰当的药物、心理治疗和心理社会康复。心理治疗的目的在于减少应激事件的影响，提高患者治疗依从性，改善或减少患者阴性症状。

③确定药物及其他治疗，并制定全面的全程综合性治疗计划。在整个药物治疗过程中，要始终注意贯彻治疗的"个别化"原则。治疗应努力取得患者及其家属的配合，增强对治疗的依从性。

④精神科医生除直接治疗患者外，还常作为合作伙伴或指导者，以团队工作方式与其他人员共同根据患者的需要，最大限度地改善社会功能和提高生活质量。

⑤以适合患者及其家属的方式提供健康教育，并应贯穿整个治疗过程。

2. 偏执性精神障碍

偏执性精神障碍又称妄想型精神障碍，是一组以系统妄想为主要症状而病因不明的精神障碍，可有或无幻觉，若有幻觉则历时短暂且不突出。在不涉及妄想的情况下，无明显的其他心理方面异常，人格常保持完整，并有一定的工作及社会适应能力。30 岁以后起病者较多。主要包括偏执狂、偏执状态和更年期偏执状态。

偏执性精神障碍可能是在强而不均衡的神经类型基础上发展起来的。这类人的神经系统具有抑制过程不足，兴奋过程占优势的特点。在此基础上，如受到严重的精神创伤或处于长久的紧张状态，使大脑皮质形成病理性惰性兴奋灶或形成了一种自卑和敏感多疑、以自我为中心的性格，故常将事实加以曲解，当其计划和抱负受挫时，则认为是别人不信任他，甚至迫害他，故常猜疑别人的言行，错误地解释别人的动机，并极易产生被害妄想、嫉妒妄想。在这些妄想支配下，患者与周围的人际关系冲突必然增加，这促使患者认为他的妄想观念是客观存在的，又进一步加强了其妄想。

（1）临床表现。

偏执狂是一种少见的精神病。病程缓慢发展，以持久、不可动摇和高度系统化的妄想为本病突出特征。妄想是在对事实的片面评价的基础上发展起来的。思维可始终保持有条理和逻辑性，情绪和行为与妄想一致，一般没有幻觉。本病男性多于女性，以脑力劳动者多见。妄想一旦形成则很难消失，年老后妄想可趋缓和，一般不会出现衰退症状。

偏执状态是偏执性精神障碍的另一种形式。女性多见。以妄想为主，主要是对现实生活中某一事件的曲解而引起。内容多为迫害性，其次是夸大、嫉妒和钟情。病人往往寻求证据，以作为妄想的根据。在妄想支配下病人寻找保护，跟踪别人，或采取攻击行为。除妄想外无其他思维或感知障碍。如不涉及妄想，病人的情绪反应适当。工作、学习和社会适应能力良好，智能无损害。这类病人妄想不如偏执狂那样系统、顽固和持久。

更年期偏执状态初次发病于更年期，以妄想为主要症状。常见为嫉妒妄想和被害、疑病妄想。妄想内容较固定，常与现实环境关系密切。对象多是自己的亲属或熟悉者，一般少有泛化。可伴有幻觉，以幻听和内脏幻觉较多见。多与疑病症状或猜疑相联系的影响，情绪易激动、紧张，并可因此产生冲动、拒食、自伤、自杀。

（2）治疗原则。

治疗方面，可用氯丙嗪或奋乃静等抗精神病药物，剂量以中等为宜。症状好转后，可减少药量或停药。心理治疗十分重要，以说理教育为主，并应反复进行。还可配合认知心理治疗，疏导心理治疗等。有些患者调整工作环境或改换生活环境也能起到改善症状的作用。

知识链接

心境障碍

心境障碍又称情感障碍，是指以心境显著而持久的改变（高涨或低落）为基本临床表现，并伴有相应思维和行为异常的一类精神障碍。此类精神障碍通常有反复发作倾向，缓解期精神症状基本正常。发作症状较轻者可达不到精神病的程度。预后一般较好。

本病发作可表现为躁狂相或抑郁相。（1）躁狂发作：指患者心境高扬，与所处的境遇不相称，可以兴高采烈，易激惹、激越，甚至发生意识障碍，严重者可出现与心境协调或不协调的妄想、幻觉等精神病性症状。（2）抑郁发作：指患者心境低落，与所处的境遇不相称，可以从闷闷不乐到悲痛欲绝，甚至发生木僵状态。严重者可出现妄想、幻觉等精神病性症状。

因抑郁和躁狂的程度，其症状组合的形式有很大的差异，从极轻微的心境波动至精神病性症状的出现都可见到。但很多的心境障碍病人并不出现精神病性症状，所以 ICD－10（国际疾病分类）、DSM－4（《精神疾病诊断与统计手册》）、CCMD－3 都用"心境障碍"取代过去"情感性精神障碍"的名称。以上海医科大学中山医院心理门诊资料为例，按 ICD－10 和 DSM－3－R 诊断的 181 例抑郁症中，75% 属于轻度抑郁，患者有抑郁发作的心境低落、失愉快感、失眠、早醒、厌食、体重下降和自杀观念等，但没有幻觉、妄想等精神病性症状，患者有自知力，有求治愿望，将此类患者归入"精神病"是不适当的，既不能反映事实，也增加了这类患者有"精神病"的心理负担。

CCMD－3 已将情感性精神障碍改称为心境障碍，包括躁狂症、双相情感性精神障碍、抑郁发作、持续性心境障碍、其他或待分类的心境障碍等几个亚型，并将原来的抑郁性神经症纳入轻型抑郁症。双相情感性精神障碍具有躁狂相和抑郁相交替发作的临床特征。抑郁症又分轻型抑郁症、无精神病性症状的抑郁症、有精神病性症状的抑郁症、复发性抑郁症及其他或待分类的抑郁症 5 个亚型。躁狂症也分轻型躁狂症、无精神病性症状的躁狂症、有精神病性症状的躁狂症、复发性躁狂症和其他或待分类的躁狂症 5 个亚型。

课堂活动

房、树、人

目的：挖掘自己未知的潜能，发现自身的局限。

基本工具：白纸、铅笔、橡皮和油画棒。

操作方法：请在纸上画一幅包括房子、树木、人物在内的画。没有时间限制，想怎么画就怎么画，可以涂改，但是要认真地画。

心理测试

压力小测试

活动内容：完成下面的压力小测试（见表 3－1）。

表 3－1　压力测试表

同学们请回想一下自己在过去一个月内是否出现过下述情况	
1	觉得手上工作太多，无法应付

续表

2	觉得时间不够用，所以要分秒必争
3	觉得没有时间休闲，终日记挂着工作
4	遇到挫败时很容易发脾气
5	担心别人对自己工作表现的评价
6	觉得上司、家人都不欣赏自己
7	担心自己的经济状况
8	有头疼、胃痛的毛病，难于治愈
9	需要借烟酒、药物、零食等抑制不安的情绪
10	需要借助安眠药帮助自己入睡
11	与家人、朋友、同事的相处中常发脾气
12	与人倾谈时，常打断对方的话题
13	上床后思潮起伏，牵挂很多事情，难以入睡
14	觉得工作太多，不能每件事都做到尽善尽美
15	空闲时轻松一下也会内疚
16	做事急躁、任性，事后常感内疚
17	觉得自己不应该享乐

计分方法：

从未发生 0 分，偶尔发生 1 分，经常发生 2 分。

测试结果：

0~10 分：精神压力程度低，但可能生活缺乏刺激，比较简单沉闷，动力不大。可适当增加压力。

11~15 分：精神压力程度中等，虽然某些时候感到压力较大，但仍可应付。

16 分或以上：精神压力偏高，应反省一下压力来源并寻求解决方法，也可求助于心理咨询师。

思考与练习

1. 大学生常见的心理困惑有哪些？如何应对？
2. 心理正常与异常的判定条件有哪些？
3. 大学生群体中常见的神经症类型有哪些？具体表现是什么？如何应对？
4. 常见的人格障碍及表现有哪些？如何应对？

第四章 了解自我，发展自我

知识导图

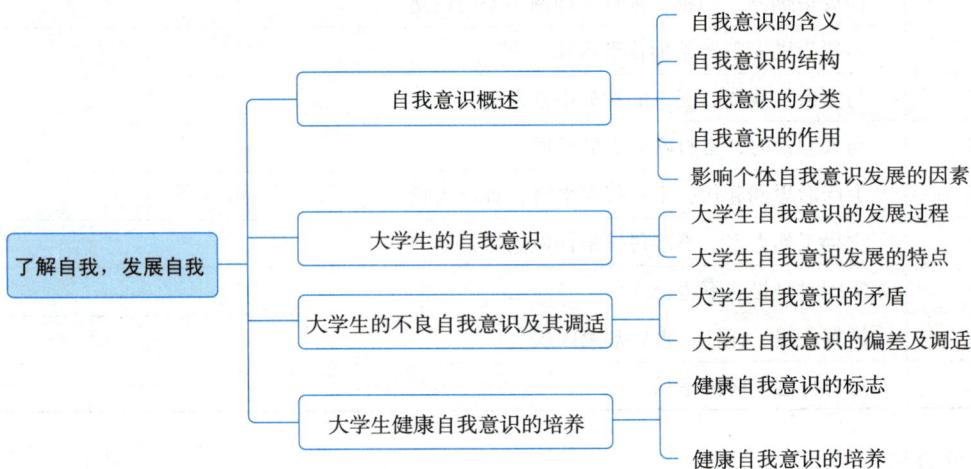

案例导入

自卑引发的轻生

李某，男，21岁，某大学三年级学生，自杀身亡。该生身体瘦小，皮肤偏黑，眼睛近视，身体素质差，体育成绩常处于全班最后一名，性格内向，参加班级活动不积极，人际关系不和谐。同学们都认为他为人过于敏感，不好相处。一天，全班上体育课，内容是100米跑，两人一组，由于男生的人数单一个，而他又排在最后，老师只好将他和另外一名女生排在一组，结果他没有跑赢这名女生。这种场面自然引起在场同学的哄笑。从此以后，该生变得更加沉默和孤僻，一天夜晚外出未归，第二天早晨发现他已在学校的后山上吊身亡。

思考： 这是一个典型的由自卑引起的悲剧。在大学阶段，大学生个体的自我意识逐步增强，但在相当长的时间内，他们并没有形成关于自己的稳固形象，自我意识不够稳定，看问题往往片面主观。加上心理的易损性，使得他们一旦遇上暂时的挫折和失败，就会灰心丧气，怯懦自卑。而且，他们对于周围人给予的评价非常敏感和关注，哪怕一句随便的评价，都会引起内心很大的情绪波动和应激反应，以致对自我评价发生动摇。有调查表明：21%的学生对如何发挥自己的优点和克服自己的缺点感到迷茫。有一部分学生看到班上有些多才多艺、能力较强的同学，觉得自己一无是处，事事不如人，从而产生自卑心理。悲观者可能就会自我否定，感到前途渺茫，最终对人生失去信心，走上厌世轻生的道路。所以，你对自己了解吗？

第一节　自我意识概述

自我意识的确立是大学生心理发展的重要标志之一，对大学生人格的形成、心理发展起着重要作用。大学阶段的自我意识是大学以前的自我意识的继续与深化，同时又与其有着质的不同。这一时期，大学生自我意识从分化、矛盾走向统一，对人的一生都有着特别重要的意义。

一、自我意识的含义

心理学家研究发现，婴儿似乎在更早的时候就开始了对自我的探索。1972年，北卡罗来纳州立大学的比尤莱·阿姆斯特丹发现婴儿在18~24个月的时候就已经可以在镜子中认出自己。阿姆斯特丹发现，6~12个月大的婴儿在面对镜子中的自己时，好像看到了另外一个人，会兴奋地接近他、对他微笑；13~24个月大的婴儿则不再表现得十分兴奋，并会有所警惕、退缩；20~24个月大的婴儿则能够明确地表示，镜子中的那个人就是自己，并会通过观察镜子中的自己伸手触碰黏在自己脸上的红点。心理学家就是通过上述实验办法，开启了对人类自我意识探索的新纪元。

自我与自我意识的概念经过了很长时间的发展，很多心理学家都针对这一问题提出了自己的观点。1990年，詹姆斯在《心理学原理》中把自我意识引入了心理学领域。詹姆斯将自我经验分为三部分：物质我，即与周围物质客体相伴随的躯体我；社会我，即关于别人对自己的看法；精神我，即监控内在思想与情感的我。

此后，诸多心理学家对自我意识的概念、结构、影响因素和发生等一系列问题进行了探讨。西格蒙德·弗洛伊德在1923年《自我与本我》一书中提出，本我、自我、超我人格三结构，"自我"概念是心理动力学理论的核心，自我领悟是弗洛伊德理论中精神分析治疗的重要部分。新精神分析学派的代表人物艾里克森从自我意识的形成和发展的角度，探讨自我意识的内涵。他把个体自我意识的形成与发展划分为了八个阶段，他特别强调同一性在自我结构中的作用。美国社会心理学家米德则把自我分为两个部分，即作为主体的我（I）和作为客体的我（me），作为主体的我的身份是去认识和改造客观事物，是处于观察地位的；作为客体的我是被认识、被改造的，处于被观察的地位。所以作为客体的我接受主体的我的命令。

在中国传统文化中，儒、释、道各家都非常崇尚"忘我"或者"无我"的境界，比如，庄子在《逍遥游》中提到"至人无己"，意思就是说修养最高的人，能够忘掉自己。儒家的"忘我"更多强调忘却自身的"小我"。从心理学的角度来看，忘我并不神秘，就是自我意识放松监控，忘却自我，与外界融为一体，也就是古人追求的"天人合一"。其实，中国古人追求天人合一的境界，是因为他们希望超越人类面临的一个基本矛盾——个体与他人。与万物分离是人的自我意识，一方面，自我意识是人成熟的必然进程，也是高于动物的特质；另一方面，正是自我意识将个体与外界分离、割裂、疏远，造成了自我与外界的种种碰撞，只有达到天人合一的最高境界，才能超越这一基本矛盾获取幸福体验。因此，中国传统文化中非常强调自省、修身、克己，个体要不断克服"小我"，逐渐成为包容各种亲人朋友、陌生人乃至社会、国家，甚至是全人类的"大我"，最终达到"忘我"的最高境界。

在自我意识的界定问题上，普遍的观点认为，自我意识是人对自身以及对自己同客观世界的关系的意识，是一种多维度、多层次的心理系统，是人格调控系统的核心。从广义上讲，自我意识是指人对自己的属性、状态、行为、意识活动的认识和体验，以及对自身的情感意志活动和行为进行调节、控制的过程。从狭义上讲，自我意识是一个人对自己的认识和评价，包括对自己心理倾向、个性心理特征和心理过程的认识与评价。正是由于人具有自我意识，才能使人对自己的思想和行为进行自我控制和调节，使自己形成完整的个性。

知识链接

斯芬克斯之谜

古希腊有个传说。在一个王国城堡的附近有个女魔叫斯芬克斯。她整天守着那条过往行人必经的路，让行人猜一个谜语："什么东西早上是四条腿，中午是两条腿，傍晚是三条腿。"如果行人不能猜出谜底，就会被她吃掉；如果猜出来了，她自己就会死去。很多人都因猜不出谜底而死去，城堡陷入了恐惧。终于有一天，一个叫俄狄浦斯的年轻人来到了斯芬克斯的面前，说出了谜底——人。于是，斯芬克斯死了，而这个谜语也流传了下来。

启示：所谓"当局者迷"，当是对神话中遭遇厄运者的最好哀悼吧！"斯芬克斯之谜"可能对于今天的我们已不是一个难题了，而它所暗含的误区，却不分时代、不分民族、不分老幼、不分性别地存于我们每个人心中。我们很多时候是认不出自己，很难看清自己的。渴望了解自我是人天生的需要，因为只有了解自我，了解自身真正的需求和愿望，才能在现实中找到方向，领略生活的真谛，明白生命的意义；也只有了解自我，才能撕去太多所谓因"生活"而戴上的种种"面具"，享受清新与安宁！一个人不能真正了解自我，纵使忙碌不停，终是茫然痛苦；纵使优裕富足，终是难耐空虚。

二、自我意识的结构

自我意识是一个动态的心理结构，它引发、解释、组织、传递、调节内心及人际的行为和活动。自我概念包括关于自己的记忆，关于自己的特质、动机、价值以及能力的信念，自己最想成为的理想自我，预期的可能自我，对自己的积极评价或消极评价，以及关于别人怎么看待自己的信念。总体来说，自我意识主要包括三种心理成分。

（一）自我认识

自我认识是主观自我对客观自我的认识与评价，是自己对自己身心特征的认识，自我评价是在这个基础上对自己做出的某种判断。自我认识在自我意识系统中居于基础地位，属于自我意识中"知"的范畴，其内容广泛，涉及自身的方方面面，最主要的是能认识到自己的身体特征和生理状况，认识到自己在集体和社会中的地位及作用，认识到内心的心理活动及其特征。

（二）自我体验

自我体验是自我意识在情感方面的表现，是由主体对自身的认识引发的内在情感体验，是主观的我对客观的我所持有的一种态度，如自信、自卑、自尊、自满、内疚、羞耻等，这些都是自我体验，自我体验往往与自我认知、自我评价有关，也和自己对社会的规范、价值标准的认识有关。良好的自我体验有助于自我监控的发展。例如，随着年龄增长，个体懂得做错事感到内疚，做坏事感到羞耻。

（三）自我调节

自我调节是自我意识的意志成分，主要表现为个人对自己的行为、活动和态度的调控，具体包括自我检查、自我监督、自我控制等。自我检查是主体在头脑中将自己的活动结果与活动目的加以比较、对照的过程。自我监督是一个人以其良心或内在的行为准则对自己的言行实行监督的过程。自我控制是主体对自身心理与行为的主动掌握。自我调节是自我意识中直接作用于个体行为的环节，它是一个人自我教育、自我发展的重要机制，自我调节的实现是自我意识的能动性质的表现。

三、自我意识的分类

心理学家对自我意识进行了多角度的研究和分析，一般将自我意识从以下几个方面进行分类。

（一）根据自我意识的结构要素可分为认知自我、情绪自我和意志自我

认知自我包括自我感觉、自我观察、自我概念、自我分析与评价等。比如，"我是高个子""我很老实""我的脾气很温和"等，都属于认知自我的内容。

情绪自我包括自尊、自爱、自信、责任感、义务感、优越感等。比如，一个人感到很有自信，因为自己较有能力；很喜欢自己，因为自己长得英俊（或漂亮）。

意志自我包括自主、自立、自制、自律等，主要表现为个体对自己行为表现的调节以及个体对待他人和自我态度的调节。比如，"我怎样才能成为一个更有自信的人""我怎样才能克服自己的惰性"。

（二）根据自我意识内容可分为物质自我、社会自我和精神自我

物质自我是指个体对自己的身体、衣着、金钱等所有物质方面的一种意识。其中身体包括躯体、性别、体型、容貌、年龄、健康状况等生理方面的意识，如认识到自己是个高个子或体质较好。

社会自我是指个体对自己在一定的社会关系、人际关系中的角色、地位、名望等方面的认识，主要表现为在行为上追求个人的名誉、地位，和他人进行激烈竞争等。

精神自我是指个体对自己的心理活动包括心理过程和个性心理特征的意识，主要是对自己个性特征的意识，包括对自己的性格、能力、态度、道德、理想和信念以及行为、习惯等的意识。比如，觉得自己比较温和，智商较高。

（三）根据自我观念可分为现实自我、投射自我和理想自我

现实自我是指个体从自己的立场和观点出发，对自己目前的实际状况的评价和看法。比如，认为自己是个大学生或自己的家庭经济比较窘迫。

投射自我是指个体想象他人对自己的评价和看法。比如，觉得别人看不起自己或认为自己的能力很强。

理想自我是指个体要实现的比较完善的一种自我境界或形象，是个人追求的目标。比如，大学毕业后想成为科学家、政治家或企业家。

（四）根据自我意识的作用可分为积极的自我意识和消极的自我意识

像自信心、适度的自尊心、一定的责任感和义务感等都属于积极的自我意识，而自卑、自我否定、缺乏自制力等属于消极的自我意识。

此外，自我意识还可分为自我认识、自我辨析、自我监督和自我控制等方面。

健康的自我意识首先应当是积极的自我意识，而健全的自我意识主要表现为认知自我、情绪自我、社会自我和精神自我的协调与统一，表现为现实自我与理想自我的协调与统一，投射自我与他人对自己的实际评价和看法相一致。

四、自我意识的作用

（一）决定个体行为的持续性与目标性

人是社会的动物，人的行为既受诸多社会因素决定，又在很大程度上与自己的自我意识有着密切的联系。每个人的现实行为，并不单单是由其所在的情境决定的，更重要的是与对自我的认知、自我意识有着密切的联系。那些自我意识积极的学生，其成就动机和学习投入及学习成绩明显优于那些自我意识消极的学生。当学生认为自己声名不佳时，他们会放松对自己行为的约束。可以说，个人怎样理解自己，是保证个体如何行为及以何种方式行为的重要前提。

（二）决定个体对经验的解释

不同的人可能会获得完全相同的经验，但每个人对这种经验的解释却可能有很大的不同。解释经验的方式取决于一个人的自我意识。一个自认为能力一般，只该取得平均成绩的学生，对于取得比较好的成绩会认为是取得了极大的成功，感到十分满足；而对于同样的成绩，一个自认为能力优秀、应当取得出众成绩的学生，会认为是遭到了很大的失败，并体会到极大的挫折。事实证明，当个人的既有自我意识消极时，每一种经验都会与消极的自我评价联系在一起；而如果自我意识是积极的，每一种经验都可能被赋予积极的含义。

（三）影响个体的期望水平

自我意识不仅影响到个体现实的行为方式和个体对过去经验的解释，而且影响到个体对未来事情发生的期待。这是因为，个体对自己的期望是在自我意识的基础上发展起来，并与自我意识相一致的，其后继的行为也取决于自我意识的性质。研究发现，差生的成绩落后并不是孤立存在的，而是他的整个行为动力系统都出现了角色偏离的结果。成绩长期落后对于普通学生而言是不正常的，但对于差生，由于他们的整个行为动力系统都出现了偏离，并在偏离的状况下形成了一个新的自相一致的系统，因而在系统内部一切并没有不正常。换言之，落后的学习成绩正是差生自己"期待"的结果。

知识链接

埃里克森的自我发展理论

社会文化学派的人格心理学家埃里克森（E. H. Erikson）是现代自我心理学的创始人之一，他认为，人的自我意识发展持续一生，把自我意识的形成和发展过程划分为八个阶段，这八个阶段的顺序是由遗传决定的，但是每一阶段能否顺利度过却是由环境决定的，所以这个理论可称为自我"心理社会"发展阶段论。埃里克森的人格发展八阶段理论如表 4 - 1所示。

表 4 - 1　埃里克森的人格发展八阶段理论

期别	年龄	心理危机	发展顺利	发展障碍
婴儿期	0~1 岁	对人信赖——对人不信赖	对人信赖，有安全感	与人交往焦虑不安
婴儿后期	2~3 岁	活泼主动——羞愧怀疑	能自我控制，行动有信心	自我怀疑，行动畏首畏尾
幼儿期	4~5 岁	自信——退缩内疚	有目的方向，能独立进取	畏惧退缩，无自我价值感
儿童期	6~11 岁	勤奋进取——自贬自卑	具有求学、做事、待人的基本能力	缺乏生活基本能力，充满失败感
青年期	12~18 岁	自我认同——角色混乱	自我观念明确，追求方向肯定	生活缺乏目标，时常感到彷徨迷失

续表

期别	年龄	心理危机	发展顺利	发展障碍
成人前期	18～25 岁	有爱亲密——孤独流离	幸福的生活，奠定事业、感情基础	孤独寂寞，无法与人亲密相处
成人中期	26～60 岁	精力充沛——颓废迟滞	热爱家庭，栽培后进	自我放纵，不顾未来
成人后期	60 岁以上	完美无憾——悲观绝望	随心所欲，安享天年	悔恨旧事，徒呼抱负

埃里克森认为，人的自我意识必须经历这八个阶段，每个阶段都是不可逾越的，但时间早晚因人而异。只要在人生发展的各阶段有效地解决出现的特殊矛盾，就可以发展出积极的人格特征，自我在人生经历中不断获得或失去力量，保证个人适应环境，健康成长，否则，就会形成消极的人格特征，形成不健全的人格。

埃里克森认为，青少年在 18 岁以前应发展自我同一性，因为自我同一性的建立可以使青少年了解自己与周围各种事物之间的关系，既能与客观环境保持积极的平衡，又能在这种联系中发展自我，这对青少年走向社会、走向生活，经受社会的考验，都是至关重要的。

五、影响个体自我意识发展的因素

自我意识是神经系统的高度发展和个体与外界的相互作用相结合的产物。自我意识发生、发展与生理的发展密切相关，然而，生理的成熟和发展只是形成自我意识的前提，自我意识的形成和发展还有赖于个体参与社会生活、与他人相互作用。影响自我意识形成与发展的社会因素有社会经济地位、社会文化环境、家庭、他人的评价、参照群体等。可见，自我意识的形成受到个人的成长经历、生活环境、自我态度、他人评价等诸多因素的影响。并且自我的结构并不是一成不变的，而是随着个体的经验和心理发展不断发生变化的。自我意识发展的信息来源，可以分为以下三个方面。

物理世界：物理世界为我们了解自身提供了手段。如果你想知道自己有多高、有多重，能跑多快、长得怎么样，你都可以运用物理世界中的线索来获得相关的知识。来自物理世界的信息，对于生理自我的形成和发展尤其重要。

社会世界：个体若想了解自己是一个什么样的人，常常需要同其他人进行比较，这个过程被称为社会比较。一般来说，我们倾向于和自己相似的人进行比较，这样所获得的信息是最为可靠的。获得自我认识的另一种重要方式是观察其他人对我们的反应，这种过程被称为反射性评价（Reflected Appraisal）。可以想象一下，当一个同学在台上进行演讲的时候，他注意到台下的其他同学都在聚精会神地听，他就有理由推断出自己是一个有吸引力的人。

心理世界：除了从外界寻求认识自我的线索以外，我们也可以向内部寻求答案。我们可以通过回忆自己在各种不同场合的情感体验，来了解自己是一个情感丰富的人还是一个冷静理智的人。这种直接考虑自己的态度、情感和动机的过程，被称为内省。但有心理学家认为，我们并不是总能够意识到自己为什么这么做、这么想。有时候，我们和其他人没有什么不同，只是自己行为的观察者，需要通过逻辑性的分析来解释为什么我们的行为会发生，这个过程被称为自我知觉或归因。比如，我为什么坚持在课余时间去图书馆学习？那是因为我喜欢阅读。我为什么这次考试成绩不太理想？那是因为我这次不够努力。

影响自我意识发展的维度如图4-1所示。

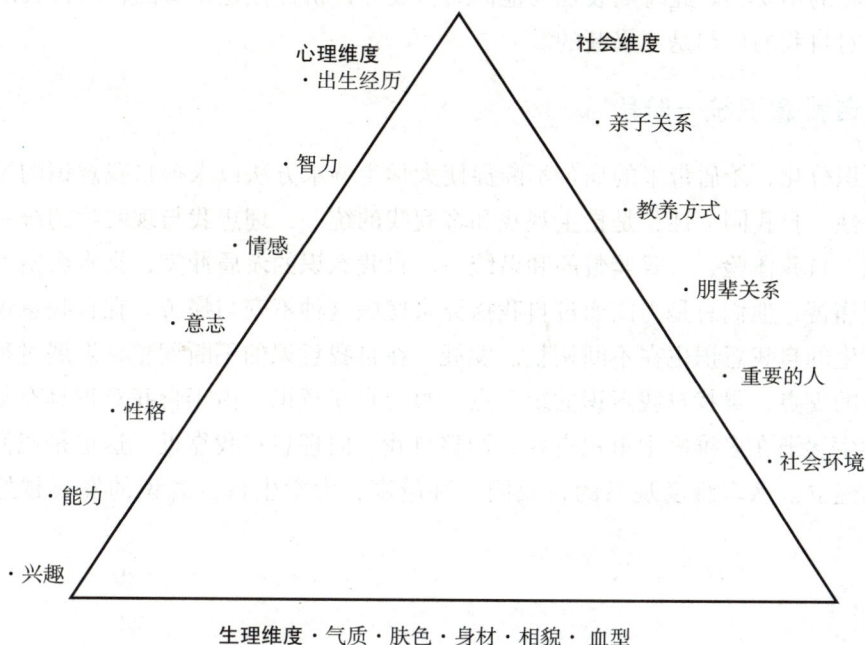

图4-1　影响自我意识发展的维度

第二节　大学生的自我意识

一、大学生自我意识的发展过程

大学生自我意识发展主要经历了以下三个阶段。

（一）自我意识分化阶段

青年期自我意识的发展是从明显的自我意识分化开始的。原来完整笼统的"我"被打破了，出现了两个"我"：主观的我（I）和客观的我（me），即大学生既是观察者又是被观察者。伴随着主观我和客观我的分化，"理想我"与"现实我"也开始分化，此时的大学生开始主动、迅速地关注自己的内心世界和行为，产生新的认识和体验；同时，由此引起种种激动、焦虑、喜悦，自我沉思增多，要求有属于自己的空间，渴望被理解、被关怀。

（二）自我意识冲突阶段

由于自我意识分化的出现，使大学生开始意识到自己以前不曾注意的许多有关"我"

的问题，主观我与客观我的矛盾，理想我与现实我的距离加剧了自我冲突，使自我不能统一、自我形象不能确立、自我概念不能形成，因此表现出明显的内心冲突，甚至有很大的内心痛苦和激烈的不安感。此时期表现为他们对自我的评价往往是矛盾的，对自我的态度常常是被动的，对自我的控制是不果断的。

（三）自我意识统一阶段

自我意识分化、矛盾带来的痛苦不断促使大学生寻求方法以求得自我意识的统一，即达到自我同一性。自我同一性，是指主观我和客观我的统一，理想我与现实我的统一，也表现为自我认识、自我体验、自我监督的和谐统一。自我意识的矛盾冲突，常常会给大学生带来不安或心理痛苦，他们总是力图通过自我探究来摆脱这种不安与痛苦。在自我意识的矛盾冲突中，大学生的自我意识也在不断调整、发展。在自我意识的不断调整、发展过程中，他们极易寻求新的支点，寻找自我意识的统一点，整合自我意识。由于自我意识具有复杂性与多维性，大学生逐渐在多维度中审视自我、调整自我，向理想自我靠近。这也是我们常说的自我同一性的建立。从多维度观察的自我同一性越高，大学生自我意识的发展越好，人格越完善。

知识链接

自我同一性

埃里克森认为，自我同一性是一种熟悉自身的感觉，一种"知道个人未来目标"的感觉，一种从他所信赖的人中得到期待认可的自信，是在青年后期出现的、自我的一种综合功能，是从过去的经验中获得的一种综合成就。

青少年同一性发展有同一性达成、同一性拒斥、同一性分散和延期偿付四种情形。

同一性达成（Identity Achievement）表明个体考虑了各种实际选项，做出了选择，并实践选择。在结束高中学习生活之前，似乎没有学生能够达到这种情形。跨入大学校门的学生也需要花一定的时间做出决定。对一些成人来说，在他们生命中的某一阶段，也许会达成稳固的自我同一性。之后，还可能放弃前一种同一性，而形成新的同一性。对某一个个体而言，自我同一性一旦达成，也不意味着一成不变。

同一性拒斥（Identity Foreclosure）描述的是个体过早地将自我意象固定化，没有考虑各种选择的可能，而停止了同一性的探求。同一性拒斥的青少年往往缺乏主见，遵从他人的目标、价值观和生活方式。这里的他人包括父母、宗教群体等。同一性完成过早的人会显得刻板与肤浅，不会沉思，应变能力差，但很少会忧虑。这类人倾向于与父母保持密切的关系，并采纳父母的价值观。他们喜欢有组织、有秩序的生活，尊重权威。

同一性分散（Identity Diffusion）是和同一性拒斥联系在一起的。个体很少"发现自己"，不知道自己是谁，不知道想做什么，没有明确的发展方向。经历着同一性分散的青少年无法成功地做出选择，或者他们会逃避思考问题。缺乏兴趣，孤独，对未来不抱希望，或者可能很叛逆。他们宁可戴着耳机听音乐或睡觉，也不愿意接触父母和老师。

延期偿付（Moratorium）表示青少年延迟做出个人生活或职业的选择和承诺。埃里克森认为，在一个复杂社会，在这个"延期偿付"的阶段，青少年势必会经历自我同一性危机。而今，这一阶段不再称为危机了，因为对大多数人来说，自我同一性的达成是一个逐渐缓慢的探索过程，而不是外在的急剧变化。延期选择很正常，而且是健康有益的。

延期偿付和自我同一性达成都被认为是健康的。发展自我同一性，是为完成即将面临的成人任务做准备，是为了用它来指导生活。它是青年人在选择职业、婚姻等方面的一种标准。青少年时期如果不能获得自我同一性，就会产生角色混乱的消极同一性，角色混乱的青年无法"发现自己"，不知道自己究竟是什么样的人，想要成为什么样的人。消极同一性的青年，社会对其不承认，会成为社会反对和不被容纳的危险角色。自我意识发展过程中的矛盾冲突、社会和个人因素等是导致大学生自我认同危机导致的原因；认识自我、悦纳自我、完善自我是化解危机的主要途径。

二、大学生自我意识发展的特点

由于大学生所处的生存环境、知识背景与其他同龄人不同，其自我意识的发展表现出许多不同的特点。大学生自我意识发展的水平，一般以其自我意识中各要素是否协调发展为主要评价指标。如果各要素发展协调一致，自我意识的发展水平就高；反之，如果各要素发展不协调，自我意识发展水平就低，甚至有可能出现障碍。

（一）稳定发展趋势中未见完全成熟

大学阶段几乎是完成社会分工的最后一环，大部分学生会在高考的备考阶段摸到自己在学习能力方面的天花板。也就是说，一旦进入大学，大学生对自己未来的规划，以及今后自身将在社会中大概处于什么样的位置，基本都会有一个预估。虽然学习仍是大学生的第一要务，但不再是生活的全部。随着大学课外活动的开展，大学生接触的人和事物不断增加，自我意识开始全面发展起来。自我意识的全面发展会让大学生触及各个方面，从而更好地定位自己。大学生的自我意识会在此时进入平稳发展的状态。

虽然多数大学生在大学生活中自我意识的发展会趋于稳定，但距离发展成熟仍然需要时间和实践。而时间加上实践给自我意识成长所带来的变化可能会是脱胎换骨的。临近毕业的时候，很多大学生在回顾自己大学刚入学是什么样时，都会惊讶于自己的变化。由于自我意识不完全成熟，很多大学生会发现明明有选择权的事情，却没有完全发挥自己本来应有的学习能力、应变能力和各方面实力，表现出由于不成熟而出现的各种迷茫、自卑等自我意识的偏差。

（二）认知依赖下降中存有片面性

个体对外部评价的依赖程度，往往随着年龄的增长而呈下降趋势。稍微留意一下周围年龄小的孩子，我们就会发现他们父母和周围朋友对他们的评价几乎是其自我实现和肯定的全部。虽然在高考之前，很多同学的生活圈子集中在学校，但是也会不断受到他人针对自己的各种评价，并且会对这些评价做出自己的初步判断。其中，来自老师和长辈的评价会被看得重一些，同学和朋友的评价会被看得轻一些。在进入青春期后，逆反心理会使个体重新审视周围所有的评价。大学生基本都已经度过了青春期，既不会像三四岁孩子那样对成人言听计从，也不会像青春期那样十分叛逆。在认识自我的过程中，大学生开始利用现有的世界观、人生观、价值观来自我评价，最后达到一定程度的自我认知，从而降低了对外部评价的依赖。但是，外部的评价对大学生来讲依然重要，只不过他们会比较在意他人对自己的夸赞以及自己心中重要之人的评价。大学生也会有意无意忽略一些简单重复、恶意负面的评价，这样在认识自己的时候就会产生片面性和狭隘性。

（三）独立意识增强中未见完全自主

自我意识的觉醒和发展过程一定伴随着独立意识的逐渐增强。可以说，自我意识与独立意识的关系就像一枚硬币的两面，分不开。大学生的年龄一般都在18～23岁，大学的生活环境会促使他们主动地或个别被动地增强独立意识。一般大学生经历的18岁成人礼都是在高中，虽然他们的世界观、人生观、价值观已经初步形成，但是那时为了备战高考，同时也受到家庭环境的影响，他们对于成年和责任的思考与探索实践确实很难深入和广泛开展。但是进入大学后，他们有充分发展的空间。大学生依靠他们现有的生活经验和人生目标，开始寻求独立自主的发展道理，试图独立地发现并解决生活中一个又一个问题，以证明其独立能力并获得他人对自己人格完整性的认可，同时也希望周围的人能像对待成年人一样对待自己。

大学生在实践自己独立自主道路的过程中，对于干涉、约束、批评其自我选择的道路的人会尽力反抗并疏远，而对于可以帮助提高自己专业能力、生活本领和自身实力的人会日益亲近，并发展为好友。然而，尴尬的是，这两类人大多数情况下是重合的，不是他们的老师就是他们的父母，或者是同一个群体。绝大多数大学生还要依靠父母供养上大学，只能说独立自主只是大学生自我意识成长过程中努力想实现的愿望，虽然相较于高考之前有一个很大的提升，但是离完全独立还有一定距离。

（四）强烈自我探索中暂缺完善性

多数大学生对自己的未来充满信心、希望，有着对未来美好生活的向往，希望能过上一种自由自在的、符合自己愿望的生活，因此许多大学生都有非常强烈的自我探索和设计的欲望。如有人曾对合肥市200名大学生进行调查，发现45%的大学生的愿望为"力争第一""名列前茅"，而"及格就行"的大学生只占15%。这说明大学生希望自我设计、自我奋斗。在一项关于"需要"的调查中发现，大学生把"成功与自我实现的需要"放在首要位置，他们渴望自己有所创造、有所建树，向社会展现自己的存在。

多数"00后"大学生向往摆脱过去简单符号化的外在个性，转为更为深入地理解和探索自己——从情绪性格到观点看法，再到兴趣爱好与天赋、人生诉求。他们向往的是发现自己的天赋，围绕兴趣爱好展开生活，甚至能做相匹配的工作，同时通过独立思考和体验形成自己的判断和原则，做一个自我认可的不普通的普通人。在具体实践上，大学生从自身开始实践自我规划和管理的种种技巧；勤于记录和讲述自己的日常生活，以获得自我的关照；热衷于通过沙龙、旅行等方式去亲身探索体验，以打开自己的眼界；积极探究包括宗教信仰、心理学等在内的方式，以获得第三方的自我认知系统。

第三节　大学生的不良自我意识及其调适

有时我们会发现自己很敏感，容易情绪化，心理容易受到伤害。有时我们又会发现自己很容易自卑，总是感到自己无能、没用，得不到很好的关注和尊重。其实，这是我们的自我意识出现了矛盾和偏差。

一、大学生自我意识的矛盾

由于心理尚未成熟，大学生自我意识的发展也不是一帆风顺的。在"矛盾—统———新矛盾—新统一"转化发展过程中，大学生自我意识不断发展、变化。由刚进校的"依赖性"和"盲目性"，渐渐变为"想入非非"，再到毕业前的沉稳、理性。在这样一个矛盾统一的过程中，大学生自我意识的矛盾冲突主要表现在如下几个方面。

（一）主观的我与客观的我之间的矛盾

"主观的我"是个人对自己的认识和评价，"客观的我"是社会上其他人对自己的认识和评价。大学生远离具体的社会现实生活，大量的时间是生活在相对单纯的大学校园中，"主观的我"和"客观的我"存在着不合拍、不一致的现象。大学生往往根据书本对自己做出不符合实际的估价，要么过高，要么过低，一旦接触社会生活、接触现实生活中的其他人，便发现自己并不像自己想象的那样高明或低能，容易自我失落或沾沾自喜。这种矛盾可以通过适当的社会实践来化解。

（二）现实的我与理想的我之间的矛盾

大学生是富有理想的，这种理想在头脑中的形象化即构成了大学生的理想自我，而本身的现实经历又构成了现实的自我。大学生作为同辈人中的佼佼者，步入大学殿堂后在脑海中即设计出自己的完美未来（包括学习、爱情、就业），然而现实社会中的种种障碍会阻碍"理想自我"的实现。大学生对自我缺乏客观认识，往往在对现实自我不满的情况下否定自己。

知识链接

如何面对失败的经历？

"习得性无助"是美国宾夕法尼亚大学心理学教授塞利格曼（Seligman，M. E. P）在

1967 年提出的，他用狗做了一项经典实验。他把狗分为两组：首先，把其中一组放进一个设有电击装置但又无法逃脱的笼子里，然后给狗施加电击，电击的强度足以引起狗的痛苦体验。在实验中发现，这些狗最初被电击时拼命挣扎，想逃脱这个笼子，但发现经过再三努力仍无法逃脱后，它们挣扎的程度逐渐降低了。随后，把这些狗放进另一个用隔板隔开的笼子里，隔板的高度是狗可以轻易过去的。隔板的一边有电击，另一边没有电击。实验的结果是：当经过前面实验的狗被放进这个笼子并受到电击时，它们除了在前半分钟感到惊恐之外，此后一直卧倒在地上接受电击的痛苦，呻吟颤抖；面对容易逃脱的环境，它们连试也不去试一下。相比之下，实验者把另一组没有经过前面实验的狗直接放进有隔板的笼子里，发现它们全部都能轻而易举地从有电击的一边跳到安全的另一边。当狗处于无法避开的、有害的或不愉快的情境时获得的失败经验，会对以后应付特定事件的能力起破坏效应，它们会消极地接受预定的命运，不做任何尝试和努力。

其实在每个人的身上都蕴含着巨大的潜能，它酣睡着，一旦被唤醒，将会爆发出惊人的力量。所以，认清你自己，发现存在于你身上的优势与劣势，培优补缺，你就是最大的赢家。

（三）自尊心与自卑感之间的矛盾

大学生多有浓厚的优越感和很强的自尊心，对自己的能力、才华和未来充满信心。许多大学生发现"人外有人、天外有天"，有些大学生就会怀疑自己、否定自己，产生自卑心理，在他们的内心深处，自尊心和自卑感常常处于矛盾状态。

（四）自立和依附他人的矛盾

进入大学以后，大学生的独立意识迅速发展，希望能在思想、学习、生活甚至经济等诸多方面自立，希望摆脱家庭和学校的约束，自主地处理自己遇到的一切问题。有些大学生错误地认为，独立就是不需要任何人的帮助和指导，或者没有任何依赖别人的需要。事实上，即使是一个独立性很强的人，也会产生依赖他人的需要。独立并不意味着独来独往、独当一面，而是指个人对自己负有全部的责任。大学生不仅要分清两者的区别，而且要认识到独立性的培养需要一个过程，对这一过程的认识不足和过分苛求都会阻碍自身的正常发展。

案例分析

内心孤独的大学生

杨同学，大四女生，人很瘦，一眼看去精神状态不好。她谈到自己学习成绩很好，同学都认可她的聪明，表面上她和许多同学关系不错，甚至可以和男生打打闹闹，许多男生也愿意陪她玩，很关心她，她也愿意为他们出主意，可内心里，私下里，在安静的时候，她还是感到空虚落寞。其实她并没有和他们说心里话。她因为失恋一直都很痛苦，但她没有把自己的痛苦告诉他们，她相信没有人可以帮助她，她表面上的嘻嘻哈哈掩盖的是内心真正的孤独，他们并不是她真正值得信任和可以交心的朋友。

分析：进入大学，新的伙伴，新的环境，要求大学生独立地与各种陌生人交往，但由于缺乏交往技巧或自身性格等原因，难以建立友好的深入的持久的人际关系。心理体验上表现为缺少知心朋友，不愿与人主动交流，有的同学主动适应，寻求改善，渐渐适应了大学人际关系，有一些同学则可能在大学期间都没有寻找到知心朋友，友谊还是停留在过去，密切交往的依然是中学时代的同学。

二、大学生自我意识的偏差及调适

大学生自我意识的偏差主要表现在自我意识的混乱：一种是过高的自我评价（自我意识过强）；另一种则是过低的自我评价（自我意识过弱）。过高或过低的自我评价往往导致个体自我意识确立过程中的过分自负或过分自卑这两大心理缺陷，是妨碍良好自我意识形成的主要障碍。

（一）自我意识过强

自我意识过强或过高的大学生，往往扩大现实的自我，形成错误的不切实际的理想自我，并认为理想自我可以轻易实现。这种类型的大学生往往盲目乐观，以自我为中心，自以为是，不易被周围环境和他人所接受和认可，容易引起他人的反感和不满。因此，极易遭受失败和内心冲突，产生严重的情感挫伤，导致苦闷、自卑、自我放弃。有时会引发过激行为和反社会行为。自我意识过强主要表现为过分追求完美、过度的自我接受、过度以自我为中心等。

1. 过分追求完美

不能客观地评价和认识自我的情况有很多种，最明显的就是对自我的苛求和追求完美。"人皆有爱美之心"，也有追求完美之心，这虽然是人类健康向上的本能，但过分追求完美容易引起自我适应障碍。追求完美的大学生对自己要求过高，期望自己完美无缺，却不顾自己的实际情况。此外，他们不能容忍自己"不完美"的表现，对自己不完美的地方过分看中，把人人都会出现的、人人都会遇到的问题看成自己"不完美"的地方，总是对自己不满意，从而严重影响了自己的情绪和自信心。他们对自己十分苛刻，只接受自己理想中的"完美"的自己，不肯接纳现实中平凡的、有缺点的自我。其后果往往适得其反，使其对自我的认识和适应更加困难。产生这种现象的原因有未真正了解自己、过分受他人期望的影响等。

改善过分追求完美的状态，要做到：第一，树立正确的观念。人不能十全十美，每个人都有优缺点。一个人应该接纳自己，包括自己的不足，同时肯定自己的价值，不自以为是，也不妄自菲薄。第二，确立合理的评价参照标准和立足点，以弱者为参照会自大；以强者为标准会自卑。因而人应该选择合适的标准，更重要的是以自己为标准，按照自己的条件评定自己的价值。第三，目标合理恰当。在充分了解自己的基础上确定恰当的目标和追求，目标符合自己的实际能力，不苛求自己，不被别人的要求左右。个体越能独立于周围人的期望，自我意识的独立性就越强，所遭遇的冲突也就越少。对大学生来说必须明确自己的期望是什么，以及这种期望是来自自我本身的能力和需要，还是从满足他人的期望出发。只有明确这一点，才可能真正地认清自己，规划自己的发展方向，最终建立独立的自我。

2. 过度的自我接受

自我接受是指自己认可自己、肯定自己的价值，对自己的才能和局限、长处和短处，都能客观评价、坦然接受，不会过多地抱怨和谴责自己。对自我的接受是心理健康的表现。过度自我接受的人是有点自我扩张的人，他们高估自我，对自己的肯定评价往往有过之而无不及。他们拿放大镜看自己的长处，甚至把缺点也视为长处，拿显微镜看他人的短处，把别人细微的短处找出来。他们的人际交往模式是"我好，你不好""我行，你不行"。过度自我接受的人容易产生盲目乐观情绪，自以为是，不易处理好人际关系；而且过高评价滋生骄傲，对自己提出过高要求，会因为承担无法完成的任务、义务而导致失败。

3. 过度以自我为中心

随着自我意识的发展，大学生越来越感到自己内心世界的千变万化，他们越来越多地把关注的重心投向自我，尤其是那些有较强自信心、自尊心、优越感、独立感的学生更容易产生自我中心倾向。当这种倾向与一些不健康的思想意识（如个人主义、自私自利思想）和心理特征（如过强的自尊心、唯我独尊）结合时，就会表现出过分的、扭曲的以自我为中心。过度以自我为中心的人往往以自我为核心，想问题、做事情从"我"出发，不能设身处地地进行客观思考，反而盛气凌人，不允许别人批评。这种人往往见好就上，见困难就让，有错误就推，总认为对的是自己，错的是别人，因而他们常不能赢得他人的好感和信任，人际关系多不和谐。

克服过度以自我为中心的途径包括：第一，建立健康的人生观，自觉地将自己和他人、集体结合起来，走出自己的小天地；第二，恰当地评价自己，既不低估也不高估，既不妄自菲薄也不自高自大；第三，尊重他人，只有尊重和信任才能获得友谊；第四，设身处地地从他人的角度思考问题，将心比心，真诚地关爱他人，从而做到"我爱人人，人人爱我"。

案例分析

以自我为中心

小龙是一名高职院校学生，从进入大学以来，他就觉得周围的人都不喜欢他，对他不满。3年来，他几乎没有朋友，和同学鲜有来往。他很孤独，很想交朋友。言谈中我能感觉到小龙并不是胆小怯懦、害怕交往的人。在咨询室和我面对面，他也能从容不迫、侃侃而谈。小龙抱怨说现在的高职高专学生思想特别不成熟，行为举止幼稚，特别是自己身边的同学，俨然就是中学生的生活状态，这让他非常看不惯。有次上完某位老师的课，室友回来纷纷抱怨该老师照本宣科，课堂枯燥无味，以后有机会就旷课，小龙打断大家说："学习靠自己，你们这样是给自己的懒惰找借口。"当时寝室气氛很尴尬。去食堂吃饭时，小龙看见炒的蔬菜色泽不好，大声嚷嚷"这菜喂猪还差不多"，刚巧同班两位女同学正在打这种菜，她俩回过头狠狠地的他一眼。全班去郊游，班委提前商量方案，大家想去风景区，可小龙认为该季节风景区确实没有风景，据理力争要把活动安排在附近的儿童福利院，结果讨论会不欢而散。全班郊游还是去了风景区，大家却没有通知小龙。小龙一再表明，他说的都是真话、大实话，为什么现在的人不能理解呢？他还说，如果坚持真理就注定孤独的话，他要坚持下去，走自己的路，让别人去说吧。

分析：乍一看，觉得小龙确实挺委屈，但仔细分析就会发现小龙的主要问题是在人际交往中过于以自我为中心来思考和看待问题。在上述事情中，他都是从自我的角度思考其行为的合理性，缺乏换位思考。所以，小龙在思考和解决他所面临的问题时不能正确地归因，更不能从他人的角度去反思其行为的不合理性。这样的高职高专学生为数不少，他们为人处世都以自己的兴趣和需要为中心，只关心自己的想法和感受，不考虑他人的感受，完全从自己的角度、自己的经验去认识和解决问题。

（二）自我意识过弱

自我意识过弱的大学生在把理想我和现实我进行比较时，对理想我期望较高，又无法达到，对现实我不满意，又无法改进。他们在心理上的一个特征就是自我排斥，往往会产生否定自己、拒绝接纳自我的心理倾向。他们的心理体验常常伴随较多的自卑感、盲目性、自信心丧失的情绪消沉、意志薄弱、孤僻、抑郁等现象，尤其是面对新的环境、挫折和重大生活事件时，常常会产生过激行为，酿成悲剧。自我意识过弱主要表现为极度的自卑。

自卑是个体由于某种生理或心理上的缺陷或其他原因而引起的一种消极情绪体验。表现为对自己的能力或品质评价过低，轻视自己，甚至看不起自己，害怕自己在别人心中失去应有的地位，因而产生消极心理。这种心理状态很容易使青年学生产生孤独压抑的情感，给自己的情绪和学习带来严重的影响，更甚者还会产生消极的态度，从而对前途失去信心。

大学里，人与人之间比赛、竞争的情况是无法避免的。而且，如果从能力、成绩、特长以及身体、容貌、家世、地位等所有条件相比，很少有人永远是强者。但有的同学过度自卑，斤斤计较于自己的缺点、不足和失误，结果因自卑而心虚胆怯，凡有挑战性的场合即逃避退缩，或对自己的所作所为过分夸张，过分补偿，恐天下不知，其结果捍卫的是虚假的、脆弱的、不健康的自我。

改变过度自卑。第一，对其危害要有清醒的认识，并且有勇气改变自己；第二，要客观、正确、自觉地认识自己，无条件接受自己，欣赏自己所长，接纳自己所短，做到扬长避短；第三，正确地表现自己，对自己的经验持开放态度；第四，根据经验，调整对自己的期望，确立合适的抱负水平，区分长期目标和近期目标，区分潜能和现在表现；第五，对外界影响保持相对独立，正确对待得失，勇于坚持正确的东西、改正错误。

从以上的分析我们可以看出，大学生自我意识发展过程中出现的失误、偏差是心理还不成熟的表现。这是由其身心发展状况和成长背景决定的，并不是某个人的缺点，而是所有大学生或多或少都要亲身经历的，是整个年龄阶段的特征，因而是普通的、正常的，但也是必须调整的。只有认识到这一点，才有可能去面对它、正视它，并争取解决它。

第四节　大学生健康自我意识的培养

一、健康自我意识的标志

具有健康的自我意识的人应该具备以下条件。

（1）能比较客观正确地认识自己、评价自己。

（2）自我认识、自我体验和自我控制协调一致，能较好地进行自我整合。

（3）既能保持自身独立，又能很好地与外界协调。

（4）能认清现实自我与理想自我的差距，并积极寻求自我发展。

二、健康自我意识的培养

（一）正确认识自我

如果一个人能对自我有一个全面、恰当的认识和评价，就能扬长避短、取长补短，控制自己、改变自己、完善自己，就能根据自己的实际情况，选择相应的目标位置努力奋斗。正确认识自我是建立健全自我意识的基础。正确认识自我要求我们做到对自己有深刻的了解，并能对自己进行客观的评价。

我们可以从我与人的关系中来认识自我，从我与事的关系中来认识自我，还可以从我与己的关系中来认识自我。自我认识的具体途径包括他人评价法、比较法、经验法和内省法。

1. 他人评价法

通过与他人的交往，从他人对自己的态度和评价中认识自己。不是他人的所有评价都是有益的，我们要以恰当的态度对待他人的评价。要重视对自己比较熟悉和了解的人的评价（如家人、好朋友等），要特别重视比较一致性的评价（如十人中有六七人持相同看法）。有些学生特别偏重别人对自己的负面评价，而忽略了对自己的正面评价，这是自卑的人。有些人听不进别人的批评意见，那么他就很难进步成长，完善自己。

2. 比较法

自我认识可以通过与他人的比较而实现。他人是反映自己的一面镜子，在比较中可以认清自己的优势和不足，扬长避短。同时，我们要注意比较的艺术。与谁比较，比较什么，怎么比较是有很大影响的。我们选择与自己条件相似的人进行比较，学习他人的优点和长处，这样会有激励作用。与我们相差太多的人比较，或者让我们沾沾自喜或者让我们灰心丧气，对自我的改善没有太大的帮助。我们比较的是学习能力、工作能力、意志行为等，这些通过自身努力是可以不断提高和完善的，而家庭背景、生活条件等在很大程度上并不取决于大学生自身，在短期内也难以有很大改变，我们不必过分在意。与人比较还要从相对标准而不是绝对标准的角度看问题。有些学生来自农村，条件不如别人，很多方面可能没有学习和实践的机会，而如果给予自己学习的机会，很可能赶上别人。

3. 经验法

通过自己参加各种活动时的动机、态度、表现以及取得的效果和成果来分析认识自己。活动成果的价值有时能直接标志着自身的价值，社会衡量一个人的价值主要通过活动成果认定的。一次的成果会增加自己的自信心，但是一次的失败也可能让自己怀疑自己的能力。那么，怎么看待失败或挫折呢？最简单的一句话"失败是成功之母"。大学生具有各种潜在的天赋和能力，积极参加多方面的实践活动和社会交往，才有机会发现和发展自己的天赋和才能。

4. 内省法

个人自己的观察和思考是自我认识的一个重要方面。他人对自我的评价不等于自己对自身的评价。内省是指通过反省自己、分析自己来进行自我认识。孔子曰："吾日三省吾身。"这里要注意的是，反省并不仅指觉察自己做得不好的地方，重点是对自己的言行思想保持觉知，鼓励自己做得好的方面，对于做得不够的地方，争取下次做得更好，努力完善自己。自己观察和分析自己，看似容易，其实是很困难的，我们难免会因为自己的情绪和愿望等而影响到对自己全面客观的评价。

在进行自我认识和自我评价的时候，要从多条途径收集信息，要讲究评价的艺术。评价应就事论事，在就事论人时，不以偏概全，不以一时一事下结论，要有发展的眼光；不把与别人相比较或别人的态度作为唯一的衡量标准；不把成就和成绩作为衡量自己价值的唯一尺度。另外，在通过比较而评价自我时，要注意区分纵向比较和横向比较。我们通常的比较是指与他人进行比较。我们更要注重的是自己与自己的比较，自己的今天与昨天的比较，即纵向比较。如果我们看到自己一天天地进步和成长，会让自己对未来充满信心。

知识链接

审视自我的橱窗分析法

审视自我的橱窗分析法如图 4 - 2 所示，橱窗 1 是自己知道，别人也知道的部分，称为"公开我"，属于个人展示在外的部分，如姓名、学校等。

橱窗 2 是自己知道，别人不知道的部分，称为"隐私我"，属于个人内在的私有秘密部分，可以不公开，也可以告诉别人让别人更了解自己。

橱窗 3 是自己不知道，别人也不知道的部分，称为"潜在我"，是有待进一步开发的部分。

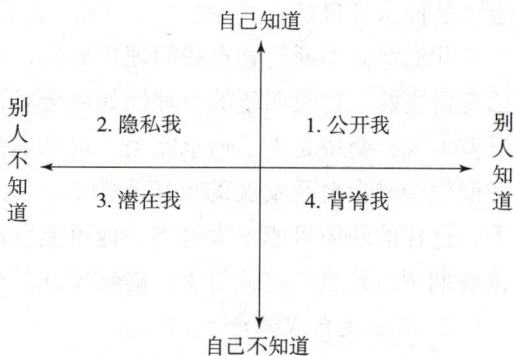

图 4 - 2　审视自我的橱窗分析法

橱窗4是自己不知道，别人知道的部分，称为"背脊我"，犹如一个人的背部，自己看不到，别人却看得很清楚。

在进行自我审视时，重点是了解"潜在我"和"背脊我"。"潜在我"是影响人未来发展的重要因素。研究发现，每个人都有巨大的潜能，人类平常只发挥了大脑的极小部分功能，如果一个人能够发挥一半的大脑功能，将轻易地学会40种语言，背诵整套百科全书。苏联著名心理学家奥托指出，一个人一生所发挥出来的能力，只占他全部能力的4%，也就是一个人96%的能力还未开发。"背脊我"是准确评价自我的重要方面，如果能以开阔的胸怀、正确的态度对待他人的意见和看法，就易于了解"背脊我"。

（二）积极悦纳自我

悦纳自我就是喜欢自己、接受自己。首先要喜欢自己，对自己有价值感、愉快感和满足感；其次是无条件地接受自己的一切，欣赏自己的优点，接纳自己的缺点和限制，平静而有理智地看待自己的长处和短处，冷静地对待自己的得与失；最后不以虚幻的自我来补偿内心的空虚，不以消极回避漠视自己的现实，不以怨恨、自责或厌恶来否定自己。悦纳自我尤其要注意的是不能只看到短处而否定自己。短处有两种：一种是能够改进的，如不良习惯、坏脾气等；另一种是无法改变的，如自己的先天身材与其貌不扬等。对于可改进的，努力完善；对于不可更改的，承认它、接受它，不以此为羞。

在现实生活中，我们会发现有些大学生可以喜欢朋友，喜欢知识，喜欢自然，却不愿意喜欢自己，不能真正地尊重自己、爱惜自己。下面有一些简单的策略可以帮助大家做到自我悦纳。

1. 检查自我期望

自我期望是指个人在进行某项工作之前估计自己所能达到的成就。自我期望值与实际成就之间差距的大与小会使人产生"成功"和"失败"两种情绪体验。大学生既不应过分追求完美，使理想脱离现实，也不应期望太低，使理想无法起到激励作用，而是要学会调整期望值，树立合适的理想和目标（包括长期目标和短期目标）。只有把自我期望和自己的实际情况紧密结合起来，才能使期望值符合现状、适合自己的发展，才能使自己通过努力实现理想，从而认可自己。

我们都会不断勾勒自我的理想形象，对自己有很多的期望。自我期望促使我们努力让自己变得更好。自我期望的合理性如何会对自我发展和自我实现有影响。如果期望与现实自我反差太大，期望是为了追求完美、追求虚荣、追求时尚，或期望来自同伴的压力，那么这样的期望会成为自我发展的负担和阻力。比如，一个内向不善交往的人期望自己成为社交能手，这样的期望可能不太恰当，他可能发现自己达不到目标而受挫，甚至放弃努力。恰当的自我期望，经过一定的努力，能够实现，会增进你的自信心，是自我激励的动力。

2. 不过度自我批评

自我批评是必要的，在传统文化中强调通过批评和自我批评来改善自我，但是过度的自我批评就是对自己的苛求，可能养成自我否定的习惯。我们要学习适当地进行自我表扬。在自己有所进步、表现不错的时候，及时地表扬自己，是对自我的鼓励。以前我们更多地依赖他人的鼓励和表扬来肯定自我的价值，现在应逐渐独立，我们需要自我鼓励来肯定自我。

3. 寻求有效的补偿

每个人都不是完美的，但我们并不需要彻底地"改造"自己。我们性格上的优点与缺点是矛盾统一的，好像一个硬币的两面。比如，你也许比较粗心，这样可能就不那么敏感，在交往中既可能没有留意到别人的需求，也可能对他人的不恰当的反应不那么斤斤计较。我们只要注意制约自己，尽力让自己性格上的弱点对自己和他人产生较少的不良影响。对于自己的短处和弱点，我们可以做的是在认真分析自我的基础上做有效的补偿，扬长避短，努力发挥自己的长处来增强我们的自信心和自我价值感，并从环境中寻找对自己成长有利的条件，让自己有效地利用资源发掘自己的潜能。

4. 理智、乐观地对待自己

理智、冷静地对待自己，要求大学生要用全面、发展的眼光来分析自己，平静而理智地看待自己的长处和短处，辩证地看待生活中的矛盾，冷静地对待自己的得与失，既不以虚幻的自我补偿内心的空虚，也不以消极回避的态度漠视自己的现实，更不以无休止的怨恨、自责甚至厌恶，来否定自己。

积极、乐观地对待自己，要求大学生去培养开朗的性格和乐观的生活态度，在困难面前不低头，对未来充满美好的憧憬，知晓道路是曲折的，但相信前途是光明的。例如，当被老师批评时，告诉自己"这是因为老师关心我，希望我能够更快地成长"。

知识链接

自我激励的八种方法

1. 把握好情绪。

人开心的时候，体内就会发生奇妙的变化，从而获得新的动力和力量。但是，不要总想在自身之外寻开心。令你开心的事不在别处，就在你身上。因此，找自身的情绪高涨期，并不断激励自己。

2. 加强紧迫感。

作家阿耐斯曾写道："沉溺生活的人没有死的恐惧。"很多人追求的长命百岁其实无益于人们享受人生。然而，大多数人对此视而不见，假装自己的生命会绵延无绝，唯有心血来潮的那天，我们才会筹划大事业，将我们的目标和梦想寄托在丹尼斯称为"虚幻岛"的汪洋大海之中，其实，直面死亡未必要等到生命耗尽时的临终一刻。事实上，如果能逼真地想象我们弥留之际，会产生一种再生的感觉，这是塑造自我的第一步。

3. 做好调整计划。

实现目标的道路绝不是坦途，总是呈现出一条波浪线，有起也有落。但是，你可以在这条波浪线上安排自己的休整点。事先看看你的时间表，框出用来放松、调整、恢复元气的时间。即使你现在感觉不错，也要做好调整计划。这才是明智之举。在你的事业出现波动时，要给自己安排休整点，安排出一大段时间让自己隐退休息，即使离开自己喜爱的工作也要如此。只有这样，在你重新投入工作时才能更富有激情。

4. 直面困难。

每一个解决方案都是针对一个问题的。困难对脑力运动者来说不过是一场场艰辛的比赛。真正的运动者总是盼望比赛。如果把困难看作对自己的诅咒，就很难在生活中找到动力。如果学会了把握困难带来的机遇，你自然会动力陡生。

5. 立足现在。

锻炼自己即刻行动的能力，充分利用对现时的认知力。不要沉浸在过去，也不要沉溺于未来，要着眼于今天。当然，要有梦想，要做好规划。不过，这一切就绪后，一定要学会脚踏实地，注重眼前的行动，要把整个生命凝聚在此时此刻。

6. 敢于竞争。

竞争给了我们宝贵的经验，无论你多么出色，总会有人比你更优秀。所以，你需要学会谦虚和竞争。努力胜过别人，能使自己更深刻地认识自己；努力胜过别人，便在生活中加入了竞争"游戏"。不管在哪里，都要参与竞争，而且总要满怀快乐的心情。要明白最终超越别人远没有超越自己重要。

7. 内省。

大多数人通过别人对自己的印象和看法来看自己。获得别人对自己的反馈很重要，尤其是正面反馈。但是仅凭别人的一面之词，把自己的个人形象建立在别人的评价之上，就会面临严重束缚自己的危险。因此，我们应该把这些溢美之词当作自己生活中的点缀。人生的棋局该由自己来摆，不要仅从别人身上找寻自己，而应该经常自省并塑造自我。

8. 重视今天。

生活不在未来。我们越是认为自己有充分的时间去做自己想做的事，就越会在这种沉醉中让人生中的绝妙机会悄然流逝。只有重视今天，自我激励的力量才能汩汩不断。

（三）有效控制自我

有效控制自我是大学生健全自我意识、完善自我的根本途径。我们可以从以下四个方面来尝试有效地进行自我控制。

1. 建立合乎自身实际情况的抱负水平，确立适宜的理想自我

大学生对自我抱有很高的期望，希望实现自己的理想。怎样的理想是恰当的呢？我们要面对现实，确定自己具体的奋斗目标，由近及远，由低到高，循序渐进，逐步加以实现。关键是每个目标都应是适当合理的，是经过努力可以达到的，以免失去信心。

2. 从积极乐观的角度看问题

在生活中，我们难免会遇到各种困难和挫折，以什么样的态度去面对，结果会有很大的不同。从积极乐观的角度去看问题，我们会继续努力解决问题，因为我们相信好的结果可能出现，即使无法改变，我们也能从挫折中学习到对我们有用的东西。这样，我们对自己的生活更有控制感。反之，从消极悲观的角度看问题，我们可能很快就放弃了希望和努力，也放弃了成功的可能性。如果我们在思想上认为一件事是不可能的，我们就会为不可能找到许多理由，例如，"我的智商没有别人高""我吃不了苦""我天生记忆力差"等，从而使这个不可能显得理所当然，我们当然也就不会采取积极有效的行动，最终的结果肯定是这件事真

的成了不可能。培养积极乐观的态度需要长期不懈地学习。

3. 培养良好的意志力

苏轼曾说："古之立大事者，不惟有超世之才，亦必有坚忍不拔之志。"当一个人拥有良好的意志力时，无论面对诱惑还是面对挫折，都能不忘自己的初心。相反，一个缺乏意志力的人，往往难以承受挫折或抵制诱惑。

有一些大学生为自己树立了一定的目标和理想，但在努力的过程中却没有足够的意志力，经受不住周围的诱惑，或是克服不了自己的惰性，导致无法实现目标和理想。例如，经常有大学生会说"我想早起，可就是没有毅力""我想学习，可就是学不进去"这样的话。大学生应注意培养自己良好的意志力，使自己能自觉主动地认清目标，为实现目标而努力排除干扰、克服困难。

4. 不断完善自己

认识自己、接纳自己，都是为了进一步完善自己。大学生在完善自己时，需实现以下四个目标。

（1）"游刃有余的我"，即不给自己提出脱离实际的过高要求，而是给自己设计可以达到但又不能轻易达到的目标。

（2）"独一无二的我"，即不人云亦云，不在刻意模仿中迷失自我，而是在接受自我的过程中扬长避短，展示出自己的特色。

（3）"极具内涵的我"，即立足现实，选择适合自己的正确人生道路，充分实现自己的人生价值。

（4）"社会欢迎的我"，即立身行事要有正确的价值取向，能够得到社会认可。

大学生要把自我完善的意识贯彻到每一个具体的行动中去，从点滴小事开始，从现在做起，将个人理想和社会现实结合起来，时刻认识到自身肩负的历史重任，充分发挥自我教育、自我创造的能动性，以便自己的能力、品性得到最大限度的展示，不断提高自己的自信心与自制力，坚持不懈地在克服困难和实现理想的过程中完善自己。

案例分析

失败的自我控制

大二女生小丽3月来咨询时说自己很矛盾，既想努力准备专升本，又想努力把英语四级考过，但不知如何下手，不知选择哪一个。我说无论选哪一个都是有发展意义的，关键在于果断决策。后来她告诉我，先努力准备专升本。5月她再次来咨询时，说还是一直很矛盾，以至于专升本考试没有认真复习，觉得肯定没希望，准备安心复习英语。6月她来咨询时，说四级已考，由于惦记着期末考试，英语几乎没复习，根本不可能通过。她痛苦地说，自己失去了所有机会。我告诉她，她失去的是自己不曾努力过的，但并不意味着失去所有，所以要努力把期末考试考好。她表示认同，考试结束后，她一脸沮丧地告诉我，期末"挂"了三科。她的这几次失败是因为她始终没有行动起来。她想得太多，可做得太少，很难潜下心来做事。

分析：这是一个典型的自我控制能力较差的例子。通常情况下，大学生自我控制的自觉性和独立性是显著增强的，自我控制的水平是明显提高的。案例中的小丽有着满心的想法与追求，却始终没有付诸行动，最后的结果只能是失败。她对自己的行为不能有效控制，最终导致自信心降低，学习不见成效。

（四）努力成为自己

成为自己是我们的追求，即按照社会的需要和个人的特点来自我发展、自我实现。成为自己就是做一个"自如的你，独特的你，最好的你"。"自如的你"指不给自己提出脱离实际的过高要求，不使自己总是陷入自责、自怨、自恨的境地，从而坦然面对自己的客观存在，给自己设计只要付出相当的努力就能达到的目标，愉快自在地生活。"独特的你"指不一味地追求时尚，不在刻意模仿中失去自我，而是接受自身，追求自己的特性，积极地生活。"最好的你"指立足于现实而又不甘落后，充分利用自身的禀赋，积极发挥自己的特长，根据自己的条件规划自己的生活，选择适合自己的人生道路，充分实现自我，不断超越自我。

1. 要勇于磨砺自我

心理学家马斯洛认为，能自我实现的人具有对现实采取客观态度，自主而又不依赖环境的特征。人生之旅不可能都是坦途，既有顺境也有逆境，而逆境才是检验个体的最好时刻。习近平总书记在他的知青岁月中面临的自然环境、生活环境、劳动环境都是极其艰苦的，贫瘠的土地，漫天飞沙，面临农村人都吃不消的繁重体力劳动。在这艰苦的环境中，青年习近平没有消沉，也没有抱怨所受到的不公平待遇，坦然接受生活的苦难，从大量书籍阅读中汲取精神营养，在苦干、实干中扎根群众。7年后，全村老少依依不舍送他去上大学，是他奋斗青春的最好诠释。

2013年，习近平总书记在同各界优秀青年代表座谈时指出："青年时期多经历一点摔打、挫折、考验，有利于走好一生的路。要历练宠辱不惊的心理素质，坚定百折不挠的进取意志，保持乐观向上的精神状态，变挫折为动力，用从挫折中吸取的教训启迪人生，使人生获得升华和超越。"

2. 实现自我价值

2019年3月，习近平总书记在意大利进行国事访问时，意大利众议院议长菲科问习近平总书记，当选中国国家主席时是什么心情。习近平总书记回答，这么大一个国家，责任非常重、工作非常艰巨。我将无我，不负人民。我愿意做到一个"无我"的状态，为中国的发展奉献自己。"无我"，是"无私"，是"忘我"；"无我"，是"无畏"，是"舍我"；"无我"，是"无愧"，是"真我"，体现出大国领袖为国民谋幸福，为中华民族谋复兴，甘于奉献、矢志不渝的思想境界和责任担当，以及最高境界的自我实现。

著名作家毕淑敏说："我很重要。我们每一个人都应该有勇气这样说。我们的地位可能很卑微，我们的身份可能很渺小，但这丝毫不意味着我们不重要。重要并不是伟大的同义词，它是心灵对生命的允诺。"健康的自我除了能认知自己以外，还要能够达到自我统一，并最大限度地实现自我价值，这不是一蹴而就的事情，而是个体一生永无止境的过程，更是个体终生为之付出艰辛与努力的课题。每一个"我"都是平凡而伟大的个体，都是实现中华民族伟大复兴的重要力，当"自我"完全融入"大我"，当我们拥有"无我""无私""奉献""牺牲"的美好意图时，就能指引我们的自我发展，通过克己而消解了小我，用"无我"的思想情怀胸怀天下，才能努力追求中华文化倡导的"修身、齐家、治国、平天下"的至高情怀与境界，实现最大意义的自我价值。

知识链接

内卷化时代，如何找到自己的位置

内卷化是指一种社会或文化模式在某一发展阶段达到一种确定的形式后，便停滞不前或无法转化为另一种高级模式的现象。时至今日，内卷在国内已经超出原来的含义，变成了一种非常耗能的高度动态陷阱。"耗能""陷阱"点出了内卷的实质。

那么内卷化时代，我们如何才能摆脱这个陷阱，找到自己的位置呢？

1. 厘清自己的需求，是要成长还是成功。

我们为什么要活在别人为我们制定的框架里呢？自己感到不舒服，一定是有些东西阻碍了自己内心，可能是自己并不喜欢也不追求这个成功框架，却被强迫一定要走这条路，也有可能是自己还不清楚自己所要的是什么，只好走这条路。

那现在就是关注自己内心的时候，这不但需要极大的勇气，无视外界的成功评价，还需要很好的社会支撑，即亲友无条件的包容，不会因为自己做出框架外的事情而评判自己。

2. 彻底退出内卷，寻求更大的发展空间。

既然在一体化竞争中无法找到自己的出路，很多人也渐渐认识到，可以换一个新的环境，离开这片内卷化的土地，在更广阔的天地中寻找自己的发展。

3. 为自己发声，争取多元化的标准。

每个人都只有在活出自己的时候，才会感到存在的意义。然而我们很多时候，却被框在集体潜意识的框架内。一个尊重多元化的土壤，才能让每个人真正地活出自我。所以，在这个多媒体的时代，不要小看任何一个人的发声，我们要为自己发声。希望每个人都能在内卷化的时代，找到自己的本心，活出真正的自我。

课堂活动

20 个"我是谁？"

活动目的：通过活动，强化自我认知。

活动流程：

1. 请以"我……""我是……""我喜欢…""我要……""我曾……""我不……""我可以……""我想……"等句型写下 20 个描述自己的句子。尽量选择一些能反映个人风格的语句，避免出现类似"我是一个男生"这样的句子；不用考虑语法是否正确，不用考虑遣词造句是否完美，不用考虑重要性和逻辑性，想到什么就写什么。

2. 将写下的20个句子做如下归类：

①身体状况（你的生理特征，如身高、体形、健康状况等）。

②情绪状况（你常持有的情绪和情感，如乐观开朗、烦恼沮丧等）。

③才智状况（你的智力、能力情况，如聪明、灵活、迟钝、能干等）。

④社会关系状况（你与他人的关系，以及对他人常持有的态度和原则，如乐于助人的、爱交朋友的、坦诚的、虚假的等）。

活动说明：评估一下你对自己的陈述是积极的还是消极的。在你列出的每句话后面加上加号（＋）或减号（－），加号表示"这句话表达了你对自己肯定、满意的态度"，减号的意义则相反，表示"这句话表达了你对自己不满意、否定的态度"。看看你的减号与加号的数量各是多少。如果你加号的数量大于减号的，说明你的自我接纳状况良好；相反，如果你的减号接近一半甚至超过一半，则显示你不能很好地接纳自己，你的自尊程度很低，这时你需要内省一番，寻找问题的根源。比如，你是否过低地评价了自己？什么原因使你成为这样？有没有改善的可能？

心理测试

下表（见表4－2）中是一些个人对自己看法的陈述，填写答案时，请你看清每句话的意思，然后填写一个分数（1代表该句话完全不符合你的情况，2代表比较不符合你的情况，3代表不确定，4代表比较符合你的情况，5代表完全符合你的情况）以代表该句话与你现在对自己的看法相符合的程度，每个人对自己的看法都有其独特性，因此答案是没有对错的，你只要如实回答就行了。

表4－2　性格自测表

序号	陈述项	分数
1	我周围的人往往觉得我对自己的看法有些矛盾	
2	有时我会对自己在某方面的表现不满意	
3	每当遇到困难，我总是首先分析造成困难的原因	
4	我很难恰当表达我对别人的情感反应	
5	我对很多事情都有自己的观点，但我并不要求别人也与我一样	
6	我一旦形成对事物的看法，就不会再改变	
7	我经常对自己的行为不满意	
8	尽管有时得做一些不愿意的事，但我基本上是按自己意愿办事的	
9	一件事好是好，不好是不好，没有什么可含糊的	
10	如果我在某件事上不顺利，我往往就会怀疑自己的能力	
11	我至少有几个知心朋友	
12	我觉得我所做的很多事情都是不该做的	
13	不论别人怎么说，我的观点决不改变	

序号	陈述项	分数
14	别人常常会误解我对他们的好意	
15	很多情况下我不得不对自己的能力表示怀疑	
16	我朋友中有些是与我截然不同的人，这并不影响我们的关系	
17	与朋友交往过多容易暴露自己的隐私	
18	我很了解自己对周围人的情感	
19	我觉得自己目前的处境与我的要求相距太远	
20	我很少去想自己所做的事是否应该	
21	我所遇到的很多问题都无法自己解决	
22	我很清楚自己是什么样的人	
23	我能自如地表达我所想表达的意思	
24	如果有足够的证据，我也可以改变自己的观点	
25	我很少考虑自己是一个什么样的人	
26	把心里话告诉别人不仅得不到帮助，还可能招致麻烦	
27	在遇到问题时，我总觉得别人都离我很远	
28	我觉得很难发挥出自己应有的水平	
29	我很担心自己的所作所为会引起别人的误解	
30	如果我发现自己某些方面表现不佳，总希望尽快弥补	
31	每个人都在忙自己的事，很难与他们沟通	
32	我认为能力再强的人也可能遇上难题	
33	我经常感到自己是孤独无援的	
34	一旦遇到麻烦，无论怎样做都无济于事	
35	我总能清楚地了解自己的感受	

评分说明：

各分量表的分数为其包含的项目分直接相加，三个分量表包含的陈述项为：

1. 自我与经验的不和谐：1，4，7，10，12，14，15，17，19，21，23，27，28，29，31，33。

2. 自我的灵活性：2，3，5，8，11，16，18，22，24，30，32，35。

3. 自我的刻板性：6，9，13，20，25，26，34。

将自我的灵活性反向计分，再与其他两个分数相加。分数越高自我和谐度越低。在大学生中，低于 74 分为低分组，75～102 分为中间组，103 分以上为高分组。

思考与练习

1. 什么是自我意识？自我意识的结构有哪些？主要作用是什么？
2. 大学生自我意识与心理素质的关系是什么？
3. 大学生自我意识有哪些特点？
4. 大学生自我意识的类型有哪些？
5. 大学生主要存在哪些不良的自我意识？如何进行调适？
6. 简述大学生如何进行自我完善。

第五章　大学生人格发展与心理健康

知识导图

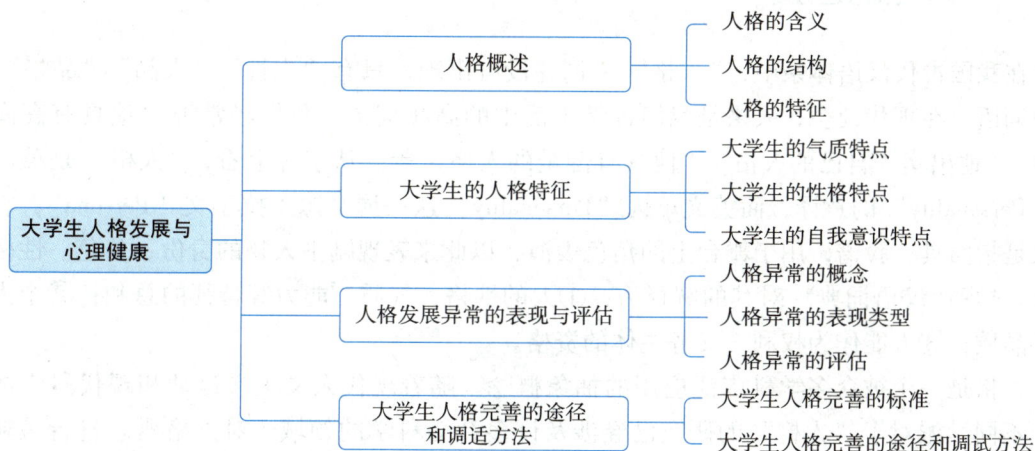

案例导入

人格的较量

　　有位老教授昔日培养的三个得意门生如今都事业有成：一个在官场上春风得意；另一个在商场上捷报频传；还有一个埋头做学问，如今也苦尽甘来，成了学术专家。于是有人问老教授："你认为三人中哪个会更有出息？"老教授说："现在还看不出来。人生的较量有三个层次，最低层次是技巧的较量，其次是智慧的较量，他们现在正处于这一层次，而最高层次的较量则是人格的较量。"

　　分析：这个故事生动地说明，在人的素质结构中，人格起着近乎决定性的作用。人格素质是大学生综合素质的重要组成部分，综合素质的发展和提高包含着人格素质的发展和提高，而人格素质的发展和提高对综合素质的发展和提高有着重要的促进作用。因此，寻找通向完善人格之路、塑造完善的人格是大学生心理健康教育的重要目标之一。

第一节　人格概述

人格是人类心理行为的基础，是伴随人的一生不断成长的心理品质，在很大程度上决定了人如何面对外界的刺激及反应的方向、速度和程度，其成熟意味着个体心理的成熟，其魅力展示着个体心灵的完善。

一、人格的含义

在我国古代汉语体系中，"人格"一词并没有出现，只有"人性""人品""品格"这样的词语。在现代社会，人格是我们日常生活中的高频词语，我们经常说"他具有高尚的人格""他出卖了自己的人格""他具有健全的人格"等。从字源上看，"人格"是英语单词"Personality"的意译，而英文单词"Personality"这一词又源于拉丁文"Persona"，它的本义是指面具、脸谱，用于舞台上的角色表演，以此来表现剧中人物的身份、角色、性格等特点。《现代汉语词典》对其的解释为：①人的性格、气质、能力等特征的总和；②个人的道德品质；③人能作为权利、义务主体的资格。

人格是一个被众多学科广泛应用的抽象概念。随着现代人文主义运动和现代科学的兴起，不同学派对于"人格"的研究已经涉及许多社会科学的领域。对人格概念进行最初探讨的是心理学领域。普林斯认为：人格是一切生物的先天倾向、冲动、趋向、欲求和本能，以及由经验而获得的倾向和趋向的总和。美国心理学家米歇尔把人格定义为：个人心理特征的统一，这些特征决定人的外显行为和内隐行为，并使它们与别人的行为有稳定的差异。这在西方是非常具有权威性的观点。北京大学心理学教授陈仲庚先生认为，人格是个体在不断发展过程中的综合和整体体现，具有倾向性，在社会化的过程中具有独特性。

总的来讲，东西方的心理学研究者都从各自独特的角度出发，来研究人格，关注人格，促进人格健康发展。伦理学领域注重道德品质，认为人格是"善"的完美体现，是道德良知的高度集中，从社会道德的标准来定义做人的资格和为人的品格，阐释人格的意义。法学的划分标准很清晰地从财产隶属关系和社会等级方面界定人格，将其定义为受法律保护的享有权利和义务的主体资格。现今，法律规定的关于公民的权利，如生命权、健康权、荣誉权、姓名权、名誉权等，是对"人格权"概念的延伸。文化人类学领域侧重从文化的视野来定义人格，认为人格是个体接受文化洗礼的结果，无论从内在来看还是外在来看，都充满着文化精神。运用文化的差别来研究地域、民情之间的区别能够清晰地看到文化与人格之间的内在联系，又能够清楚地分辨不同文化背景中人格的差别。马克思着重从社会学角度来研究人格，他认为：人格的本质不是胡子、血液、抽象的肉体的本性，而是人的社会特质。作为社会的个体，只有通过实践活动，才能全面、客观地理解人格。

综上所述，"人格是指构成一个人的思想、情感及行为的特有模式，这个独特模式包含了一个人区别于他人的稳定而统一的心理品质"。人格包括个性倾向性（兴趣、爱好、需要、动机、信念、理想）和个性心理特征（气质、性格、能力）。人格是个体适应环境时在需要、动机、价值观、情绪、气质、性格和体质等方面的整合，是具有动力一致性和连续性的自我，是给人以特色的心身组织。人格是人的性格、气质、能力、修养等特征的总和，它是在个人和环境相互作用和影响下的一种个体身份特征。人格的形成依赖于社会和文化，通过内在因素与外在环境的统一协调发展形成的健康人格状态。

二、人格的结构

人格是一个复杂的结构系统，它包括许多成分，其中主要包括气质、性格、自我调控系统等方面。

（一）气质

气质是表现在心理活动的强度、速度、灵活性与指向性等方面的一种稳定的心理特征，即我们平时所说的脾气、秉性。人的气质差异是先天形成的，受神经系统活动过程的特性所制约。孩子刚一出生时，最先表现出来的差异就是气质差异，有的孩子爱哭好动，有的孩子平稳安静。

最早提出气质学说的是古希腊的医生兼学者希波克拉底。他认为人体内有四种液体，即血液、黏液、黑胆汁、黄胆汁。它们的不同比例的配合形成了人们的气质差异，哪种液体占主导成分，便形成哪种气质，因而就有了多血质、黏液质、抑郁质、胆汁质四种气质类型。每种气质都有其相应的行为风格。虽然仅根据四种液体说明气质的差别不合乎现代医学的认识，但这种象征性的分类有其合理性，因而一直被沿用至今。

俄国心理学家巴甫洛夫的高级神经活动类型学说科学地解释了气质的产生。他通过动物实验研究发现，高级神经活动的兴奋和抑制过程的独特的、稳定的组合，构成高级神经活动类型。四种典型的高级神经活动类型，即兴奋型、活泼型、安静型、弱型（抑制型），分别与希波克拉底的四种气质类型相对应，四种气质类型即四种典型的高级神经活动类型的行为表现。

气质是人的天性，无好坏之分。它只给人们的言行涂上某种色彩，但不能决定人的社会价值，也不直接具有社会道德评价含义。一个人的活泼与稳重不能决定他为人处世的方向，任何一种气质类型的人既可能成为品德高尚、有益于社会的人，也可能成为道德败坏、有害于社会的人。气质不能决定一个人的成就，任何气质的人只要经过自己的努力都能在不同实践领域中取得成就，也可能成为平庸无为的人。

（二）性格

性格是一种与社会关系最密切的人格特征，在性格中包含许多社会道德含义。性格表现了人们对现实和周围世界的态度，并表现在他的行为举止中。

性格主要体现在对自己、对别人、对事物的态度和所采取的言行上。所谓态度，是个体对社会、对自己和对他人的一种心理倾向，它包括对事物的评价、好恶和趋避等方面。态度表现在人的行为方式中。例如，当国家和集体财产遭受损失时，有人不惜献出自己的生命奋起保卫，有人则退缩自保，有人甚至趁火打劫。这就是人们对同一事物的不同态度。这些不同的态度表现在人们的不同行为方式中，构成了人的不同性格。

性格表现了一个人的品德，受人的价值观、人生观、世界观的影响，如有的人大公无私，有的人自私自利。这些具有道德评价含义的人格差异，我们称之为性格差异。性格是在后天社会环境中逐渐形成的，是人的最核心的人格差异。性格有好坏之分，能最直接地反映出一个人的道德风貌。

性格是在社会生活中逐渐形成的，同时也受个体的生物学因素影响。罗和富尔顿的研究发现，脑损伤或脑病变对人的性格有影响。一个额叶受损伤的人，性格会发生明显的变化，病人变得动静无常，有时爱说粗俗的下流话，对伙伴缺少尊敬，不能容忍约束或劝告，时而极端顽固，时面反复无常，时而犹豫不决……这一研究说明，大脑皮层的额叶与人的性格有关。

（三）自我调控系统

自我调控系统的作用是对人格的各种成分进行调控，保证人格的完整、统一与和谐。自我调控系统是人格中的内控系统和自控系统。包括自我认知、自我体验、自我控制三个子系统。

自我认知：自我认知是对自己的洞察和理解，包括自我观察和自我评价。自我观察是指对自己的感知、思维和意向等方面的觉察；自我评价是指对自己的想法、期望、行为及人格特征的判断与评估，这是自我调节的重要条件。

自我体验：自我体验是伴随自我认识而产生的内心体验，是自我意识在情感上的表现，即主我对客我所持有的一种态度。它反映了主我的需要与客我的现实之间的关系。客我满足了主我的要求，就会产生积极肯定的自我体验，即自我满足；反之，客我没有满足主我的要求，则会产生消极否定的自我体验，即自我责备。

自我控制：自我控制是自我意识在行为上的表现，是实现自我意识调节的最后环节。自我控制包括自我监控、自我激励、自我教育等成分。

三、人格的特征

按照心理学的描述，人格具有以下几个基本特征。

（一）人格的整体性

人格是由多种成分构成的一个有机整体，具有内在统一的一致性，受自我意识的调控。如同宇宙世界一样，人格是依据一定的内容、秩序与规则有机组合起来的动力系统。人格的整体性表现在人格内在统一性上，一个失去了人格内在统一性的人，他的行为就会经常由几种相互抵触的动机支配，或者思想和行动相互抵触，导致心理冲突，甚至人格分裂，形成"双重人格"或"多重人格"。

（二）人格的稳定性

人格的稳定性是指较为持久的、一再出现的、定型的东西，是一贯的行为方式的总和。正如人们所说"江山易改，本性难移"。一个人的某种人格特质一旦稳定下来，要改变是较为困难的事。主要表现为两个方面：一个是跨时间的持续性，另一个是跨情境的一致性。例如，一个外倾的学生不仅在学校里善于交际，喜欢交朋友，在校外活动中也喜欢交际，喜欢聚会。而且不仅在中学时如此，在大学时也是如此。那些暂时的、偶尔表现出来的行为则不属于人格特征。

（三）人格的独特性

人格的独特性是指人与人之间的心理和行为是各不相同的。所谓"人心不同，各有其面"，这就是人格的独特性。也就是说，一个人的人格是由某些与别人共同的或相似的特征以及完全不同的特征错综复杂地交织在一起构成的独特的人格。由于人格结构组合的多样性，使每个人的人格都有自己的特点。但是，人格的独特性并不意味着人与人之间的个性毫无相同之处。在人格形成与发展中，既有生物因素的制约作用，也有社会因素的作用。人格作为一个人的整体特质，既包括每个人与其他人不同的心理特点，也包括人与人之间在心理、面貌上相同的方面，如每个民族、阶级和集团的人都有其共同的心理特点。人格是共同性与差别性的统一，是生物性与社会性的统一。

（四）人格的社会性

人格的社会性是指人格是个体在社会化过程中形成的。可以说，每个人的人格都打上了他所处的社会的烙印。不同社会的政治、经济、文化对个体有不同的影响，使人格带有明显的社会性。当然也不排除人格的自然性。人格是在个体的遗传和生物基础上形成的，受个体生物特性的制约。从这个意义上也可以说，人格是个体的自然性和社会性的综合。

心理测试

气质测验

下面60道题（见表5-1）大致可以确定你的气质类型。若与你的情况"很符合"计2分，"较符合"计1分，"一般"计0分，"较不符合"计-1分，"很不符合"计-2分。

表5-1　气质测验表

序号	陈述项	分数
1	做事力求稳妥，不做无把握的事	
2	遇到可气的事就怒不可遏，想把心里话说出来才痛快	
3	宁可一个人干事，也不愿和很多人一起	
4	到一个新环境很快就能适应	

续表

序号	陈述项	分数
5	厌恶那些强烈的刺激，如尖叫、噪声、危险镜头等	
6	和人争吵时，总是先发制人、喜欢挑衅	
7	喜欢安静的环境	
8	喜欢和人交往	
9	羡慕那些善于克制自己感情的人	
10	生活有规律，很少违反作息时间	
11	在多数情况下情绪是乐观的	
12	碰到陌生人觉得很拘束	
13	遇到令人气愤的事，能很好地自我克制	
14	做事总是有旺盛的精力	
15	遇到问题常常举棋不定，优柔寡断	
16	在人群中从不觉得过分拘束	
17	情绪高昂时，觉得干什么都有趣；情绪低落时，觉得干什么都没有意思	
18	当注意力集中于一件事物时，别的事物就很难使自己分心	
19	理解问题总比别人快	
20	遇到不顺心的事能从不向他人诉说	
21	记忆能力强	
22	能够长时间做枯燥、单调的事	
23	符合兴趣的事，干起来劲头十足，否则就不想干	
24	一点小事就能引起情绪波动	
25	讨厌做那种需要耐心、细致的工作	
26	与人交往不卑不亢	
27	喜欢参加热烈的活动	
28	爱看感情细腻、描写人物内心活动的文学作品	
29	工作学习时间长了，常感到厌倦	
30	不喜欢长时间谈论一个话题，愿意实际动手干	
31	宁愿侃侃而谈，也不愿窃窃私语	
32	别人说我总是闷闷不乐	
33	理解问题时常比别人慢些	
34	疲倦时只要短暂休息就能精神抖擞，重新投入工作	
35	心里有事，宁愿自己想，也不愿说出来	
36	认准一个目标就希望尽快实现，不达目的，誓不罢休	
37	同样和别人学习、工作一段时间后，常比别人更疲倦	

续表

序号	陈述项	分数
38	做事有些莽撞，常常不考虑后果	
39	别人讲授新知识、技术时，总是希望他讲慢些，多重复	
40	能够很快忘记那些不愉快的事情	
41	做作业或完成一件工作时总比别人花费的时间多	
42	喜欢运动量大的剧烈活动，或参加各种文体活动	
43	不能很快地把注意力从一件事转移到另一件事上去	
44	接受一个任务后，就希望把它迅速解决	
45	认为墨守成规要比冒风险强些	
46	能够同时注意几件事物	
47	当我烦闷的时候，别人很难使我高兴	
48	爱看情节起伏跌宕、激动人心的小说	
49	对工作抱认真谨慎、始终如一的态度	
50	和周围人们的关系总是相处不好	
51	喜欢复习学过的知识，重复做已经掌握的工作	
52	喜欢做变化大、花样多的工作	
53	小时候会背的诗歌，我似乎比别人记得清楚	
54	别人说我"出口伤人"，可我并不觉得这样	
55	在体育运动中，常因反应慢而落后	
56	反应敏捷，大脑机智	
57	喜欢有条理而不甚麻烦的工作	
58	兴奋的事情常使我失眠	
59	别人讲新概念，我常常听不懂，但是弄懂以后就很难忘记	
60	假如工作枯燥无味，马上就会情绪低落	

各种气质类型对应序号：

胆汁质：2、6、9、14、17、21、27、31、36、38、42、48、50、54、58。

多血质：4、8、11、16、19、23、25、29、34、40、44、46、52、56、60。

黏液质：1、7、10、13、18、22、26、30、33、39、43、45、49、55、57。

抑郁质：3、5、12、15、20、24、28、32、35、37、41、47、51、53、59。

评分方法：

A. 如果某一项或两项的分数超过20，则为典型的该气质。

B. 如果某一项或两项以上分数在20分以下、10以上，其他各项分数较低，则为该项一般气质。

C. 如果各项分数均在10以下，但某项或几项分数较其余项高（相差5分以上），则为略倾向于该项气质（或几项的混合）。

D. 一般来说，正分值越高，表明该项气质特征越明显，反之，正分值越低或得负分值，表明越不具备该项气质特征。

第二节　大学生的人格特征

案例导入

以下是一封学生来信：

当反思大三时，我发现这是我过得最困难的一年。学习成绩没起色，工作更是一张白纸。我很想找一些客观的理由来搪塞。是因为失恋吗？我和她是多年的知心朋友，由友谊发展到爱情，她突然提出分手，因为她已不再爱我，在接到电话的那一刻我差点当场昏厥过去。我想竭力挽留，因为我一直都以为我们之间的感情是真正的爱情，应该好好珍惜。我应当尊重她，我应珍惜我们之间曾经拥有过的那份纯洁的感情。我现在有些茫然，如果找理由可以说是因为我的右腿。儿时因习武不慎扭伤了骨头，我没有在意，直到意识到病症的严重性才去医院，这确实也给我带来了一些自卑的想法。我甚至还担心，再过若干年后我的身体是否还能健壮如初，因为到现在腿伤还没有痊愈。这注定我的路肯定比别人要难走。

的确，我感到压力很大，但是这都不应成为不思进取的理由。唯一的理由就是我不够坚强和优秀，意志不够坚定，应对外界的抵抗能力还太弱。这使我想到了一种说法：做不成大树，就做一棵小草，这是无奈的选择，虽然它包含一种达观的人生境界。

现在我渐渐对自己失去信心与耐心。很多事我付出了努力，却没有得到相应的收获，这或许是我太重视付出的努力，太吝惜汗水，太急功近利的缘故，才把结果看得这么重。也许我只是时间上的投入却极少有精力上的投入，所以事倍功半。学习时杂念太多了，有时甚至坐不住板凳。有时有种发泄的冲动，但是我不知道应该发泄什么、对谁发泄，就是觉得心里特别浮躁，干什么都不能安下心。我曾不止一次地骂自己，并且也一直在尝试着努力摆脱，可是效果并不理想。现在无法像读高中时那样：玩耍时痛痛快快地玩，学习时就能集中精力学，我现在真的感到心有余而力不足。

在生活面前，我必须摆出强者的姿态，我曾经默默流泪，但我不应该说累。我知道一切都得靠自己。我也不想家人对我失望，因为我是家里的唯一希望。如果说家里现在是多雨天的话，那么我就是家里唯一的一束阳光。在家人期望的目光中，我不敢暴露自己的懦弱、自卑、烦恼和忧伤，因为我怕家里从此连这点希望都没了。现在我真的有一种严重的危机感，我放弃了继续求学考研的打算，这也许是缺乏眼光的一种表现。但我真的感到自己的思想包袱太重了。我在学习方面背负的担子并不比考研轻松多少，我要求自己在这一年半时间里英语要达到一般翻译的水准，要掌握好一门计算机语言，要为注册会计师做准备。对我而言这些都是严峻的挑战，我现在所要做的是去证明我的想法不是好高骛远。我现在缺乏的不是目标而是应付外界的能力，如何将压力变为动力……

　　分析：当我们综合分析这位学生的情况时，会发现失恋、学业成绩不理想这两副担子压到他身上，他变得不再坚强，变得脆弱，变得有些茫然不知所措。有一句西方谚语：一根稻草压垮一头骆驼。良好的人格发展需要良好的环境，更需要对自身正确的认识，逃避竞争、放弃责任并不能够解决面临的问题，而个体的人格也是在经历挫折、失败与成功后才逐渐成长起来的。

一、大学生的气质特点

　　一项关于我国大学生气质类型的调查表明：（1）大学生中复合型气质占85.93%，单一型气质占14.07%；总的趋势是多血质类型人数最多，共占56.32%，其次为黏液质，占24.18%，第三为胆汁质，占13.73%，抑郁质最少，占5.77%；（2）文理科大学生比较：理科学生中黏液质多，文科学生中胆汁质、多血质、抑郁质比较多；（3）男女生比较：男生中属于胆汁质、多血质者较多，女生中属于黏液质者多于同气质的男生。

　　在日常生活中，我们可以通过观察来初步识别一个大学生的气质。

（一）胆汁质

　　胆汁质的人在日常活动中带有强烈的情绪色彩，情绪高时，学习、工作热情高涨，肯出大力；反之，什么事都不感兴趣。积极参加各项课外活动，喜欢每一项新的活动，甚至喜欢倡导一些别出心裁的事，尤其喜欢运动量大和场面热烈的活动；完成作业匆匆忙忙，比谁都快，考试交卷争第一；活动效率高，想干的事未完成，饭可不吃，觉可不睡；学习的理解能力和接受能力很快，但不求甚解；喜欢与同学争辩，总想抢先发表自己的意见，喜欢在公开场合表现自己，坚信自己的见解；姿态举动强而有力，眼光锐利而富有生气，表情丰富敏捷；喜欢看情节起伏、激动人心的小说和电影，不爱看表现日常生活题材的作品。

（二）多血质

　　多血质的人内心的体验一般会在面部表情和眼神中明显地表现出来；积极参加学校的一切活动，但表现散漫，有始无终；学习疲倦时，只要稍休息一下，便会立刻精神焕发重新投入学习；理解问题总比别人快，但学习常会见异思迁，注意力不容易集中；希望做难度大、内容复杂的作业，但不耐心细致，总希望尽快完成作业；容易激动，但情绪表现不强烈；容易产生骄傲情绪，觉得自己比别人要机智和灵敏；变化迅速，遇到稍不如意的事就情绪低落，稍得安慰或又遇到使他高兴的事，马上就会兴高采烈；善于交际，待人亲切，容易交上朋友，但友谊常不巩固，缺少知心好友。

（三）黏液质

　　黏液质的人不易活动，安静沉稳，很少发脾气，情感很少外露，面部表情单一；课堂上守纪律，静坐听讲不打扰别人，生活有规律，很少违反作息规律；理解问题比较慢，希望老师能多重复几遍；学习认真严谨，始终如一，喜欢做有条不紊、不太难的作业；喜欢复习过去学过的知识；对新知识接受能力差，但弄懂之后就很难忘记；沉默寡言，较少主动说话；交际适度，通常有几个要好朋友；善于自制，善于忍耐，兴趣爱好稳定专一、有毅力。

（四）抑郁质

抑郁质的人喜欢安静独处，性情孤僻，但是在友爱的集体中，又可能是一个很容易相处的人；办事犹豫不决、优柔寡断，做事情总比别人花费时间多，细心谨慎，稳妥可靠；不爱表现自己，对抛头露面的工作尽量回避；在陌生人面前表现差，当众讲话时常表现得惊慌失措；感情比较脆弱，因为一点小事就会引起情绪波动，容易神经过敏，患得患失；当学习或工作失利时，会产生很大的痛苦；爱看感情细腻、富有心理活动描写的小说和电影。

二、大学生的性格特点

从性格结构的四个方面来分析，一般而言，当前大学生的性格特点如下。

（一）性格的态度特征

在对社会、他人的态度方面，大学生主要表现出热爱祖国、关心集体、守纪律、乐观、富于同情心、助人为乐、正直诚实、有礼貌等良好的性格特征；也有人对祖国缺乏情感，具有个人第一、自由散漫、冷漠、虚伪、粗暴等不良的性格特征。在对符学习、工作、劳动的态度方面，有些大学生表现出勤奋、认真、细致和节俭等良好的性格特征；有些人则表现出懒惰、粗心、保守、浮夸、浪费等不良的性格特征。在对自己的态度方面，多数大学生具有严于律己、谦虚、自信、自尊、大方等良好的特征；有些人则具有自负、自傲、自卑、羞怯等不良的性格特征。

（二）性格的意志特征

多数大学生表现出自觉、独立、主动、自制、果断、坚强、沉着、勇敢、持之以恒等良好的性格特征；有些人则表现出盲目、依赖、被动、经常冲动或优柔寡断、软弱、慌张、敷衍等不良的性格特征。

（三）性格的情绪特征

有的大学生情绪一触即发，有的不易激动；有的喜怒无常，有的情绪很少起伏；有的情绪体验持久、深厚，有的稍纵即逝；有的非常欢乐愉快，有的终日愁眉不展；有的冷静沉着，有的任性。

（四）性格的理智特征

大学生在认知的态度和活动方式上，经常表现出的特征是性格的理智特征，在感知、记忆、想象，思维等活动中，多数大学生是主动而不是被动，大胆而不妄为，深思熟虑、细心谨慎，而不是怕动脑筋、粗心轻率。

三、大学生的自我意识特点

大学阶段是"大学生自我意识的转折"时期，也是自我意识和自我矛盾表现最突出的阶段。大学生的自我意识一般具有以下特点。

（一）自我意识开始分化，并且迅速发展，自我矛盾开始出现

进入大学以后，随着学习、生活方式的改变，大学生的自我意识有了明显的变化，出现了理想自我和现实自我的分化并且迅速发展，导致现实和理想差距大的矛盾冲突日益明显。大学生对自己的生活充满信心，对未来抱有梦想，而现实往往不是他们所想象的，于是就出现了理想自我和现实自我的矛盾。这种矛盾分化，使大学生发生自我意识的改变，经过自我体验和自我调控，而表现出各种冲动、焦虑、喜悦与不安情绪，当理想我占优势时，往往会将客体我降到实际水平以下，产生较强的自卑感，甚至放弃努力，形成自暴自弃或伤感的心理状态。相反，当现实我占优势时，往往表现出较强的虚荣心和自我陶醉，特别在乎别人对自己的评价，担忧暴露自己的缺点，而做出过于傲慢、虚假的表现。

（二）自我意识矛盾日益突出，但调控水平相对较弱

由于自我意识的分化，主体我和客体我，理想我和现实我之间的种种矛盾开始出现，随着自我意识的进一步发展，这种矛盾也越来越突出。在这种矛盾心理的作用下，他们对自己的评价也常常是矛盾的，对自己的态度也是波动的，对自己的调控常常是不自觉、不果断的。他们忽而看到自己的这一面，忽而又看到自己的另一面；时而能客观地评价自己；时而又高估或低估自己，时而感到自己很成熟，时而感到自己很天真；时而对自己充满信心，时而又对自己不满。面对自我意识中的种种矛盾，大学生便开始通过各种活动来自觉或不自觉地在调节矛盾中熟悉自己、完善自我。他们常常会问自己"我聪明吗？""我的性格如何？""我有什么水平和特长？""大家喜欢我吗？"等。经过一段时间的矛盾冲突和自我探究后，大学生的自我意识就会在新的水平和方向上趋于一致，到达暂时的自我统一。然而新矛盾又会产生，还需要不断地自我调控和自我探究。但大学生的这种自我调控水平相对较弱，过多地关注自己，过于看重自己，对他人、集体、社会考虑较少。

（三）自我意识的矛盾不断激化，出现混乱

大学生自我意识的混乱通常表现为两种类型：一种是过高的自我评价，另一种是过低的自我评价。过高或过低的自我评价往往导致个体自我意识确立过程中的过分自负或过分自卑这两大心理缺陷，它们是阻碍良好自我意识形成的心理障碍。

过低的自我评价。处于这种意识状态的大学生，在把理想我与现实我进行比较时，对理想我期望较高，又无法到达，对现实我不满意，又无法改良。他们在心理上的一个特征就是

自我排斥。在成长过程中，由于理想我与现实我的距离过大所导致的自我矛盾冲突，他们往往会产生否认自己、拒绝接纳自我的心理倾向，这类大学生往往会降低人的社会需求水平，对自我过分疑心，压抑自我的积极性，并可能引发严重的情感损伤和内心冲突。他们的心理体验常伴随较多的自卑感、盲目性、自信心丧失和情绪消沉、意志薄弱、孤僻、抑郁等，尤其是面对新的环境、挫折和重大生活事件时，常常会产生过激行为，酿成悲剧，近几年来发生的大学生自杀事件中相当一部分就是由此心理问题所导致的。

过高的自我评价，是一种与过低自我评价相对立的自我意识状态，在这种自我概念的支配下，个体往往扩大现实的自我，形成错误的不切实际的理想自我，并认为理想我可以轻易实现。这种类型的大学生往往盲目乐观，以我为中心、自以为是，不易被周围环境和他人所接受与认可，容易引起别人的反感和不满，因此极易遭受失败和内心冲突，产生严重的情感挫伤，导致苦闷、自卑。

（四）自我意识的矛盾转化不断进行，且渐趋稳定

在自我意识"矛盾—统一——新矛盾—新统一"转化发展的过程中，大学生自我意识不断发生重大变化，由刚进校的"依赖性"和"盲目性"，渐渐转变为"想入非非"，到毕业前就显得沉稳多了。正是由于这种矛盾转化，才使得大学生自我意识发生了明显的飞跃，个体之间出现了差异，自我意识也逐渐趋向成熟。

心理测试

人格简易测验（自我实现）

指导语：对下表中（见表5－2）的陈述项，将你的情况最符合的分数（1＝不同意，2＝比较不同意，3＝比较同意，4＝同意）写在分数栏中。

表5－2　人格测验表

序号	陈述项	分数
1	我不为自己的情绪特征感到丢脸	
2	我觉得我必须做别人期望我做的事	
3	我相信人的本质是善良的、可信的	
4	我觉得可以对我爱的人发脾气	
5	别人应该赞赏我做的事情	
6	我不能接受自己的弱点	
7	我能够赞许、喜欢他人	
8	我害怕失败	
9	我不愿意分析那些复杂问题，会把它们简化	
10	做一个你想做的人比做一个随大流的人更好	
11	在生活中，我没有明确的要为之献身的目标	

续表

序号	陈述项	分数
12	我由着性子表达我的情绪，不管后果如何	
13	我没有帮助别人的责任	
14	我总是害怕自己不够完美	
15	我被别人爱是因为我对别人付出了爱	

计分方法：

对第2、5、6、8、11、13、14题反向计分，即1＝4、2＝3、3＝2、4＝1；然后把所有题的分数相加。这项测验是琼斯和克兰戴尔（Jones & Crandall）编制的一项关于自我实现的简短测试。可以把你的分数和下面大学生的常模进行比较：

男生：平均分：45.02，标准差：4.95。

女生：平均分：46.07，标准差：4.79。

分数越高，说明在你人生的某个阶段越有可能达到自我实现。

第三节　人格发展异常的表现与评估

案例分析

杜军的人格问题

杜军，男，脾气暴躁，容易冲动，人际关系非常紧张。相邻宿舍学生了解他的性格和行为特点后，不愿与他交往，因此杜军经常独来独往。在校期间也多次因琐事与同宿舍或相邻宿舍同学起冲突。杜军常以自我为中心，不考虑其他同学的感受，生活习惯严重干扰同宿舍的其他同学。在接受批评教育后，他意识到错误并表态会照顾宿舍同学的感受，但是过几天又恢复常态。杜军生性敏感多疑，对他人常抱有猜疑、仇视和偏颇的看法，对社会上的一些正常现象也会觉得很不公平或表示不理解。他常对自己的缺点及干扰别人的行为无所察觉，也不改正，对别人对自己的批评概不接受，以各种理由反驳。

分析：杜军属于典型的偏执型人格障碍倾向的学生。偏执型人格以偏执和猜疑为主，个体表现为对他人极端不信任，对非常小的摩擦也会表现出愤恨的反应。对自己估计过高，看问题主观片面，判断事物容易绝对化、情绪化和非理性化，很难与他人融洽相处，容易给自己的工作、生活和心理健康带来负面影响。

一、人格异常的概念

阐释人格异常的概念之前，我们首先要了解什么是人格特质。人格特质是指一个人在与环境互动的过程中，对环境所表现出的持久而稳定的想法与行为。一个人的人格特质成型于青少年期间，贯穿整个成年阶段。因此，可想而知，一个人从出生至青少年过程中所经历的家庭关系、教育学习、人际关系、重大生活事件等都对成长起着十分重要的作用。尤其是在成长过程中，亲情的缺失、教育方法失当、社会不良风气的影响及重大心理创伤事件等均可能影响人格特质的正常发展；除此之外，脑病变带来的脑内部特定结构的功能变化或神经递质的失衡也可以产生一定的影响。

当一个人的人格特征明显偏离正常，便形成了一贯的反映个人生活风格和人际关系的异常行为模式，其中表现为在认知、情绪反应、人际关系、冲动控制等四个方面中至少有两项出现长时间持续的执拗与功能损害，且与其文化背景所预期的偏离甚远，我们称之为人格异常。人格异常的个体表现为执拗、无法变通，难以适应生活上的变迁或压力，并且不觉得自己的行为有异常，习惯性把责任推诿给他人，甚至做出害人害己的行为。

二、人格异常的表现类型

参照美国《精神疾病诊断与统计手册》中的分类，人格异常分三大类：第一类以行为怪僻、奇异为特点，包括偏执型、分裂型人格障碍；第二类以情感强烈、不稳定为特点，包括戏剧型、自恋型、反社会型、攻击型人格障碍；第三类以紧张、退缩为特点，包括回避型、依赖型人格、强迫型人格障碍。人格异常一般始于童年和青少年，通常是在不良先天素质的基础上，遭受环境有害因素的影响而形成的。

（一）偏执型人格

偏执型人格的特点是敏感、固执；对自己过分关心，自我评价过高；自尊心和自卑感极强，情感冷淡，孤独多疑；爱幻想或常有奇怪的观念，总认为别人要和自己过不去；容易迁怒别人，不考虑他人感受，不能与家人、朋友、同学等友好相处。根据《中国精神障碍分类与诊断标准第三版》中对偏执型人格的特征表述，患者症状至少符合以下情形中的三项，方可诊断为偏执型人格障碍。

（1）过分探察、广泛猜疑，常将他人无意的、非恶意的甚至友好的行为误解为敌意或歧视；或无足够根据，怀疑会被人利用或伤害，因此过分警惕与防卫。

（2）将周围事物解释为不符合实际情况的"阴谋"，并可成为价值观念。

（3）易产生病态嫉妒。

（4）过分自负，若有挫折或失败则归咎于他人，总认为自己正确。

（5）好嫉恨他人，对他人的过错不能宽容。

（6）脱离实际地好争辩与敌对，固执地追求个人不够合理的"权利"或"利益"。

（7）忽视或不相信与其想法不相符合的客观证据，因而很难通过说理或用事实来改变他的想法。

（二）分裂型人格

分裂型人格的特点是行为怪僻而偏执，极端内向、孤僻，言行怪异，情感冷漠；明显的社会化障碍，回避社交，几乎没有朋友。根据《中国精神疾病分类方案与诊断标准第三版》中对分裂型人格的特征表述，患者症状至少符合以下情形中的三项，方可诊断为分裂型人格障碍。

（1）有奇异的信念，或与文化背景不相称的行为，如相信透视力、心灵感应、特异功能和第六感官等。

（2）奇怪的、反常的或特殊的行为或外貌，如服饰奇特、不修边幅、行为不合时宜、习惯或目的不明确。

（3）言语怪异，如离题、用词不要、繁简失当、表达意见不清，并非文化程度或智能障碍等因素所引起。

（4）不寻常的知觉体验，如错觉、幻觉、看见不存在的人等。

（5）对人冷淡，对亲属也不例外，缺少温暖体贴。

（6）表情淡漠，缺乏深刻或生动的情感体验。

（7）多单独活动，主动与人交往仅限于生活或工作中必需的接触，除一级亲属外无亲密友人。

（三）戏剧型人格

戏剧型人格又称表演型或歇斯底里型人格，其特点是情绪波动大，喜欢引起他人的注意和赞扬，喜欢出风头，以自我为中心，易和别人争吵，易受别人暗示。根据《中国精神障碍分类与诊断标准第三版》中对戏剧型人格的特征表述，患者症状至少符合以下情形中的三项，方可诊断为戏剧型人格障碍。

（1）表情夸张，像演戏一样，装腔作势，情感体验肤浅。

（2）暗示性高，很容易受到他人的影响。

（3）以自我为中心，强求别人符合他的需要或意志，不如意就给别人难堪或表示强烈不满。

（4）经常渴望表扬和同情，感情易受伤害。

（5）寻求刺激，积极参加各种社交活动。

（6）需要别人经常的注意，为了引起注意，不惜哗众取宠、危言耸听，或者在外貌和行为方面表现得过分吸引异性。

（7）情感反应强烈、易变，完全按个人的情感判断好坏。

（8）说话夸大其词，掺杂幻想情节，具体的真实细节难以核对。

（四）自恋型人格

自恋型人格的特点是过分的自我关心、自我中心、自尊自夸，常常幻想自己了不起、有才学、有美貌，不能接受别人的建议和批评，缺乏同情心，嫉妒他人等。根据《中国精神疾病分类方案与诊断标准第三版》对自恋型人格的特征表述，如至少出现以下症状中的五项，即可诊断为自恋型人格。

（1）对批评的反应是愤怒、羞愧或感到耻辱（尽管不一定当即表露出来）。

（2）喜欢指使他人，要他人为自己服务。

（3）过分自高自大，对自己的才能夸大其词，希望受人特别关注。

（4）坚信他关注的问题是世上独有的，不能被某些特殊的人物所了解。

（5）对无限的成功、权力、荣誉、美丽或理想爱情有非分的幻想。

（6）认为自己应享有他人没有的特权。

（7）渴望持久的关注与赞美。

（8）缺乏同情心。

（9）有很强的嫉妒心。

（五）反社会型人格

反社会型人格主要表现在时常做出不符合社会要求的行为，其特点是缺乏道德责任感，违法乱纪，对他人和社会冷酷无情，缺乏同情心和羞耻感，且不能从挫折和惩罚中吸取教训等。《中国精神障碍分类与诊断标准第三版》中对这类人格异常的诊断标准说明如下。

患者在 18 岁前有品行障碍的，至少有下述表现中的三项。

（1）经常逃学。

（2）被学校开除过，或因行为不轨而至少停学一次。

（3）被拘留或被公安机关管教过。

（4）至少有两次未经说明而外出过夜。

（5）反复说谎（不是为了躲避体罚）。

（6）习惯性吸烟、喝酒。

（7）反复偷窃。

（8）多次参与破坏公共财物活动。

（9）反复挑起或参与斗殴。

（10）反复违反家规或校规。

（11）过早有性行为。

（12）虐待动物或弱小同伴。

患者在 18 岁后有不负责任的、违反社会规范的行为，至少有下述表现中的三项。

（1）不能维持长久的工作（或学习），如经常旷工（课），或者期望工作但工作后又长久（六个月或更久）待业，或多次无计划地变换工作。

（2）有不符合社会规范的行为，且这些行为已构成拘捕的理由（不管拘捕与否），如破坏公共财产。

（3）易被激惹，并有攻击行为，如反复斗殴或攻击别人，包括殴打配偶或子女（不是为保护他人或自卫）。

（4）经常不承担经济义务，如拖欠债务、不抚养小孩或不赡养父母。

（5）行动无计划或有冲动性，如进行无事先计划的旅行，或旅行无目的。

（6）不尊重事实，如经常撒谎、使用化名、欺骗他人以获得个人的利益或快乐。

（7）对自己或他人的安全漠不关心。

（8）危害别人时无内疚感。

（六）攻击型人格

攻击型人格又称冲动型人格，其特点是以被动的方式表现其强烈的攻击倾向；表面上唯唯诺诺，背地里不予合作，如故意迟到、故意不回电话和回信、故意拆台使工作无法进行；顽固执拗，不听调动，拖延时间，暗地里破坏和阻挠；仇视情感，攻击倾向十分强烈，但又不敢直接表露于外。根据《中国精神障碍分类与诊断标准第三版》中对攻击型人格的特征表述，患者症状至少符合以下情形中的三项，方可诊断为攻击型人格障碍。

（1）有不可预测和不考虑后果的行为倾向。

（2）行为爆发难以自控。

（3）不能控制不当的发怒，易与他人争吵或冲突，尤其是当行为受阻或受批评、指责时。

（4）情绪反复无常，不可预测，易引发愤怒和暴力行为。

（5）生活无目的，事先无计划，对很可能出现的事也缺乏预见性，或做事缺乏坚持性，如不给予奖励，便很难完成一件较费时的工作。

（6）强烈而不稳定的人际关系，与人的关系时而极好，时而极坏，几乎没有持久的朋友。

（7）有自伤行为。

（七）回避型人格

回避型人格的主要特点是心理自卑，行为退缩，面对挑战采取逃避态度或无能力应付；容易因为批评或不同意而受伤害；避开或不接触重大的社交或职业活动；因为害怕说话不适当或表现愚蠢而在社交场合保持沉默。美国《精神疾病诊断与统计手册》对回避型人格的特征进行了描述，并认为只要符合以下情形中的四项，即可诊断为回避型人格。

（1）很容易因他人的批评或不赞同而受到伤害。

（2）除了至亲之外，没有好朋友或知心人（或仅有一个）。

（3）除非确信受欢迎，一般总是不愿卷入他人的事务之中。

（4）行为退缩，对需要人际交往的社会活动或工作总是尽量逃避。

（5）心理自卑，在社交场合总是缄默不语，怕惹人笑话，害怕回答不出问题。

（6）敏感羞涩，害怕在别人面前露出窘态。

（7）在做那些普通的但不在自己常规之中的事时，总是夸大潜在的困难或可能的风险。

（八）依赖型人格

依赖型人格的主要表现为自己无法做决定，也无法进行工作或执行计划，必须要依靠别人给予过多的指导或保证；不果断，缺乏判断能力；因害怕被拒绝，即使坚信别人是错误的，仍同意对方的意见或建议，为博取他人的好感而愿意做自己不愉快或降低自己身份的事；经常担心自己会被抛弃等。

（九）强迫型人格

强迫型人格的主要表现是做事过于追求完美，过分自我约束和自制，常有不安全感和不完善感，谨小慎微，顾虑较多，墨守成规，对人对事死板，缺乏随机应变的能力。根据《中国精神障碍分类与诊断标准第三版》中对强迫型人格的特征表述，患者症状至少符合以下情形中的三项，方可诊断为强迫型人格障碍。

（1）做任何事情都要求完美无缺、按部就班、有条不紊，但有时反而会因此影响工作效率。

（2）不合理地要求别人也严格地按照他的方式做事，否则心里会很不痛快，对别人做事很不放心。

（3）犹豫不决，常推迟或避免做出决定。

（4）常有不安全感，穷思竭虑，反复考虑计划是否得当，反复核对检查，唯恐疏忽和有差错。

（5）拘泥于细节，甚至生活小节也要"程序化"，不遵照一定的规矩就感到不安或要重做。

（6）完成一项工作之后常缺乏愉快和满足的体验，反而容易悔恨和内疚。

（7）对自己要求严格，过分沉溺于职责义务与道德规范，无业余爱好，拘谨吝啬，缺少友谊。

三、人格异常的评估

《中国精神障碍分类与诊断标准第三版》中对人格异常的诊断标准说明如下。

（一）症状标准

（1）有特殊的行为模式：在情感、警觉性、冲动控制、感知和思维方式等方面，有明显与众不同的态度和行为。

（2）具有的特殊行为模式是长期的、持续性的，不限于精神疾病发作期。

（3）其特殊行为模式具有普遍性，导致其社会适应不良。

（二）严重程度标准

（1）社交或职业功能明显受损。

（2）主观上感到痛苦。

（三）病程标准

开始于童年早期、青少年或成年早期，现年18岁以上。

（四）排除标准

（1）严重身体疾病。

（2）脑器质性疾病。

（3）精神疾病，如精神分裂症、情感性精神病。

（4）严重的或灾难性的精神刺激。

知识链接

认识"多重人格障碍"

分离性（解离性）身份识别障碍，以往被称为多重人格障碍，在某些出版物中也称之为解离性人格疾患，是指一种戏剧性的解离性障碍，在这种障碍中显示出两种或更多的不同身份或人格状态，这些不同身份与人格以某种方式交替控制着患者的行为。

一、具体表现

1. 体内存在两个或两个以上的独特人格，每个人格在不同的时间段交替或者先后出现，且每个人格可能有不同的个人经历、自我形象和身份。

2. 突然失去自己对往事的全部记忆，无法识别自己原来的身份。

3. 人格之间无法识别彼此的存在，不能共享记忆。

4. 有些患者会有幻觉。

二、如何判断自己是否有多重人格

1. 行为表现。

患有多重人格障碍的人往往表现出两种或以上不同的人格，这些人格表现出的行为和个性也不同。例如，患者可能会在一段时间内表现出冷静理智的个性，然而在另一个时间点，他们可能突然变得易怒、冲动或做出令人匪夷所思的行为。这些表现通常和患者的记忆力有关，他们不能回忆起之前不同的人格表现出的行为，却会对自己后来的行为感到困惑和不安。

2. 多重记忆。

多重人格障碍患者的大脑可能会存储两种或以上不同的记忆，这些记忆往往无法互相交流或相互重叠。例如，患者可能会对某个事件有两种不同的经历或回忆，其中两种回忆之间没有共同点或不一致。这种多重记忆常常是多重人格障碍患者的典型症状之一。

3. 情感波动。

多重人格障碍患者在不同的人格之间通常会体验到强烈而不同的情感，这些情感波动可能会使患者产生情感失控。例如，一个人格可能会感到极度的沮丧、伤心或恐惧，而另一个人格可能会感到愉悦或兴奋。这种情感波动会让患者感到心力交瘁、难以承受。

4. 询问身边的人。

多重人格可能会让周围的人感到意外和困惑，因此询问身边的人对你的行为和情绪有何看法是一个重要的判断方式。如果他们表示你的行为和情绪在不同情境下有很大差异，那么你需要进一步探寻是否存在多重人格的可能。

5. 心理评估。

如果你认为自己有多重人格障碍，最好的方法是进行心理评估。心理评估可以包括面谈、问卷、测试和神经心理学测试等方式，通过这些测试可以判断一个人是否有多重人格障碍，以及该障碍的严重程度和治疗方案。

总之，判断自己是否有多重人格障碍需要从多个角度进行分析，包括行为表现、多重记

忆、情感波动和心理评估等。如果你认为自己有多重人格障碍，建议寻求专业心理医生的帮助，以便进行更全面的诊断和治疗。

三、多重人格的出现有哪些征兆

1. 记忆缺失。

有时候可能记不得自己之前做过的事情，这是因为多重人格障碍者会忘记某一个人格状态下的经历。

2. 情绪改变。

经常喜怒无常，有可能是多重人格障碍者在进行人格转换，不同的人格一般会有不同的情绪特点，可能一个沉着冷静，一个外向热情。

3. 行为异常。

人格障碍是一种心理障碍，不同的人格会有着不同的行为习惯，这样在外人看来就表现为行为上面的异常。

4. 神经衰弱。

因为人格经常转换，可能会出现头晕、失眠的情况，还有可能变得对任何事物都打不起精神，这是由于精神劳累导致的。

通过以上内容，希望你对怎么判断自己是否有多重人格以及双重人格出现的征兆能有更深的理解。

四、多重人格的治疗措施

1. 催眠治疗，通过催眠让两种或以上的人格相遇，并且通过对话，让他们达成共识。

2. 减轻或缓解个人的生活和工作环境的压力，改善生存条件。从本质上说，多重人格是一种对于环境压力的防御。

3. 由于多重人格的背后，是强烈的自卑和脆弱。因此应注意循序渐进地培养自身的自信心和自强感。从小事做起逐步获得成功的感觉。

4. 要给予患者足够的满足感和安全感。

5. 多与患者进行交流，引导其与友善的人建立友谊。

6. 给孩子一个温馨的家庭环境，禁止家庭暴力。家庭关系的不和谐很容易造成儿童的性格障碍，严重的导致多重人格症。

造成多重人格的因素很多，而主要原因往往是与早期的经历有关。通过以上的治疗方法可以减少患者出现多重人格的现象。

第四节　大学生人格完善的途径和调适方法

一、大学生人格完善的标准

人格完善指各种良好人格特征在个体身上的集中体现，国内外学者关于健全人格都做了相应论述。

美国心理学家哈维斯特（Havighurst，1900—1991）综合许多心理学家的意见，于1952年提出个体具有以下九种有价值的心理特质即为心理健康：①幸福感，这是最有价值的特质；②和谐，包括内在和谐及与环境的和谐；③自尊感；④个人的成长，即潜能的发挥；⑤个人的成熟；⑥人格的统整；⑦与环境保持良好接触；⑧在环境中保持有效的适应；⑨在环境中保持相对独立。

美国著名心理学家罗杰斯（Rogers）提出"机能充分发挥型人"的特征：①接受自身体验的意愿；②对自我的信任；③自我依赖；④作为人而继续成长的意愿。

美国心理学家奥尔波特提出人格健康的六条标准：①力争自我的成长；②能客观地看待自己；③人生观的统一；④有与别人建立和睦关系的能力；⑤人生所需的能力、知识和技能的获得；⑥具有同情心和对一切有生命的事物的爱。

人本主义心理学家弗洛姆提出"创发者"模式，他认为"创发者"有四个特征：①创发性爱情；②创发性思维；③有真正的幸福感；④以良心为其定向系统。

我国台湾学者白博文提出健康人格的条件：①自知之明；②自我统整；③良好的人际关系；④乐观进取的工作态度；⑤明达的人生观。

我国学者高玉祥认为，健全人格的特点有：①内部心理和谐发展；②人格健全者能够正确处理人际关系，发展友谊；③人格健全者能把自己的智慧和能力有效地运用到能获得成功的工作和事业上。

这些阐述都是人格健全者的标志，生活中很多人达不到这个标准，但这些都为我们人格完善的塑造和培养提供了一种范式。我们认为，大学生人格完善包括以下几个方面的内容。

（1）自我悦纳，接纳他人。人格完善的学生能够积极地开放自我，正确地认识自己，坦率地接受自己的局限并对生活持乐观向上的态度。

（2）人际关系和谐。人格健全者心胸开阔，善解人意，宽容他人，尊重自己也尊重他人，对不同的人际交往对象表现出合适的态度，既不狂妄自大，也不妄自菲薄，在人际关系中具有吸引力，深受大家的喜欢。

（3）独立自尊。人格健全者的人生态度乐观向上，生活态度积极热情，有正确的人生观与价值观，能够理性分析生活事件，头脑中的非理性观念较少。人格独立，自信自尊。

（4）能够发挥自己的潜能。人格健全的大学生具有自我发展、自我塑造与自我完善的能力。能够充分开发自身的创造力，创造性地生活，发现生命的意义并选择有意义的生活。

二、大学生人格完善的途径和调试方法

塑造和培养大学生形成完善的人格是个体成长与发展的关键。人格完善的培养要通过人身心的修炼、潜能的发挥、高尚的追求、素质的全面提高等来达到人格的完善，即保持人格的完整、统一，使人格结构不断发展和完善，人格的各种特征完备且有机结合。因此，我们认为培养、塑造完善人格的方法主要有以下几种。

（一）认识自我，优化人格整合

心理学研究表明，个体对自我的评价越接近现实，自我防御就越少，社会适应能力就越强。不能正确地认识自我往往是形成人格障碍的重要原因之一。认识自我是改变自我的开始，为了有效地进行人格塑造，应该首先充分了解自己的人格状况，明确人格塑造的目标、内容、途径、方法。认识自我，就是要全面地了解自我，不仅要了解自己的性格、气质、能力，而且要了解自己与他人的异同点，了解过去与现在有什么不一样，发生了哪些变化，其中特别要了解自己的长处和短处，从而把握自己在社会中的位置。如果一个人能够全面、正确地认识自我，客观、准确地评价自我，就能量力而行，确立合适的理想自我，并会为实现理想自我而不懈努力。自我评价是自我认识的核心。如果大学生对自己的存在价值、想法、动机、品德、个性特征以及自己的行为，有一个正确的、全面的评价，就能够取长补短、接纳自我、发展和完善自我，就能够协调自己与他人的交往，处理好个人与社会的关系。相反，如果对自己评价过低或过高，不能全面地、恰当地评价自己的心理与行为，必然难以发挥所长，也不利于克服缺点，同时也难以处理个人与社会、自己与他人的关系。全面认识自己，客观地评价自我并不是一件容易的事，大学生学习自我评价的途径是以镜为鉴，"以铜为鉴，可以正衣冠；以史为鉴，可以知兴替；以人为鉴，可以明得失"。人正是通过认识他人的言行特征来认识和评价他人，在这过程中也学会了像认识他人一样来认识自己和评价自己。社会就像一面大镜子，个人对自己的认识和评价首先源于他人对自己的评价和肯定。大学生的自我评价能力虽然达到了较高的水平，但他人评价的"镜子"作用依然能起重要作用，尤其是父母、兄长、教师和同学的评价对个人影响较大。例如，教师对大学生学习能力的评价会影响大学生自我发展的方向；同学之间对彼此的发型、衣着、仪表风度的看法，会改变大学生对自我的认识；父母、兄长对大学生不同的期望也会激发起大学生不同的自我体验。可以说，大学生自我评价的成熟及自我意识的发展是在他人的态度和评价中形成的。他人是反映自我的一面镜子，与他人交往是个人获得自我观念、学习自我评价的主要来源。例如，他人乐意与你交往，愿意和你一起学习、工作、娱乐，愿意和你分享喜悦和忧伤，那就说明你一定具有某些为人们所喜爱的品质。相反，如果很多人嫌弃你、讨厌你、疏远你，不愿你参加他们的活动，那你就要好好地反省了。当然，别人的态度和评价有时也难免被歪曲、夸张，对方由于缺乏了解或者存在偏见，都有可能使得他的评价与你的实际不符。这时，就要多用几面镜子，学会观察和分析大多数人的态度，客观地认识和评价自己。只有正确地与他人相比较，才能正确地评价自己、悦纳自我，以免使自己在比较中产生无谓的烦恼和不安。优化人格整合，一方面要选择某些优良的人格特征作为自己努力的目标，如自信、勇敢、勤奋、坚毅、善良、正直等可作为人格塑造的依据；另一方面要针对自己人格上的缺点、弱点予以纠正，比如自卑、胆怯、抑郁、冷漠、懒惰、任性、自我中心等，两方面往往是同步进行的。

（二）努力学习，提升成就效能

正如瑞士著名心理学家荣格（Carl Gustay Jung）所言："文化的最后成果是人格。"学习科学文化知识，增长智慧的过程也是优化人格整合的过程。事实上，有不少人格发展缺陷源于无知，无知容易使人自卑、粗鲁，而丰富的知识则使人自信、坚强、理智等。可见，知识的积累和人格的完善是同步的。大学阶段是人生道路上的重要驿站，要使大学生活有良好的开端，过得充实有意义，应明确自己的理想目标和奋斗方向，努力学习，乐观地看待未来。各学科的全面发展是人格健全发展的智力基础，因为各学科的知识同处于一个庞大的系统中，彼此之间既相互联系，又能在各自的发展中相互迁移、相互促进，可以说，有了智力基础，人格发展的速度与质量才有保证。正如培根所说的："读史使人明智，读诗使人灵秀，数学使人周密，科学使人深刻，伦理学使人庄重，逻辑修辞之学使人善辩：凡有所学，皆成性格。"要通过自己的努力，实现自己的理想，从而体验到成功的喜悦，享受生活的快乐，使自己的人格朝着健全的方向发展。

（三）积极参加实践活动，提高心理承受能力

实践是人格发展的必由之路。无论是知识的获取、能力的形成，还是意志的磨炼都离不开实践。大学生要积极参加各种有益身心健康的实践活动，例如，各种青年志愿者活动对一个人的勤奋、坚韧、乐观、奉献等人格特征的发展与塑造有重大的意义。一方面，通过自我判断、自我选择、自我提升获得对人生和世界的正确看法；另一方面，大学生的自我评价、自我激励和自我教育也需要一个实践过程。通过勤工助学、参观考察、社会调查、志愿服务等各种形式的社会实践活动，逐渐提高自我认识的能力。自我展示是指大学生把自己的思想与别人交流，并同别人一道投入集体活动中去，恰当地展示自己的才华，获得大家认同的过程。每个大学生都有尚未被揭示和充分利用的自我发展和自我超越的可能性。大学生应通过各种社会实践活动发掘自己的潜能，开发自我、展示自我、激励自我。比如，一个人的勤奋、坚韧、乐观、细致等人格特征都是长期实践锻炼的结果。一个人的一言一行往往是其人格的外化，反过来一个人日常言行的积淀成为习惯就是人格。例如，个人有刷牙、梳头、洗手、勤换衣服、常剪指甲等习惯，就反映了他具有"清洁"这一人格特质。因此，优化人格整合要从眼前的小事做起，无数良好的小事可最终构建成优良的人格大厦。

（四）发展良好的人际关系，优化人格塑造的土壤

人格发展、塑造的过程是个体实现社会化的过程，是个体与他人、集体、社会相互作用的过程。人格是在行为中表现的，健全的人格也只有在与人交往中才能体现出来。荣格认为："影响人格发展的首先是人的个性化程度，其次是环境。"集体环境是人格塑造的土壤，也是人格表现的舞台。通过与集体交往，自己的某些人格品质或受到赞扬、鼓励，或受到压制、排斥，从而有助于做出针对性的调整，而且集体能够伸出手来帮助集体中的个体择优汰劣。所以，要健全自己的人格，必须建立良好的人际关系，努力做到在与人相处的过程中，尊重社会习俗、关心他人的需要；要有热情、诚恳的态度，真诚地赞美他人；认识他人的情绪、多与他人沟通意见、具有准确的评价能力；能有效地管理和调节自己的情绪、保持自尊和独立等。人格发展、塑造的过程是个体实现社会化的过程，是个体与他人、集体、社会相互作用的过程。正如马克思所说，只有在集体中，个人才能获得全面发展其才能的手段。通

过与人交流，可以看到别人的长处和自己的不足，从他人那里获得理解、肯定的欢悦，及时调整人格发展的方向。

（五）坚持体育锻炼，强健体魄

人格发展的过程是体质、心理因素与智力因素协同作用和相互促进的过程，健康的体质是人格健全发展的物质基础。人格完善，首在体育。在大学生活中，足够的体育运动有助于塑造青年人的人格品行，还能帮助大学生锻炼强健的体魄，更有益于在未来的生活工作中发挥自身的才能。一个体弱多病的人是难以发展完善人格的，拖拉、懒惰、急躁、怯懦等人格发展缺陷与不坚持体育锻炼明显有关。体育锻炼不仅是休闲或者锻炼身体，还具有使人保持心理健康的作用。运动的效果与体内多种神经因子分泌有关，如内啡肽、血清素、促肾上腺皮质激素等。科学研究证明，内啡肽对调节我们的情绪起着非常重要的作用。它通过运动释放，可以减少疼痛感，提高免疫力，帮助放松。内啡肽是天然的情绪助推器，能增强乐观和满足感。运动锻炼可以促进内啡肽的产生和释放，同时减少肾上腺素和皮质醇等荷尔蒙的活动，这些荷尔蒙会促进焦虑和紧张的感觉。因此有规律的锻炼可以获得更快乐的心态和更好的生活质量。

（六）把握适度，防止"过犹不及"

凡事都有度，人格发展和表现的度是十分重要的，人格塑造过程中应把握辩证法，掌握好度，否则就会过犹不及，适得其反。具体来说，应该是：自信而不自负，自谦而不自卑，勇敢而不鲁莽，果断而不冒失，稳重而不犹豫，谨慎而不怯懦，豪放而不粗俗，好强而不逞强，活泼而不轻浮，机敏而不多疑，忠厚而不愚昧，干练而不世故等。度的把握还表现在不同的人格特质要协调发展，做到"刚柔兼济"，对于"刚"者应多发展些"柔"，对于"柔"者应多发展些"刚"，这样才能形成合理、和谐的人格结构。

人格健全的过程，就是心理健康和心理成熟的过程。塑造健全人格，是一项系统的自我改造、自我实现的工程，要从小做起，贵在坚持。当代人应从塑造健全人格做起，努力将自己塑造成为符合时代要求的具有良好综合素质的现代型人才。

心理测试

趣味测试——君子人格

指导语：对下表中（见表 5-3）的陈述项，将与你最符合的分数（1 = 完全不符合，2 = 比较不符合，3 = 不符合，4 = 说不清，5 = 符合，6 = 比较符合，7 = 完全符合）填写在分数栏中。

表 5-3　君子人格测试表

序号	陈述项	分数
1	对于生活中的人和事，我能够用智慧去解决，而不会感到迷惑	
2	对于生活中的人和事，我勇于迎接挑战，而不会感到恐惧	

续表

序号	陈述项	分数
3	无论遇到什么困难，我都能清楚地知道自己所应当做的事情	
4	我心胸宽广、安然舒泰，可以坦然面对各种人和事	
5	我敦厚自重，在我所处的群体中有一定的威信	
6	我能够感受到生活中的积极所在，不会感到忧虑	
7	在小事上我和别人没有区别，但在大事上我比别人更能承担责任	
8	我的内在实质和外在形式是相当的	
9	我按照社会规范来行事	
10	我处理事务时会按照社会规范	
11	我立身行事保持恭敬谦逊	
12	我认为古圣先贤所流传下来的格言是值得敬畏的	
13	我时时刻刻坚守仁德之心	
14	我能与人和睦相处	
15	我总是以诚信的态度来完成事务	
16	进行抉择时，相较于权衡利益，我更擅长以道义的视角去评判	
17	相较于财富和利益，我更注重追求仁义道德等抽象的东西	
18	相较于追求固定的居所，我更倾向于追求有道德的生活	
19	道义是我处理事务的根本	
20	相较于吃穿，我更倾向于考虑道义	
21	在困境中，我依然会坚守道德底线	
22	为我做事的人用不正当的方法讨我喜欢，我觉得也挺开心的	
23	在利益面前，我没那么在意自己是否违法	
24	我觉得生活中遇到的问题常常是别人造成的	
25	别的人要做坏事，我觉得我可以成全	
26	一个人如果话说得好，我会认为他/她是个好人	
27	我会为了与周围人的观点保持一致而改变自己的看法，以迎合他人	
28	我恭敬谦逊，不喜欢与人争	
29	我更多地对自己有要求，而非与他人争	
30	我安详舒泰，不傲气凌人	

计分方法：

陈述项 1~8 计算平均分，记为 A 分数；陈述项 9~15 计算平均分，记为 B 分数；陈述项 16~21 计算平均分，记为 C 分数；陈述项 22~27 计算"8 减平均分"，记为 D 分数；陈述项 28~30 计算平均分，记为 E 分数。这 5 个分数中，你的最高分是哪个，就代表是哪个类型的君子人格。

A类型（智仁勇）：子曰："知者不惑，仁者不忧，勇者不惧。"你深知拥有一颗自主与理性的心灵有多么重要。拒绝自私，去真切感受他人的存在；拒绝自欺，去了解即凡天下之物、明晓万象事理；拒绝空谈，去将心中道义勇敢地付诸行为实践。

B类型（恭而有礼）：子夏曰："君子敬而无失，与人恭而有礼。四海之内，皆兄弟也。君子何患乎无兄弟也？"你对世俗规范、社会秩序、人际生活，保持着恭敬谦逊、戒慎诚信的态度。与他人之间的关联是每个人一生都无法逃避的课题，而你常常能够为身边的人带来合宜感、为生活内容赋予形式。

C类型（喻义怀德）：子曰："君子喻于义，小人喻于利。"你明白自己要做应当做的事情。每个人生来都怀揣着固有的明德。保持它、发扬它、不让它变得黯淡，是你仍在坚守的事。

D类型（有所不为）：子曰："不得中行而与之，必也狂狷乎！狂者进取，狷者有所不为也。"你非常了解行为的底线和边界，对自身限度有着清醒的自觉与敬畏。很多事情看起来都有无限选择，但违背底线永远不会是你为自己选择的生活道路。

E类型（持己勿争）：子曰："君子矜而不争，群而不党。"在完成事务时，你清醒地知道，与他人争胜无助于问题的解决。与其怨天尤人，你更愿意反求诸己、发现问题、改变现状。

> 知识链接

如何培养幸福人格

（一）人格研究历程

人格理论，很多著名心理学家都研究过。比如，我们很熟悉的荣格、艾森克、卡特尔和奥尔波特。在没有人研究人格之前，人们对人格的认知有两种主要理论流派：第一种认为人格不存在；第二种认为人格就是个人所不知的、心灵阴暗的隐蔽处。

奥尔波特显然不这样认为，他研究的时候考证了"人格"这个词的词源，把它与一个希腊语"面具"相联系，对50种有关人格的定义进行了考证，最后他在《人格心理学的解释》里边给出定义：人格是个体内部决定其独特的、顺应环境的那些心理生理系统中的动力组织。

（二）人格特质

奥尔波特研究人格特质，采用的是个案分析法，从很多人的书信日记自传中分析出各种具有代表性的人物人格特质，找了17 953个描述特质的形容词，然后不断地筛选，留下具有代表性的典型特质。

奥尔波特认为，特质是一般化了的、个人所具有的神经心理结构，是真实存在的。它具有指挥个体行为的能力，使许多刺激在机能反应上具有跨情境的一致性。特质决定了个体适应的独特性。

人格特质可以分为个人特质和共同特质，共同特质是属于同一文化形态下人们所具有的一般人格特质，比如，某一个地区的共同文化环境所形成的，它普遍地存在于每一个人身上。比如，东北人，我们普遍认为他们很豪爽；南方人，我们认为他们很细腻；形容湖北人有一句话叫作"天上九头鸟，地下湖北佬"，就说明他们很精明；四川人都爱吃辣，因此大部分川妹子都很泼辣。

奥尔波特主张心理学家应该集中力量研究个人特质。他把个人特质分为首要特质、中心特质和次要特质。

首要特质，是一个人最典型、最具概括性的特质，对人的行为有支配作用。它代表整个人格，影响到个人行为的所有方面，具有极大的弥散性和渗透性。不过首要特质不是每个人都具有的，有些人有，有些人标识性不高，甚至没有。小说或者戏剧中的中心人物往往被作者以夸张的笔法特别凸显其首要特质，例如，林黛玉多愁善感，孙悟空灵活多变。你一看就知道，这个人是什么特质。

中心特质，是构成个体独特性的几个重要特质。每个人身上有五到十个中心特质，如林黛玉的性格有清高、聪明、孤僻、抑郁、敏感等，这些都是属于中心特质。中心特质决定了人格的构建，每个人都有几个彼此相联系的重要特质，构成其独特的人格，但它不起支配作用，对人格有一般意义的倾向。由此看来，每个人的重要特征其实并不多。

次要特质，是个体不太重要的特质，往往只有在特殊情况下才表现出来。它不决定人格的主要特征，不明显，对个体行为影响很小。与首要特质和中心特质相比，它是从更为狭窄的各种刺激来说的，包括一个人独特的偏爱，一些负面的看法和由情境所制约的特质，如恐高、沉默寡言等。

但是，如果说某个人的次要特质支配了他整个人行为的所有方面，那麻烦就大了，一定是出了问题的。

（三）正在变化的人格

古希腊哲学家赫拉克利特认为，关于人格，没有已成的，一切都在变成中。奥尔波特从中受到启发：人格从来不是已经形成的东西，而是正在变成的东西。

在临床心理辅导的过程中，会发现有些人形成一种人格特质是有迹可循的，这种人格特质导致他现在的行为也是可以找到原因的。于是我们就希望培养他的另外一种人格特质，可以面对或者解决眼前的困境和难题。这就相当于重新建立一个大脑神经通路，把原来的那个人格特质存起来，不用它了，用新的人格特质。

还有一点，奥尔波特说生理心理系统就是人格的动力组织，认为人格具有组织性，这个动力组织需要身心共同操作，是不可分割的统一体。人格，不属于纯心理方面，也不属于纯神经方面。

（四）人格的力量大于习惯的力量

我们倾向于只要理论上行得通，就可以去实行，就好比有革命的理论，才有革命的成功。我们可以去创新、去体验。

我们都听说过，世界上没有两片完全一样的叶子，奥尔波特也认为，世界上没有两个人的个人特质是完全相同的，即便这两个人的共同特质是相似的，但他们行为上所表现的仍然各具特别性。比如，这两个人都有攻击性的特质，但是他们在对物或者人做出攻击表现时仍有差异。

特质和习惯都具有决定倾向的意义，但特质比习惯更富于一般性，概括水平更高，它往往是在适应过程中整合特殊习惯的结果。也就是说特质比习惯更有力量。

从广义上来讲，特质和态度也有同样的意义，如果对事物的特定态度，在一个人身上经常得到表现，也可称之为特质。但特质又不同于态度，它并不明显地指向某种对象，也无评价意义，不用于表态。

特质也不同于道德品质，相对来说，道德品质比特质更具社会性。

奥尔波特比较关注的就是人格的形成过程和健康人格。幸福人格研究的是比健康人格更进一步的，是我们能在任何情境下都能感受和体验到生活中的开心、快乐、幸福的人格特质。如果没有这样的环境，我们也能积极主动地创造想要的生活、环境。

（五）人格可以培养

采用奥尔波特的方式，幸福人格侧重于人格特质的形成和培养。为了个体更好地发展，人格特质在形成的过程中，是可以有意识地培养起来的。某种特质一旦培养起来了，就形成了一种稳定的神经通路。个体就可以更好地体验生活，更好地创造生活，更好地面对问题，感受幸福。

最佳人格特质是指使人达到最佳智力及技能状态的人格特质。科安对人的最佳人格特质进行了研究，总结出五个基本人格特质：第一是效率，第二是创造性，第三是内在的和谐，第四是良好的人际关系，第五是超脱。这五个基本人格特质，即是最佳人格特质。

（六）幸福人格培养：心态、理念

心态上：培养幸福人格的前提是心态的调整。父母要平和、开放，对特质认知清晰，自己知道这个特质意味着什么，具体操作是什么，执行起来会怎么样，难度系数是多少，持久度有多久，孩子已经形成的标准是什么。

理念上：知道培养形成一个特质不是一瞬间的事情，需要一个长期、慢慢浸润的过程。在这个过程里，希望大家都不要忘记初心，不要忘记最开始我们为什么想要形成这个特质，以及我们的方向、憧憬和期待。

思考与练习

1. 什么是人格？有哪些基本特征？
2. 从性格结构的方面来说，大学生的性格有哪些特点？
3. 什么是人格异常，常见的表现类型有哪些？
4. 大学生人格完善的途径和调试方法有哪些？结合自己的实际情况进行分析。

第六章　大学期间生涯规划及能力发展

知识导图

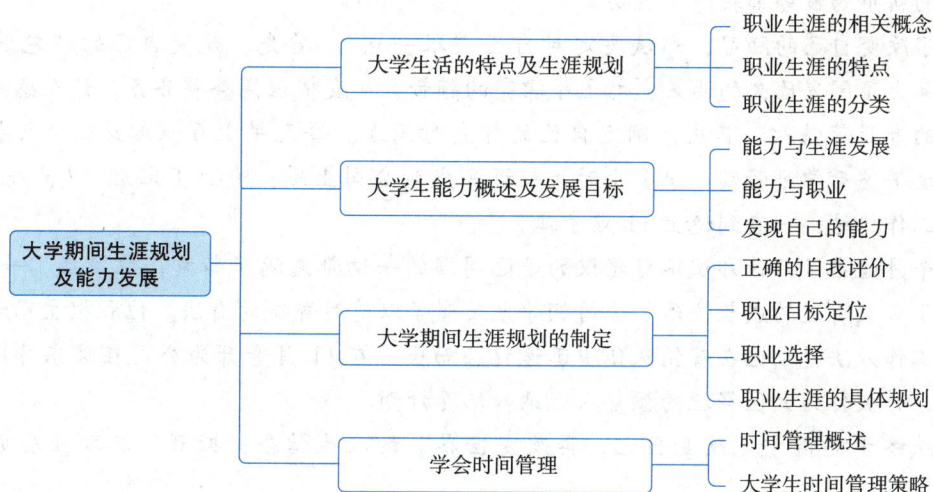

大学期间生涯规划及能力发展
- 大学生活的特点及生涯规划
  - 职业生涯的相关概念
  - 职业生涯的特点
  - 职业生涯的分类
- 大学生能力概述及发展目标
  - 能力与生涯发展
  - 能力与职业
  - 发现自己的能力
- 大学期间生涯规划的制定
  - 正确的自我评价
  - 职业目标定位
  - 职业选择
  - 职业生涯的具体规划
- 学会时间管理
  - 时间管理概述
  - 大学生时间管理策略

案例导入

改变自己，你就改变世界

　　郑斌出生在豫南县城一个偏僻的山村，由于自幼家境贫寒，大学毕业后，急于摆脱现状的他加入了一家食品企业的营销队伍。岁月如梭，转眼间五年过去了，一起来的同事有的升到了业务主管，有的担任了区域经理，而他还在做着业务代表。令郑斌苦恼的是，随着年龄和阅历的增长，他变得越来越困惑和迷茫了，他很难甩开手来开展工作，周围同事都评价他没有魄力和冲劲。他平时沉默寡言、不善交流，业务的重复和单调让他感到身心疲惫、激情不再，以致工作消极且牢骚满腹。这一切都让公司领导感觉他培养价值不大，甚至对他失去了信心。

　　后来，促使郑斌下定决心与自己的过去告别的是他所看到的一本书——《谁动了我的奶酪》。他感觉自己很像寓言中的小老鼠"哼哼"：抱残守缺，怨天尤人，不思进取，安于现状。他应该做文中的"唧唧"：告别过去，不再怀旧，重新塑造一个新的自己。为了重拾自己以往的工作信心，郑斌放弃了周末、节假日等休息时间，报名参加了各种专业培训，先后学习了营销4P［Product（产品）、Price（价格）、Promotion（推广）、Place（渠道）］、

4C ［Consumer wants and needs（消费者需求）、Cost（成本）、Convenience（方便）、Communication（沟通）］理论及体验营销、整合营销等，特别是他 5 月参加的一次拓展培训，让他找回了一个充满自信的自己。

不爱说话是郑斌发展的"短板"，为了改变自己的缺陷，郑斌想方设法在各种场合锻炼自己，不论大会、小会，只要有发言的机会，他都积极地阐述自己的观点，表达自己的见解。在日常工作和生活中，他主动与上司、同事交流切磋，自己不懂的也能够勇敢地去向周围的人请教，并学会了换位思考，学会为别人着想。在 6 月的一次新市场开发动员会上，郑斌主动请缨，请求开发一些"难啃"的"硬骨头"市场。在经过一番努力后，他所请战的新市场最终都获得了成功。

为了改变自己的陋习，郑斌决定对自己"狠一点"。首先，改变自己的"包装"方式。他穿上了闲置已久的西装，打上了漂亮的领带，头发梳理得整整齐齐，让人感觉是一个十足的专业营销人。其次，制定自己的作息时间表。每天早上 6 点起床，6 点半吃早餐，吃过早餐后学习营销知识 1 小时，将近 8 点到公司上班；晚上下班后，7 点吃晚餐，然后做工作总结，一直到晚上 11 点才睡。

几个月过去了，让郑斌不可思议的是他周围的一切都充满了新意，他像换了一个人，感受到了从未有过的成长快乐。公司领导也改变了以前对郑斌的看法。他积极主动和富有成效的工作方法更让他在营销队伍中迅速脱颖而出，在 11 月晋升为公司在豫东片区的区域主管，并被作为大区经理的预备人选纳入培养计划。

郑斌终于凭借"先改变自己，再改变世界"的人生信条，掀开了其职业生涯新的篇章。

思考：从郑斌的故事中我们可以得到什么启发？

第一节　大学生活的特点及生涯规划

一、职业生涯的相关概念

（一）生涯的概念

"生涯"在英语中与"职业"是同一词"Career"，有人生经历、生活、道路、职业、专业、事业的含义。日常生活中，我们往往将生涯理解为某段特定的人生历程，一般意义上说，生涯往往就是指职业生涯。美国国家生涯发展协会是这样给生涯定义的：所谓生涯，是指个人通过从事工作所创造出的一个有目的的，并延续一定时间的生活模式。这是生涯领域中被使用得最广泛的一个定义，如医生生涯、教师生涯、军旅生涯等。

生涯主要由三个层面构成：一是时间，指个人的年龄或生命的时程，又可细分为成长、试探建立、维持衰退等时期；二是广度或范围，指每个人一生所扮演的各种不同角色；三是深度，即个人投入的程度。

（二）职业生涯的概念

1957 年，美国职业管理学家舒伯（Donald E. Super）在他所著的《职业生涯心理学》一书中使用了"职业生涯"这一概念，并将其定义为个体终生经历的所有职位的全部历程，较全面地阐述了早期的生涯发展理论。职业生涯是指一个人一生连续从事和担负工作职业、工作职务和工作职位的过程。它不仅仅是职业活动，而且包括与职业有关的行为和意愿等内容。与职业不同，职业生涯是一个发展的概念，即将个人的职业生活看作一个动态的过程，具有浓厚的个人色彩。它不仅包括过去、现在和未来那些可以实际观察到的职业发展过程，还包括个人对职业生涯发展的见解和期望。

简要地说，职业生涯就是一个人终生的工作经历，是一个人一生中所有与职业相联系的行为与活动，以及相关的态度、价值观、理想、愿望等连续性的经历过程，也是一个人一生中职业、职位的变迁及工作理想、人生目标的实现过程。在职业社会中，人的职业准备和职业生活占据了主要而关键的部分，从这个意义上看，人的职业生涯就是生涯。

二、职业生涯的特点

职业生涯具有一定的时间性、变动性和深入性三个特点。

（一）时间性

对大部分人来讲，职业是人们投入时间、精力最多的人生组成部分。职业生涯所用的时间占人们可利用社会活动时间的 71%~92%。人在一生中要经历不同的职业阶段，主要分为职业初期、职业成长期、职业成熟期和职业消退期四个阶段。

1. 职业初期

在职业初期，人们对未来的职业发展预期还不明确，进入企业后就相当于步入职业生涯的"实验期"，这时由于对企业的新鲜感而产生强烈的工作动力与热情。同时，个人的能力还没有得到外界的认可，外界通过个人的业绩来判断其能力高低。此时，个人也有较高的工作热情和精力，急切地想在短时间内获得出色的业绩来证明自己的能力。

2. 职业成长期

在职业成长期，职业者处于不断完善自我、塑造自我的阶段，个人已经找到了一个适合自己发展的职业路径，对自我的优势和劣势有全面、准确的把握，更多的是用更加积极的心态和更加坚定的信念来打造自己，并为自己的职业目标而加倍努力，以获取一定的职业地位。

3. 职业成熟期

在职业成熟期，职业者经过多年的实践积累，拥有丰富的经验和较高的行业声誉，会觉得自己十分适合该工作，表现出极高的敬业态度；同时，他们已经形成相对稳定而积极的职业信念，这种职业信念会持续到职业消退期。

4. 职业消退期

在职业消退期，职业者已经长期为企业工作，往往会对企业产生深厚的情感归属和精神依附；但是，由于身体、心理等方面素质都在慢慢消退，再加上个人职业生涯也接近尾声，他们在工作上会表现出心有余而力不足。

（二）变动性

职业生涯的变动性指的是个人一生所从事的不同领域职业或扮演过的不同职业角色的数量。在现代社会，职业的流动性代替了稳定性，就业不稳定性正在成为就业的新常态。个人的职业领域跨度将越来越大，个人的职业生涯便会呈现出多样化的职业变动。

一般而言，个人职业变动与当前社会观念的转变及社会结构的变化有关，反映了社会变迁的激烈程度。社会变迁越激烈，职业变动越频繁。此外，企业的激励策略也会影响员工的职业变动。如果一个企业采取"优秀者"的激励方式，就会使具有高绩效水平的员工由于有较好的报酬而稳定下来；但绩效水平较低的员工就有可能遭遇压力，从而出现职业变动。

（三）深入性

深入性是指职业者对一种职业角色投入的程度。工作投入是个人对目前工作的一种心理认知和信念状态，是关于工作好坏或工作重要与否的个人价值观的内化。它是影响职业成功的一个中间变量，对工作高度投入的职业者能有效地进入最佳工作状态，能够体验到一种精神焕发、精力充沛的感觉，并且认为自己能够胜任本职工作。工作投入是衡量员工工作状态的重要变量。比尔·盖茨曾说："每天早晨醒来，一想到所从事的工作将会给人类生活带来巨大的影响和变化，我就无比兴奋和激动。"如果员工对工作高度投入，就会主动付出，充满热情和想象力，对前进中可能遇到的各种艰难险阻无所畏惧。

三、职业生涯的分类

职业生涯按照时代不同，可以分为传统职业生涯和现代职业生涯；按照不同的发展方向，可以分为外职业生涯和内职业生涯。

（一）传统职业生涯和现代职业生涯

1. 传统职业生涯

传统职业生涯属于一种传统的终身雇佣制度，一个人的全部职业生涯，包括从进入职场到退休都处在同一个组织的边界内，受雇于同一雇主。传统职业生涯表现出严格的等级晋升过程，职业生涯流动的模式基本上就是个人在同一行业和职业中学习和成长，经过时间和经验的积累，呈现出由一个阶段向另一个阶段的直线性晋升的过程。员工与组织之间建立起一种忠诚的心理契约，员工以对企业的忠诚换取长期或终身的就业保障。组织对雇员的技能要求只是单一的特殊技能，雇员不需要面临激烈的就业竞争和频繁的工作变换。

2. 现代职业生涯

在 20 世纪 80 年代，劳动者要 20 年才会有一次工作变动；随后缩短为每隔 10 年劳动者会有一次工作变动；到 20 世纪 90 年代，缩短到每隔 5 年劳动者会有一次工作变动。人们将这种新型的职业生涯模式称为"无边界职业生涯（Boundaryless Career）"。人们通常所说的现代职业生涯就是指无边界职业生涯。员工主动或被迫地频繁流动，使传统的建立在忠诚观念基础上的心理契约逐渐被以就业能力为基础的心理契约所取代；同时，传统的组织等级制度和晋升标准被打破，谁有学习能力、适应能力，谁就能处于职业生涯发展的主动地位。

3. 传统职业生涯向现代职业生涯转变的原因

传统职业生涯向现代职业生涯的转变是多种因素共同作用的结果，如经济全球化、科技的进步、产业结构的调整等。

经济全球化。经济全球化彻底改变了竞争的边界。员工不仅要面临国内日益增多的就业人员，同时也面临着来自不同国家的劳动力的就业竞争。就业环境的恶化使得越来越多的劳动者不可能在一个组织内完成自己一生的职业生涯。虽然经济全球化表面上只是一个经济过程，但不可避免地在社会文化的层面上带来强烈的渗透和深刻的影响。人们的文化心理和价值观都受到强烈的冲击，从而使他们对于职业发展的认识发生了变化。

科技的进步。随着科学技术的不断进步，科技转化为直接生产力的速度不断加快。科学技术的进步改变了人们的职业生涯。首先，科学技术的发展创造出许多新的职业岗位，也导致传统的"简单劳动型"职业岗位的消失。其次，在电子商务时代，实体店受到很大的冲击，在很多地区出现关闭浪潮。现在许多实体店正在转型，结合线上、线下的特点，逐步体现出其展示与体验价值的重要作用。

产业结构的调整。随着经济的发展、生产的现代化，旧的生产形态和产业部门不断被淘汰；同时，新兴产业的涌现，尤其是第三产业的大幅增加，提供了新的就业机会，不断地把原来分布于传统产业部门的劳动力转移到了第三产业。产业结构的调整成为推动无边界职业生涯形成的一个原因。不论是发展中国家还是发达国家，第一产业和第二产业中的员工不断向第三产业转移，使劳动者被迫进行职业变换，打破了原有的职业生涯边界。

（二）外职业生涯和内职业生涯

美国组织心理学教授埃德加·施恩提出职业生涯包括内、外两部分，即职业生涯分为外职业生涯和内职业生涯。

1. 外职业生涯

外职业生涯指从事职业时的工作单位、工作地点、工作内容、工作职务、工作环境、工资待遇等因素的组合及其变化过程。在职业生涯中主要表现为工作环境、工作职务、名片、工资单等。从外职业生涯的定义，我们可以看出外职业生涯具有以下三方面特点：第一，外职业生涯的发展通常是由别人认可和给予的，而我们个人处在被动地位。例如，医学类专业学生要找一份医生的工作，一般都要经过投简历、笔试、面试等程序，而在这一过程中，自己能够选择的机会很小，越是好的医疗单位情况越明显。这就是外职业生涯的被动性特点。

第二，既然外职业生涯是由别人对主体的认识而产生的，当然也就会随着别人认识的变化而变化，这就是外职业生涯具有的不稳定性特点。第三，社会在对个人从主观认识到客观认识的过程中，需要一定的时间和过程，难免存在短期的偏差，有时就个体感觉而言往往觉得不公平。就像刚走入职场的人，特别是在事业单位和企业中，那些性格开朗、善于沟通表达的人，往往在从业初期更容易得到重用和机会，不过随着时间的推移，社会对个体的认识将日趋全面，这种差异也许会逐渐改善。

2. 内职业生涯

内职业生涯指从事一种职业时的知识、观念、经验、能力、心理素质、内心感受等因素的组合及其变化过程。在职业生涯中一般通过从事职业时的表现、工作结果、言谈举止等表现出来。内职业生涯具有以下三方面特点：第一，内职业生涯的发展主要依靠个体的不断探索而获得，而外界的被动作用则无助于内职业生涯的发展。如自觉地主动学习远比强制地被动学习效果好。这就是内职业生涯的自主性特点。第二，内职业生涯是别人无法替代和窃取的人生财富，各种构成因素一旦获得，便成为你的无价之宝且不能被剥夺和收回。它不随外职业生涯的获得而自动具备，也不随外职业生涯的失去而自动丧失。这就是内职业生涯的恒有性特点。第三，一个人的内职业生涯因素发展到相对较高的层次，他必然会对自己的外职业生涯因素提出相匹配的要求。例如，让一个优秀的心脏外科博士到医院药房工作，他肯定不会满意，十有八九想要跳槽或离职，他肯定要找和自己内职业生涯相匹配的外职业生涯。这就是内职业生涯的自觉性特点。

3. 外职业生涯与内职业生涯的关系

内职业生涯是根，职业生涯的每次飞跃发展都是以学习新知识、建立新观念为前提条件的，而这些都是内职业生涯的因素。外职业生涯发展是以内职业生涯发展为前提条件的，提高内职业生涯而取得的工作成绩，最终会转化为外职业生涯。人才最有价值的是他的内职业生涯部分，因此，无论在任何时候都要把工作的重点和焦点放在内职业生涯上面。

> **知识链接**

如何判断内职业生涯是否成长？

视野：发现自己、预见未来

内职业生涯的成长体现在你视野的宽度与广度。所谓宽度，即要正确看待整个职场环境并看清自己在环境中所处的位置；广度则指看待问题要有长远的眼光，有对事物发展未来趋势的预见能力。

沟通：准确表达、懂得倾听

良好的沟通能力不仅包括准确表达自己的想法，还体现在倾听对方的意见上。有时人们会走进一些误区，选择性地去听，只听自己想听的、好奇的、赞同的，但那可能并不是对方想表达的。所以要耐心地听完对方的话。哪怕不同意对方的观点，也要尊重对方说话的权利。因此，倾听需要感同身受，需要站在对方的角度去听，去理解。

做事：从被动执行到主动规划

注重对细节的把握是把工作做好的重要条件。然而，从内职业生涯成长角度来看，除了被动接受上级指示，完成一项项任务之外，还应在此基础上根据所从事岗位职责要求以及业务内容主动去思考更为高效的工作方法，去规划工作的方向。这也是内职业生涯成长的一种体现。

个性：融入团队

每个人初入职场时都会带着鲜明的个性特征。但实际工作中往往需要从团队角度出发，遵循集体利益至上的原则。那些处处标新立异、认为别人都不如自己的，就如同没有汇入黄河支流的内流河一般，逐渐脱离群体，最终失去了踪迹。可见，唯有融入职场，个体的工作能力和创新思维才能在更广阔的舞台上展示、表达。因此，在职场，应做到"外圆内方"，既保持自己做人做事的基本原则，也能以相互尊重、通力协作的态度与他人和谐相处。

第二节 大学生能力概述及发展目标

一、能力与生涯发展

美国明尼苏达大学心理学家罗圭斯特和戴维斯在对个体的工作适应问题进行多年研究以后，提出了明尼苏达工作适应论。他们认为：当工作环境能够满足个人的需求时，个人会感到"内在满意"；而当个人能够满足工作的要求时，个人能够达到"外在满意"（即令自己的雇主、同事感到满意）。当个人能够同时达到内在和外在满意时，个人与环境之间的关系就比较协调，个人的工作满意度会比较高，在该工作领域也能持久发展。

而在对"内在满意"和"外在满意"这两个指标的衡量当中，能力都占有很重要的地位。罗圭斯特与戴维斯认为："外在满意"主要可以通过衡量个人职业技能与工作的技能要求之间的配合程度来进行评估；而在"内在满意"方面，则主要通过衡量个人价值观与企业文化及奖惩制度之间的适配性来评估。

我们不难看到，做自己能够胜任的工作，培养和发展自己的能力，发挥个人的潜能，常常是个人选择职业时希望能够得到满足的需求，即与能力相关的价值观。由此可见，能力与个人的职业满意度、工作适应性以及职业稳定性具有直接的相关关系，个人与工作之间存在动的关系，符合与否是活动过程的产物。个人的需求会变，工作的要求也会随时间或经济情势而调整，如个人能努力维持其与工作环境符合一致的关系，则个人工作满意度越高，在这个工作领域也越能持久。

> **案例分析**

他们的困惑

案例1：欧阳惠在大学学习的是舞蹈表演，大学毕业就结婚，丈夫经济条件好，但工作十分繁忙，为了以后孩子能有个好的成长环境，两人决定欧阳惠主内。可是，当孩子上幼儿园，自己可以出来工作时，面对当今新技术的运用和企业运营模式不断创新与发展的形势，她困惑了、焦虑了，她不知道自己究竟擅长什么，能做什么。对于找工作，她没什么信心，因为她压根儿就不清楚该怎么找，也不觉得自己能有什么优势或长处会让用人单位看上。再说，如果有幸能找到一份工作，她也不知道自己是否能够胜任了。

案例2：洪涛在重点大学上学，所学专业是热门专业互联网金融。在日常学习与生活中，他感到自己人际交往能力差，无法像一些同学那样可以很快与他人成为朋友。和同学比起来，自己的动手能力和英语交流能力都很弱。他很自卑，对于自己的前途并不看好。

案例3：杨漾是英语专业的学生。她感到现在懂英语的人太多了，加上英语翻译软件装在手机里就如同有个翻译官在身边，而自己仅仅是英语专业的优秀生而已，掌握这一技能也许不会有太强的竞争力。还有，将来从事的工作如果只与语言相关，那大概只有同声翻译、教师等职业可供选择，择业面很窄。如果将来从事的工作与语言的关系不是很大，那就需要一些其他的技能，可是她不知道需要一些什么样的技能才能帮助自己找到一份比较好的工作。

你有什么样的能力？是每一个人在求职时都要面对的问题。能力是用人单位最关心的问题，也是我们最需要证明的。怎样发现、培养和表现自己的能力，从而在劳动力市场中拥有竞争力，是非常关键的。

分析：上面三个案例中主人公的问题，都是没有对自己的能力进行较为系统的探索，从而对自我的认知较为缺乏造成的。欧阳惠是艺术生，担心不能适应新技术、新模式，她忽略了自己的专长是舞蹈和表演，再加上自己带孩子的经验积累等，应该可以从事幼儿舞蹈教育工作；洪涛的专业是互联网金融，这个领域就业面非常宽泛，如果再拥有一些自我管理技能或可迁移技能，在该行业会如鱼得水；杨漾她目前只看到了自己的知识技能，也明白英语是工具，可她并没有去探索与自己专业相关、迁移技能相关的广阔应用空间。

在当今这个机会很多又竞争激烈的时代，能力是我们在社会最终立足的根本。我们把人格比作我们的"身份证"，而能力则是我们在社会上的"通行证"，"通行证"在哪些领域比较适用，将是我们能否顺利就业的关键之一。而展望我们的整个生涯，"能力"都将是我们能否感到幸福的关键词。我们都拥有自己不了解的能力和机会，都有可能做成未曾梦想过的事情。

二、能力与职业

当一个人的能力和工作的要求相匹配时，最容易发挥自己的潜能，并能获得较高的满足感。相反，当一个人去做自己力所不及的工作时，就会感到焦虑，甚至产生挫败感。而当一个人能力超出工作要求太多时，又容易感到工作缺乏挑战，比较乏味。因此在选择职业时，应寻求个人能力与职业技能要求相适配。我们需要知道能力的分类，从而知晓自己具备什么样的能力，可以适应什么职业。能力按照其获得的方式，可以分为先天具有的"能力倾向"和后天培养的"技能"两大类。

（一）能力倾向与分类

能力倾向是指上天赋予每个人的特殊才能，如音乐、运动能力等，我们称它为"天赋"。它是与生俱来的，不过也有可能因未被开发而荒废，是一种潜能。比如，在中国目前近 14 亿人中，虽然不是每个人都能像跳水皇后郭晶晶跳得那样好，但一定有一些人同样具备像郭晶晶那么好的身体协调能力，只是他们从来没有机会去发展这方面的天资。遗传、环境和文化都可以影响到天赋的发展。

心理学在对个人能力倾向（天赋）分类时，传统的智力理论通常以语言能力和数理逻辑能力为整体评判的标准。但 1983 年，美国哈佛大学教授、发展心理学家加德纳（Gardner）提出了多元智力理论（The Theory of Multiple Intelligences）。他认为，智力是多元的，是由同样重要的多种能力而不是一两种核心能力构成的，而且各种能力不是以整合的形式存在，而是以相对独立的形式表现出来的。

加德纳的研究表明，人类至少有七种不同的智能：言语—语言智力、逻辑—数理智力、视觉—空间智力、音乐—节奏智力、身体—动觉智力、交往—交流智力和自知—自省智力。这七种智力在个人的智力结构中处于同等重要的地位，每个人都同时拥有这七种智力，但它们在每个人身上以不同的方式、不同的程度组合，从而使每个人的智力各具特点。例如，爱因斯坦、贝多芬、姚明、特蕾莎修女等杰出人物，他们之间很难比较谁更聪明。我们只能说他们各自在不同的领域以不同的表现方式将自己天生的聪明才智发挥到了极致。

从这个意义上说，加德纳的多元智力理论告诉我们：对世界上的每一个人来说，不存在谁更聪明一些的问题，只存在不同个体在哪个方面更聪明的问题。我们每个人都是独特的。

（二）技能与分类

技能是指经过后天学习和练习培养而形成的能力，如阅读能力、人际交往能力、表达能力等。在个人成长的过程中，我们从什么也不会做的小婴儿成长为一个生活能够自理，能听说、行走、阅读、写字的普通成年人，在这一过程中，我们已学会了无数的技能。

在日常生活中，个人的能力水平往往是能力倾向和技能两方面的结果。比如，郭晶晶获得跳水比赛的奥运会冠军，这中间既有她先天良好的个人身体素质的原因，也离不开她后天勤奋刻苦的技能训练。

对于技能的分类，目前主要有三类，即知识技能、自我管理技能、可迁移技能（或称通用技能）。通常人们比较容易想到自己所具有的知识技能，但实际上后两种技能更为重要。它们使我们有可能不局限于自己所学的专业，可以在更广的范围内选择职业；它们对于我们在竞争中胜出具有关键性的作用，并且使我们能够在工作中得到更长久的发展；而雇主们对它们的重视程度，也往往超过了对单纯知识技能的重视。

1. 知识技能

知识技能是指那些需要通过教育或者培训才能获得的特别的知识或能力，也就是个人所学习的科目、所懂得的知识。比如，掌握外语、中国古代历史、电脑编程或化学等知识。知识技能一般用名词来表示。

知识技能不可迁移，也就是说，它们是一些特殊的词语、程序和学科内容，必须经过有意识的、专门的培训才能掌握。它们常常与我们的专业学习或工作内容直接相关。正因为如此，许多大学生由于不喜欢自己的专业，在找工作时往往陷入两难的境地：一方面，他们认为找工作必须"专业对口"，但是又不喜欢自己的专业，不想将所学专业作为一生从事的职业；另一方面，如果"专业不对口"，自己不是"科班出身"，则担心自己与专业出身的应聘者相比缺乏竞争力。

事实上，知识技能并非只有通过正式的专业教育才能获得。除了学校课程，课外培训、专业会议、讲座、研讨会、自学、资格认证考试等方式都可以帮助个人获得知识技能。此外，很多公司也为新员工提供相关的上岗培训。例如，某些著名的会计师事务所在对新员工的培训中，第一年的主要内容就是针对非专业学生补充财会基础知识。由此可见，即使是一些专业要求较高的职业，如会计师等，其专业技能也可以在就职后的培训中获得。实际上，越是大的公司，越看重个人的综合素质（也就是"自我管理技能"与"可迁移技能"），而不那么在意个人是否已经具备专业知识。不少外企在校园招聘时都已不再区分学生的专业背景。

面对人才与经济活动都全球化的今天，自身技能的组合更为重要。我们通常所说的"复合型人才"，正是指具有不同知识技能的人。他们的特点是，在一个专业里有很强的能力，同时具有广博的其他方面的知识与能力。技能的组合使得我们在职业发展的道路上更具竞争力，也更有可能将工作完成好。

2. 自我管理技能

自我管理技能也被称作"适应性技能"，它经常被看作个性品质而非技能，因为它被用来描述或说明人具有的某些特征。用人单位把它称作"成功所需要的品质、个人最有价值资产"。它涉及个体在不同的环境下如何管理自己，是勇于创新还是循规蹈矩，是认真还是敷衍了事，能否在压力下保持镇定，是否对工作有热情，是否自信等。良好的自我管理技能能够帮助个体更好地适应周围的环境，应对工作中出现的问题。

一个人如何使用自己的专业知识、以什么样的态度从事工作，这甚至比工作内容本身更为重要。在职场中，一个人被解雇或离职，更多的时候是因为缺乏自我管理技能，而不是因为缺乏专业能力（比如，在压力下无法保持镇定，易与他人发生摩擦等）。用人单位对刚毕业的大学生的意见反馈常常是：缺少敬业精神，没有服务意识，眼高手低，不认真，不踏实，没有主动进取精神等，这些都是与自我管理技能相关的。

自我管理技能无论是一个人先天具有的还是后天习得的，都需要练习。它可以从非工作（生活）领域迁移转换到工作领域，也就是说耐心、责任心、热情、敏捷这些技能并不是通过专门的课程学习到的，而是在日常生活中随时随地培养的。

3. 可迁移技能

可迁移技能就是一个人会做的事。比如，教学、组织、说服、设计、安装、帮助、计算、考察、分析、搜索、决策、维修等。

可迁移技能也被称作"通用技能"，它的特征是它们不仅可以从生活中的方方面面特别是工作之外得到发展，而且可以迁移应用于不同的工作之中，是个人最能持续运用和可依靠的技能。知识技能的运用均在可迁移技能的基础之上实现，比如，在宿舍里发生大家争用浴室的矛盾时，宿舍长可以组织室友们一起开会讨论，协商解决如何平等地使用浴室的问题。这时，就用到了组织、商讨、问题解决、管理等重要的可迁移技能。

随着信息时代的到来，新技术日新月异地发展，知识的更新换代不断加快，这意味着个体需要不断学习新的知识技能才能跟上时代的发展。此时可迁移技能就显现出来了。例如，手机在我们的生活中占据了极其重要的位置，我们在大学里一定没有手机使用这个课程，而与它们相关的行业知识是近些年来才出现的，并且处于飞速的发展变化中，这需要我们运用"终身学习"的"学习能力"这种可迁移技能，它比拿到某个专业的硕士学位（知识技能）更为重要。与知识技能相比，可迁移技能无所谓更新换代，而且无论你的需求和工作环境有什么样的变化，它们都可以得到应用。

三、发现自己的能力

很多时候，在机缘巧合下，我们不假思索的反应可能正好发现了我们的能力。例如，老师说学校某项活动需要拉赞助，而你正好在场，还被老师分配了任务，你也没有拒绝，可以跟着同学们一起来完成这项任务。在与同学拉赞助的活动中，你发现了自己有销售天赋，可以很快拉近和陌生人的距离，并且容易与别人保持良好的关系。很多能力是在我们尝试有一定难度的工作与活动时发现的。心理学家认为，大部分人只发挥了所拥有的 5%~10% 的能力。

在大学里，我们会发现一些同学很喜欢参与不同的实践活动，比如，本专业的技能大赛、演讲大赛等，而这些同学毕业后找工作也很容易。其实，这与他们不断锻炼自己、提高自己的能力并发现自己的能力有关。

知识链接

用人单位想要什么

罗杰·依·照曼在美国《未来学家》杂志上撰文指出，要想成为 21 世纪最吃香的人，应该具有以下七种技能。

（1）要有广泛的专业技能。了解并会维护各种系统，包括从计算机系统至产品销售甚至水管维修系统。

（2）要有丰富的想象力。能广泛地搜集信息和理解它们并将之用于引导公司走向未来。

（3）要有独特的创新能力。能使公司平稳地运行，以获得长期的高额利润。

（4）要有较强的组织能力。这是一种很重要的能力。许多部门需要在物资供应、工作程序以及贸易往来等诸多方面予以组织或重新组织。

（5）说服他人的能力。在 21 世纪，推销技巧相当重要。一个有成效的工作人员应当善于向他人介绍自己所掌握的信息，说清楚自己的观念，使人能理解并支持某一特殊见解。

（6）良好的沟通能力。细心听取他人意见、措辞准确的文笔、平和的语言、对事物的准确描述都具有不可估量的价值。在 21 世纪，商业环境的发展节奏会更快，只有有限的宝贵时间来消除一些误解。一个不善于交流的工作人员是不称职的。

（7）善于学习的能力。这一点比上述的每一项都重要。信息时代的核心竞争力已经发展为学习能力的竞争，因为信息更新周期已经缩短到不足 5 年，危机每天都会伴随我们左右。

现代企业需要什么样的人才

进入 21 世纪，随着我国经济的快速发展，我国将成为"世界工厂"，这是个千载难逢的机遇。但是能否成为"世界工厂"，关键的因素是人才。只有人才才是企业最重要的战略资源，才是企业在竞争中立于不败之地的保障。

企业究竟需要什么样的人才？带着这个问题，笔者走访了微软（中国）有限公司、北京市汽车修理公司和四川长虹电子集团有限公司。通过和相关负责人的交谈，我们了解到，企业的内涵虽然不同，但对人才都有一个共同的看法，即不唯学历觅能力；对人才都有一个共同的要求，即良好的品质、较高的知识层次、较强的创新能力和较强的动手实践能力。

微软（中国）有限公司一位负责人分析说，我国的软件产业尽管起步较晚，但近年来整个产业所呈现出的高速增长势头令人欣慰，巨大的、充满生机的软件市场不断吸引着更多的参与者投入其中。尽管如此，人才问题仍旧成为制约我国软件产业进一步发展的瓶颈。据有关部门预测，我国软件人才缺口近 40 万人，然而，无论从数量还是质量的角度看，每年国内各高校所培养的软件相关人才相当有限，远远不能满足社会发展对此类人才的需求。

具体到我国软件企业，首先需要考虑通过软件工程规范与产品发展机制的"软件架构师"来严格管理、有效控制软件产品的研发过程；其次需要具有创新思维、工程化意识以及团队合作精神的软件设计与应用人才。然而，我国软件人才结构却呈现出两头小中间大的"橄榄形"，需求与供给之间存在显著差异。目前，IT（Internet Technology，互联网技术）企业急需的是大量初级的软件开发与应用人才，即 IT 蓝领。这正是职业院校应大力培养的空缺所在，引进技能型课程是当务之急。这样可使学生毕业时能获得所需的技能，满足企业需求。

北京市汽车修理公司一位负责人谈了她对人才的看法。她认为，在市场经济条件下，企业是讲成本和效益的。员工是企业的生产成本，成本太高，会加重企业经济负担。所以，近几年，公司一直坚持把"合适的人"放在"合适的岗位"，并设计了一整套员工培养方案，帮助他们从基层做起，一步步为自己的发展积累经验与能力。企业就像一个浓缩的社会，需要各种人才，如优秀的管理人才、各类专业技术人才，其中很大的基数是技能型人才。从专业能力分析，单一型的维修人员已无法适应当前汽车维修的需要，而从事机电一体化的人员一定要掌握必备的知识，包括电工电子技术、计算机控制技术、汽车故障诊断检测、汽车使用技能等。此外，还要具备较强的专业基本技能和与生产过程相关的基本技能，如汽车维修通用基本技术、特定车型维修技术、专业英语与获取信息的能力等，使自己的知识结构和工作能力都满足并适应企业发展的需要。

四川长虹电子集团有限公司培训中心副主任认为，转变人才观念是当务之急。他举例说，在我国大、中、小型企业的管理者中，严格地说，有 90% 的人没有本科学历，但他们能够胜任企业主管一职，是因为他们有极强的团队合作精神、丰富的实践经验，所以没有必要固守着以学历为正的旧观念。

他还认为，学生进入企业后，最主要的问题是宽口径、知识面要宽、一专多能。比如，销售人员要懂维修，技术人员要了解市场、掌握推销技术，具备多方面技能的人最受企业垂青。再有，坚韧的意志力和职业操守对学生的一生非常重要。

高素质的技能型人才在企业中起着十分重要的作用，他们是社会生产分工中最重要的一族，是劳动力市场的主体。企业不仅需要能够进行科学技术创新的院士、教授、专家，更需要能够把技术成果转化为生产力的技能型人才。

第三节　大学期间生涯规划的制定

生涯规划是一个过程，规划的功能是为生涯设定目标，并找到达成目标所需要采取的步骤。目标可以为人生带来希望和意义，在生涯规划中，目标的制定是一个探索过程。这个过程帮助一个人逐渐去厘清生命的价值与意义，并用行动去实现它，好比为飘忽不定的人生加了一个锚，无论风雨来自何方，人生之船都自有它的方向。

大学生处于人生快速成长、成熟阶段，大学生生涯规划具有显著的阶段性特征。从细节来看，新生期、低年级学生和高年级学生的生涯特点不一样，体现在生理状况、心理水平、知识技能、成熟度、职业能力、综合素质等方面也会有较大的不同。大学生职业生涯规划的制定主要分为四个步骤：正确的自我评价、职业目标定位、职业选择、职业生涯的具体规划。

一、正确的自我评价

正确的自我评价就是进行自我认知、自我探索和自我剖析，即了解自我，清楚自己的个性、兴趣、职业价值观等情况；分析外部环境，认识周围的大环境和小环境，了解自己所处的行业环境及社会环境的变化趋势等。有效的职业生涯规划是在正确评价自己的基础上进行的，要审视自己、认识自己、了解自己，做好自我评估；弄清自己想干什么、能干什么、应该干什么、在多种职业面前会选择什么，还要找出自己的一些弱点。

（一）自我评估

自我评估的方法有两种，分别是自我测试和计算机测试。

1. 自我测试

自我测试主要通过回答一些相关的问题来认识自己。这些问题一般是由心理学家或专业人士通过精心策划而设计的。大学生在回答问题时要以客观、冷静的态度对待。通过问题的回答，能够反映出个体的特性。典型的问题包括下面几个。

我是谁？（在面对问题时应尽可能多地找出各种答案，你将会清楚你承担的责任、角色和具有的性格。然后，按照答案内容的重要性依次排序列成表格，进行分析。）

我在哪里？（主要分析自己在职业生涯过程中所处的当前位置，要求记下生命中的一些重大事件，以及自己很想做的一些事情，确定目前在自己一生中的位置。）

我将是什么样子？（仔细考虑，自己希望未来是一个什么样子。）

在人生暮年时，我将完成哪些事？有哪些成就？我的理想工作是什么？

我需要从工作中得到什么东西？

我在职业生涯和日常生活中，哪些做得好？哪些做得不好？还需要学习什么，积累什么经验？自己拥有什么资源和优势？

从现在开始，自己应该停止什么？着手干什么？

职业生涯的长期目标是什么？

2. 计算机测试

计算机测试是一种运用现代化软件的测试手段。大学生可以使用科学的测评技术，得出较为客观的自我评价，能够帮助自己进行自我剖析，了解个人的特质，发现自己的职业兴趣、性格属性和能力水平。目前，测试软件有很多，常用的有霍兰德职业倾向测试、卡特尔人格测试等。这些测试能够帮助大学生获得关于自己的更加详尽的参考信息，有利于大学生对自己做出较为全面的评价。如果能够对多种测评技术加以综合利用，测评结果将会更加准确和有效。

（二）他人评估

除自我评估外，大学生还可以让教师、同学、父母及好友一起分析自己的性格、能力。因为自我评价往往有许多不足的地方，很多时候"旁观者清"，他人的评价能够帮助大学生更好地认识自己，对自己进行准确的定位。通过他人的评价，大学生能够得到更多的改善意见和他人的激励，能够更客观地审视自己，促进自己的健康成长，提高自身认识的深度和广度，激活自己的思维能力和思考能力，将自己的认识水平提高到新的高度。大学生在接受他人的评价以后会经历"外部评价作用—自我调控—外因内化"的过程，这样才能实现飞跃，起到提高自己的作用。这一过程是动态的、积极的评价过程。

由上可知，大学生可以通过自我评估和他人评估来正确地评价自己。自我评价高的个体，他们的自尊心和自我效能都非常高。他们对自己的能力充满自信，有更高的积极性。自我评价是一个不断进行自我反思、自我教育和自我激发的过程。通过正确的自我评价，大学生能够认识自我，认识和把握自己今后发展的方向，增强主人翁的意识。

二、职业目标定位

职业目标的设定是职业生涯规划的核心内容。许多人的失败并不仅仅在于前进道路上的艰难险阻，还在于没有信心看到成功的目标。只要定位准确，就能为自己插上腾飞的翅膀，飞向理想的地方。

（一）职业目标的确定

一个人事业能否成功，关键取决于其有无正确、合适的职业目标。符合自身实际的职业目标能够为职业生涯规划定下一个良好的基调。不同的人对确定职业目标的认识有明显的差异，有的人从小就有远大的志向，有的人到了中年也不清楚自己到底想做些什么。美国教育家本杰明·梅斯有一句名言："生活的悲剧不在于没有达到目标，而在于没有想要达到的目标。"明代学者王守仁也曾指出："志不立，天下无可成之事。"大学生在确定职业目标时应当结合自己的兴趣，要有现实性和前瞻性，并且要明确具体。

1. 结合自己的兴趣

大学生在确定职业目标时，应当结合自己的兴趣爱好。兴趣是主要驱动力，一个人只有在热忱的鼓舞下，才能真正热爱自己要从事的工作。兴趣能够引起和维持一个人的行动，将该行动推向某一目标。职业目标应当是自己非常喜欢的，也是十分适合自己的，不能人云亦云，不要勉强做自己不喜欢做的事情。

2. 要有现实性和前瞻性

职业目标要立足现实，具有可实现性。职业目标的确定是建立在自我评价的基础上的。大学生应清楚了解自己的能力大小，分析自我、准确定位，应尊重自己的实际情况，符合自身的发展，切合实际；要让目标可望又可即，通过努力能够达到。

3. 职业目标应明确具体

职业目标应该是特定的，是一个具体的职业，如某一行业公司的总经理。所确定的职业目标应当是社会中有人正在从事或做过的工作角色，不能超越当前的时代和现实。也就是说，职业目标应该是在现有职业、行业或企业范围内的目标，是这个时代和社会已有的职业，不能凭空编造。职业目标越明确具体，达到这一目标的内在驱动力就会越大，就越能表现出一个人坚强的意志力，促使其不断地付诸行动，努力克服种种困难阻碍，促进职业目标的实现。

（二）职业目标的分解

目标分解是指将总体目标在纵向、横向或时序上，分解到各层次、各阶段以至具体的环节中，形成一个目标体系的过程。有的人会觉得长期目标太遥远、太大，难以实现，慢慢地放弃了长期目标和追求，放弃了自己的努力。如果他们能将看似非常远大的长期目标进行分解，把一个庞然大物变成一个个容易实现的小目标，最终目标的达成便不是那么遥不可及。职业目标的分解要求学生把总目标细化为阶段性目标，同时根据阶段性目标来制定阶段性规划内容。短期目标通常是指在大学学校内的1~3年的目标。

短期目标应具备可操作性，明确规定具体的完成时间，对短期目标要有把握实现，应当服从于中期目标和长期目标。短期目标应以学期为单位，保证能够较好地完成，为实现中期目标、长期目标奠定良好的基础。中期目标一般定在毕业后的3~5年，它相对于长期目标来说要具体一些。例如，参加一些培训辅导班，提高个人技术水平，并考取一定的等级证等。

中期目标应与长期目标保持一致，结合自己的志向和行业的发展状况来确定对应对目标实现的可能性做出评估；有比较明确的时间范围，并有可做适当调整的内容。

长期目标是参加工作后至少5年以上的目标，它往往比较宽泛，只是为职业生涯设计出一个大致的轮廓而已。长期目标可能随着企业内、外部环境的改变而发生变化。

分解后的目标应符合长期目标，具有综合反映的功能，操作性强，对个人成长有重要的意义。目标分解要有层次性，使个体可以通过对各层次、各阶段目标的实施与控制来保证长期目标的有效实现。

三、职业选择

职业选择的标准不在于职业本身的好坏，而在于选择的职业是否适合自己。职业选择时应做到个人特质与职业相吻合、职业期望与职业相吻合、自身能力素质与职业需求相吻合。

（一）个人特质与职业相吻合

每个人都有自己独特的人格特征与能力特点，并且在社会中总存在着某种职业与其特质相对应。因此，人的个性特质与职业性质必定能够取得一致性。在实际工作中，最理想的职业选择应该是建立在个人特质与职业要素最匹配的基础上的。个体可以根据霍兰德的职业倾向测试和MBTI职业性格类型测试找出自己的特质，据此找到与个人特质相吻合的职业种类。

1. 霍兰德职业倾向测试

美国职业指导专家约翰·霍兰德教授认为，职业选择是个人人格在工作世界的表露和延伸，即人们在工作选择和经验中表达自己的个人兴趣和价值。"人格类型论"是霍兰德于20世纪60年代创立的，是人格与职业类型相匹配的理论。职业选择是个人人格的一种延伸，从事同一种职业的人有着相似的人格，所以他们对各种问题所做出的反应也大体相同，因此能够塑造出特有的人际环境。个人对职业的满意度、职业的稳定性与成就感都由个人的人格与职业特性之间的适配性决定。

大学生在选择职业时，要充分考虑到自身的特点，做出适合自己的职业领域选择。要选择职业，首先要了解职业，了解职业的工作内容、知识要求、技能要求、性格要求、工作环境等；其次要了解自己的职业兴趣、能力和价值观等特质，这样才能做出科学的分析，找到与个人特质相匹配的职业。大学生可以通过霍兰德职业倾向测试来分析自己的职业兴趣，根据测试结果来确定自己的职业发展方向。

"人格类型论"认为，大多数人的人格分为六大类型，即社会型（S）、管理型（E）、艺术型（A）、常规型（C）、研究型（I）和现实型（R），如表6-1所示。不同的工作适合不同人格类型的人去做。只有认清自己的人格属性，才能确定自己适合做什么工作。

表 6 – 1 人格类型论

类型名称	类型解释
社会型	为人热情，偏好与人交流沟通，人际关系好，乐于助人，喜欢参与解决大家共同关心的社会问题，渴望发挥自己的社会作用，比较看重社会义务和社会道德
管理型	乐观主动，激情外露，好发表意见，有管理才能
艺术型	主观感性，思维跳跃，创造力丰富，感情丰富
常规型	符合常规，内敛稳健，忠实可靠，情绪稳定，缺乏创造力，遵守秩序
研究型	擅长符号与智慧，思维缜密，善于分析，喜欢创新
现实型	讲究务实，规范操作，做事踏实，为人安分，不善于社交

霍兰德认为，社会的职业可以归为上述六种类型，相应地会有六种不同类型的人去从事这些职业。职业者如果选择的职业环境与职业兴趣相一致，他就能达到工作的最佳状态，其才能与积极性才会得到高水平的发挥。大多数人实际上都并非只有一种职业性向，如果他具有的两种职业性向是紧挨着的，那么他将会很容易选定这种职业；如果他的职业性向是相互对立的，这时多种兴趣将会驱使他在多种不同的职业之间进行选择，于是，他在进行职业选择时就会犹豫不定。大学生在做职业生涯规划时，应对自己的兴趣做客观分析，尽量做到职业生涯规划与自身的兴趣爱好相结合，做到理性择业，寻求职业与个体的理想契合点。

2. MBTI 职业性格类型测试

MBTI 全称为 Myers – Briggs Type Indicator（人格类型量表），是由美国心理学家凯瑟琳·库克·布里格斯（Katherine Cook Briggs）和她的女儿心理学家伊莎贝尔·布里格斯·迈尔斯（Isabel Briggs Myers）根据荣格的心理类型理论以及她们关于性格差异的长期观察和研究而形成的，用于衡量人们在搜集信息、制定决策、日常生活等方面的性格类型。它是目前全球最著名和权威的性格测试理论。

每个人的性格特点对其事业的成功与否都有着重大的影响。选择适合自己性格类型的职业，在工作中就会得心应手；如果选择不适合自己性格的职业，则会感到力不从心。在心理学理论中，人的性格可分为内倾型、外倾型和混合型三种。其中，内倾型的人比较适合从事有固定内容的、稳定的、不需要与人过多地交往接触的职业；外倾型的人则适合从事能够与外部人员有广泛接触机会、能充分发挥自己社会交往能力的职业。

MBTI 将人的性格分为四个维度，每个维度中有两个相互对立的极。维度是相对独立的，极总是两两相对的。它们在同一个维度中表现出两个相反的方面。MBTI 职业性格类型的具体内容如表 6 – 2 所示。

表 6 – 2 MBTI 职业性格类型的具体内容

维度	相互对立的极	描述
注意力集中之处	外向（E）Extraversion	注重外在世界，因注意外在事情而获得动力
	内向（I）Introversion	注重内心世界，因反省、感觉和意念而获得动力

续表

维度	相互对立的极	描述
获取信息的方式	感觉（S）Sensing	使用五官收集资料，强调事实，注重实际和具体观点
	直觉（I）Intuition	注重事物的可能性与关联性，看重事物的发展趋势
决策的方式	思考（T）Thinking	根据客观事实，倚重分析来做决定，注重公平原则
	情绪（F）Feeling	做决定时，从个人观点出发，重视个人价值、喜好和原则
对待外界和处世的方式	判断（J）Judging	喜欢有条理的生活，实践计划时以目标为本
	知觉（P）Perceiving	不介意突发事情，喜欢弹性生活，注重过程而非目标

以上四个维度八个极通过排列组合共形成 16 种性格类型。例如，性格类型为 ISTP，表示内向、感觉、思考、知觉型的性格。在这 16 种性格类型中，每种性格类型都存在着自己的优点与不足。MBTI 职业性格类型测试就是用于探讨各种性格类型与相关职业的匹配程度的。大学生在选择职业时，要考虑自己的性格特点，充分发挥性格的优势，扬长避短。

（二）职业期望与职业相吻合

职业期望是个体对某种职业的渴求和向往，是个体对自己将要从事的工作的薪资、职业声望和工作环境等的期望。职业期望属于个体倾向性的范畴，是个人职业价值观的外部体现。在职业选择时，大多数大学生都希望所从事的工作符合自身的职业倾向。

每个人都有不同的职业期望，一些来自农村的大学生在选择职业时最期待的就是稳定、高收入、声望高的工作岗位，而有的大学生追求技术型职位、独立自主型职位，还有的大学生渴望拥有更大的职业发展平台。职业期望与职业的吻合度能够反映大学生的就业质量和职业匹配度。大学生都是抱着一定的职业期望来选择职业的，都希望借助于企业单位来满足自己物质和精神上的多层次需要。为了使自己的职业期望能够与职业很好地吻合，大学生应当及早地了解不同用人单位的用人标准，树立合理的职业期望，协调好自我价值实现与满足社会需求的平衡，必要时调整好个人的职业期望值，实现个人意愿与社会需要的统一。

（三）自身能力素质与职业需求相吻合

能力素质是在工作中可以观察到的、与工作中突出表现直接相关的、相对稳定的个人特征，是个体在工作岗位上所做贡献的具体本领。任何一种职业都需要一定的能力，不同职业有不同的能力要求。个人选择的职业应与自己的能力相符合，要根据自己的优势和特长去选择适合自己的行业和岗位。能力特长对职业的选择起着筛选作用，是事业成功的重要保证。如果不顾自身能力，盲目追求高收入、高地位的工作，盲目择业，可能会因自身的能力有限而难以胜任岗位工作。能力素质也可以被理解为个体潜在的被雇佣能力，是从业者从事职业活动与实现职业发展的多种能力的综合，即在职业方面的知识和技能，以及他们的劳动力市场价值。个人的能力素质包括以下三个方面：其一，基本能力，包括沟通、信息交流、数学推理、思考和解决问题；其二，个人管理技能，包括积极的态度和行为、责任心、适应能力、持续学习和安全工作；其三，团队技能，包括与他人协作、项目管理、执行任务等。

不同的职业要求个体具有不同的职业素质，不同的人从事相同的职业所需的职业素质有时也不相同，这是职业素质与个体能力素质的区别造成的。

职业能力不是简单的职业知识与职业技能的叠加，它是在掌握专业知识和职业技能的基础上，通过实际运用和迁移，与其他一般能力整合而成的。大学生应在思想上认清自己的优势和特长是什么，有哪些突出的能力，根据自己的真才实学和能力特长进行职业生涯规划。

四、职业生涯的具体规划

职业生涯规划是指把具体的、有时间限制的、可量化的目标细化为计划，从而制定相应的具有策略性的规划。

（一）目标实现的时间规划

职业目标实现的时间规划就是要围绕已确定好的职业目标，确定要做的事情、不做的事情及如何做好的计划，再加上完成时间的约定。

时间规划要设定先后次序，事情要有轻重之分，重点是要做好重要的事情，不做不相干的事情。重要的事情要优先去做。做到规划中的每天、每个阶段都过得非常有意义、有价值。制定时间规划还应结合自身的情况和职业环境状况划分不同的时间阶段（如短期、中期或长期）及不同内容（如工作、学习、生活等）的实施规划。

大学是大学生个人发展最好的黄金阶段，每个大学生都有足够的自由时间。大学阶段的学业规划是学生在认知自我、了解社会的基础上，从自身实际出发，确定职业发展方向，制定大学学习各年级阶段的目标和总体目标，拟定实现目标的步骤和具体的实施方法。

（二）资格证书的获取计划

随着我国经济的不断发展，国家明确了对劳动用工的规范，实施了职业资格准入制度，使职业资格证受到了与学历证书同样的重视。经职业资格考试合格的人员，国家会授予其相应的职业资格证书。

考取职业资格证书，一方面可以缓解就业压力；另一方面可以提高学生的就业质量。大学生考取职业资格证书以后要找到专业比较对口、待遇相对较高的工作都比较容易。现在用人单位对人才的需求强调实践能力，而考取职业资格证书便成为一种行之有效的办法。考取了职业资格证书的应聘者可以更好地满足用人单位的需要。

国家职业资格证书认证体系的建设，为大学生与企业之间架起了专业与职业相互衔接的"桥梁"，实现了高学历层次向宽泛的职业资格体系的拓展。通过必要的培训、考核，拿到相应的职业资格证书，大学生便可以在自己专业的"高学历"平台上拓展与本专业相关的职业，为自己找到职业发展的支撑点，借此走上事业发展之路。

（三）职业发展的路线规划

世界上没有两片完全相同的树叶，也没有两个完全相同的人。一个人要想成才，就要选择一条适合自己职业发展的路线。每个人都是独立的个体，有着鲜明的个性特征。因此，每个人的职业发展路线是完全不一样的。选择职业生涯路线应把握四条原则：择己所爱、择己所能、择世所需和择己所利。也就是说，要注意社会需要、个人兴趣、工作能力和发展机遇之间的平衡。

第四节　学会时间管理

人类到目前为止还无法解释时间到底是什么。有人认为时间是永恒的、不变的，有人认为时间是瞬息的、飞逝的。有人认为时间是物质的，有人认为时间是精神的。从哲学上看，时间这个概念可能超越了我们人类能够把握的极限，但人们却能感受和描述种种时间现象，在本节中我们不做严谨的科学意义上的时间概念探讨，只探讨时间的管理意义和时间对我们自身生命的意义。

一、时间管理概述

（一）时间管理的含义

时间管理作为概念是指为了达到相应的目的，应用可靠的工作技巧，引导并安排管理自己及他人的生活，合理有效地利用可以支配的时间。要理解时间管理的内涵，值得注意的是如下几点。

1. 时间管理除了决定该做些什么事情之外，还要决定什么事情不应该做

时间因为事件的不同而变得意义不同。时间本身不能够被管理，时间管理说到底是对单位时间内事件的管理，时间管理的关键就是事件的控制，即把每一件事情都能够控制得很好。事件分为两类：一类是能够控制的事件，特征是与个人密切相关，可以因个人的意志和行为而改变。能够控制的事件有很多，如学习、工作、吃饭、穿衣等。另一类是不能够控制的事件，特征是它的产生、发展和消失不以某一个人的意志为转移，不能以个人的意愿选择有还是无。不能够控制的事件大的方面包括自然规律、生命现象、历史规律、社会变革等；小的方面包括社会风俗、法律法规、公司章程、企业文化等。

2. 时间管理不是要把所有事情做完，而是更有效地运用时间

时间管理也不是对时间的完全掌控，而是要提高效率达到目的。时间管理最重要的功能是将事先的规划变为一种提醒与指引。管理自己，就是要管理自己的时间；管理了自己的时

间，有助于发挥更大的生命价值。时间的公平性以及人的主观能动性决定了每个人都可以选择自己要做的事情。选择以及控制事件决定着生活的质量。因此，我们只能在认识和适应不能控制事件的前提下，去选择我们能够控制的事件。然后最大限度地充分利用可控制的那一面，把不可控的因素减到最少，避免在不可控因素上浪费时间。如此区别对待，才能够充分地利用有限的时间，产生最大的效能。

3. 时间管理是有目的的

时间管理的目的就是将时间投入与个人的目标相关的工作达到"三效"，即效果、效率、效能。效果是指确定的期待的结果；效率是指以最小的代价或花费获得更多的结果；效能是指以最小的代价和花费获得最佳的期待结果。反省和检讨效果、效率、效能三个主题，慢慢找到生命中真正的具有人生方向又有价值观的东西。时间管理的意义还在于培养一个人的基本素质。

（二）时间管理理论的历史演进

在时间管理的过程中，人们追求的就是更高的效率、更强的效能、更好的效果。在追求的过程中，人们一直在探索如何节约更多的时间，如何把时间投入最有效率的行为上，这些探索推动了时间管理理论的发展。具体来说，人类时间管理理论探索经历了四个时代。

1. 第一代时间管理理论：备忘录型

第一代时间管理理论着重利用便条与备忘录，在忙碌中调配时间与精力。这种管理方式可以将目标细化，并具有提醒、督促计划执行的作用。对时间已经有了一定的管理概念和管理能力。但是这种理论的缺点在于：没有"优先"的观念。备忘录管理没有严谨的组织架构，比较随意，所以往往会漏掉一些重要事情。忽略了整体性的组织规划，有时候会面临一种好像在应付状况或者在应付一些工作上事情的局面，这是第一代时间管理的缺点。它是积极的，却又是被动的。它是一种良好的习惯，但未必是科学的方法。

2. 第二代时间管理理论：简单计划型

第二代时间管理理论强调运用计划与日程表，这种方式反映出人们已经意识到规划未来的重要性。虽然这一理论使人的自制力和效率都有所提高，能够未雨绸缪，不会随波逐流，但是仍没有注意事情的轻重缓急。

3. 第三代时间管理理论：操之在我型

第三代时间管理理论是目前最流行的，它讲求优先顺序的观念，也就是按照轻重缓急制定短、中、长期目标，逐日订立实现目标的计划。这一理论虽然有了很大的进步，讲究价值观与目标，但也有人提出异议，认为过分强调效率，把时间绷得死死的，反而会产生副作用，使人失去增进感情、满足个人需要的机会；而按计划行事，视野不够广阔，纠缠于急务之中，难免因小失大，降低生活品质。

4. 第四代时间管理理论：使命管理型

第四代时间管理理论在前面三代理论的基础上，进行了兼收并蓄、推陈出新。以原则为中心，配合个人对使命的认知，兼顾重要性与急迫性；注重生命因素的均衡发展；始终把个人精力的焦点放在"重要"的事务上。这一代时间管理理论强调判断"重要"的标准就是目标，这一重要性与目标甚至人生使命息息相关。

第四代时间管理理论的要素与核心是：改变的是思想而不是行为，是一种思维方式的变革。这种时间管理理论强调的是一种人生的远景，而这种人生远景的一个宗旨就是要学习怎么去思考未来，所以它是一种改变，这种改变是一种思想的改变，而不是行为的改变，是一种思维方式的变革。在生活过程当中，每一个决定不是离人生的目标很远，就是离人生的目标很近。所以每一个时刻都在做选择，每一个时刻都在做决定。

（三）时间管理的误区

1. 认为将每天的时间排得满满当当就算是好的时间管理

"时间就是金钱，效率就是生命"，这是一个很可怕的认识误区。中国有很多非常好、非常大的企业，它们的效率非常高，但是最后倒闭了。为什么呢？它们的积压库存太多，做了一大堆的东西卖不出去。所以，在时间管理上，只是强调能不能更快一点、能不能在单位时间里面做更多的事情是不科学的。一天到晚忙忙碌碌，很多事情后知后觉，到底需不需要做，该不该做都不清楚，人变成了时间的奴隶。忙，但未必有效，一次只做一件事情，一个时期只有一个重点。要学会抓住重点，远离琐碎。认真工作、劳逸结合，服务社会的同时，拥有属于自己的时间，享受人生的快乐。时间是大于金钱的。

2. 认为能做完所有事情就算是好的时间管理

工作或学习没有目标，盲目地工作，对为什么做这件事都不明确。或者是为了学习而学习，为了工作而工作，即使有目标也是为了目标而工作，不以追求实际的效益为目的。计划没有目的性，虽然效率高，但是效能不明显。结果会更加忙碌，甚至很可能迷失了方向。这样管理时间的人，他的人生目标和价值取向并不明确，只追求效率，不追求效能，即使有计划也是盲目的，甚至有些计划本身就是在浪费时间。

3. 没有达到目标的步骤，那它只是个空想

目标成为重中之重。以价值为导向，忽略了自然法则，缺乏远见。认为这是生命中最重要的，竭力要得到这些东西，所以在安排上往往会有些疏失，其实价值观未必是自然法则。调整情绪、思路和心理状态，管理是让流程更有效能，而不是无能。

4. 没有一套人性化的操作表格

据统计，一般公司职员每年要把六周时间浪费在寻找乱堆乱放的东西上面。这意味着，每年因不整洁和无条理的习惯，就要损失近20%的时间。要学习、掌握时间管理的各种实用方法与技巧，拥有一套处置各类文件的系统和人性化的操作表格，善于积累实战经验，善于借助各种资源，科学和有规律地利用时间。否则就会天马行空、降低效率。

案例分析

为了解释有效的时间管理对于职业生涯的重要性，老师在桌子上放了一个装水的罐子，然后装进鹅卵石，问他的学生："这罐子是不是满的？"

"是！"学生回答说。

老师又拿出一袋碎石子，从罐口倒进去，问："这罐子现在是不是满的？"学生沉默。

老师又从桌下拿出一袋沙子倒进罐子里，再问学生："这个罐子是满的吗？"

"好像满了。"同学回答说。

老师又从桌底下拿出一大瓶水，把水倒在看起来已经填满了的罐子里……

分析：只要合理安排时间，时间总是有的。无论我们的工作多忙，行程排得多满，如果合理安排先后顺序，分清轻重缓急，在有限的时间内，总是能挤出许多做事的时间，这就是一种工作中的时间管理艺术。

二、大学生时间管理策略

（一）大学生时间管理的状况

1. 大学生时间管理的现状

①大学生的时间观念较好，但在客观上浪费时间的现象普遍存在；②大学生时间管理满意度低，普遍缺乏对自身时间管理的信心，实施困难；③缺少对时间管理的反思和总结，对自己的时间安排情况很模糊；④大学生时间安排不合理，已经严重影响学生生活和身体健康。

2. 可能的原因

（1）主观因素（可控因素）。

①没有完全适应大学的生活；②缺乏时间计划、没有目标；③自制力不够，自我懈怠；④社会工作过多，挤占了学习的时间。

（2）客观因素（不可控因素）。

①学校上课时间不合理；②大环境的影响、周围同学的影响等。

3. 大学生需要加强现代时间观念的学习

①守时的观念；②效率的观念；③有效能的观念。

（二）大学生时间管理的方法

1. 优先顺序法

优先顺序就是决定哪件事情必须先做，哪件事情只能摆在第二位，哪些事情可以延缓处理，即要有意识地设定明确的时间顺序，以便依照这个顺序处理计划里的任务。

2. 重要目标法

实际上每个人的角色不同，在当时的状况之下设定目标，应以每一次能够最完美地完成目标为原则，这样在计划周期结束时，每个人至少都处理了重要事情。时间管理的重要意义在于能经常以20%的付出取得80%的成果，最后的结果占了80%的大部分。因此，在大学生活中，应该把十分重要的项目挑选出来，专心致志地去完成，即把时间用在更有意义的事情上。

3. 日计划法

日计划就是每天要花一些时间规划自己的活动。如果曾经做过计划，付诸行动的就是个人度过的每一天。无论选择何时都可以写下当天的工作，即使日计划仅能成为一个有效快速的过程（工具表单）。

4. 记、问、思、查

可以这么说，检讨是成功之母。每一天你都要去检讨：你今天所做的每一件事情，在学习、工作上，在家庭上，在人际关系、身体健康上等，有没有离你的目标更近？大学生可以通过"记、问、思、查"的方法，养成一个良好的时间管理习惯。

> **知识链接**

大学生如何科学管理时间

行动是内在世界和外在世界之间的"桥梁"，恐惧、怀疑和忧虑，是大大阻碍我们成功和快乐的几项重大因素……如果你只愿意做轻松的事，人生就会困难重重。但如果你愿意做困难的事，那么人生就会变得轻松。

所以，想要真正提升大学四年的学习效率，兼顾学业、社团、学生会等多样生活，必须做看起来不那么轻松的事——个人时间管理。

那么，大学生该如何做个人时间管理呢？

一、遵循"要事优先"原则，分清轻重缓急

要事优先，就是把最重要的事放在第一位，当知道什么是重点之后，要时刻把重点放在第一位，以免被感觉、情绪或冲动所左右。也就是说，要事优先是最重要的事情最先做，即使有分散注意力的、打乱计划的事情出现，也应通过对比的方式来判断事件 A 和 B 的重要性，确保下一步行动的有效性与正确性，主动拒绝不重要也不紧急的事项，保证要事优先完成。

二、遵循 SMART 原则，早计划、午追踪、晚复盘，进行"时间评估"

SMART 原则，即在做计划时要做到具体的（Specific）、可衡量的（Measurable）、可实现的（Attainable）、相关的（Relevant）、时限性的（Time－based）。

早计划，即每天早晨把今天要做的事列出来。在列的时候，估计每件要事花费的预计用时、截止时间以及实际用时。

午追踪，即每天中午12点对早计划中的要事完成度进行追踪。比如，以2024年3月15日为例，学习上的今日要事是上午上三节课，截止时间是上午11点，那在中午12点时，本件要事完成度即100%。

晚复盘，即在每天结束时，用 SMART 原则对今天进行反思总结。这样就可以清楚知道今日时间投入以及具体产出，且能明确下一步计划和行动方向，提升对时间的掌控感。

三、将日计划纳入周计划和月计划，构建"日—周—月—年"时间闭环体系

以前面的日计划为模板，我们可以制定周计划、月计划以及年度计划的模板。遵循要事优先原则，围绕大学生的日常专业学习、社交链接、休闲娱乐等方面做计划。这样，当我们有了明确的年度计划和月度计划时，我们所过的每一天其实都在为最终的"大目标"进行努力。而正是因为每一日的清晰计划和踏实行动，那些一开始看起来遥不可及、无法实现的目标，最终真的实现了。这便是时间管理的魔力。

时间管理，可以解决困扰我们的很多问题。它之所以有效，是因为它可以让你时刻认识到，你在想要改进的生活领域采取了哪些行动。你会对记录觉察到的一切感到惊讶。当我们把时间分给睡眠，分给书籍，分给运动，分给花鸟树木和山川湖海，分给你对这个世界的热爱，你会感受到平淡生活中喷涌而出的平静的力量，至于那些焦虑与不安，自然烟消云散。

当你受到某个卓越目标、非同寻常的项目的激励，你的思想将冲破一切束缚。你的心智将超越一切限制，你的良知会向各方扩展。你会发现自己进入了一个全新的、卓越而美妙的世界。未来，是现在某个因素的展开。从现在开始，用时间管理，经营好自己的现在，等待未来向我们飞奔而来吧！

课堂活动

六个岛屿的选择：霍兰德职业兴趣测试

著名的生涯辅导理论家霍兰德（Holland）自 20 世纪 70 年代以来，提出了一系列的研究假设。他认为大多数人的职业兴趣可以归纳为六种类型：即现实型（R）、研究型（I）、艺术型（A）、社会型（S）、企业型（E）和常规型（C）。他认为个人的职业兴趣往往是多方面的，很少只是集中在某一种类型上。大家可能或多或少地具备所有六种兴趣，只是偏好程度不同。因此，为了比较全面地描绘个人的职业兴趣，通常用最强的三种兴趣的字母代码来表示一个人的兴趣，这个代码就称为"霍兰德代码（Holland Code）"。下面就让我们通过简单的测验，来了解自己的职业兴趣代码吧！

假如你获得了一次免费度假游的机会，可以去下列六个岛屿中的三个。唯一的要求是你必须在这个岛上待满至少半年的时间。请不要考虑其他因素，仅凭自己的兴趣依次挑出你最想去的三个岛屿。

A 岛——"美丽浪漫岛"

岛上充满了美术馆、音乐厅，街头雕塑和街边艺人，弥漫着浓厚的艺术文化气息。当地的居民很有艺术、创新和直觉能力，他们保留了传统的舞蹈、音乐与绘画，许多文艺界的朋友都喜欢来这里找寻灵感。

C 岛——"现代井然岛"

岛上建筑十分现代化，是进步的都市形态，以完善的户政管理、地政管理、金融管理见长。岛民个性冷静保守，处事有条不紊，善于组织规划，细心高效。

E 岛——"显赫富庶岛"

岛上的居民善于企业经营和贸易，能言善道，以口才见长。岛上的经济高度发展，处处是高级饭店、俱乐部、高尔夫球场。来往者多是企业家、经理人、政治家、律师等，曾数次在这里召开财富论坛和其他行业巅峰会议。

I 岛——"深思冥想岛"

岛上人迹较少，建筑物多僻处一隅，平畴绿野，适合夜观星象。岛上有多处天文馆、科技博览馆以及科学图书馆等。岛上居民喜好观察、学习、探究、分析，崇尚和追求真知，常有机会和来自各地的哲学家、科学家、心理学家等交换心得。

R 岛——"自然原始岛"

这是个自然生态优良的绿色之岛。岛上不仅保留有热带雨林等原始生态系统，而且建立了相当规模的植物园、动物园、水族馆。岛民以手工制造见长，他们自己种植花果，栽培蔬菜，修缮房屋，打造器物，制作工具。

S 岛——"温暖友善岛"

这个岛的岛民们都性情温和，乐于助人，人际关系十分友善。大家互助合作，重视教育后代。每个社区都能自成一个密切互动的服务网络，处处充满着人文关怀气息。

测试分析：ACEIRS 这六个岛事实上分别代表了六种职业类型，依次选出的最想去的三个岛屿的代码，组合起来即为个人职业兴趣代码。其结果如下。

艺术型：A

共同特点：有创造力，乐于创造新颖、与众不同的成果，渴望表现自己的个性，实现自身的价值。做事理想化，追求完美，不重实际。具有一定的艺术才能和个性。善于表达、怀旧、心态较为复杂。

典型职业：喜欢的工作要求具备艺术修养、创造力、表达能力和直觉，并将其用于语言、行为、声音、颜色，以及形式的审美、思索和感受，具备相应的能力。不善于事务性工作。如艺术方面（演员、导演、艺术设计师、雕刻家、建筑师、摄影家、广告制作人），音乐方面（歌唱家、作曲家、乐队指挥），文学方面（小说家、诗人、剧作家）。

社会型：S

共同特征：喜欢与人交往、不断结交新的朋友、善言谈、愿意教导别人。关心社会问题、渴望发挥自己的社会作用。寻求广泛的人际关系，比较看重社会义务和社会道德。

典型职业：喜欢要求与人打交道的工作，能够不断结交新的朋友，从事提供信息、启迪、帮助、培训、开发或治疗等事务，并具备相应能力。如教育工作者（教师、教育行政人员），社会工作者（咨询人员、公关人员）。

企业型：E

共同特征：追求权力、权威和物质财富，具有领导才能。喜欢竞争、敢冒风险、有野心、抱负。为人务实，习惯以利益得失、权力、地位、金钱等来衡量做事的价值，做事有较强的目的性。

典型职业：喜欢要求具备经营、管理、劝服、监督和领导才能，以实现机构、政治、社会及经济目标的工作，并具备相应的能力。如项目经理、销售人员、营销管理人员、政府官员、企业领导、法官、律师。

常规型：C

共同特点：尊重权威和规章制度，喜欢按计划办事，细心、有条理，习惯接受他人的指挥和领导，自己不谋求领导职务。喜欢关注实际和细节情况，通常较为谨慎和保守，缺乏创造性，不喜欢冒险和竞争，富有自我牺牲精神。

典型职业：喜欢要求注意细节、精确度、有系统、有条理的工作，适合记录、归档、根据特定要求或程序组织数据和文字信息的职业，并具备相应能力。如秘书、办公室人员、记事员、会计、行政助理、图书馆管理员、出纳员、打字员、投资分析员。

现实型：R

共同特点：愿意使用工具从事操作性工作，动手能力强，做事手脚灵活，动作协调。偏好于具体任务，不善言辞，做事保守，较为谦虚。缺乏社交能力，通常喜欢独立做事。

典型职业：喜欢使用工具、机器，需要基本操作技能的工作。对要求具备机械方面才能、体力，或从事与物件、机器、工具、运动器材、植物、动物相关的职业有兴趣，并具备相应能力。如技术性职业（计算机硬件人员、摄影师、制图员、机械装配工），技能性职业（木匠、厨师、技工、修理工、农民、一般劳动）。

研究型：I

共同特点：思想家而非实干家，抽象思维能力强，求知欲强，肯动脑，善思考，不愿动手。喜欢独立的和富有创造性的工作。知识渊博，有学识才能，不善于领导他人。考虑问题理性，做事喜欢精确，喜欢逻辑分析和推理，不断探讨未知的领域。

典型职业：喜欢智力的、抽象的、分析的、独立的定向任务，要求具备智力或分析才能，并将其用于观察、估测、衡量、形成理论、最终解决问题的工作，并具备相应的能力。如科学研究人员、教师、工程师、电脑编程人员、医生、系统分析员。

思考与练习

1. 结合实例谈谈影响个人职业生涯的因素有哪些。
2. 谈谈你现在所处的人生阶段的任务、需求和特点分别是什么。
3. 如何理解大学阶段是人生的"定性阶段"？
4. 怎样才能找到自己的人生目标？
5. 小华毕业后到一家建筑公司工作。刚开始，由于工作不熟练，领导安排的工作没有做好，领导批评了他，他受不了，于是离开了这家公司，失掉了这份工作。请分析小华失去这份工作的原因，以及他怎样才能适应社会、融入社会。

第七章　大学生学习心理

知识导图

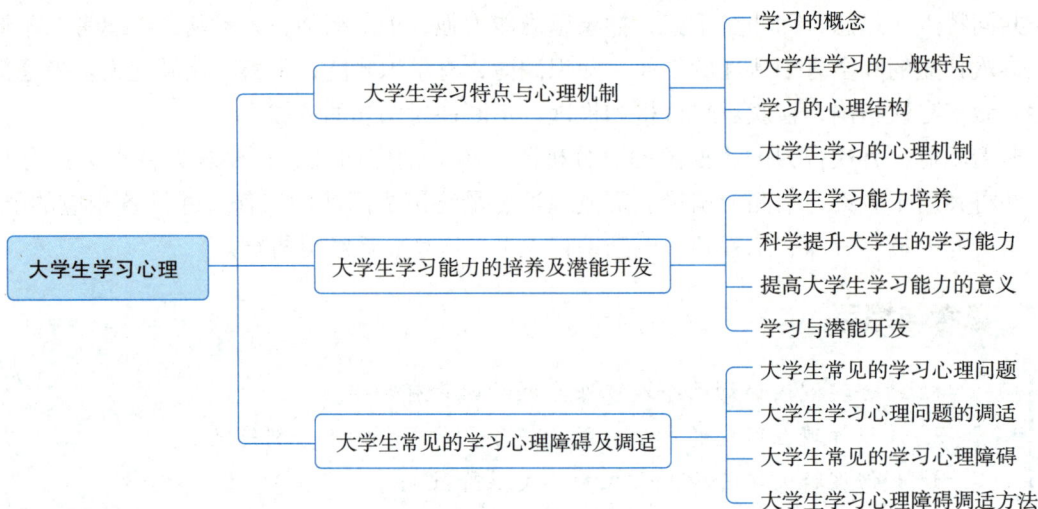

大学生学习心理
- 大学生学习特点与心理机制
  - 学习的概念
  - 大学生学习的一般特点
  - 学习的心理结构
  - 大学生学习的心理机制
- 大学生学习能力的培养及潜能开发
  - 大学生学习能力培养
  - 科学提升大学生的学习能力
  - 提高大学生学习能力的意义
  - 学习与潜能开发
- 大学生常见的学习心理障碍及调适
  - 大学生常见的学习心理问题
  - 大学生学习心理问题的调适
  - 大学生常见的学习心理障碍
  - 大学生学习心理障碍调适方法

案例导入。

学习的本质

　　著名的美籍华裔物理学家李政道教授曾于 1984 年 5 月 4 日访问中国科技大学，在其与少年班的同学座谈时说道："开始，只是考一个人的记忆力，考的是运算技巧。这不是学习的重点，学习的重点是培养能力。"当时李教授问："你们谁是上海来的学生？""我是。"一个少年大学生回答。"你对上海的马路熟悉吗？""差不多都熟悉。""那好。我再找一个从来没去过上海的同学。"李教授一边说，一边指着另外一个少年大学生，"好，比如你，没去过上海。现在我给你一张上海地图，告诉你，明天考试的内容是画上海地图，要求标出全部主要街道的名称。"然后，李教授又回头对那位上海同学说："不过，并不告诉你，第二天，叫你们俩来画地图。大家说，他们俩，哪一个地图画得好一些？"同学们不约而同地指着那位没去过上海的同学，齐声说："当然是他画得好一些。""大家说得对！"李教授很兴奋，接着说，"他虽然没有去过上海，但是他连街道名称都标得准确无误。不过再过一天，如果把他们都带到上海市中心，并且假定上海市所有的路牌都拿掉了。你们说，他们两个哪一个能从上海市中心走出来？"同学们都笑了，答案是显然的。李教授说："我们搞科学研究，就是在没有路牌的地方走路。只有多走，才能熟悉。你地图虽然画得好，考试可得 100 分，但是你走不出去啊。所以，真正的学习是培养自己在没有'路牌'的地方也可以走路的能力，最后能走出来，这才是学习的本质。"

分析：21 世纪是知识化的社会。在我国，由于历史上就有重视学习的优良传统，再加上当今社会对人才渴望的呼声越来越高，社会各界、各个领域、各个层次的人员都处在不断"充电"、不断进步的学习氛围之中。"才须学也，非学无以广才。"学习真正成为人的生存与适应的根本手段，较强的学习能力和优秀的学习素质是成为人才必不可少的条件。人们都说"活到老，学到老"。从人的成长经历来看，学习确实伴随着每个人的每时每刻。人的成长过程其实就是终身学习的过程。通过学习与思考，我们获得知识；通过学习与交往，我们赢得朋友；通过学习与模仿，我们掌控技能；也只有通过学习，我们才能完善自己，让我们成为被社会所接纳的一员。

第一节　大学生学习特点与心理机制

一、学习的概念

"学习"一词自古就有，《论语》中就有大量对学习的描述，那么，学习是什么？我们应该怎样理解学习一词？

（一）广义的学习

广义的学习定义为因经验而引起的，以生理变化、心理变化适应环境的过程，可以通过行为或行为的潜能变化体现出来。这个定义包括学习的以下三点含义。

（1）学习是一种自觉主动的适应性活动。学习属于心理适应范畴，是一种以心理变化适应复杂环境的过程。

（2）学习可以表现为行为或行为潜能的变化。我们学习大学生心理健康课，老师传授的情绪调节方法并非马上就有用，但在今后有情绪烦恼的时候，则会用老师教过的方法来自我调节。这些现象虽然在外显行为上并没有直接表现出学习的变化，但是行为发生的内在可能性已经具备，也就是说行为的潜能发生了变化。

（3）学习源于直接或间接的经验，具有稳定性。学习引起的行为变化相对可以保持较长时间。比如，即使多年不游泳了，但是只要在水中稍加练习，即可恢复如初。

（二）狭义的学习

狭义的学习是指学生在学校里的学习，它是在教师的指导下，有目的、有计划、有组织、有系统地进行的，是学习的一种特殊形式，它有特定的学习内容和多种多样的方式。本节探讨更多的是狭义的学习。

二、大学生学习的一般特点

（一）学习内容的专业性

大学生是按国家需要而培养的高级专门人才，从一入学就有一个专业定向的问题。因此，专业性是大学学习的一个显著特点，大学生对自己的专业是否有兴趣会直接影响学习热情，并进而影响整个学习面貌。就现实而言，每个人都必须学习自己的专业，但又不能满足于本专业这一狭窄的范围，总想扩大自己的视野。这就产生了一个矛盾：人的精力有限，时间也有限，如何处理好专业与非专业学习的关系。一些同学处理这个问题轻松自如，另一些同学则捡起了这头又丢了那头，结果是忙碌终日换来的却是"捡了芝麻丢了西瓜"。因此，如何正确处理好基础课和专业课之间的关系，是大学学习的一个中心问题。对一个大学生来说，要防止出现两种倾向：第一种倾向是忽视基础知识的学习、基本技能的培养。基础知识，属于基本的、系统的、规律性的知识，具有稳定性，而专业知识是以基础知识为基础的，由基础知识再生的。科学技术发展愈快，基础知识就显得愈重要，科学分支愈细，综合性、渗透性愈强，基础知识的智力价值就愈高。因此，在基础课的学习中，大学生应注意掌握"三基"（基本概念、基本定律、基本方法），并以此为主干形成一个合理的基础知识结构系统，这是非常重要的。第二种倾向是忽视大学学习的专业性。学习目标不集中，精力分散，四面出击，结果是处处出击，处处不得手。或者是在大学阶段出击过晚，专业知识技术没有真正学到手，毕业后很可能造成头三脚踢不开的局面，不适应工作的需要。

（二）学习过程的自主性

大学生学习活动的自主性，主要表现在自觉性和能动性两个方面。大学生的学习虽然也有老师讲课，但是在老师授课之后的理解、消化、巩固等各个环节主要靠学生独立地去完成，这就需要有较强的学习自觉性，而不能像中学生那样由老师布置、检查和督促。另外，大学生对学习的内容有较大的选择性。中学强调升学，学习围绕高考的指挥棒转，学生学习活动主要是由教师和校方安排，学生没有多少选择余地。到了大学，虽然仍有专业的限制，但学生选择的余地很大，教师对大学生的学习内容也不加限制，很多教师还鼓励学生广泛涉猎各类知识。除必修课外，学校还开设了许多选修课，大学生可以根据自己的需要和兴趣有选择地听课、学习。

此外，大学生自由支配的时间较多，有的人用来学习，有的人去打工挣钱，有的人从事自己喜爱的活动，也有的人不知如何利用这些时间。所以，在大学里你会发现，有的人忙得不可开交，有的人闲得难受。这就需要学生充分发挥主观能动性，统筹规划，合理安排自己的学习，选择适合自己的学习方法，以便在有限的时间内获得较高的学习效益，否则就会不得要领，忙乱不堪，或是浪费时间，收效甚微。

（三）学习目标选择的多样性

每个大学生在进入大学后的一定时间内，都会自觉或不自觉地根据自己的兴趣、发展方向、对老师的感情等诸多因素和条件来确定自己学习所要达到的目标。比如，有"学痴"一类的，以高分为目标，考第一名，体现自我价值；又如，现在流行的"考研帮"，把目标投在考研的课程上，英语、政治、专业课自然是他们花精力的课程；还有诸如考公务员之流、实践型之类等。

（四）学习形式的多样性

课堂教学虽然还是大学生学习的主要途径，但已不像中学生那样几乎是唯一的途径了，大学学习已不再是单纯的教与学、讲与背、堆积如山的课后作业了，大学教师通过开展各种形式的讲授，充分调动学生学习的积极性和主动性，如课堂讨论、精彩的辩论赛、写论文、做实验等各种方式的活动。考试也逐渐向口试、论文、开卷、实践操作等方向过渡。除了校内查资料、协助教师科研工作、听各种学术讲座和报告、参加学生会工作等学习形式外，走出校门的社会调查及咨询服务等，也都是大学生学习的重要途径。

（五）学习具有研究和探索的性质

大学生的学习具有研究和探索的性质，这不仅表现在他们完成毕业论文（设计），参加学术报告会、讨论会和学会活动上，还表现在所学课程上。大学生已逐步养成良好的科研习惯，有的还参与了教师的科研项目，或独自进行了一些科研活动，取得了一定的科研成果。

三、学习的心理结构

学习有心理结构包括以下几方面内容。

1. 学习兴趣
学习兴趣是指一个人对学习的一种积极的认知倾向与情绪状态。学生对某一学科有兴趣，就会持续地专心致志地钻研它，从而提高学习效率，否则学生只是被动地被灌输。

2. 学习动机
学习动机是指引起和维持个体的学习行为以满足学习需要的心理倾向，它是推动学生学习的内部动力，在学习过程中具有重要的作用。

3. 学习态度
学习态度是指学习者对待学习活动所表现出来的情感差异，分为积极态度与消极态度两种，学习态度往往决定着学习效果，学习态度是可以改变和培养的。

4. 学习计划
学习计划是指对自己将要完成的学习任务进行详细的计划与安排。学习计划可分为短期、中期和长期学习计划。

5. 学习能力

在现实生活中，我们观察到有人学得很快，有人却学得既慢又辛苦，原因何在？这就是一个人的学习能力的体现，是一个人完成学习任务所表现出的个性心理特征，简单来讲就是在学习中获得信息、筛选信息、应用信息、创造信息的能力。

6. 学习策略

所谓学习策略，就是学习者为了提高学习的效果和效率，有目的、有意识地制订的有关学习过程的复杂方案。

7. 学习习惯

大学生良好的学习习惯是在学习活动中不断总结形成的，包括自主学习的习惯、规划学习的习惯、知识运用的习惯、创新思维的习惯等。

8. 学习的自我评定力

学习者学习中的"事倍功半"现象往往是由于看不到自己所使用的学习方法的不足之处所导致的，因此，要想获得"事半功倍"的学习效果，学习者需要对自己的日常学习情况有意识地进行监控和评价，并及时做出学习方式方法的调整。

四、大学生学习的心理机制

（一）学习动机

大学生的学习是否有效，主要取决于两大因素：一是会不会学；二是愿不愿学。前者属于学习方法与策略，后者便是学习动机问题。根据动机的意义，把学习动机解释为：激发个体进行学习活动、维持已引起的学习活动，并使行为朝向一定学习目标的一种过程或内部心理状态。

学习动机驱动学习，而学习的效果又能产生或增强后续学习的动机。动机有强弱之分，那是不是动机越强，做事情就越容易成功？有的大学生会过度关注调整自己的动机，一直思考自己的动机是过强还是不足，结果却产生了更大的焦虑，其实最佳的状态是因人而异的，它不是一个点而是一段距离，所以只需掌握好自己的节奏，调整好自己的状态即可。

（二）学习兴趣

学习兴趣是一个人学习的内部动机，而且是可以伴随一生的学习驱动力。只有真正学会热爱自己的学业，才有可能在自己的领域中有所建树，并从中获得快乐。而当兴趣的方向不合适的时候，挫败感、对自己的怀疑、无助、抱怨等一系列的负面情绪就会不断地产生。能够喜爱学习，喜爱自己正在做的事情，这本身就是一种能力。

（三）归因

归因是个体对自己或他人行动结果的原因知觉或推断，人是理性动物，具有强烈的理解环境和自身的需要，寻求理解是行为的基本动因。一般认为，对成功和失败的解释会对以后的行为产生重大的影响。

（四）意志力

意志力是心理学中的一个概念，是指一个人自觉地确定目的，并根据目的来支配、调节自己的行动，克服各种困难，从而实现目的的品质。意志是学生学习和将来事业成功的重要心理因素。从某种意义上来说，意志力通常是我们全部的精神生活，而正是这种精神生活引导着我们行为的方方面面。当我们善于运用这一有益的力量时，就会产生决心。人有决心就说明意志力在起作用。人的心理功能或身体器官对决心的服从，克服自己不合理的现实欲望，正说明意志力存在的巨大力量。

（五）学习策略

学习策略是指学习者为了完成一定的学习任务与目标，提高学习效果和效率，有目的、有意识地制订有关学习过程的复杂方案。学习策略的定义充分说明了其功能和作用。根据学习策略覆盖的成分，一些学者将其概括为三种，分别是认知策略，关于如何加工记忆的方法；元认知策略，关于自我计划、自我监察和自我调控的策略；资源管理策略，如何利用资源的策略。

第二节 大学生学习能力的培养及潜能开发

大学生要注重学习能力的培养，逐步形成自己的学习方式、知识结构，克服思维定式，学会自我管理，充分开发自己的潜能。大学的学习是自由、繁重而紧张的，它需要个体生理和心理的相互支持与配合，才能够顺利完成。

一、大学生学习能力培养

（一）增强学习动机

兴趣是一个人积极探究某种事物的心理倾向，这种探究往往伴有满意和愉快的体验。学习兴趣，会引发强烈的求知欲，使学习变成一种内心的满足，而不是一种负担。对某门课程、某个问题有兴趣，就会积极地去进行探究，以此来认知事物的特点和发展变化的规律。当这种探究使学生获得了更深的知识或新的发现时，他们就会有好奇心与求知欲获得满足的愉快体验，而这种愉快的体验会进一步推动他们去进行新的更深层次的探究。所以，兴趣永远是激励学生持续奋进的动力。对大学生来说，学习兴趣与专业兴趣密切相关。发展大学生的学习兴趣，应和发展专业兴趣结合起来，借助兴趣的作用，使大学生把学习活动变成自己的需要，培养强烈的内在学习动力。无论是在工作还是学习中，人们都是期望获得成功的。在学习中有了收获，达到了预想或意想不到的好结果，会给人带来愉快的情绪体验，进而培养学习兴趣，端正学习动机。

（二）学会学习的能力

大学生要学会如何学习，实际上就是大学生要掌握学习策略。学习策略是一系列有目的的活动，是大学生在学习过程中选择、使用、调节和控制学习方法、技能、技巧的操作活动，是能否有效地进行学习的重要因素。《学习的革命》一书中提出了这样的问题："学校应该教什么？""学习怎样学习和学习怎样思考。"即首先要学习人的大脑是怎样工作的，记忆是怎样工作的，人是怎样储存信息、找回信息，将其与其他概念相连并在需要时马上调出的。这是对认知活动的认知，也就是心理学中的"元认知"。

元认知对人的学习活动很重要，对大学生掌握科学的学习方法和获得正确的学习策略，起到至关重要的作用。一个学习成绩差的大学生不可能拥有很多有关学习策略方面的知识，不会有好的学习方法，即其元认知水平低，不能很好地对自己的认知活动进行再思考、再认知和积极的监控。

二、科学提升大学生的学习能力

（一）明确学习目的

人们做任何事情都是有一定目的的，且这个目的是否明确会直接影响到事情的进展，学习也不例外。

学习目的决定了大学生学习什么，怎样学习以及是否能够坚持学习。它既与大学生的主观因素有关，在一定程度上反映了其价值倾向和精神面貌，同时也反映了社会对个人的要求。具体来说，如何明确学习目的，可以从以下两个方面来进行。

1. 树立正确的人生价值观

在当代社会中，新世纪的大学生面临着多元价值观的冲突，光怪陆离的社会现象的交错，形形色色诱惑的干扰，激烈竞争的刺激……社会的大潮时刻冲击着大学生的心灵，过去"两耳不闻窗外事，一心只读圣贤书"的学子们已不再安心于待在"象牙塔"中了。于是，很多大学生积极投身于各种社团活动，尝试各种实践工作等。然而，许多大学生也在这忙碌的奔波中产生了困惑，比如"我学习这些东西真的有用吗？""学业与能力锻炼孰轻孰重？"等问题，其实这些问题的根源就是大学生没有正确认识学习的价值，而对学习价值的认识是个人人生价值观的一部分。换言之，对人生的态度影响着对学习的态度，这就要求大学生树立正确的人生价值观。

正确的人生价值观有助于大学生自觉将个人需要和社会需要结合起来以树立明确、稳定的学习目的。而明确的学习目的也就意味着肯定学习价值，将学习作为个人重要的需要，并通过学习活动实现个人价值。所以说，与个人人生价值观相一致的学习目的才是最有实现可能的目标。只有这样，才能在学习过程中，面对困难不轻言放弃，面对诱惑不迷失方向，面对暂时的成绩不自满骄傲。

2. 激发学习动机，提高学习的自觉性

学习动机总是出于一定学习目的的需要，只有把自己的学习与社会的需要密切地联系起来，看到自己学习的价值，才会产生学习的自觉性。而我国的许多大学生在考上大学之后，失去了过去"为了高考成功"而刻苦学习的动机，暂时脱离了枯燥单调的"苦学"生活，很多人都认为可以松口气了，于是放任自己吃喝玩乐，混日子、混文凭。在不少高校里，不难看到这些"厌学"的大学生。

大学生厌学固然会受许多客观因素的影响，但不可否认的是，他们中的大多数人是由于缺乏内在的学习动机和积极的学习态度，不少大学生心态浮躁、不思进取，缺乏应有的自我约束力。当他们受到外界浮躁思想的影响时，就会进一步失去对学习的兴趣。因此，激发学习动机，也就是要使大学生能够转变思想，树立学习是内在需要的观念，不断发展自己的学习需要和学习兴趣，真正做到愿学、勤学、乐学。

（二）掌握记忆技巧

任何知识的学习都离不开记忆，一个人如果拥有良好的记忆能力，无异于拥有了一个强大的秘密武器。而大学生增强自己的记忆力，提高学习效率的关键就是要运用相关的记忆规律，选择适合自己的记忆方法。

1. 科学地识记

识记是记忆过程中的第一步，是保持、再认和回忆的前提。良好的记忆往往开始于科学地识记。识记的目的是影响识记效果的重要因素。识记目的越明确、越具体，识记效果就越好。因此，在识记前，对自己要识记什么样的知识，这些知识要识记到什么程度等要做到心中有数。否则，东一榔头，西一棒槌，只会白白浪费时间和精力，影响识记的效果。

（1）合理安排识记材料，有目的地进行识记。

人们掌握系统知识主要是靠有意识记。大家或许都有这方面的体验：记得最牢的总是想要记住的东西，也就是我们认为有益处的、有目的和决心要记住的事物。因此，根据识记材料的性质和数量，结合识记目的，对简短的材料计划一次全部识记，对冗长的材料采取综合识记等办法无疑可以提高识记的效果。

（2）充分利用无意识记。

现在的大学教学经常提到趣味学习，即让大学生根据自己的兴趣和爱好，在比较轻松愉快的环境下去获取有关的学科知识，这种新型的教学法就是利用了无意识记。虽然在一般的情况下，有意识记比无意识记的效果要好，但有意识记容易引起学习疲劳。所以，大学生们可以尝试充分利用自己的爱好与兴趣，利用无意识记，在不知不觉中完成识记任务。

（3）在理解的基础上识记。

大学学习的特点之一是既博又精，所以，要想提高大学学习的效率，就必须学会在理解的基础上识记。并且，只有这样才可以全面、准确、迅速地掌握识记的内容，这些都是单纯的"死记硬背"所达不到的。在学习时，不妨学着尝试给要识记的材料编写提纲，将需要记忆的东西分门别类，比如，把识记材料按意义分组，给每个部分列出便于相互连接的小标题等。

（4）适当地运用记忆技术。

运用记忆技术，可以通过辅助工具或人为的联想将一些本身没有意义联系的识记材料赋予意义，或者将零散的材料系统地组织起来，使其与自己已有的知识结构相联系，从而提高记忆效果。主要的记忆技术有口诀法、推算法、比较法、谐音法、定位法、归类法等。例如，在记忆一家燃气公司的送气服务电话时，将公司的电话"5417517"利用谐音法记为："我是要气我要气"。

2. 有效地组织复习

正所谓"温故而知新"，组织识记后的复习可以有效减少遗忘。同时，复习效果的好坏并不机械地取决于复习的次数，而主要在于复习方法的正确性与有效性。

（1）复习要及时。

艾宾浩斯记忆遗忘曲线表明，刚开始时遗忘速度很快，之后逐渐减慢，因此，对于新知识的复习一定要快速、及时。而不少大学生认为，新知识不会立刻就忘掉，所以平时没有及时复习的习惯，一直到旧知识也变成了新知识，才想起来自己已经忘记了。强调及时复习就是要避免出现这样的被动局面。

（2）正确分配复习时间。

复习时间的分配对识记效果有很重要的影响。连续进行的复习一般称为集中复习，而间隔一定时间的复习则称为分散复习。事实证明，相对来说，分散复习比集中复习效果要好。而分散复习时间间隔的长短，也要根据复习内容的性质和数量等来确定，通常来说，刚开始复习时，时间间隔要短些，之后可以加长。

（3）排除前后材料的影响。

在复习时，对于识记内容的序列位置也要注意。对于类似内容的复习尽量不要排在一起。比如，语文、政治、历史等文科的复习尽量不排在一起，可以和理科交叉复习，这有助于复习效率的提高。

3. 培养追忆的能力

追忆是指人们采用一些回忆的方法，并要付出一定意志努力的回忆方法。通过科学的识记和有效的复习，并不意味着我们就拥有了良好的记忆。如果在需要的时候不能够及时地从记忆仓库中提取出来，那么识记的工作也就白费了。很多人有过这样的体验，在回答问题或讲述某一事情的时候，突然一下脑中一片空白，怎么也想不起要说的东西了。这就是心理学上所说的"舌尖效应"。要避免这种情况出现，就有必要培养追忆的能力。

培养追忆能力的目的是让大学生可以及时进入追忆的准备状态，并为追忆指明方向。就好像根据线索搜索罪犯一样，如果没有罪犯的蛛丝马迹，就无从下手。追忆方法一般包括联想追忆、双重提取追忆（即借助表象与语言的双重线索）以及再认追忆等。此外，在追忆的过程中，因为思想高度集中，情绪容易紧张，使原本知道的东西一下子想不起来，遇到这种情况时，就需要利用自己的意志力来克服紧张情绪，排除其对追忆的干扰。这也要求大学生加强对自身意志力的锻炼。

4. 利用外部记忆手段，创造记忆的条件

学会做读书笔记不仅可以更好地保持记忆内容，而且是提高学习效率的有效手段。除了

读书笔记，还有如上课时记课堂笔记，读书时写笔记、记卡片和编提纲，有时还可以用将需要记忆的内容存入计算机等方式来保存所要识记的内容。

知识链接

艾宾浩斯记忆遗忘曲线

自从有了人类之后，记忆便跟随并服务于人们的生活。远古时代，人们为了生存要记住周围的环境，要分辨出哪些动物、植物对人们有害，哪些对人们有益，如何寻找食物，如何应付各种自然灾害。而要把这些经验一代代地传递下去，就需要保存住记忆。同时，增强记忆力，也成了人类生存十分重要的学问，倘若发生什么大灾害，人类自身及所有知识记录惨遭毁灭性打击时，如果氏族首领侥幸存活的话，他们就需要尽一切努力去恢复所有已经失去的知识，所以他们平时要训练增强记忆的能力，把一切圣典记在自己的大脑中。

一直到17世纪，记忆研究几乎都没有什么大的进展。第一个在心理学史上对记忆进行系统实验的是德国著名心理学家艾宾浩斯。他对记忆研究的主要贡献之一是对记忆进行严格数量化的测定；二是对记忆的保持规律做了重要研究，并绘制出了著名的"艾宾浩斯记忆遗忘曲线"，如图7-1所示。他通过研究发现，遗忘在学习之后立即开始，而且遗忘的进程并不是均匀的。最初遗忘速度很快，以后逐渐缓慢。他认为保持和遗忘是时间的函数，并根据他的实验结果绘成描述遗忘进程的曲线，即著名的艾宾浩斯记忆遗忘曲线。

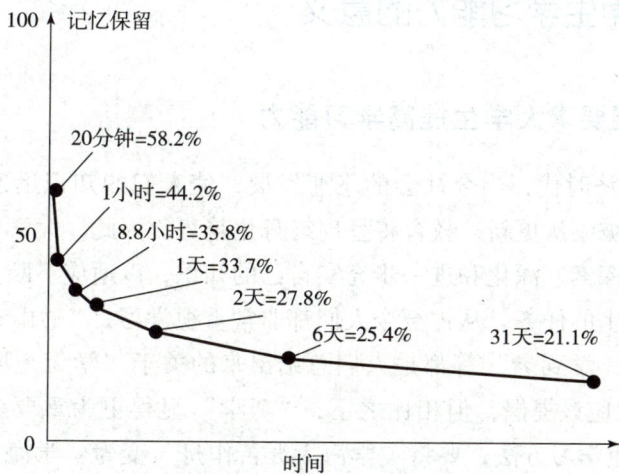

图7-1 艾宾浩斯记忆遗忘曲线图

这条曲线告诉人们在学习中的遗忘是有规律的。遗忘的进程是不均衡的，不是固定的一天丢掉几个，隔天又丢掉几个，而是在记忆的最初阶段遗忘的速度很快，后来逐渐减慢，到了相当长的时间后，几乎就不再遗忘，这就是遗忘的发展规律，即"先快后慢"的趋势。观察这条遗忘曲线，我们发现学得的知识在一天后，如不抓紧复习，就只剩下原来的33.7%。随着时间的推移，遗忘的速度减慢，遗忘的数量也就减少。

艾宾浩斯的实验向我们充分证实了一个道理：学习要勤于复习，而且记忆的理解效果越好，遗忘得就越慢。这对于任何学习材料的记忆都是有效的，可以极大地提高记忆效率，收到事半功倍的记忆效果。

（三）培养良好的学习习惯

学习习惯是指学生在一定情境下自主地进行学习活动的特殊倾向。良好的学习习惯，对于提高大学生学习能力有至关重要的作用。具体来说，培养大学生学习习惯的途径有以下两个方面。

1. 改进学习方法，变被动学习为主动学习

在中学时代，学生主要是在老师指导下被动学习，而大学的学习与中学不一样，大学教师讲课后，余下的许多时间要求大学生自学。因此，大学生应尽快改变学习方法，积极主动地学习。

2. 合理、科学地安排学习时间

在大学阶段，大学生有相对较多的自由时间，要提高学习效率，除了充分利用课堂内的学习时间外，还要对课外的时间做合理的安排。具体来说，大学生可以制订一个学习计划，并在计划中列出时间安排，在计划中也要有间歇休息的时间，注意计划的可行性。其中，还可利用一些"边角时间"来进行学习，如背单词或用来对新学知识进行即时回忆。此外，还应认识到，充足的睡眠、适当的休闲、劳逸结合的学习才能提高学习效率。

三、提高大学生学习能力的意义

（一）时代发展要求大学生提高学习能力

21 世纪是知识经济时代，当今社会的飞速发展，使人们的知识迅速更新，今天接受的新知识到明天就可能被淘汰更新，教育将呈现终身化趋势。因此，大学生要充分抓住自己一生中的各种机会，去探索、深化和进一步充实自己的知识，以适应不断变革的社会。

学习是一个人终生的任务。从古至今人们都非常重视学习，"书山有路勤为径，学海无涯苦作舟""活到老，学到老"等都是人们总结出来的关于"学无止境"的格言。传统的"勤学""苦学"固然应该提倡，但相比之下，"巧学"显得更为重要。一个人的学习不仅要靠"苦"，更要注重学习方法，要将"学海无涯苦作舟"变为"学海无涯巧作舟"。

（二）提高学习能力是大学生成才的需要

在大学阶段，中学时期以教师为主导的教学模式转变成以大学生为主导的自学模式。大学生的自学能力对于其学习成绩有着重要影响。具体来说，大学生的自学能力包括能独立地确定自己的学习目标；能确定自修内容，将自修的内容表达出来与人探讨；能对教师所讲的内容提出质疑；能独立查询有关文献；能够写学术论文、学业报告等。对大学生来说，其应该积极观察、思考、掌握适合自己的学习方法，具备制订学习计划的能力以及自主选择、使用各种教学媒体和教学支持服务的能力等。实际上，大学生自学能力的提高也就是其学习方

法的提高，根据研究表明，学习方法可以推动学习动力的产生。大学生掌握正确的学习方法之后，可以提高学习效率，从而产生成功感，进而激发其学习兴趣和积极性。

在当今时代，要求人们必须掌握高效的学习方法，必须具备搜集、检索知识和信息的各种能力，要知道学什么，知道怎样学，知道到哪里学。要求大学生必须掌握巧妙、高效的学习方法，以提高学习效率。同时，大学生学习能力的培养，也是当今素质教育、创新教育的重要内容。因此，为了自身发展的需要，大学生必须提高自身的学习能力。

四、学习与潜能开发

人的素质是人的自然属性和社会属性的总和，是个体和外界环境相互作用而形成的一种隐含于人身的本领或能力。而人的潜能，一方面指人体内蕴藏有亿万年生命演化形成的极为丰富的肉体和精神力量，另一方面则是指人类千百万年的社会实践和文化成果在人的身心结构中形成的历史积淀。它既是自然进步的结晶，又是社会文化的积淀，马克思称之为"人自身自然中沉睡的潜能"。研究表明，一个人一生中大脑可储存 10 000 000 亿个信息单位的信息，人类对大脑的利用率，一般人仅为 10%，即使杰出的专家学者，也不会超过 30%。也就是说，人脑的潜能资源还有 70%~90% 处于"库存"和"封冻"的潜伏状态。

（一）大学生潜能开发的含义

英国学者托尼·巴赞认为，人类需要认识和开发以下九大潜能：感觉潜能、表达潜能、身心潜能、空间潜能、计算潜能、精神潜能、自我认识潜能、社会潜能、创造潜能。尚在求学阶段的大学生潜能激发有三个层次：第一，调动起学习的积极性，发挥潜能，完成学习任务；第二，在完成学习任务的过程中，认识自我，认识客观世界，增长才干；第三，明白"老师的教是为了不需要教"，进入"自奋其力，自致其知"的境界。达到第三个层次的同学，学习知识、能力提升的效率明显提高，创造性思维活动增强，产生浓厚的解决实际问题或探索科学规律的兴趣，灵感增多，主动克服困难、完成学习任务，创造性人格也得到发展。

（二）常见的潜能开发方法

1. 强度攻击法

强度攻击法是国外潜能研究者提出的一种寻找特长潜能及其灵敏点的方法。具体做法是：小组成员将自己的名字写在纸条上，置于容器内，然后以随机的方式抽出一个名字，被抽中的人就成了被攻击的靶子。他先将自己的性格特点及能力一一列举出来，然后问其他人："你们认为我还有什么长处？还有什么能力没有发挥？"大家便根据这个人的人格、实际具有的能力，以及他为何没有充分发挥这些能力的原因攻击他。结果发现，别人比自己更了解自己的能力，也更了解自己没有充分发挥能力的理由。攻击接近尾声时，大家还要对下面的问题做延伸性想象："假定从现在起，这个人能够将我们所发现的潜能完全发挥，五年后将是怎样的光景呢？"这种方法既可以发现人的多种潜能，也能发现人的特长潜能及其灵敏点。

2. 体验高峰经验

每个人在他的一生中都有成功的喜悦，那成功便是潜能开发的最佳状态，那喜悦被人们称为高峰经验。心理学家马斯洛将高峰经验定义为生活中最奇妙的时刻，也就是生活中最快乐、最欣喜的时刻。体验高峰经验就是再重温成功的喜悦，以激发潜能，完成被认为完不成的任务，攀登无法攀登的高峰。高峰经验的体验就是唤起沉睡的潜能，开发沉睡的潜能。一次成功，可以带来以后的无数次成功，这就要珍惜第一次成功，自觉地运用体验高峰经验的潜能开发方法。

3. 放松和静思

放松和静思是容易被人们忽视的开发潜能的最佳方法之一。人们总以为，只有在紧张的劳动中，才能发挥潜能，其实，研究中外人才史可以发现，灵感的产生不是在紧张的劳动之中，而是在紧张劳动过后的放松情绪之时。

4. 保持健康的心理，良好的心态

保持健康的心理、良好的心态既是潜能开发的前提和保证，又是一种重要的方法。开发潜能，离不开一个健康的心理、良好的心态，没有它，创造思维就不活跃，想象、直觉、联想就不丰富，就难以进行创造性的劳动。

课堂活动

提升大学生的学习能力

1. 实践目的。

提升大学生的学习能力，帮助他们更好地适应大学学习生活，在学习中获得成长和锻炼。

2. 实践过程。

（1）各组大学生将自己的图画粘贴在黑板上，选派一个或两个同学讲述他们在学习中的成功故事。

（2）同学或指导老师提问：①你认为你在学习上成功的最主要原因是什么？②你如果难以回想起大学学习中的成功经历，那么你对大学学习的感受是怎样的？为什么？

（3）组织讨论：①有些大学生不会自主学习，有课就上，没课的时候不知干什么，随波逐流。②有些大学生天天在上课、上自习，但对究竟为了什么而学却是茫然不知，学习只是习惯化了的行为。③有些大学生在学习上花了很多时间，很努力，但看不到学习的成效。④有些大学生对什么都感兴趣，但常常顾了这头顾不了那头，结果两手空空。⑤有些大学生平时不学，临近考试突击作战，考试成了一场惊心动魄的战争。⑥有些大学生对学习漫不经心，对考试随便应付，本来努力了就可以取得好成绩的，结果不尽如人意的成绩常常让他们叹息："早知如此……"

第三节 大学生常见的学习心理障碍及调适

学习是智力活动，也是一个复杂的心理活动，大学生学习的过程就是一个不断调整心理机制以不断挖掘自身潜能的过程。人都有一套内在的帮助其达到目标的制导系统，学习亦是如此。大学学习有着很强的目的性、自主性与选择性，学习不仅是大学生未来事业的基础，更是其成长历程的关键。"活到老，学到老"充分说明学习是一个漫长的过程。在这一过程中，人的内心机制无时无刻不在起着支持调节的作用，应当学会从心理上调整个人和现实的关系，用最好的心理状态、最大的心理潜能去学习新的知识，不断发掘自我宝贵的潜能，度过一个充实而有意义的大学时代。然而在现实生活中，由于种种原因，大学生在学习过程中难免会出现心理问题。

一、大学生常见的学习心理问题

学习心理主要是指大学生学习过程中产生的心理现象及其规律等。在日常教学中，我们往往会发现这样一种现象，一些智商高的大学生，学习与调适平衡成绩一般甚至较差；而一些智商一般的大学生，学习成绩却很好。究其原因，就在于大学生是否能适应大学的学习方法以及心理是否健康等。著名的心理学教授陈学诗说："心理健康的学生，成绩优于心理不健康者；心理健康的成人，其工作效率必胜于心理不健康者。"

面对高深广博的学习内容和复杂多样的学习方式，大学学习是繁重而紧张的。大学生在学业上取得完满的成功是对其智力、心理和身体素质的综合考验。在适应大学学习环境的过程中可能会出现各种各样的问题，大多数学生能顺利解决这些问题，经受住严峻的考验，然而有一部分同学不能正确处理学习问题，于是产生了各种各样的学习心理问题。

（一）大学生学习动机不当

1. 学习动机不当的主要表现

学习动机不当包括学习动机不足和学习动机过强，这两者都会影响大学生的学业自我效能感。学习动机不足的主要表现为：无明确的学习目标，为学习而学习甚至厌倦和逃避学习；学习动机过强的主要表现为：成就动机过强，奖励动机过强，学习强度过大。

2. 学习动机不当的原因

（1）学习动机不足的原因分析。学习动机不足主要是因为学习动机不正确，社会责任感不强，价值观念不强，学习态度不端正，学习毅力不强，对专业不感兴趣，对自我的学业期望不足，学业自我效能感低。

（2）学习动机过强的原因是个体对学业期望过高，自尊心强，对自己的学习能力缺乏恰当的估计，因而造成学业自我效能感下降，心理压力大；渴望学业成功而又担心学业失败，受表面的学业动机的驱使，渴望外在的奖励与肯定，特别是由于学业优秀带来的心理满足使大学生更看重自己的学业优势，因此造成学习强度过大，引起心理疲劳。

（二）大学生学习注意力不集中

注意是心理活动对一定对象的指向，具有指向性、选择性和集中性。注意是人类学习的前提，没有注意，大学生就没有好的学习效果。注意在大学生学习中具有极其重要的意义。

1. 注意力不集中的主要表现

一是上课不能专心听讲，大脑常常开小差，盯着黑板却心猿意马，自己不能控制思维走向；二是易受环境的干扰，教室外的小小动静都能引起注意力的转移，而且长时间不能静心；三是参加活动如体育运动或看一场电影后，久久沉浸在情节的回忆之中。

2. 大学生注意力不集中的主要原因

大学生注意力不集中的主要原因一是由于青年时期发展任务多，导致压力与心理冲突加剧，恋爱、性幻想等更容易引发注意力问题；二是生活事件导致心理应激，如重要地位丧失、考试失败、家庭生活发生重大变故、经济困难、评优失败、失恋、宿舍关系失和等造成的思想负担重，精力分散；三是学习动机不足，学习焦虑过低，缺少压力与紧迫感。

（三）大学生学习的浮躁心理

大学生学习的浮躁心理体现出个体的心境和情绪上的波动，具体表现为行动盲目、缺乏思考和计划、做学问心神不定、缺乏恒心和毅力、见异思迁、急于求成、不能脚踏实地。

1. 大学生浮躁心理的表现

（1）盲目性。

一些大学生在完成学业后选择继续深造，即升本或考研。这本来是件好事。据统计，参加考研的大学生们有一部分并不是为了将来在自己的专业领域有所建树，而是为了找个高薪舒适的工作。其中还有一部分学生是为了逃避激烈的社会竞争，而借口深造来逃避现实的严酷，这部分学生大多家庭条件比较优越，父母有能力供其继续读书。显然，这些学生对学习目标迷茫不清。

现代社会竞争激烈，很多岗位都需要"一专多能"的人才。有些大学生就片面地理解为"一张文凭，多种证书"，在校期间为应付各种证书考试而乐此不疲，这不但干扰了他们在校的正常学习，而且一些证书的"含金量"并不高，也不能代表学生的综合素质水平。盲目的考证现象也反映了当代大学生对前途的担忧及茫然的心态。

（2）急功近利。

应试教育带有很强的功利色彩。从我国现行的高校体制、招生、在校学习、毕业分配等看，除了招生严以外，入学后的学习乃至毕业都是较轻松的。只要进了大学，就像进入了"安全岛"，专业限制了学习范围，学制和各种政策限制了必须完成的学习年限等。这样一来，那些本来就受商品经济负面影响的学生，其学习的功利性更浓，各种消极的学习态度油然而生。一种学生在高考过后就没有了明确的学习目标，进入大学后考90分和60分一样都能顺利过关，就更增加了他们混日子的学习心态。另一种学生在进入大学后，功利心态仍伴随其左右。据调查，当前大学生的主要学习动机是为了得到一个好职业、出人头地、报答父母等，多为涉及个人利益方面的内容，而考虑国家利益、个人与国家关系等方面的内容很少。因此，从整体上看，学习动机的功利性、自我性突出，动机内容的质量偏低。这样急功近利的心理状态，就使一些大学生无法真正静心地钻研学问。

（3）见异思迁。

在改革开放的今天，很少有人能抗拒金钱的诱惑，有人还公开宣称自己是"物质女孩""拜金男孩"等。大学生们也抵挡不住外面精彩世界的诱惑。不少同学炒股票、打工，真正静下心坐冷板凳搞学问的人很少。

由于受一些媒体的误导，许多学生热衷于下海创业。学有所成，创造一番事业当然无可厚非，但实际上许多大学生并没有学有所成，仅靠运气和机会就想取得成功是远远不够的。所以，大学生应努力提高自身的道德修养，在校期间能认真做学问，专心致志，这样在创业期间才能多一分成功的把握。如果连最基本的知识能力和道德修养都不具备，谈何创业！

（4）不求甚解。

大学的学习具有广博精深的特点，这需要大学生不但要认识事物的表面现象和外部联系，还要进一步对信息加以思考、分析、综合、抽象和概括，从而形成概念。浮躁心理使得个体不能集中注意力，不能深入地理解内容。心理浮躁的个体只满足于一般的理解，他们在阅读学习材料时只是走马观花，或是"一目十行"。更有一些同学只是简单地应付考试，考试过后，脑子里依旧空空如也。对于学习内容的不求甚解是浮躁心理的重要表现。

2. 大学生浮躁心理产生的原因

（1）社会与家庭环境的影响。

当今社会是一个高速运行的信息化社会，尤其是随着互联网的快速普及，足不出户就可以了解瞬息万变的社会动态，这为大学生提供了打开眼界的窗口。也正因为如此，许多传统文化也正被现代快餐文化所替代，追求娱乐化与感官化刺激是后者的特点之一，由于很多大学生心理并不完全成熟，不能客观辩证地对某些文化现象加以认真分析，容易盲目追随潮流，滋长浮躁心理。在社会变迁日新月异的形势下，不少家长的心理也处于矛盾状态，甚至无法适应，表现出患得患失、心神不安、急功近利，于是出现急躁的心态，这种心理往往会影响到子女。

（2）意志品质薄弱。

意志品质薄弱在学习中表现为虎头蛇尾，开头干劲十足，但时间长了便无精神，不能长时间地坚持；有的学生则表现为学习兴趣不稳定，朝三暮四，容易转移或消失；学习缺乏恒心和毅力，遇到困难、碰壁几次就灰心丧气，产生厌学或弃学的消极情绪，使学习不能坚持下去。

（3）情绪兴奋，易于波动。

情绪是人对客观事物的态度体验及相应的行为反应，是人的精神活动的主要组成部分。情绪对人的学习活动有着极其重要的作用，对人的行为有着较强的动机作用、适应作用以及信号作用。适当的情绪兴奋，可使人的身心处于活动的最佳状态，进而有效地完成学习任务。如适当的紧张和焦虑能促进人积极地思考和解决问题，而没有一点紧张或过度紧张则不利于问题的解决。情绪过度兴奋或过度消沉对学习行为具有干扰作用。因而，适度控制和调节自我情绪对大学生学习有着重要的作用。

随着认知水平的提高和知识经验的积累，大学生对自己的情绪已有了很强的控制力。但同成年人相比，大学生处于风华正茂之年，年轻气盛，遇到难题、难事容易急躁冲动，沉不住气。这种情绪波动也会影响大学生的学习心理。

（四）大学生学习的畏难心理

学习的畏难心理是指个体在学习的活动过程中遇到一些阻碍和干扰，使得需要难以满足，于是产生了害怕学习的心理。具体表现为学习上一旦遇到挫折，便选择逃避。

1. 畏难心理的主要表现

（1）逃向"外部世界"。

逃向"外部世界"这种情况在大学生中比较常见。有些大学生在学习中受到了挫折，他们往往不从主观上分析原因，而是一改过去的刻苦学习，变为对学习漫不经心，得过且过，同时在娱乐和谈朋友上倾注其精力。大学生逃避与自己成长及发展关系最直接的学习环境而投入其他活动中去，这可能在某个时候有一定的缓解作用，但不能真正消除内心的紧张，因为紧张的心理会以"潜意识"的方式转入另一现实中。

（2）逃向幻想世界。

逃向幻想世界是指有些大学生学习不好，考试失败后，幻想克服困难取得好分数进而走上好的工作岗位的愉快情景，这可能使他们鼓起勇气学好功课，但如果不面对现实，一味沉溺于幻想，会使其最终不能适应学习生活。

（3）逃向病患世界。

逃向病患世界是指有些学生一到要考试时就会生病。他们不自觉地将心理上的困难转换成身体方面的症状，借以逃脱他人对自己学习不好的责备，维护自我的尊严。

学习上的畏难心理还表现为不愿意与人谈起自己的学习情况、降低自己的学习要求、逃课、见到老师就头疼等。

2. 对学习产生畏难心理的原因

对学习产生畏难心理的客观原因是大学的学习课程多、难度大、要求高。大学学习无论在内容的深度还是知识范围的广度上都是高中所不能相比的。这样的学习任务不可能轻松完成。学习难度的增大，是使大学生产生畏难心理的原因之一。

对学习产生畏难心理的主观原因包括大学生个体条件和个体认知。一些大学生由于自身的智力条件不佳或学习方法不当，使他们不能取得好成绩。他们也曾努力过，但是努力的结果并不能给他们带来好的学习成绩，这使他们十分无奈。也有一些大学生之所以产生畏难心理，是由于给自己设立了过高的学习目标。有些大学生好高骛远，他们给自己提出了很高的要求，如拿特等奖、考第一名。然而他们并未充分了解该校大学生的整体水平，也不十分了解奖学金评比的有关规定和要求，主观盲目地给自己制定了过高的目标，其结果当然是实现不了。而失败的结果无疑给他们带来不小的挫折，使他们在学习上产生畏难心理。

（五）大学生学习的焦虑心理

焦虑属于消极、不愉快的情绪，它是一种能减弱人的体力、精力，干扰人的正常活动的情绪体验，使人烦躁不安，类似恐惧，但程度不太强烈。

学习焦虑是指学生由于不能达到预期目标或不能克服障碍，致使自尊心、自信心受挫，或失败感、内疚感增加而形成的一种一般性的不安、担忧和紧张感。

1. 大学生学习焦虑的主要表现

大学生学习焦虑的主要表现如下：学习压力大，精神长期高度紧张，思维迟钝，记忆力下降，注意力涣散，情绪躁动，寝食不安，郁郁寡欢，面无表情，精神恍惚。考试焦虑是大学生中较为常见的学习焦虑之一。它指的是一种特殊的、由整个考试情景所引起的精神紧张状态，并与在测验情景中焦虑倾向的个别差异有关。如出现恶心、心跳加快、双手冒汗、尿频等身体反应；感到考试是一种威胁，而不是挑战；考试时对所学知识回忆困难，很难将注意力集中于试题上等。

2. 大学生学习焦虑产生的原因

形成学习焦虑的原因主要是各种压力，其来源可以归纳为如下几个方面。

（1）学习上的不适应。

许多大学生习惯了中学时代那种被动的学习方式，上大学后，对大学里那种以老师为辅、学生为主的学习方式很不适应。老师讲的不多，大量的书籍、知识需要自己去学习，这对那些自学能力不强的同学来说尤感不适。由于学习方法不得要领，成绩下降很快，因此他们对以后的学习生活和前途感到担心、忧虑，陷入焦虑状态之中。

（2）考试焦虑。

考试焦虑是由于担心考试失败或渴望取得好分数而产生的忧虑、紧张的心理状态，在大学生中较为常见。这种学生由于焦虑情绪较严重，常影响其临考状态，考试成绩反而不好；而成绩不好又使其担心失败、追求好成绩的心理加重，使得在下次考试时，焦虑加重，陷入恶性循环。

（3）对自我及成就的重新认识。

大学生进入大学后，其对自我的评价常受学习成绩和各方面特长的影响。不少同学在中学时是班上甚至学校里的尖子生，到大学后，成绩不突出了，又没有足以让人羡慕的音、体、美等方面的特长，对自我及成就的评估常陷入两难境地。特别是新生，对自己的成绩很不满意，希望能尽快提高成绩，而一旦学习上遇到困难或成绩提高不快，就很容易陷入一种慢性学习焦虑之中，总感到学习的压力和对现状的不安。

（4）专业学习与兴趣的冲突。

有些大学生由于种种原因，所学专业与兴趣不符，在如何处理二者关系时，常有不知所措的感觉。一方面，对专业学习不感兴趣但又不能丢弃；另一方面，把大量的时间花在兴趣较浓的学科上又影响了专业学习。处于这种左右为难之中的同学常会产生焦虑不安的情绪。

（5）性格内向，不擅交往，自我封闭。

性格内向，不擅交往，自我封闭也是部分大学生上网成瘾的原因之一。其表现为希望得到重视，但又十分孤独。同时，对朋友和家庭冷淡，亲社会行为少，心境抑郁，缺乏现实的成就动机，欲寻求外界（网络）的认可，害怕被拒绝，自我封闭。心理专家通过对这些大学生做相应的心理评估后发现，他们的自主需要很高，成就需要和表现欲望较高，而变异需要、内省需要很低，顺从需要极低，在现实生活中常以"退避""自责"和"幻想"等不成熟的方式应付困难和挫折。

（六）大学生的厌学心理

厌学指学生对学习感到厌倦的心理现象。

1. 大学生厌学心理的表现

大学生厌学心理往往表现为学习缺乏积极性、兴趣低落、求知欲缺乏或学习目标"短视"，学习行为懒散、不愿刻苦学习、纪律松散、逃学、考试舞弊等。

目前，很多大学生在学习态度上厌倦情绪明显，且波及面广。通过调查，有半数以上的大学生经常感到学习无趣或厌烦学习，而很少产生这些体验的只占20%左右。在学习行为表现上，厌倦学习过程，但注重"结果"。很多大学生在临近考试时才临时抱佛脚，此时教室里的自习生增多，宿舍里睡懒觉的人明显减少。有的大学生还主动同任课老师拉关系，考试没考好，三番五次往老师家里跑，期盼获得"照顾"，而不是去脚踏实地补习功课。很多大学生更多地表现出追求形式和结果，并不是真正意义上的对学习感兴趣。当前大学生的学习动机中，自我提高动机成了其主要动机，学习成了获取地位、受到尊重、表现自己等获得利益的手段。自我提高动机被过分激发。这种过分激发，一方面，由于过重的期待压力，容易使大学生产生极重的焦虑，从而厌恶学习；另一方面，还会助长功利主义的倾向，使其对学习的社会价值的认识弱化，有碍于正确认识学习的意义，导致对理性精神追求的丧失。

2. 大学生厌学心理产生的原因

（1）客观原因。

现在高校实际教学的目标，较多地注重讲授理论知识，而对教会大学生如何学习、如何思考、如何研究、如何动手操作等重视不够，有相当多的大学生，在经历了大学几年的学习，其独立研究设计或论文水平都很低，学与用分离。

大学生缺乏必要的理论知识和认识方法，其理论修养和个人的政治素质、思想素质及水平明显偏低，不能客观地、辩证地去分析和认识复杂的问题。社会上消极的东西、个人主义的价值观搞乱了一些学生的思想和人生价值标准，使大学生的价值观取向偏向自我，只讲究实惠功利等。表现在学习上，则是学习目标、学习动机"短视"，更多地看眼前、想自己、追求自我利益等。

市场经济所提倡的竞争、优胜劣汰原则，被部分大学生片面地理解为对个人名誉、地位的追求，他们的社会责任感被淡化；伴随着市场经济而派生的拜金主义、享乐主义等，影响了大学生中的一些人，他们崇拜优越、舒适、收入高的生活，热衷于吃喝玩乐，并视之为现代人的生活方式。为了获得这种生活的经济基础，他们将自己的主要心思和精力放到怎样挣钱创收上，学习没有足够的精力，只好对付或应付。时间一长，他们必然会将完成学习任务视作包袱，对学习滋生出厌倦情绪。

大学生们对学习的认识、对学习的态度及一些学习习惯是与基础教育密切相关的。传统的"应试教育"重视暂时的、表面的教育效果，即考试成绩，忽视了学生素质的提高。学生的学习目标更多的是具体的、短期的。这就易使学习者缺乏内在的、持续的激励因素，而在各种因素的干扰下滋生厌倦情绪，也会妨碍和误导学生对学习意义的正确认识。当进入大学后，一下子没有了明确的"应试目标"，也就没有了学习"动力"，这时对学习的厌倦情绪很容易爆发出来。

（2）主观原因。

一是当前大学生的整体素质较低。当前大学生的整体素质水平不高，这表现在他们中的一些人缺乏远大理想和坚定的信念，人生观、价值观过于讲求实际实惠，缺乏认真读书学习的习惯，知识面窄而贫乏，文化素养、个人修养及理论水平等都较低浅，情操情趣的水平等也有限。尽管他们思维活跃、爱思考、易接受新事物，在认识问题时极力以"成熟"者自居，但由于实际水平的限制，常出现头脑发热、走极端、简单化或盲从等现象，这是大学生产生厌学心理的主要原因。二是大学生身心发展不平衡所引起的矛盾。现在的大学生多数是应届高中毕业生，年龄不太大，但这些十七八岁的学生生理发育很好，已趋于成人。加之自我意识的发展也使得他们想以成人自居，特别是经过了高考这种千军万马过独木桥似的竞争，他们自我感觉也良好。由于基础教育偏重于应试教育，不论是学校还是家庭，更多地关心和关注学习成绩与考试分数，而对其认知能力、个性，心理成熟等方面注意较少，因而当前大学生中的一些人，其实际理论知识、文化修养、认知能力及水平等与他们的学习分数并不是完全相符。当他们独立面对具体问题时，特别是面对社会转型时期的一些复杂社会现象及社会问题时，不能客观地、辩证地加以认识和分析，使他们的认识易被局部的、表面的、眼前的现象影响，滋生追求实惠、急功近利的短期行为，或是不知所措、产生困惑，这些都会降低他们的学习兴趣，而在勉强应付中滋长厌学情绪。

二、大学生学习心理问题的调适

不良的学习心理会给大学生带来很多困扰和危害，应采取行之有效的调适措施和方法排解这些不良的心理，从而增强自身的学习能力。

（一）学习动机不当的调适

1. 学习动机不足的自我调适

学习动机不足的自我调适：一是正确认识学习的价值与大学的目标，重新规划学业与人生；二是调整心态，以积极的心态对待学习，特别是学习中遇到的挫折与困难，用自身的意志战胜惰性；三是改进学习方法，提高学习效率与学业自我效能感，提高自我价值与社会价值。

2. 学习动机过强的自我调适

学习动机过强的自我调适：一是正确认识自己的潜质，确立恰当的学业目标与学业期望，调整成就动机，与此同时，脚踏实地，循序渐进，不好高骛远；二是转换表面的学习动机为深层学习动机，淡化外在奖励，特别是学业成就的诱因，正确对待荣誉与学业成绩；三是端正学习态度，树立远大理想，保持旺盛的学习热情并坚持不懈，便会取得预期效果。

（二）注意力不集中的自我调适

（1）学会注意力转移，遇到生活应激事件与挫折，能够尽快从中解脱出来。

（2）适当强化学习动机，保持适当的学习压力与学习焦虑，并进行积极的自我激励与自我暗示。

（3）养成良好的学习习惯与生活习惯，保持旺盛的精力。

（4）选择理想的学习环境，减少与学习无关的活动，并进行适当的自我监控。

（三）学习上浮躁心理的自我调适

1. 要有长远的学习目标

确立学习目标时要注意两点：一是要扬长避短，充分考虑志向的可行性，要兼顾社会需要和自身特点，这样才会增大成功的希望。很多大学生不结合自身的特点，看到社会上什么行业挣大钱，就心血来潮钻研一阵这方面的专业知识。比如，有的同学看到炒股票挣钱快，就想做一名炒股高手；当看到 IT 产业欣欣向荣，又立志做一名网络高手，到最后却一个梦想也没实现。这在很多方面暴露了大学生"短视"的学习心理。学习的原动力更多地来源于认知需要和兴趣。一位著名科学家曾说："如果你搞科研是为了获取诺贝尔奖，那么你可能永远也达不到科学的巅峰。"所以，大学生应该结合自身的优势，认准目标，持之以恒，坚持到底。二是立志要专一，志不在多而在恒，要学会坚持。乒乓球女将张怡宁，很早就定下超越王楠的目标，成为世界乒坛新的强者。结果，她的长远目标使她在雅典奥运会上超越了王楠。

2. 重视培养"思而后行"的习惯

习惯是经过反复练习而形成的较为稳定的行为特征。学习习惯是指学生为达到好的学习效果而形成的一种学习上的自动倾向性。为克服学习上的浮躁心理，大学生要重视培养"思而后行"的习惯。在做事之前要做一个理性的思考，我这样做的意义何在？这样做以后会有什么结果？有没有必要花费精力这样做？如果有，应该采取什么样的方法才能达到最好的学习效果？这样做能使大学生学习目的明确、手段具体、胸有成竹，自然就不会产生浮躁心理了。

3. 有针对性地"磨炼"

我们还可以采取一些措施，有针对性地"磨炼"自己的浮躁心理。如练习书法、学习绘画、弹琴、解乱绳结、下棋等，这些活动都有助于培养耐心和韧性。

4. 自我心理暗示

用自我心理暗示的方法控制自己的浮躁情绪。我们在学习遇到困难时，可以用语言进行自我暗示，如用"不要急，急躁会把事情办坏""不要这山望着那山高，这样会一事无成""欲速则不达""坚持到底就是胜利"等语句鼓励自己克服浮躁心理。坚持不懈地进行这种心理练习，浮躁的心理就会渐渐有所好转。

5. 培养做事有始有终的习惯

俗话说："天下无难事，只怕有心人。""精诚所至，金石为开。"大学生只要脚踏实地、认认真真地静下心来做事，积少成多，聚沙成塔，终将会胜利到达彼岸。

（四）学习上的畏难心理自我调适

1. 正确认识学习上存在的困难

正确认识学习上存在的困难是解决学习问题的关键，而及时有效地解决问题可以防止畏难心理的产生。大学生学习上的困难大多是由学习方法不当造成的。了解大学学习的性质，探索新的适合的学习方法是克服畏难心理的有效途径。

2. 改变不合理的观念

畏难心理与其说是由困难引起的，还不如说是由个体对这些困难的认知引起的。大学生在学习上的畏难心理，也可以是由大学生认知方面的偏差引起的。

有些大学生把学习上的失败看作不该发生的，他们认为大学生活应该是愉快的。大学生在高中阶段大都是学习上的佼佼者，到了大学阶段后学习成绩突然滑坡，这会使他们对自己的学习能力失去信心，于是开始变得害怕学习了；也有些大学生常常以片面的思维方式来看待事物，简单地以个别事件来断言全部生活，一叶障目，不见泰山，一次考试不如人意就认为自己彻底失败，不是读书的料，从而害怕学习；也有些大学生在学习上遇到些小挫折，便把后果想象得很可怕，如将来毕不了业、找不到工作、人生没有前途等。

只有改变不良的认知方式，纠正不合理的观念，才能实事求是地评价学习中出现的各种困难，从困难中看到希望。

3. 勇于实践

为了克服学习上的畏难心理，应该主动地投入学习活动中。最大的恐惧就是恐惧本身。当我们害怕学习的时候，我们反而要去亲近学习。在学习困难的时候，可以从一些简单的学习活动开始，有计划、有步骤地展开学习活动，由易到难，最终把握学习活动。

4. 优化个体自身的人格特质

学习上出现畏难心理也与人格特质有关。性情急躁、心胸狭窄、意志薄弱、缺乏自知之明的人更容易在学习上产生畏难心理。为了克服畏难心理，大学生应主动地培养自己良好的人格特质。乐观自信可以鼓起我们战胜困难的勇气，自强不息可以铺平通往成功的道路。学习的路途是坎坷的，只有坚强不屈、顽强拼搏的人才能走到光辉的尽头。

（五）学习焦虑心理的自我调适

当出现学习焦虑的情况时，应充分发挥自我调适的能力来控制焦虑的程度。具体的做法如下。

1. 进入角色，熟悉生活，提高自身适应能力

在现实生活中，每个人都要随着外界环境的变化不断地调整自己的位置，使自己的需求和发展与社会相一致。这就是说，随着大学环境的变化，要使自己进入"角色"，在新的大学生活中寻找自己的方位，确立最佳位置。此外，培养自信心在大学学习中尤为重要。由于大学是人才云集之处，能人背后有能人，这就不可避免地使学生过去的优势变得不复存在。在现实的变化面前，心理承受能力差的人会产生自卑感，甚至失去学习的信心，在这种情况

下，必须培养自己的自信心。

2. 正确认识和评价个人能力，确立切合自身实际的学习目标

要正确地认识和评价自己的能力，调整自己的抱负水平和期望目标，使之切合自身和客观现实。进入大学，新的理想目标等待自己去确立，这种新目标的确立要根据大学的学习规律，结合自己的实际，并且要进行新的努力。在目标的确定中应该注意使个人目标与社会责任联系起来，把近期目标与长远目标结合起来。很多同学在大学入校后由于成绩相对下降及其他方面表现得相对不突出，往往产生强烈的自卑感，为此感到焦虑不安。在这种情况下，大学生应该首先认识到造成这一情况并非个人因素的影响。"人外有人，山外有山。"一个人不可能永远第一。只有认识到这一点，才能客观评价自己和他人，保持平衡、稳定的心态；确立切合自身实际的学习目标，不急不躁，循序渐进，才能学业有成。

3. 培养积极向上的情绪，正确处理学习与其他活动的关系

焦虑本身就是一种消极的情绪体验。因此，积极向上的健康情绪完全可以抑制或消除学习焦虑。一方面，大学生应学会调节、控制自己的消极情绪，积极参加丰富多彩的文体活动，使学习中的焦虑情绪得到缓解和释放，并从中感受快乐的情绪体验；另一方面，大学生也应学会增加自己积极性情绪体验的方法，劳逸结合，经常对学习新知识保持浓厚而新鲜的兴趣，在学习水平不断提高中体会成功的喜悦。

4. 保持适度的自尊心，降低对胜败的敏感度

作为一名大学生，应该有意识地培养和锻炼自己的心理承受力。保持适度的自尊心，做到"胜不骄、败不馁"，正确对待自己在学习中遇到的困难。只要以坚强的意志勇敢面对学习中的挫折，就会反败为胜，克服焦虑心态。

5. 摸索总结一套适合自己的学习方法，不断提高学习效率

因为大学生的智力、心理以及在高中时所处教育环境的不同，在进入大学后，原来在高中名列前茅的同学，很可能会变得成绩平平。在这种情况下，就需加强心理调节，保持情绪愉快和稳定，探索、掌握切合自己特点的学习方法，不断提高学习效率和学习能力。

6. 预防、消除心理疲劳

劳逸结合是预防心理疲劳的重要措施。学习一段时间，应该休息放松片刻；学习之余，多参加一些文体活动，培养广泛的兴趣和爱好；还要保证充足的睡眠时间，养成科学用脑的习惯。

7. 正确对待考试，提高应试技巧

考试只是老师检验学生对所学知识的掌握情况，并不能完全反映学生的整体素质。大学生一方面要重视考试，另一方面应以轻松的思想看待考试。考试成绩只是某一阶段的学习考核，并不能代表全部，尤其是动手能力。大学生可把握一定的应试技巧，做好考前准备，认真复习，有计划、有安排，做到胸有成竹；临考前应保证充足的睡眠，以清醒的头脑和充沛的体力迎接考试；考试时，先易后难，保持大脑的兴奋程度。

（六）大学生厌学心理的自我调适

1. 重视素质教育

随着现代社会的发展与进步，人才观念也发生了变化。它不再局限于知识水平层次，而更

为重视人的基本素质。因此，加强素质教育，提高学生的文化素养、科学素养、政治及身心素养等整体素质水平，才能培养出能主动适应现代化进程、符合现代化发展需要的高素质人才来。

2. 注重思想道德修养

大学生要不断提高自身修养，树立正确的人生观、价值观。要认识到人的本质性不只在于适应现实，更在于超越现实、改造现实，推动社会不断进步。因此，要树立远大的理想，有对高于现实的理想人格的追求，这是一种更为积极的、适宜的对社会环境的适应。而如果人们的个人价值取向都只注重实惠、指向现实，不仅人类无法向前发展，历史也只能不断重复。

3. 调整好学习目标

大学生的学习目标应该是适应时代的要求，适应科学技术发展的需要。大学生不仅要掌握所学的专业知识，还要勇于探索，涉猎多学科的知识，提高自己的理解力、分析力、思考力、表达力、创造力等。当代大学生应该加强能力的培养，处理好知识技能与能力发展的关系，通过具体学习过程来学会学习、学会思考、学会创造和学会处理问题等。

三、大学生常见的学习心理障碍

（一）焦虑症

焦虑症是大学生中最常见的学习心理障碍之一。主要表现为对学业成绩的过度担忧，担心自己无法达到预期目标，或者对未知的未来感到恐惧。进入大学后，学生们可能会面临新的学习环境、课程难度和竞争压力，这些因素可能会导致他们感到焦虑和紧张。长期的焦虑和紧张可能会影响学生的学习效率和记忆力。

（二）抑郁症

抑郁症也是大学生中常见的学习心理障碍之一。由于学业压力、人际关系、自我认同等问题，许多大学生会感到沮丧、无助，甚至失去对生活的兴趣。

（三）厌学情绪

厌学情绪是学生对学习产生反感、抵触的情绪。这可能是由于学生对所学内容不感兴趣，或者教学方式枯燥乏味。

（四）社交压力

大学生活中，社交压力也是一个常见的学习心理障碍。由于学业和个人问题，一些学生可能会感到无法与他人建立良好的人际关系，从而导致孤独感和焦虑感。

（五）缺乏自信

一些学生可能在面对新的学习方式和课程难度时，感到自信心不足。他们可能担心自己无法跟上学习进度，或者无法完成作业和考试。这种缺乏自信的心态可能会影响他们的学习积极性和效果。

（六）拖延症

一些大学生可能因为缺乏学习动力和目标，或者对学习任务感到厌烦，而经常拖延学习任务。长期的拖延可能会导致学业压力增大，影响学习效果。

（七）注意力不集中

有些大学生可能因为各种问题，如睡眠质量不好、情绪不稳定等，而导致注意力不集中，难以专心学习。这可能会影响他们的学习效率和成绩。

四、大学生学习心理障碍调试方法

（一）制订合理的学习计划

制订一个明确合理的学习计划可以帮助学生们更好地管理时间，提高学习效率。同时，学生们应该根据实际情况适时调整学习计划，以适应不断变化的学习环境和任务。

（二）增强自信心

学生们可以通过积极的自我暗示、鼓励等方式来增强自信心。同时，也可以寻求他人的帮助和支持，如老师、同学、朋友等。

（三）克服拖延症

学生们可以通过设定明确的目标、分割任务、设置提醒等方式来克服拖延症。同时，也可以尝试一些放松的活动，如运动、听音乐等，以缓解压力和疲劳。

（四）提高注意力

学生们可以通过改善睡眠质量、控制饮食、避免干扰等方式来提高注意力。同时，也可以尝试一些提高注意力的方法，如番茄工作法、冥想等。调整作息时间：保持充足的睡眠时间，避免熬夜，以确保身体和大脑得到充分的休息和恢复。这有助于改善注意力障碍和提高学习效率。

（五）调整饮食结构

多吃富含维生素和蛋白质的食物，如水果、蔬菜、鸡蛋和牛奶等，以补充身体所需的营养成分。这些营养物质有助于保持大脑的正常功能和情绪的稳定。

（六）保持良好的情绪状态

学会管理和调节自己的情绪，避免长期处于紧张、焦虑或抑郁的状态。可以通过户外运动、听音乐、与朋友交流等方式来缓解压力和改善情绪。

（七）心理治疗

如果学习心理障碍较严重，自我调整效果不佳，可以寻求专业心理师的帮助。心理治疗如认知行为疗法、精神分析疗法等，能够纠正不良认知，提高应对能力和自我调节能力。

（八）药物治疗

在某些情况下，医生可能会建议使用药物来辅助治疗。例如，对于由焦虑症或抑郁症引起的学习心理障碍，可以根据医生的建议服用相应的药物来改善症状。但请注意，药物治疗应在医生的指导下进行，并密切关注药物的副作用和依赖性等问题。此外，学生还可以尝试自我调整的方法，如利用强化法来培育良好行为、消除不良行为；使用暗示法来调整自己的心理或行为；以及通过榜样示范来学习正确的行为模式等。这些方法可以在日常生活和学习中灵活运用，以帮助学生克服学习心理障碍并取得更好的学习效果。

课堂活动

心理互动——鳄鱼潭

目的：启发创意。

形式：10～12人为一组。

时间：60分钟。

道具：大圆胶桶3个（约高1米）、长方形木板2块（长3米，宽20厘米，厚4厘米）。

程序：

1. 用绳子或粉笔在地上画2条相距15米的直线。

2. 2块木板搭在3个圆胶桶上，所有队员都站在木板上。

3. 限定时间内，在人和木板不着地、桶不倒的情况下，全体尽快通过15米长的沼泽地。需要提示的是沼泽地里有鳄鱼。注意：任何人或木板均不可触碰沼泽地面；木板若触碰地面，将被没收；队员若掉进河中或身体任何部分触碰地面，全组须由起点重新开始；队员在木板上时应注意平衡；圆胶桶应直放在地上；确定木板没有裂缝；队员不可由木板或圆胶桶上跳跃到地面；避免木板夹到手指。

分享：

1. 策划在整个活动中的重要性有多大？

2. 如何有效地进行人员分配？

3. 在活动过程中，你们小组在沟通和相互协调方面表现得如何？

4. 每个成员在活动中有什么特殊感受？

心理测试

学习动力自我测试

学习动力自我测试主要帮助你了解自己在学习动机、学习兴趣、学习目标上是否存在困扰。共 20 个题目，请你实事求是地在与自己情况相符的题目后画"√"，不相符的题目后画"×"。

1. 如果别人不督促你，你极少主动地学习。（   ）

2. 你一读书就觉得疲劳与厌烦，直想睡觉。（   ）

3. 当你读书时，需要很长时间才能提起精神。（   ）

4. 除了老师指定的作业外，你不想再多看书。（   ）

5. 如有不懂的，你根本不想设法弄懂它。（   ）

6. 你常想自己不用花太多的时间学习，成绩也会超过别人。（   ）

7. 你迫切希望自己在短时间内就能大幅度地提高自己的学习成绩。（   ）

8. 你常为短时间内成绩没能提高而烦恼不已。（   ）

9. 为了及时完成某项作业，你宁愿废寝忘食、通宵达旦。（   ）

10. 为了把功课学好，你放弃了许多感兴趣的活动，如体育锻炼、看电影等。（   ）

11. 你觉得读书没意思，想去找个工作。（   ）

12. 你常认为课本上的基础知识没啥好学的，只有看高深的理论，读大部头作品才有劲。（   ）

13. 只在你喜欢的科目上狠下功夫，而对不喜欢的科目放任自流。（   ）

14. 你花在课外读物上的时间比花在教科书上的时间要多得多。（   ）

15. 你把自己的时间平均分配在各科上。（   ）

16. 你给自己定下的学习目标，多数因做不到而不得不放弃。（   ）

17. 你几乎毫不费力地就实现了你的学习目标。（   ）

18. 你总是同时为实现几个学习目标忙得焦头烂额。（   ）

19. 为了对付每天的学习任务，你已经感到力不从心。（   ）

20. 为了实现一个大目标，你不再给自己制定循序渐进的小目标。（   ）

上述 20 个题目可分成 4 组，它们分别测查你在 4 个方面的困扰程度：1~5 题测查你的学习动机是不是太弱；6~10 题测查你的学习动机是不是太强；11~15 题测查你的学习兴趣是否存在困扰；16~20 题测查你在学习目标上是否存在困扰。假如你对某组（每组 5 题）中的大多数题目持认同的态度，则一般说明你在相应的学习欲望上存在一些不够正确的认识，或存在一定程度的困扰。

思考与练习

1. 大学生学习的特点有哪些？

2. 大学生应如何塑造积极向上、开拓进取的个性品质？

3. 遇到大学生学习心理问题如何调适？

4. 大学生学习心理障碍的调试方法有哪些？

第八章　大学生情绪管理

知识导图

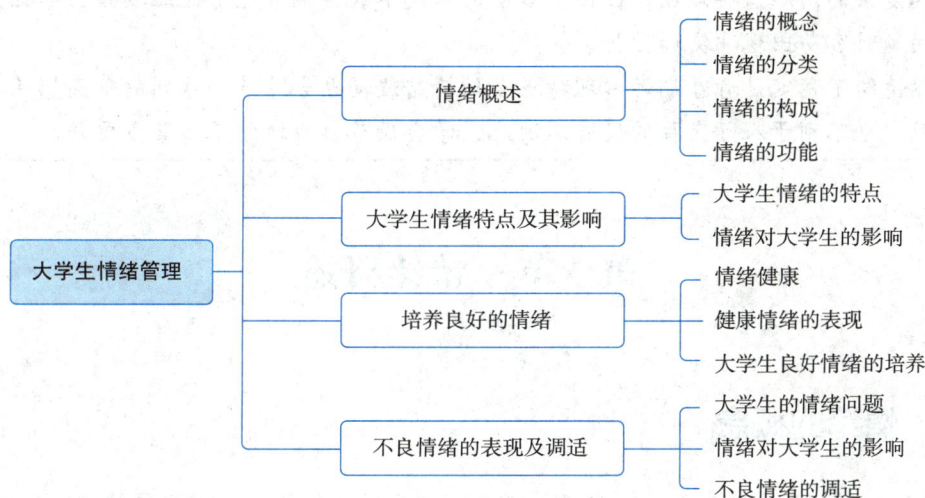

案例导入

　　某大三学生徐某走进心理健康咨询室，向老师进行咨询，表示根本控制不了自己的情绪。

　　刚进校时，徐某情绪特别高昂，喜欢参加班级和学校的各种活动，还喜欢和宿舍同学聊天，一起出去玩。但没过多久，一次参加系学生会竞选，因为没有充分准备，公开演讲时表现很差，结果落选了。徐某认为加入学生会是锻炼自己的最好机会，结果失去了，心情一下就低落了许多，很长时间都恢复不过来。

　　现在徐某发现自己的情绪波动太大，情绪不好时，宿舍同学和自己说话也不理睬他们，情绪好的时候，又主动找他们说话，同学们都反映他怪怪的。

　　学习上也是如此，情绪不好的时候，一点书都看不下去，但周围同学都很刻苦，他也只好硬着头皮去上自习，可一点效果都没有。上学期考试成绩还不错，都是他在情绪好的时候抓紧补起来的。

　　徐某现在实际上是情绪不好的时候多。上次竞选失利后，他发现自己在各方面都比别人差，譬如学习上，别人一道题很快就会做了，而他则要花费很长时间。像他这样的情绪波动，将来工作时去建立团队，根本就是一件不可能的事。

分析：情绪表现得强烈和不稳定，是处在青春发育期的少男少女普遍存在的现象，这并非有"病"，而是青春期的心理特点之一。处在这一时期的青少年身心方面面临着诸多挑战。

一是生理上的发育急剧，特别是性方面的发育和成熟，使他们积蓄了大量的能量，容易兴奋和冲动。

二是学习任务重，还要承受激烈的学习竞争，心理压力普遍较大。

三是随着年龄的增长，他们渴望有更多接触社会的机会，人际交往也逐渐增多，面临着越来越复杂的问题需要处理。但由于心理成熟度不够，调节能力还比较差，因此，在处理复杂问题时容易出现冲突和挫折。

虽然情绪不稳定是青春期的心理特点，但情绪波动也会导致一系列的负面影响。不仅妨碍学习，也不利于人际交往的促进。因此，学会调节自我情绪是极其重要的。

第一节　情绪概述

一、情绪的概念

情绪是人对客观事物是否符合自己的需要而产生的一种体验。需要是情绪产生的基础和源泉。通常情况下，如果需要得到了满足，人们就会相应产生愉快、欢乐等积极情绪，引起他们肯定性的情绪体验。相反，当人的需要得不到满足时，就会使人产生背向于这些事物的态度，从而产生烦恼、忧伤等消极情绪。

二、情绪的分类

（一）根据情绪的形式对情绪进行分类

根据情绪的形式，可以将其分为以下几种类型。

1. 喜

喜即喜悦，是个体在需要得到满足或者目的成功达到之后所获得的情感体验。这种体验能够使人感到轻松、快乐。通常来说，喜悦有满意、愉快、欢乐、狂喜等程度上的差别。

2. 怒

怒即愤怒，是个体在需要得不到满足或者目的无法达到后所获得的情感体验。这种体验会使人产生紧张、压抑等感觉。通常来说，怒有不满、生气、愤怒、暴怒等程度上的差别。

3. 哀

哀即悲哀，是个体失去所喜爱的东西或者希望破灭之后所产生的一种情感体验。这种体验能够使人产生失落、痛苦、无奈等感觉。通常来说，哀有遗憾、失望、难过、悲伤、哀痛等程度上的差别。

4. 惧

惧即恐惧，是个体遇到危险或者意识到存在一些潜在的威胁时所获得的情感体验。这种体验会使人产生紧张、心悸，甚至使人本能地产生想逃离的心理。通常来说，惧有害怕、惊恐、恐怖等程度上的差别。

（二）根据情绪的状态对情绪进行分类

根据情绪发生的强度和持续时间的长短，可将人的情绪划分为心境、激情、应激等情绪状态。

心境是一种比较微弱而持久的情绪状态。这种情绪爆发的程度微弱，带有弥散性，当一个人处于某种心境时，会同时使周围的事物都染上同样的情绪色彩。积极的心境使人振奋乐观、朝气蓬勃，消极心境使人颓丧悲观。高兴时觉得花欢草笑，青山点头；悲伤时觉得心灰意冷，悲观绝望。

激情是一种持续时间短、表现剧烈、失去自我控制力的情绪状态，其特点是短暂性、爆发性。积极激情能激发人积极向上；消极激情往往会导致认识活动的范畴缩小，理智分析能力受抑制，自我控制能力减弱，就会做出一些破坏性的事情。

应激是指一种出乎意料的紧迫情况所引起的急速而高度紧张的情绪状态。表现为积极和消极两种状态，积极状态时，头脑清醒，思维敏捷，动作准确，做出平时不能做出的动作，从而化险为夷，转危为安，及时摆脱困境；消极状态就是目瞪口呆，惊慌失措，语无伦次，出现不必要的动作。

（三）根据情绪的社会内容对情绪进行分类

根据情绪的社会内容，可以将其分为以下几种类型。

1. 理智感

理智感是指人们在智力活动过程中对认识活动进行评价时所产生的情感体验，这种体验是与人的求知欲、好奇心、探求和热爱真理的需要相联系的，它体现出人对自己智力活动过程与结果的态度。理智感是在人的认识和实践活动中产生和发展起来的，反过来，它又成为人认识和实践活动的动力。任何学习活动、科学发明、艺术创造都与理智感分不开。

2. 道德感

道德感是个体用一定的道德标准去感知、评价各种社会现象时所产生的情绪体验。个体在与他人进行交往的过程中获得社会道德标准，并且会转化为自己的道德需要，当个体根据自己所掌握的道德标准去评价他人或某件事时，如果认为所评价的事物符合自己的道德需要，就会产生肯定性的情感，反之则会产生否定性的情感。道德感在社会情感体系中占有特殊地位，对人的活动具有重要的指导作用。

3. 美感

美感是人们根据自己的审美标准对各种社会现象及其在艺术上的表现进行评价时所产生的情绪体验。

三、情绪的构成

情绪的表现是指人的身体和精神上的变化，其构成具体包括生理唤醒、主观感受、认知过程和行为反应。

1. 生理唤醒

情绪反应伴随人的大脑、神经系统和荷尔蒙的生理作用，一个人的情绪在被唤醒的同时，其身体也被唤醒。强烈或持续的情绪反应会耗费个体的精力，从而削弱他对疾病的抵抗力。生理唤醒是情绪的生理反应，即生理激活的状况，如心率加快、血压升高、瞳孔放大、内分泌的变化等。不同情绪的生理反应模式是不一样的，如满意愉快时心跳节律正常；恐惧或暴怒时心跳加速、呼吸频率增加、血压升高；恐惧时脸色发白、出冷汗；焦虑抑郁时失眠、食欲减退等。

2. 主观感受

情绪反映一个人的主观感受，即愉快或不愉快、喜欢或不喜欢等体验。因此，对一个人情绪的研究在很大程度上要依靠他的主观感受。

主观感受是个体对不同情绪和情感状态的自我感受。每种情绪都有不同的主观体验。如在失去至爱的亲人时，人们感到无比悲痛；在突如其来的危险或灾难面前，人们感到惊恐万分；在通过努力赢得比赛时人们感到由衷的满足和自豪等。这些都是人们对情绪的主观体验。

3. 认知过程

一个人的情绪涉及他的记忆、知觉、期望和解释等认知过程。个体对某个事件的认识会极大地影响他对这个事件的看法和态度。

4. 行为反应

情绪还表现为许多行为反应，包括表达型反应和工具型反应。表达型反应是指一个人通过面部表情、手势姿势和声调语气等方式来表达自己的感受。工具型反应是指可以提高个体对环境的适应性的反应，如因忧虑而哭泣或因害怕危险而逃跑等。

一般情况下，人们的情绪反应是以上四个方面的综合。例如，人们在遇到好朋友时，生理唤醒可能是平稳的心跳，主观感受是积极而愉快的，认知过程包括与朋友相关的记忆、知觉、期望，以及对所处环境积极的解释，行为反应可能是微笑的表情。

四、情绪的功能

1. 适应功能

有机体在生存和发展的过程中，有多种适应方式。情绪是有机体适应生存和发展的一种重要方式。如动物遇到危险时产生恐惧的呼救，就是动物求生的一种手段。

情绪是人类早期赖以生存的手段。婴儿出生时，不具备独立的生存能力和言语交际能力，这时主要依赖情绪来传递信息，与成人进行交流，得到成人的抚养。成人也正是通过婴儿的情绪反应，及时为婴儿提供各种生活条件。在成人的生活中，情绪与人的基本适应行为有关，包括攻击行为、躲避行为、寻求舒适、帮助别人和生殖行为等。这些行为有助于人的生存及成功地适应周围环境。情绪直接反映着人的生存状况，是人的心理活动的晴雨表，如通过愉快可以表示处境良好，通过痛苦可以表示面临困难；人还通过情绪进行社会适应，如用微笑表示友好，通过移情维护人际关系，通过察言观色了解对方的情绪状况，进而采取相应的措施或对策等。总之，人通过情绪了解自身或他人的处境，适应社会的需求，得到更好的生存和发展。当然，情绪有时也有负面作用，如一些球迷会因为输球闹情绪而在赛场闹事、斗殴，破坏公共财产，甚至造成人身伤亡。

2. 动机功能

情绪是动机的源泉，是动机系统的一个基本成分。它能激励人的活动，提高人的活动效率。适度的情绪兴奋，可以使身心处于活动的最佳状态，推动人们有效地完成任务。研究表明，适度的紧张和焦虑能促使人积极地思考和解决问题。太低或太高的唤醒水平都会损害工作效率。同时，情绪对于生理内驱力也具有放大信号的作用，成为驱使人的行为的强大动力。如人在缺氧的情况下，产生了补充氧气的生理需要，这种生理为驱力可能没有足够的力量去激励行为，但是，这时人的恐慌感和急迫感就会放大和增强内驱力，使之成为行为的强大动力。

3. 组织功能

情绪的组织功能是指情绪对其他心理过程的影响。心理学家认为情绪作为脑内的一个检测系统，对其他心理活动具有组织作用。这种作用表现为积极情绪的协调作用和消极情绪的破坏、瓦解作用。中等强度的愉快情绪，有利于提高认知活动的效果，而消极情绪如恐惧、痛苦等会对操作产生负面影响。消极情绪的激活水平越高，操作效果越差。研究还表明，情绪状态可以影响学习、记忆、社会判断和创造力。

4. 社会功能

情绪在人际间具有传递信息、沟通思想的功能。这种功能是通过情绪的外部表现，即表情来实现的。表情是思想的信号，如用微笑表示赞赏，用点头表示默认等。表情也是言语交流的重要补充，如手势、语调等能使言语信息表达得更加明显或确定。从信息交流的发生上看，表情交流比言语交流要早得多，如在前言语阶段，婴儿与成人相互交流的唯一手段就是表情。情绪在人与人之间的社交活动中具有广泛的功能，它可以作为社会的黏合剂，使人们接近某些人，也可以作为一种社会的阻隔剂，使人们远离某些人。如某人暴怒时，你可能会后退或压抑自己的消极情绪，不让它表露出来。由此可见，人所体验到的情绪，对其社会行为有重大影响。

第二节 大学生情绪特点及其影响

一、大学生情绪的特点

要管理情绪就要了解情绪活动的特点，这样才能利用情绪本身的规律性来调控并管理情绪。情绪的特点主要包括情绪的两极性、情绪的过程性和情绪的非理性。

（一）情绪的两极性

情绪可分为正性情绪和负性情绪，即情绪的两极性。给我们带来愉悦体验的情绪叫正性情绪，又叫积极情绪，如喜欢、自豪、满意、欣慰等；给我们带来痛苦体验的情绪叫负性情绪，又叫消极情绪，如愤怒、恐惧、悲痛、羞愧等。情绪的正负性通常和需要是否满足有关，一般来说，当一个人的需求得到满足时，他体验到正性情绪，反之则为负性情绪。由于人的需要是多层次多方面的，需要之间还可能相互矛盾，而实现和满足这些需要会受到各种条件的限制，因此，我们会体验到各种情绪，产生情绪的波动。

（二）情绪的过程性

情绪的过程性是指任何情绪都有其发生、发展、高潮、下降和结束的过程。我们不可能为一件事高兴一辈子，同样也不可能痛苦一辈子。只要我们不重复给其能量，不让其形成恶性循环，这些情绪都会被时间冲淡。因此，当你处在某种负性情绪状态中并为之深感痛苦时，要相信这种情绪是会过去的，时间可以帮你平复。

（三）情绪的非理性

情绪具有非理性的特点，情绪的非理性是指情绪不能完全受理智控制的情况。情绪的非理性首先表现为情绪的不可控性。试想一部让你流泪的电影，从理智上，你清楚它的情节是虚构的，你告诉自己不必为一个虚构的故事动感情，但你依然会从心里感到悲伤，这种悲伤是不受理智支配的。我们在日常生活中常常会"情不自禁"。其次某种情绪产生后，理智也不能将其直接消除。例如，在重要演讲时感到紧张，告诫自己"不要紧张"，我们还是会紧张。如果非要让自己控制不可避免要产生的情绪，只能是表情上的掩饰或内心的压抑。也许你会问：不对啊，情绪若不受理智支配，那我们是否就可以任由它失控呢？其实需要控制的不是情绪，而是情绪的表达。另外，理性在一定程度上能控制我们产生什么样的情绪。

二、情绪对大学生的影响

（一）情绪对身心健康的影响

愉快而平稳的情绪，能使人的大脑处于最佳活动状态，保证身体各器官系统的活动协调一致，使食欲旺盛，睡眠安稳，精力充沛，从而提高脑力和体力劳动的效率。积极乐观的情绪还能使别人更喜欢接近自己，有助于建立良好的人际关系。愉快的情绪还可以提高机体免疫系统的功能，从而增强对疾病的抵抗力。

不良情绪会对身心产生损害。中医药典《黄帝内经》里早有"情志致病"的论述，明确提出过度的情绪反应对健康有损。不良情绪还会影响记忆、思维等心智活动，使学习和工作的效率降低。

（二）情绪对大学生学习的影响

情绪获得健康发展的大学生，总是乐于从事学习、工作和其他实践活动，能够胜任一定的角色，完成一定的任务，并逐步提高效率。他们能够从实际条件出发，确定切实可行的活动目的，选择相应的活动方式，达到活动目标；他们能够在活动中充分发挥出自己的身心潜能，表现出不可压抑的主动性和积极性，并以此自我满足。

（三）对人际关系的影响

在社会生活中，人际关系的亲疏即心理距离的远近，受诸多因素的影响。其中，情绪是重要因素之一。情绪获得健康发展的大学生，与父母、教师、同学、朋友容易建立并发展亲密融洽的关系。他们喜欢与别人交往，能够正确地理解别人的思想感情，容易接受别人、学习别人的优点和长处；他们能同情、关心、帮助别人，与朋友同甘共苦，因而能够被别人所喜欢和接受，对别人具有较强的吸引力。反之，情绪压抑、自卑、爱发怒的人，往往不能与他人和谐相处，显得难以沟通，从而使其与他人的关系疏离。因此，大学生在人际交往中，应注重提高自身修养，学会适度控制与调试自己的情绪，做情绪的主人，这样才能拥有良好的人际关系。

> **课堂活动**

情绪识别我做主

第一步：老师给每位学生发一张大白纸，请学生将白纸铺在桌子上，再给学生发各种颜色和形状的便利贴及彩笔；根据老师问题的内容，在便利贴上简要写下回想到的事情和感受，写得越贴切越好。

回忆的内容如下：

1. 你经历过的最快乐的事。
2. 你经历过的最伤心的事。
3. 你最害怕的事。
4. 你最渴望实现的愿望。
5. 你能想到的最美好的事情。
6. 你最失落的时刻。
7. 你最珍惜的东西。
8. 你的梦想。
9. 对你影响最大的人或事。
10. 你最喜欢的场景。
11. 你最喜欢的一本书或一部电影。

第二步：学生在便利贴上写下这些内容，在写感受和关键词的过程中，学生已经对自己的情绪有了一个梳理，并渐渐意识到，什么是对自己最重要的。心理老师引导学生分组讨论。

第三节 培养良好的情绪

一、情绪健康

健康的情绪是健全人格的必要条件之一。一般而言，一个人的情绪目的适当，反应适度，有良好的情绪自我控制能力，符合社会要求，就具备了健康情绪。美国哈佛大学心理学家丹尼尔·戈尔曼认为一个情绪健康的人应该具有以下几种能力。

第一，自我觉察能力。能够觉察、认识并承认自己出现了某种情绪，即使有情绪上的麻烦，也不推脱。自我觉察是情绪智商的核心，没有能力认识自身的真实情绪就只好任凭情绪的摆布；对自我情绪有更大的把握性才能更好地指导自己的人生，准确地决策。

第二，情绪控制能力。情绪管理必须建立在自我觉察的基础上。当意识到自己感觉到不安、恐惧、焦虑时，能控制这些情绪，通过自我安慰和运动放松等途径，使情绪适时、适度、适地地表达。驾驭情感能力高的人可以从人生挫折和失败中迅速跳出，重整旗鼓，迎头赶上。

第三，自我激励能力。无论集中注意力、发挥创造力还是完成某事，将情绪专注于某个目标是非常必要的。任何方面的成功都必须具有情绪的自我控制、延迟满足、控制冲动、统揽全局。能够自我激励，保持高度热情地投入，才能保证取得杰出的成就。

第四，认知他人的能力，即同理心，是在情感的自我知觉的基础上发展起来的又一种能力。拥有这种能力的人可以通过细微的信息敏锐地感受到他人的需要与欲望，能想他人之想，既能设身处地去理解他人，又能客观地理解分析他人的情感。

第五，人际关系管理的能力。领导和影响他人的能力，即管理他人情绪的艺术。个体的受欢迎程度、领导权威、人际互动效能都与这项能力有关，掌握这项能力的人通常是社会上的佼佼者。

二、健康情绪的表现

健康情绪和不健康情绪之间的区别是相对的，很难有严格的界限。目前大多数人所采用的一种观点认为，健康情绪应当符合以下几个标准。

第一，情绪反应的强度和引起它的情境相适应。过于强烈的情绪反应或强度不足的反应都不是健康的情绪反应。

第二，情绪是由适当的原因所引起的。根据心理学的研究表明，情绪反应都是有其原因或对象的。同时，当事人和周围的人也能觉察到情绪产生的原因，或赞同其对情绪产生原因的解释。毫无原因的情绪反应不是健康的情绪反应。

第三，情绪反应能够随着客观情境的变化而转移。人们在日常生活中，情绪反应的持续时间是不同的。当引起情绪的因素消失后，情绪反应在较短的时间内恢复平静。但有的情绪（如失恋、亲人的死亡）则需要较长时间才能恢复到正常的状态。不能随着客观情境的变化而变化的情绪反应，不是健康的情绪反应。

健康的情绪表现在以下几个方面。

（一）能够积极适应环境

情绪获得健康发展的大学生，不仅能够积极适应熟悉的环境，而且勇于开辟新环境，乐于接受新环境，并且能很快适应陌生的环境。相反，情绪得不到健康发展的大学生，虽然能适应熟悉的环境，但往往依赖环境，是环境的被动承受者，而不是能动的参与者、改造者。

（二）能够有效地进行学习和工作

情绪获得健康发展的大学生，总是乐于从事学习、工作和其他实践活动，能够胜任一定的角色，完成一定的任务，并逐步提高效率。他们能够从实际条件出发，确定切实可行的活动目的，选择相应的活动方式，达到活动目标；他们能够在活动中充分发挥出自己的身心潜能，表现出不可压抑的主动性和积极性，并以此自我满足。

（三）能够正确评价自我

情绪获得健康发展的大学生，自我意识也会得到较好的发展。他们不仅形成和确立了自我形象，而且对自我评价已经具有了一定的客观性和稳定性；他们对自己的认识比较符合自己的历史和现实，同时，他们的自我形象又是可塑的，会随着别人的评价、自我认识的深化而调整和改变，从而使它更适应环境的要求。

（四）能够保持良好、稳定的情绪状态

情绪获得健康发展的大学生，有良好的心境和积极的情绪状态，总以积极、欢愉、乐观向上的情绪为基调，而少有消极、苦恼、忧郁、暴怒的情绪表现。他们能战胜恶劣的心境；摆脱过度紧张的情绪和消极情绪的困扰，能控制情绪性质、情绪强度和表情方式，能适应客观情绪的要求，因而他们不是自己情绪的奴仆，而是自己情绪的主人。

（五）能够建立良好的人际关系

情绪获得健康发展的大学生，与父母、教师、同学、朋友容易建立并发展亲密融洽的关系。他们喜欢与别人交往，能够正确地理解别人的思想感情，容易接受别人、学习别人的优点和长处；他们能同情、关心、帮助别人，与朋友同甘共苦，因而能够被别人所喜欢和接受，对别人具有较强的吸引力。

案例分析

吃不到葡萄的狐狸

在一个炎热的夏天，几只口干舌燥的狐狸，来到一个葡萄架下。抬头仰望，晶莹剔透的

大葡萄挂满枝头，狐狸馋得口水都流下来了。

第一只狐狸跳起来，可是够不着，咬咬牙、跺跺脚、使使劲，接着跳，还是够不着；再使劲，再跳，葡萄还是高高地挂在上面，怎么也够不着。狐狸想在周围找梯子、板凳、砖头、瓦块、竹竿等，可是什么都没有。"这葡萄肯定是酸的，不好吃。走吧，捉只鸡，喝杯可乐、矿泉水，什么不行啊！"于是，这只狐狸心安理得，哼着小曲，高高兴兴地走了。

第二只狐狸使劲地跳，同样够不着葡萄，它想：我不吃到这葡萄，死不瞑目。于是从天亮跳到天黑，又从天黑跳到天亮，结果，这只狐狸累死在葡萄架下，两眼圆睁，望着高高挂在枝头上的葡萄。

第三只狐狸吃不到葡萄，开始咒骂："是谁这么缺德，把葡萄栽这么高，让老子吃不着！"骂声引来农夫："怎么着，这葡萄是我种的，你骂什么，偏不让你吃，再骂就打死你！"结果农夫抡起锄头，打死了第三只狐狸。

第四只狐狸，也没办法吃到葡萄，它把这件事情憋在心里，就这样整天压抑在心、愁眉苦脸，结果抑郁成疾，得病而死。

第五只狐狸，看着高高的葡萄心想：想吃葡萄都吃不着，真没用，还活着干吗，活着还有什么意义呀？于是，找棵歪脖子树，上吊而死。

第六只狐狸，跳了几下，吃不着葡萄，一气之下，就精神分裂了，整天蓬头垢面，满山野转悠，口中念念有词："吃葡萄不吐葡萄皮，不吃葡萄倒吐葡萄皮。"

分析：不同的狐狸对待同样的葡萄有着迥异的态度和情绪反应。为什么会这样？这些狐狸的情绪反应正确吗？在平时的学习和生活中，我们肯定也会遇到积极努力才能得到的"葡萄"，但有时努力了，还是得不到"葡萄"。面对这些，我们应如何调整自己的情绪呢？

三、大学生良好情绪的培养

大学生健康情绪的培养途径主要包括以下两种。

（一）拥有积极的心态

积极的心态就是正确的心态，就是由信心、诚实、希望、乐观、勇气、进取、慷慨、容忍、机智、诚恳与丰富的常识等"正面"特征组成的心态。积极的心态可以引导人们品尝成功的喜悦，而消极的心态会摧毁人们的信心和希望。大学生可以通过以下几种途径来使自己拥有积极的心态。

1. 保持平常心

大学生如果时刻提醒自己要保持一颗平常心，就可以经常获得良好的感觉，对积极心态的培养具有重要意义。概括来说，大学生可以通过以下几种方式来使自己时刻保持一颗平常心。

（1）迅速忘掉不愉快。

对日常生活中所发生的一些对自己没有太大影响的不愉快，大学生应该学会尽快忘掉。哪怕是由于自己的原因所引发的不快，大学生也应该在迅速进行自我反省的基础上快速忘掉，以保持愉快的心态。

（2）不和别人比高低。

一般意义上的比较，通常都是比出高低上下和优劣异同，如果自己不如其他人，就可能导致出现自卑等情绪。所以，大学生要想拥有一颗平常心，就不要和别人比高低。

（3）回顾自己的成功。

大学生可以建一个文件夹，将自己以往所取得的成功都记录在内，有时间就打开看看，以从这些成功中得到鼓励。

2. 拥有自信心

自信心是积极心态的基础，大学生要想拥有积极的心态，就必须要拥有自信心。自信心来源于现实生活中切实可行的人生目标，所以，大学生应该制定出符合自己学习和生活实际的目标，并且采取切实可行的具体的实施计划，通过对目标的实现，使自己拥有自信心。

需要指出的是，即使是非常优秀的大学生也会经历形形色色的失败和考验。当遇到失败或者各种考验时，大学生应该清楚，自己可以失败，但不应当由于失败而影响已经树立起来的自信心。应当从失败中悟出成功的道理，从而充满信心地走向成功。

3. 拥有进取心

进取心是一种成功者的积极心态，是人们生命中最神奇和最有趣的元素。美国成功学大师拿破仑·希尔认为，进取心是一种极为难得的美德，它能驱使人们在不被吩咐应该做什么之前，就能主动地去做应该做的事情。竞争对进取心的获得具有重要意义。现代科学研究表明，一个人独自工作的效率，远不如旁边一些人一起干的效率高。这种现象被心理学家们称为"社会促进作用"。生活的经验也告诉我们，与他人竞争是提高生活积极性的主要手段。因此，大学生应该注重竞争的重要性，应有意识地去参加学校所组织的一些竞争活动，大学生如果有意识地躲避大学校园的各种竞争，那么就在一定程度上失去了上大学的意义。

（二）时刻保持快乐

概括来说，大学生可以通过以下几种途径使自己保持快乐的感觉。

1. 具有一定的幽默感

幽默既是一种人生态度，同时也是一种人生智慧，还是人们美丽心灵的充分显露，为人们提供心灵的营养。具有幽默感的人，往往是充满智慧的、快乐的人。同学间的幽默，可以增强彼此之间心灵和情感的沟通。在愉快的笑声中，激发出思想的智慧。学子们在课余时间，在彼此的交谈中"幽"上高雅的一"默"，不仅可以娱乐自己，还可以娱乐他人。

2. 从帮助他人中寻找快乐

常言道："赠人玫瑰，手有余香。"在日常生活中不断帮助他人，可以使自己得到快乐的感觉。目前，相当大的一部分人赞同"助人"是获得快乐的最好方法的观点。中华民族历来推崇"助人为乐"的美德，并作为优秀伦理传统加以倡导。因此，代表中华民族未来的大学生，应当将这一美好传统在自己身上得到延续。

3. 知足常乐

无数事实反复验证一个普通的道理：知足常乐。在高等教育由精英教育转向大众教育以后，大学生中的许多人在之后的职业生涯中将会成为普普通通的劳动者，需要通过自己的不断努力，才能养活自己和家人。但许多大学生对自己毕业之后的生活往往定位比较高，他们无法接受自己大学毕业后不能成为社会精英的现实，因此常常会因为一些事情而烦恼，不能得到快乐。相反，一些大学生在大学时代就对自己的定位比较低，他们在大学中就过着快乐轻松的大学生活。那些立足于不普通的人，可能终生过着普通的生活，因为沉重的心理包袱，影响了他们前进的速度和实效，而从一开始就立足于普通的人，很可能会变得不普通，还有可能被历史推向"杰出"。这就是生活的现实，也是生活的辩证法。

课堂活动

学会自我情绪管理

1. 实践目的。

帮助大学生了解情绪与认知、行为的关系，大学生的情绪特点，大学生情绪心理问题的表现，学会自我情绪管理。

2. 实践目标。

（1）了解什么是情绪与情感。

（2）了解情绪对我们的影响。

（3）学习认识、体验和接纳自己及别人的情绪。

（4）懂得提高情绪调控能力的方法。

3. 实践准备。

（1）纸条若干张。数量根据小组数来确定，每一张纸条上写上如"路上与小李打招呼，而他竟没理我。""我是班长，班里搞活动时，小张总是对我的主张持反对意见。"等事件。

（2）"心灵鸡汤"卡若干张（根据人数而定）。

"心灵鸡汤"卡设计模板见表8-1：通过参加小组活动，对××问题，我的想法发生了变化。

表8-1 "心灵鸡汤"卡设计模板

问题	原来的想法	新的想法
1		
2		
3		

4. 实践过程。

（1）上课时，请同学们随机组成7人左右的小组。

（2）小组成员尽量围圈而坐，每个小组选出一名小组长为大家服务，同时也负责小组活动的主持和记录。

（3）每个小组领取一张纸条，每位小组成员就纸条上的事件谈谈会由此引发的各种情绪与想法。

（4）完成第（3）步后，再次请每位小组成员谈谈自己在听了别人说的情绪和想法之后有什么心得，并记录到卡片上。

（5）小组内选出代表在班上分享。

（6）指导教师提问：①你觉得情绪与行为、认知之间的关系是怎样的？②对于同样的情绪，人们的表现方式有什么相同和不同的地方？③情绪对你有什么影响？有情绪好不好？④若缺失某种或多种情绪，会出现什么状况？

第四节　不良情绪的表现及调适

情绪本身是没问题的，情绪问题其实指的是与情绪有关的认知及行为的问题，这些问题通过情绪表征出来，我们将之称为情绪问题。适度的、情境性的负性情绪反应是正常的。但是，如果大学生经常遭遇同一类烦恼或在某一情绪中不能自拔，从而影响身心的健康和学习，且大学生主观上认为自己不能摆脱这样的情绪困扰而苦恼，我们就将它称之为情绪问题。情绪问题是个信号，这个信号提示我们"我们的认知或应对模式有问题，需要调整"。

情绪问题一方面导致大学生大脑神经活动功能紊乱，使情绪中枢部位的控制减弱，使其认识范围缩小，自制力、学习效率降低，不能正确评价自我，甚至会产生某些极端的行为，造成心理障碍、心理疾病甚至生命危险；另一方面情绪问题又会降低大学生的免疫功能，导致其正常生理平衡失调，引起心血管、消化、泌尿、呼吸、内分泌等系统的各种疾病，严重影响身心健康。因此，对大学生的情绪问题不能小觑，一定要加以重视和调试，必要时要求他们去心理咨询中心进行咨询。

一、大学生的情绪问题

（一）焦虑

焦虑症是一种以焦虑情绪为主要表现的情绪障碍，常伴有头晕、胸闷、心动过速、呼吸急促、震颤、尿频尿急，同时伴有忧虑、担心、害怕、强迫或类似的情感反应。

焦虑在大学生当中最为常见，在它背后隐藏着一种完美主义的诉求。高焦虑的人需要掌控感，需要精确地控制自己的生活，容不得意外的发生。比如，一个焦虑的人可能会担心自己考试不及格怎么办，为了减少这种可能性，他会付出极大的精力在学习上，从而保证自己成绩优异。所以焦虑的人学业成就通常会比较高，而大学生往往也是焦虑的易感群体，在名牌大学里尤甚。从这方面看，焦虑是有其积极意义的，或者说，适度的焦虑是必要的。假如我们失去了对未来的担心，也就失去了前进的动力。然而，在另一个极端上，假如我们把时间和精力都投注给了未来的担心，焦虑就是一种危害严重的情绪了。

焦虑可能是明显的，也可能是隐蔽的。当一个人为了找工作的事心烦意乱，寝食不安的时候，我们知道他正在焦虑；当一个同学红着双眼，告诉你昨天晚上他通宵失眠的时候，我们知道他正在焦虑。对这些焦虑，我们认识得很清楚。然而，当你的室友每天坐在电脑前面打游戏，看上去懒洋洋提不起精神来的时候，你知道他很可能也正在焦虑吗？这种焦虑是极隐蔽的。对这些人，也许过两天就是上交论文的期限，他心里分明很慌，有强烈的焦虑感，但焦虑的后果可能是回避，因为任务太重了，他害怕去面对，于是他选择扭头不看。他打开电脑却烦躁得不想开始写论文，于是他又开了一局游戏。这样磨蹭下来，时间越来越少，该做的事没做，焦虑越来越高，形成了一种恶性循环。这时的焦虑就完全是一种有害的情绪了，它不再能起到促使人积极采取行动的作用。

焦虑是一种非特定的、不知所以然的提心吊胆与紧张不安的情绪状态。现代生活中的许多大学生都经常会体验到这种情绪，大学生的压力越大，这种情绪体验就越明显。

大学生常见的焦虑情绪主要有反应性焦虑和神经质焦虑两种。反应性焦虑是一种暂时波动的情绪状态，它由可以知觉到的外在危机引起，具有客观性、情境性与意识性，是每个人都会碰到的一种体验。神经质焦虑是由长期的焦虑体验的累积，在人格特质中残余成为一种相对稳定的成分，成为一种根深蒂固的人格特质。神经质焦虑患者除了感受一般焦虑症状的压迫，如提心吊胆、心神不宁外，还常常伴随一系列明显的神经生理反应甚至植物神经系统的功能障碍，比如感到窒息、恶心、出冷汗、心悸手颤、胃痛腹泻、食欲减退、失眠等。

大学生常见的焦虑主要来自以下几方面。

1. 形象焦虑

大学生的形象焦虑主要是指担心自己的外貌不够漂亮、没有魅力。通常是由身材矮小，肥胖，脸上有粉刺、雀斑、胎记等引起的焦虑。

2. 学习焦虑

与高中时代相比，大学阶段的学习环境、授课方式等发生一定的变化，这就使得部分大学生对于学习感到无所适从，从而出现了学习焦虑的情绪。

3. 考试焦虑

考试焦虑通常是由于大学生担心考试失败或刻意要求取得更好的考试成绩而产生的，具体表现为总将自己的成绩与同伴相比较，对考试成绩缺乏自信或经常产生失败的预想，考试之前焦躁不安、失眠、记忆力减退，考试过程中产生与考试无关的想法和知识遗忘现象。

4. 社交焦虑

社交焦虑是指大学生对于人际交往具有强烈的紧张不安或者恐惧的情绪反应，在社交交往中对自己缺乏自信心，不敢或者不愿与人交往，或者被动交往时产生极度紧张、恐惧的情绪。

5. 择业焦虑

择业焦虑是指大学生由于不能很好地适应以及解决在择业过程中出现的各种问题而产生的焦虑情绪。主要表现为面临择业过分紧张，甚至产生逃避心理。

（二）抑郁

抑郁是大学生中常见的情绪问题，是一种感到无力应付外界压力而产生的消极情绪。情绪抑郁的大学生的主要表现有：情绪低落、思维迟缓、郁郁寡欢、闷闷不乐、兴趣丧失、缺乏活力，干什么都打不起精神；不愿参加社交，故意回避熟人，对生活缺乏信心，体验不到生活的快乐；伴有食欲减退、失眠等。长期的抑郁会使人的身心受到严重损害，使大学生无法有效地学习和生活。性格内向孤僻、多疑多虑、不爱交际、生活中遭遇意外的挫折，长期努力得不到回报的人更容易陷入抑郁状态。

从认知上讲，抑郁的人对自己、对世界、对未来，持有一种远比现实状况更糟糕的评价。一个各方面都不错的大学生，抑郁时可能会觉得自己是最差劲的，自己的人生简直是一事无成，而任何一个旁观者都知道事实显然并非如此。身陷抑郁情绪中的人，往往无精打采，认为生活中没有什么值得高兴的事情，饭菜不好吃，活动不好玩，甚至连笑话都不好笑。他们感觉未来是没有出路的。他们的言谈中流露出一种深深的无助和无望感。严重抑郁时可能会有自杀的念头和举动。

大学生产生抑郁情绪的原因比较复杂，外部原因有失恋、考试失败、生病、亲人亡故、家庭变故、生活里出现重大事故等；内部原因有心中一些固有的潜在的消极自我观念，觉得自己无能、没有价值、不招人喜欢等。

需要强调的是，抑郁情绪并不等于抑郁症。之所以特别强调，是因为现在的媒体大力宣传抑郁症的知识，有时反而给人一种错觉，以为抑郁症无处不在，造成了一种谈"郁"色变的恐慌，稍有消沉就疑神疑鬼，反而无助于正常生活的维持。其实抑郁症作为心理疾病的一种，有严格的诊断标准，并非完全如我们的想象。大学生抑郁情绪比较常见，并且具有多种形式，大多数属于一般的情绪反应，有一些属于心理障碍的范畴，极少数属于严重精神疾病范畴。总之切记，抑郁不等于抑郁症，任何人都会有情绪低落的时候，大可不必把抑郁与"抗抑郁药""自杀"等联系到一起。

虽然抑郁不等于抑郁症，抑郁也不是愉快的情绪体验，并且有进一步损害身心健康的可能。抑郁时会对各种活动失去兴趣，生活没有动力，学习和工作效率可能严重受损，所以，当我们感觉心情低落时，要特别注意及时调整自己。可以通过与亲朋好友交流或记日记等方式主动宣泄不良的情绪，积极参加活动，寻找一些开心的事。当我们发现周围同学心情低落时，应主动接近并关心他们，为他们提供一定的社会支持，让他们感到有人关心，有人同情，有人理解，并积极倾听，帮助他们宣泄痛苦。另外，如果感觉有人有自杀的可能，要及时向老师报告。

抑郁是指由低落、悲观、失望等情绪构成的一种复合性负情绪。抑郁者常常用错误推理进行自我贬低和自我责备，抑郁既可以是一种心理疾病，也可以是一种相对轻微的心境状态。概括来说，大学生常见的抑郁情绪主要包括以下几个方面。

1. 身体不适

有身体不适感，但医学检查无明显生理病变，这种身体不适多为不明原因的疼痛、疲劳、睡眠障碍、便秘、心悸、气短等病症。

2. 快感缺失

轻者表现为对事物缺乏兴趣、做事缺乏主动性、不愿与他人交往、对各种娱乐活动或令人高兴的事体验不到乐趣；重者表现为疏远亲友、闭门独居、完全杜绝社交。

3. 抑郁心境

轻者表现为无精打采、心情不佳、苦恼、忧伤、终日唉声叹气；重者表现为悲观、绝望，甚至有自杀倾向。

4. 食欲改变

轻者表现为进食减少或食欲增强，体重骤增或骤减；重者表现为终日不思茶饭。

5. 睡眠障碍

睡眠障碍主要表现为入睡困难，早醒。也有少数的人表现为睡眠过多。

6. 自杀念头和行为

抑郁症严重的人会采取自杀这种极端的方式来摆脱痛苦，这是抑郁症最危险的行为。

（三）愤怒

愤怒是人的基本情绪。愤怒是由于客观事物与人的主观愿望相违背，或因愿望无法实现，而导致人们内心产生的一种激烈的情绪反应。大学生正处于情绪波动大、易冲动的时期，容易发怒是大学生中常见的一种不良情绪的体现。心理研究指出，人的愤怒按其程度可以分为9个梯级：①不满；②气愤；③愠；④怒；⑤愤怒；⑥激愤；⑦大怒；⑧暴怒；⑨狂怒。随着梯级数的不断增加，发脾气的情绪会越来越大，而自制力则会越来越差，理智几乎完全丧失。发怒会使人丧失理智、阻塞思维，导致损物、伤人，甚至犯罪等许多失去理智的行为。大学生中一些违纪事件，大多是在发怒的情绪下发生的。愤怒情绪本身不是问题，只要学会合理表达愤怒、消除愤怒就好，过分压抑愤怒和被愤怒支配做出失去理智令自己后悔不迭的事是对自身有害的。

愤怒是由于外界干扰使人的愿望实现受到阻碍，从而使人们内心产生的一种激烈的情绪反应。心理学表明，"当愤怒发生时，可能导致人体心跳加快、心律失常、高血压等躯体性疾病，同时还会使人的自制力减弱甚至丧失，思维受阻、行为冲动，甚至做出一些事后后悔不迭的蠢事或造成不可挽回的损失"。

大学生愤怒的产生往往具有一定的原因，概括来说，这些原因主要包括以下几方面。

第一，大学生正处在身心急剧发展、激情澎湃的青年时期，往往好激动、易动怒，常常会因一句刺耳的话或不顺心的小事而暴跳如雷；因别人的观点或意见与自己不合而恼羞成怒。

第二，大学生具有较强的自尊心和好胜心，当其自尊心、人格受到侮辱的时候，就容易产生愤怒情绪。

（四）嫉妒

嫉妒是指一种发现他人在某些方面胜过自己时而产生的不快、怨恨、痛苦等的情绪体验。这种情绪体验对个体的身体健康极为不利，有这种心理状态的人常常由于长期压抑胸中郁闷，整日忧心忡忡，长此以往会导致饮食减退、夜不能寝、烦躁易怒、疲劳无力、机体防御机能下降、免疫力减低，导致一系列生理疾病；另外，嫉妒破坏情绪、干扰心境、妨害心理平衡，还会影响人的判断力和自我控制力。

大学生嫉妒情绪的产生具有一定的原因，概括来说，这些原因主要包括以下四方面。

1. 幼稚、不成熟

有些大学生心理仍不成熟，不能全面地看问题，经常走极端，又不能从失败中吸取教训，一旦事与愿违就会产生嫉妒心理。

2. 耽于幻想

有些大学生不切实际，当发现别人比自己强时，不是努力去赶上别人，而是在想象中安慰自己，而当现实击垮他们的幻想时，就会产生嫉妒心理。

3. 独占欲强

有些大学生对自己的要求极高，希望所有的好事都发生在自己身上，一旦他人得到自己认为的荣誉和好处，就会产生嫉妒心理。

4. 虚荣心强

有些大学生过分关心别人对自己的评价，当自己不能成为别人关注的焦点时，就会对取代自己位置的人产生嫉妒心理。

（五）羞耻

羞耻是一种指向自我的痛苦、难堪、耻辱的体验。这种情绪不同于"害羞""腼腆"等自然性的反应，而是一种与文化关系密切的情绪。我们对羞耻最直观的印象就是：自己的缺陷正暴露于别人的目光之下，从而脸红耳热，羞愧难当，既对自己憎恨，又对环境无奈，更对别人的看法不敢揣测，甚至"恨不得找个地缝钻进去"。羞耻情绪是跟场景高度相关的。通常来说，这种情绪产生时需要有外人在场，并且自己正被外人关注。羞耻会引发对自己整个人的负性评价，认为自己在别人面前丢了脸，从而感到自己无能、无力、无价值。

羞耻情绪可能转化为愤怒。例如，一个领导在被下属指出自己的缺点以后，因为感到羞耻，觉得自己的权威受到了挑战，可能会以大发雷霆的方式表现出来。同时，羞耻情绪也可能转化为抑郁。例如，一个学生觉得自己当众丢了脸，很多天后仍然认为别人会看不起自己，因此不敢出门见人，不敢与以前的熟人打招呼，每天忍受孤独和抑郁的折磨。羞耻还可能引发焦虑，一个人因为某一次在众人面前讲话遭到嘲笑，从此回避当众讲话的情境，一旦需要上台做报告就会满头大汗，心跳加速，感到极度焦虑。同时，严重的羞耻感还可能导致自杀行为，极端的屈辱会让当事人觉得"没脸活下去"。

羞耻并不是一种完全的负性情绪，正常人都应该有适度的羞耻。因为适度地体验到羞耻可以有效地规范我们的行为，让我们适当地按照社会规范生活，适应社会。然而，和其他的负性情绪一样，过度的羞耻就是一种有害的体验。尤其是一些称为"羞耻易感性"很高或"易羞耻"的人，可能会在一些实际不用感到羞耻的场景中感到羞耻，并转化为对自身的伤害。例如，一个女生在课上回答问题时说错了一句话，全班哄堂大笑，女生便因此觉得非常丢脸，接下来好几节课都低着头不敢见人，以为每个人都还记得她刚刚闹出的笑话。这就是对羞耻过于敏感，事实上，在这种场景中，大多数人都只会感到轻微的羞耻或尴尬。

克服"过度羞耻"的方法，一是要认识到自身有容易羞耻的倾向；二是尽可能地悦纳自我，增加自信，相信自己是一个有价值的人，不会因为一两件具体的事而否定掉整个人的价值；三是在自己体验到羞耻时，不妨在脑海里做一个"换位假设"：在刚刚的场景中，自己只是一个旁观者，自己会有什么样的想法？前面提到的那个女生，在进行这样的假想时，很容易想到，如果是自己听到别人说错了一句话，可能也会哈哈大笑，但并不会因此讨厌和鄙夷那个说错话的人，并且，一节课还没结束，很可能就已经把这件事忘在脑后了。既然如此，别人看待自己刚才的错误也是同样的。因此，自己的羞耻感是毫无必要的。

（六）自卑

自卑是指大学生由于自身生理或者心理上存在的某种缺陷或某种原因而产生的自我轻视的情感体验，其主要表现为看不起自己，这种不良情绪很容易产生孤独和压抑的情感，严重时会对大学生的生活和学习产生较大影响。大学生这种情绪的产生往往具有一定的原因，概括来说，这些原因主要包括主观和客观两个方面。

1. 主观原因

自卑的产生与大学生的主观因素密切相关，同样条件的大学生，有的可能会自卑，有的则毫不在意，这就与学生个体的心理状态有密切关系。

2. 客观原因

引起大学生产生自卑情绪的客观原因有很多，概括来说，这些原因主要包括以下四方面。

第一，感觉自己在家庭出身、生活环境、能力及专业等方面不如别人。

第二，对自己生理素质的不满意，如在长相、身高、体态等方面不如他人，为此感到自卑，特别是那些有严重疾患和缺陷的人。

第三，自尊心得不到应有的尊重。一个大学生如果经常受到老师的责备和同学的疏远冷淡，那么他就很容易产生自己被别人瞧不起的自卑感。

第四，好胜心受到挫折，如由于学习上的失败，以及由理想和现实冲突所带来的优势感丧失。

知识链接

踢猫效应

一个人在单位被领导训了一顿，心里很恼火，回家后冲妻子发起了脾气。妻子因莫名其妙地被迁怒也很生气，就摔门而去。在街上，一只猫挡住了她的去路，还一个劲地叫唤。妻子更生气了，就一脚踢过去。猫从来没受过如此对待，惊慌地狂奔而去，把一位老人吓了一跳。正巧这位老人有心脏病，被突然冲出的猫一吓，当场心脏病发作，不治身亡。一种不良情绪的发泄导致一位老人丧生，这看起来似乎是天方夜谭，但在现实生活中不乏实例。

二、情绪对大学生的影响

俗话说："情绪既可致病，亦可治病。"良好的情绪不仅是维护生理健康的保证，也是促进心理健康的有效途径。良好的情绪取代引起神经和精神紧张的坏情绪，可以减少和消除对机体的不良刺激；良好的情绪可以直接作用于脑垂体，保持内分泌功能的适度平衡，从而使全身各系统、器官的功能更加协调和健全。巴甫洛夫曾讲过："忧愁、顾虑和悲观可以使人得病；积极、愉快、坚强的意志和乐观的情绪可以战胜疾病，使人更强壮和长寿。"

情绪不仅与大学生的身心健康有关，而且与大学生的心理发展、潜能开发、工作效率、生活质量等因素有关。良好的情绪往往使大学生乐于行动，有兴趣学习、工作和活动，有积极地与人交往的愿望；良好的情绪有助于开阔思路，注意力集中，富有创造性。因此，培养大学生良好的情绪，有利于大学生的身心健康和心理的发展。

相反，不良情绪对身心健康都会产生危害。不良情绪主要是指过度的情绪反应和持久性的消极情绪两种。过度的情绪反应包括因为一些重大的生活事件使情绪反应过于强烈，如狂喜、暴怒、悲痛欲绝等；也包括一点小事而产生的过分情绪反应，怒不可遏或激动不已；还包括情绪反应过于迟钝，无动于衷，冷漠无情。持久性的消极情绪是指引起忧、悲、惧、怒等消极情绪的因素消失后，仍在很长时间里沉溺在消极状态不能自拔。

三、不良情绪的调适

情绪容易波动是大学生的共性特点，主要是由大学生的生理心理发展水平决定的，也是生理、心理、社会诸因素矛盾冲突的结果。从生理的角度来看，由于性成熟、性激素分泌旺盛会通过反馈增强下丘脑（此为情绪的定位部分）的兴奋度，使下丘脑神经出现兴奋亢进，而由于大脑皮层原有的调节功能一时还不能适应这种情况，因而在皮层和皮层之间出现了不平衡的状态。从心理的角度来看，主要有三个方面：一是大学生对事物的认知还不稳定，对事物还缺乏完整的把握，因而在思维方式上往往轻易地加以绝对的肯定或否定，易走极端；二是此时大学生的自我意识在觉醒发展，他们把探索的目光指向自我内部时，理想我与现实我的差距常常会引起情绪的波动、不稳定；三是由于大学生内在需要日益增长且不断变化，与现实满足需要的可能性之间是非线性关系，这也使他们易处于矛盾状态，表现出情绪忽高忽低，变化多端。但是情绪可调节、可控制，情商可以通过有意识培养而提高。

（一）体察自己真正的情绪

要想管理自己的情绪，首先要清楚了解自己的情绪状态。我们往往会随着外在事件的变化而产生各种情绪，但这时不管处于何种情绪中，我们都应该先停一下，摆脱出来，冷静地去体会、感觉自己的情绪，将它厘清。

（二）适当表达自己的情绪

许多人认为"人不应该有情绪"，因而不肯承认自己有负面的情绪，并使劲压抑这些情绪的宣泄，其实，这样反而会带来更不好的结果，我们应该学会适当地表达自己的内心反应，使不良情绪得到正确疏导。

大学生由于情绪表达不当而造成的问题比比皆是，最常见的是宿舍中因情绪表达不当，造成人际关系紧张；因学习或某方面能力不如别人而自卑，长期压抑而产生抑郁。此外，由于情绪失控造成的悲剧也常在大学校园中出现。有人把人的心理比喻成一个气球，在日常生活中，我们经常把一些欲望、冲动、需要等压进这个气球，于是气球越来越大，当压到一定程度时，我们就会觉得内心的压力太大了，气球就要爆炸。因此，大学生需要提高自身情绪管理的能力以维护心理平衡。

（三）以适宜的方式调控情绪

调控方式包括以下几种。

1. 情绪宣泄法

情绪不好时，大多数人会将其宣泄出来，但情绪宣泄方法也有"度"的问题，应强调其合理性，不能把合理的情绪宣泄理解为疯狂式的情绪发泄。如以暴力或其他不恰当的方式发泄情绪，其后果往往很严重，不仅不利于问题的解决，反而会引发新的问题。情绪宣泄既不能损害其他人的利益，也要避免对自己造成更大伤害，如把怒气憋在心里，借助药物、喝酒抽烟；疯狂购物、暴饮暴食；自残、自伤甚至自杀等都是不对的。

一旦产生不良情绪体验，就要勇敢地正视它，并为自己找到一个合适的宣泄方法。适当的情绪宣泄方法是指当大学生处于较激烈的情绪状态时，应以社会可以允许的方式直接或者间接地表达其情绪体验。简而言之，就是高兴就笑，伤心就哭。实践表明，坦率地表达内心的愤怒、苦闷和抑郁情绪，心情会变得舒畅些，压力会减少一些，与情绪体验同步产生的生理改变也将较快地恢复正常。合理的情绪宣泄方法包括以下几点。

（1）找人倾诉。

找人倾诉即向师友亲人诉说心中的烦恼和忧虑，一定要找一个能理解你的人，因为听别人发牢骚毕竟不是一件愉快的事。一个轻松的朋友将使你轻松，一个紧张的人将使你紧张，一个自然的人将使你自然，一个好的朋友会接纳和包容，帮助我们用一种建设性的态度去看待我们所遭遇的一切。

用写日记的方式倾诉不快。美国总统林肯就使用这种办法发泄心中的怒气，当他在外面受了别人的气，回家就写一封骂对方的信，第二天，家人要为他发信，他却说："写信时我已经出了气，何必把它发出去惹是非。"

自言自语。《皇帝长了驴耳朵》的故事中，理发师看见皇帝长了驴耳朵，怕说出去会招来杀身之祸，但憋在心里又非常痛苦，后来想出一个两全之计：在地上挖了一个大洞，每天对着洞喊几声"皇帝长着驴耳朵"，发泄了，心理就平衡了。

（2）哭泣。

美国学者对几百名男女分别研究后发现：在他们痛快地哭过后，自我感觉都比哭之前好了许多，其健康状态也有所增进。更进一步的研究发现，人们在情绪压抑时，会产生某些对人体有害的生物活性成分。哭泣后，情绪强度一般可减低40%，而那些不爱哭泣，没有利用眼泪消除情绪压力的人，其结果是影响了身体健康，并促使某些疾病恶化。比如结肠炎、胃溃疡等疾病就与情绪压抑有关。悲伤时流出的眼泪，含有更多的荷尔蒙等，人们遇到悲伤的事情时，如果能放声痛哭一场，流泪后的心情往往会好很多，这是由于悲伤引起的毒素通过眼泪已得到排泄之故。

（3）寻找替代。

寻找替代是指把不良情绪发泄到没有生命的物体上，如击打沙袋，捏皮球，到发泄吧摔、砸东西等。

枕头大战是一种全球流行的缓解工作和生活压力的减压聚会方式。2004 年，一名叫斯塔基·凯西的女子创立枕头大战联盟，即用枕头对战的职业联盟，总部设在加拿大的多伦多，在美国也有分部，枕头大战联盟训练一些女士成为职业枕头赛选手，在枕头大战的场馆里为现场观众提供快乐的比赛。因为具有良好的减压效果，2006 年以后，中国内地的广州、青岛、上海等地网站和俱乐部先后举办过枕头大战。在枕头网、枕头制造商适之宝枕工坊等的推动下，2009 年 5 月 2 日，在青岛中山公园举行了枕头大战并正式成立枕头大战中国联盟，该联盟不仅组织和发起各城市白领的枕头对战，还专业定制枕头大战的游戏规则，制造并提供枕头大战的专用枕头、提供白领的心理健康咨询、组织团体的特色聚会活动等。

2. 注意转移法

注意转移法是指处于情绪困境时，暂时将问题放下，从事所喜爱的活动以转变情绪体验的性质，达到调控情绪的目的。按照巴甫洛夫的条件反射学说，人在发愁、发怒时，会在大脑皮层上出现一个强烈的兴奋中心。这时，如果另找一些新颖的刺激，引起新的兴奋中心，便可以抵消或冲淡原来的兴奋中心。

事实证明，音乐、美术、书法、阅读等是调控情绪的最佳方式。欢快有力的节奏使情绪消沉者振奋，轻松优美的旋律让紧张不安者松弛。挥毫舞墨的书画也可陶冶人的情操，化解各种不良的情绪。体育和旅游活动也是转移调控情绪的良好方法。当情绪状态不佳时，游山玩水、打球下棋都是很好的情绪调控手段，体育活动既可以松弛紧张情绪，又可以消耗体力，使消沉者活跃、激愤者平静，实现平衡情绪的目的，这些都属于积极的转移。大学生也应注意避免一些消极的转移，如情绪不佳时，转而去吸烟、酗酒，自暴自弃。

3. 认知调节法

情绪反应产生于主体认识到刺激的意义和价值之后，对相同的刺激，不同的评价将会引起不同的情绪反应，所以可以用调整、改变认知的方法调控情绪反应和行为。认知过程是情绪情感的前提，对刺激情境的认知决定着情绪情感的性质，也影响情绪情感的强弱。情绪与情感的水平和性质反过来又影响认知过程。积极良好的情绪情感，能激励感知的主动性，改善记忆活动的各项品质，增进思维和想象的灵活性和创造性，提高认知的效率；而消极的不良情绪情感会干扰认知活动的顺利进行，影响认知活动的深度和广度，对认知过程产生消极影响。

4. 建立社会支持系统法

日常生活中我们无时无刻不在与他人进行着社会交往，同时也从他人那里获得不同程度的社会支持。这些支持既包括有形的经济上、物质上的援助，也包括无形的心理上、情感上的关心。良好和谐的社会联系和支持满足我们爱与归属的需要，使内心不再感到孤独和无助，能减轻各种应激事件对身心健康所造成的消极影响作用。

一个人所获得的社会支持来自四面八方，因此社会支持是多方面、多层次的。一般来说，社会支持包括三类：首先是来自亲人的支持，父母、兄弟、姐妹、亲属等的支持，是个体最基本最重要的社会支持源泉。其次是来自朋友的支持，尤其是大学生，离家在外，远离亲人，当遇到不快时，周围的知心朋友会提供最及时有效的帮助。最后是来自社会的支持，包括社会团体、社区的支持等。

随着社会的发展，心理咨询已逐步走进人们的生活。许多医院、学校开设心理咨询，不少电台、杂志也开设了心理咨询栏目，专为有心理困惑或危机的人提供心理援助。通过社会支持系统可以获得倾诉的对象，情绪低落的人向他人倾诉苦恼之后，会有轻松解脱的感觉，大学生应该经常主动自觉地利用好这种情绪调控手段；别人的视角和思路有助于帮助当事人走出个人习惯的思维模式，重新评价困境，寻找新的出路；更重要的是社会工作者和心理医生可以提供专业性的意见和建议，运用心理学手段和方法帮助大学生更有效地解除情绪障碍。

5. 运用情绪 ABC 理论

在 ABC 理论中，A 代表诱发事件（Activating Event）；B 代表个体对这一事件的看法、解释及评价，即信念（Belief）；C 代表继这一事件后个体的情绪反应和行为结果（Consequence）。诱发事件只是引起情绪及行为反应的间接原因，而人们对诱发事件所持的信念、看法、解释才是引起人的情绪及行为反应的直接原因。一般来说，人们会认为诱发事件直接导致了人的情绪和行为结果，发生了什么事就会引起什么样的情绪体验。其实不然，对同样一件事，不同的人由于对事件的不同解释会产生不同的情绪体验。可见，诱发事件并非必然导致某种情绪和行为。不同的看法与解释会使人的情绪和行为大相径庭。

此外，还有一些简单易行的小办法，如利用色彩、气味、改变着装甚至装出来大笑等都有助于情绪调节。情绪调节的办法有很多，重要的是寻找到适合自己的，适合自己的才是最好的。

（四）大学生自卑情绪的调节

要想克服由于自卑情绪产生的种种不良表现，首先应改变心态，端正认知，然后进行必要的心理调适。概括来说，大学生可以通过以下两种方法对自身的自卑情绪进行调节。

1. 端正认知

大学生的自卑情绪往往是来自对自己的不自信，往往会忽略自己的优点，而放大自身的缺点。因此，大学生必须端正态度，切不可妄自菲薄。要多关注自己的优点，建立自信心，从而摆脱自卑情绪。

2. 勇敢交往

自卑的大学生往往不善与人交往，但是人始终是处于社会各种各样的关系之中，不可能脱离社会而孤立存在。因此，大学生要放下心理包袱，坦然接受，不要因为少数人的刻薄和轻视而将自己封闭起来，要勇敢面对生活中的人和事，尝试友好地接纳别人。

（五）大学生焦虑情绪的调节

大学生存在焦虑情绪问题时，除了积极地向心理咨询师咨询外，一些心理自助的方法也可以非常好地缓解焦虑状况。常用的方法有以下几种。

1. 运动调整法

运动是调整焦虑情绪的有效方法。大学生在运动过程中，体内的"内啡肽"物质的分泌会使其体验到愉快、平和的正性情绪，从而有效地进入一种与焦虑相反的松弛状态。运动调整法要求一周至少运动 3 次，每次 20 分钟以上；运动项目可选择一些轻松有趣的，最主要是自己感兴趣的。如果可以，最好结伴运动，以相互鼓励与支持，维持长期的运动。

2. 调整呼吸法

当大学生处于焦虑状态时，呼吸会变得急促与费力，在各种焦虑反应中，都会出现这种呼吸上的变化。呼吸的加快会使大学生出现呼吸困难、胸部疼痛等身体上的难受反应，而这种身体上的反应，又会加重其在心理上的焦虑感。针对这种现象，应训练用全肺呼吸，基本要求是缓慢、均匀地用肺部呼吸，从而使身体慢慢地放松。在刚开始练习全肺呼吸时，大学生应以躺着的姿势进行，因为这种姿势最容易练习，随着对这种呼吸方式的掌握，大学生可以在任何姿势时进行这种呼吸，这样可有效地帮助其舒缓与控制焦虑。

3. 放松法

焦虑会使大学生感到紧张、肌肉酸痛、无法集中精力，或者有一些躯体上的症状。这种种反应，都会使大学生感觉非常难受。因此，学会放松对大学生来说是一种有效舒缓焦虑的方法。常见的放松法主要包括以下几种。

（1）简单放松法。

大学生可以找一个让自己心情平静和放松的目标，如自己喜欢的一件物品，或默念"放松、放松"，在练习的过程中，将注意力集中在自然、放松的呼吸上，想象自己的身体逐渐放松。

（2）暗示性放松法。

大学生在焦虑时找到一个可以供自己放松的标志物，如一件自己常见的物体。当看到这件物体时，就提示自己做放松训练，基本过程仍是注意呼吸和放松全身肌肉。

（3）渐进性肌肉放松法。

渐进性肌肉放松法的基本原理是：紧张你的肌肉，保持这种紧张感 3~5 秒，并注意这种紧张的感觉，之后放松 10~15 秒，最后，体验放松时肌肉的感觉。在放松训练中，一般是从下向上放松，即从脚趾到头顶的放松。通过这种全身主要肌肉收缩—放松的反复交替训练，可以稳定大学生的情绪。长期坚持训练，可以使大学生总是处于一种心态较平静的状态，对其性格及生活适应都有积极意义。

4. 改善睡眠的方法

处于焦虑状态的大学生往往在晚上睡眠不好，对失眠的担忧，更加重其自身的焦虑情绪。因此，针对焦虑，大学生首先要学会一些改善睡眠的方法，具体应做到以下几方面。

第一，不要在床上看书、看报、吃东西，只在想睡觉时才上床，把床与睡眠紧密地联系起来，将床只看作睡觉的地方。

第二，睡觉前不要进食刺激性的食物，如喝酒、喝茶、喝咖啡等。在睡前半小时喝一杯热牛奶，可有助于睡眠。

第三，适当地进行体育运动。在晚上睡觉前进行半小时的运动，特别是快走或慢跑，有助于睡眠。

第四，使自己的身体与心理处于较为放松的状态。不要过于担心失眠问题，接受自己会偶尔失眠的状态；可在入睡前 1~2 个小时通过洗热水澡、听轻音乐等方法让自己松弛；当躺在床上时，可通过放松的方法或调整呼吸的方法使自己的身体达到松弛的状态。

第五，如果在床上躺了 15~20 分钟仍未入睡，那么可以起床做一些其他的事情，但此时不要做过于激烈的运动，可做一些简单和轻相的事情，如看看书和杂志，当有了睡意时再重新上床。

（六）大学生愤怒情绪的调节

大学生的愤怒情绪对自身的发展极为不利，大学生可以通过以下几种方法来对自身的愤怒情绪进行调节。

第一，为愤怒情绪寻找一个合适的出口，比如可以参加一些自己喜爱的文体活动，像打球、爬山、旅游等，通过这些途径，将愤怒宣泄出来。

第二，了解自己愤怒的来源，把愤怒的能量转化为建设的动力。

第三，在愤怒情绪产生之后，努力去了解自己发怒的原因，也可以找一个人进行倾诉，使其帮助自己缓解这种情绪。

第四，当发现自己非常愤怒时，可以写一封信给你发火的对象，在信中将自己发火的原因等阐述一下。然后将信放起来，第二天再拿出来看一下这件事情是否值得自己发怒。

第五，要对自己的愤怒负责。在怒气刚产生时要以理智来加以抑制，可以强迫自己先不要讲话，通过一段时间的静默以便能够对事情冷静地进行思考；也可以在怒不可遏时，选择合适的格言来暗示自己，使冲动的言行得以缓解，避免不必要的损失。

（七）大学生抑郁情绪的调节

大学生在出现抑郁情绪时，接受专业心理教师的治疗是第一选择。除了这一途径外，大学生还可以通过一些自助疗法来管理和调节抑郁，具体来说，这些自助疗法主要包括以下几种。

1. 阳光疗法

在抑郁症中，有一种叫 SAD（季节性情感障碍）的抑郁症。研究发现，对于约 75% 的 SAD 患者，每天在人工光线下照射几个小时，其抑郁症状就会大大缓解。研究者们认为这与个体生理上的节律有关。因此，每天适当晒晒太阳，也可以有效地预防抑郁。

2. 食物疗法

根据国外最新的研究表明，抑郁病人在服用一种含有奥米伽-3 的鱼油后，抑郁症状在几周内有明显缓解。而富含奥米伽-3 的食物有香蕉、深海鱼、南瓜、大蒜、蔬菜、低脂牛奶以及全麦面包等。因此，当大学生出现抑郁情绪时，可以通过食用以上食物来缓解甚至是消除自己的抑郁。

3. 运动疗法

患有抑郁症的大学生缺乏获得快乐的能力，脑海中总是出现自动的负性思维，而在运动中，大脑内会分泌出一种叫"内啡肽"的物质，这种物质会激发人体的快感，同时使个体变得更加敏感，可以从食物、爱人、朋友的友谊那里体会到更多的快乐。因此经常运动的人会有更多的幸福感。而且，经常运动的人还会发现，自己在运动的过程中往往会忘记当时正在烦心的事，慢慢进入一种专心运动的状态。在运动的这段时间内，个体似乎进入了另一种状态，在这种状态中，个体能更积极、更有创造性地看待事物。

4. SOLER——社交技巧训练

SOLER 是由下列每个英文单词的第一个字母组成的。

（1）S（Squarely）——面对对方。

在社交活动中，与他人交谈时，面对对方，是对对方的一种基本尊重。在与他人交谈时，我们可以选取面对面、并排、90°角的站姿或坐姿。面对面的位置往往表示一种对峙，并排表示亲密，而90°角则可进可退，既保持较亲密的关系，又可以保留各自的缓冲空间。因此，在选择位置时，根据你与他人的心理空间来确定你们的人际位置较为合适。

（2）O（Open）——身体姿势开放。

在与他人的交往中，一些身体姿态如放松拳头、手心向上、身体不过度摆动等代表你的包容与接纳，愿意向对方开放自己，也会使对方愿意开放自己。如果你的身体姿势是双手放平、手心向下或双手抱胸、跷起二郎腿等，则显得畏缩封闭，会使对方也表现退缩、不愿表达和开放自己。

（3）L（Lean）——身体稍微倾向当事人。

在与他人沟通中，身体稍微倾向对方的姿势，传达出你对对方的关心和尊重，会让对方也愿意开放自己。如果你在与他人沟通的过程中身体后倾、紧贴椅背，不仅拉大了你与对方的空间距离，而且显得冷漠、疏远和蔑视，会使对方感觉不被尊重而不愿将谈话深入。

（4）E（Eye）——良好的目光接触。

在与他人交谈时，与对方的目光接触，能够传递出你正在认真聆听对方的意思，表达了对对方谈话内容的重视，通过这种眼神的接触，对方可以感受到被尊重和认可。如果在与对方交谈时，目光闪烁不定，就让对方的眼神无法凝视，会使对方感觉你是不认真倾听他的谈话，不在乎他的感受。同时，在与人交谈中，目光不要始终接触对方。一般而言，当倾听对方谈话时，目光接触可以多一些，当自己谈话时，视线可有短时间的离开。

（5）R（Relaxed）——身体放松。

在与他人沟通时，放松的身体姿势，可传达出身心的平静，对方受到这种姿态的感染，也能够放松下来，和你进行放松而自然的沟通。如果在交往过程中双拳紧握、双眉紧锁、双肩紧扣，这种紧张的姿态，不仅不能让对方放松下来，还会使对方感受到紧张与压抑，从而不愿继续沟通。

（八）大学生嫉妒情绪的调节

大学生可以对嫉妒情绪进行管理和调节，具体来说，应该做到以下几方面。

1. 客观地评价自己

当嫉妒心理萌发或是有一定表现时，大学生应主动地调整自己的意识和行动，同时客观地评价自己，找出一定的差距和问题。当认清了自己后，再重新看待别人，自然也就能够有所觉悟了。

2. 充实自我

认识和寻求自我价值的提升是解决大学生嫉妒情绪的根本途径，大学生应该发挥自身潜能，努力使自己处于其所在领域的领先位置，其嫉妒情绪自然会得到化解。

3. 用审美的眼光欣赏可能引发嫉妒的对象

大学生应该学会化嫉妒为动力，以审美的眼光欣赏可能引发嫉妒的对象，这是化除嫉妒的有效途径。大学生应该明白，嫉妒并不能使人变得更加优秀，倒不如把对对手的嫉妒转化为学习的动力，尽量缩短与对方的差距或赶超对方，才能真正达到减弱以致消除嫉妒的目的。

4. 进行自我宣泄

大学生可以通过一定的方法来宣泄嫉妒情绪。比如，可以通过向自己亲近的朋友或者亲人倾诉自己内心的不平衡，然后由亲友适时地进行开导。虽然自我宣泄并不能从根本上解决嫉妒心理，但是可以避免这种消极的情绪朝着更为严重的方向发展。除此之外，大学生也可以通过培养广泛的兴趣爱好来宣泄自己内心的不平衡。

知识链接

什么是情商？

情商（Emotional Intelligence Quotient，EQ），由两位美国心理学家约翰·梅耶（Jone Mayer）和彼得·萨洛维（Peter Salovey）于 1990 年首先提出，但当时并没有引起全球范围内的关注。直至 1995 年，时任《纽约时报》科学记者的丹尼尔·戈尔曼（Daniel Goleman）出版了《情商：为什么情商比智商更重要》一书，才引起全球性的情商研究与讨论。因此，丹尼尔·戈尔曼被誉为"情商之父"。

丹尼尔·戈尔曼接受了萨洛维的观点，认为情感智商包含如下五个主要方面。

（1）了解自我，监视情绪时时刻刻的变化，能够察觉某种情绪的出现，观察和审视自己的内心体验。它是情感智商的核心，只有认识自己，才能成为自己生活的主宰。

（2）自我管理，调控自己的情绪，使之适时、适度地表现出来，即能控制自己。

（3）自我激励，能够依据活动的某种目标，有调动、指挥情绪的能力。它能够使人走出生命中的低潮，重新出发。

（4）识别他人的情绪，能够通过细微的社会信号敏感地感受他人的需求与欲望、认知他人的情绪，这是与他人正常交往、实现顺利沟通的基础。

（5）处理人际关系，有调控自己与他人的情绪反应的技巧。

课堂活动

心理互动——情绪你我他

目的：学会调节不良（消极）情绪。

形式：6~8 人一组。

时间：30 分钟。

道具：B5 纸、彩色小卡片、彩笔、录音机、歌带、空地。

程序：

（1）让同学们在纸上写出最近让自己烦恼的事情，然后折成纸飞机放飞，意为让烦恼飞走。

（2）按顺序，每位成员都从众多纸飞机中拿出一只纸飞机，念出纸上所写的内容，并请写这张纸的同学，说出他写这件事的原因，以及想获得怎样的帮助。

（3）大家针对同学所提出的问题提出自己的解决办法，并进行讨论。

（4）组长发给成员每人一张卡片，并请他们在卡片上写上祝福和期许及自己的姓名，然后将小卡片依序往右传。

（5）以《祝你平安》这首歌作为整个活动的结束。

分享：

（1）放飞纸飞机，你的感受是什么？

（2）对大家提出的办法，你的看法是什么？

（3）当你拿到写有祝福和期许的小卡片后，你的感受是什么？

心理测试

了解你自己的情绪状态

你的情绪状态好吗？

现代社会的青年不会仅仅满足于身体的健康、衣食的温饱、形体的健美、性格的活泼，他们对自己的情绪状态也十分重视。因为"病由心生"，如果情绪状态不好，必会影响到身体的健康。所以，了解自己的情绪状态，并及时地加以调整是非常必要的。

下面两组自测题，从情绪的稳定度、情绪的控制度两个方面各提出15个问题，请你放松自如，不要深思熟虑，不要欺骗自己，要真诚而坦率地回答，符合你情况的打"√"，不符合的打"×"，并填入相应括号内。

一、情绪稳定度

1. 发生不快，能平静地思考其他事情。（　　）

2. 不计小隙，经常保持坦率诚恳的态度。（　　）

3. 有担心的事情，往往写在纸上进行整理。（　　）

4. 做事时通常给自己定一个比较实际的目标。（　　）

5. 失败时认真反省原因，不会愁眉苦脸。（　　）

6. 有悠闲自娱的时间。（　　）

7. 发生问题时，能倾听别人的意见或劝告。（　　）

8. 工作与学习都有明确的计划。（　　）

9. 尽管别人优于自己，仍然我行我素。（　　）

10. 无路可走时，能改变生活的形式和节奏。（　　）

11. 经常满足于一点微小的进步。（　　）

12. 乐于一点一滴地积累有益的东西。（　　）

13. 很少感情用事。（　　）

14. 想做一件事，发现不可能实现时就会打消念头。（　　　）

15. 抓住事物的主要方面考虑问题，不拘泥于细节。（　　　）

二、情绪控制度

1. 起床后进行半小时的锻炼。（　　　）

2. 每天的早餐时间充裕，气氛活跃。（　　　）

3. 吟诗唱歌时往往放开嗓子纵情歌唱。（　　　）

4. 入睡前说些鼓励自己的词句。（　　　）

5. 不纠缠不愉快的事情。（　　　）

6. 与其心事重重，不如马上着手解决。（　　　）

7. 精神上有压力时，通过体育锻炼来解决。（　　　）

8. 做重要事情时能全力以赴，不顾及其他。（　　　）

9. 不管和谁都不说不文明的话。（　　　）

10. 喜欢阅读伟人的传记激励自己。（　　　）

11. 善于悉心洞察，冷静判断问题症结。（　　　）

12. 坚信无论做什么事情都能成功。（　　　）

13. 每日总结当日的事情，心情放松地入睡。（　　　）

14. 常常按规定时间上厕所。（　　　）

15. 有计划地安排闲暇时间。（　　　）

记分表

项目	低	一般	高
情绪稳定度	0~5	6~10	11~15
情绪控制度	0~6	7~11	12~15

结论和忠告：把你填写的"√"个数相加就得出你的指标数，对照记分表，判断你是属于哪一栏的。

情绪稳定度为"一般"以下者，大多患得患失，不能很好地生活，常常拘泥于小事，忙忙碌碌，耗费心机。这样的人应该多学一点知识和方法，不能为一点小事或一次失败而愁眉不展。"一般"以上者，大多擅长积极处理事情，在各种困难面前不动摇，但有时会自作聪明而忽略重要问题，所以应提高综合分析能力，做出精密的调查和大胆的决定。

情绪控制度为"一般"以下者，不善于情绪的转换和松弛，容易精神疲劳，无法集中注意力，工作效率不高，还容易生病。今后要有意识地实行精神上的自我管理，以适应社会的变化，要努力保持爽朗轻松的心情和理智的头脑。"一般"以上者，善于情绪的转换和控制，不拘小节，踏实肯干，遇到困难会积极解决，以实际行动取代烦恼，经常保持轻松的心情，努力通过自我暗示来消除心中的阴影；但要注意与不同的人共事时态度应改善，要积极合作。

思考与练习

1. 简述情绪对大学生的影响。
2. 大学生的一般情绪特征有哪些?
3. 大学生有哪些常见的情绪问题?
4. 如何进行情绪管理?

第九章 大学生人际交往

知识导图

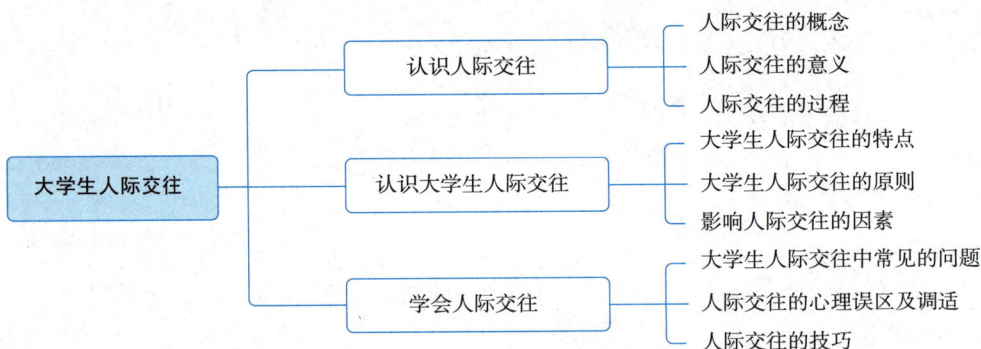

```
                              ┌── 人际交往的概念
                   认识人际交往 ──┼── 人际交往的意义
                              └── 人际交往的过程

                              ┌── 大学生人际交往的特点
大学生人际交往 ── 认识大学生人际交往 ──┼── 大学生人际交往的原则
                              └── 影响人际交往的因素

                              ┌── 大学生人际交往中常见的问题
                   学会人际交往 ──┼── 人际交往的心理误区及调适
                              └── 人际交往的技巧
```

案例导入

你能忍受多久的孤独？

1954 年，美国学者做了一项感觉剥夺实验，以每天 20 美元的报酬（在当时这是很高的金额）雇用了一批大学生作为被试者。为制造出极端的孤独状态，实验者将这些人关在有防音装置的小房间里，除了进餐和排泄时间以外，要求这些人 24 小时都躺在床上，营造出一种所有感觉都被剥夺了的状态。结果几乎没有人能在这项孤独实验中忍耐三天以上。几个小时过后，他们就吹起了口哨或者自言自语，烦躁不安，精神难以集中。持续数日后，人会产生一些幻觉。到第 4 天时，有人出现双手发抖、不能笔直走路、应答速度迟缓以及对疼痛敏感等症状。

2017 年，英国电视台播出了一个节目叫 *In Solitary*，相当于现代的密室独处实验，实验要求志愿者各自住在有基本生活设施的集装箱里，没有手机、没有计算机，也不允许和外界有任何通信，每人可以带 3 样私人物品。实验为期 5 天，每个集装箱都装有两个摄像头，进行全程拍摄。实验结束时，有 2 位志愿者没有完成实验，3 位志愿者完成，几乎每一位志愿者都曾经面临内心的挣扎，甚至几度将近崩溃，在密室中，所有的情绪都被放大。有的志愿者会对着摄像头聊天、袒露心声，有的出现呕吐、哭泣等症状，有时振奋地手舞足蹈，有时胡言乱语，甚至还出现幻觉。

思考：人际交往对个人究竟有怎样的意义？大学生的人际交往又有哪些特殊性？人际交往有没有特殊的方法和技巧呢？

第一节　认识人际交往

人类在社会生活中，需要和他人进行交流和互动来获得情感上的支持、认同和安全感。人际交往对个人和整个社会的发展都具有重要意义。良好的人际关系可以给我们带来幸福感和满足感，而孤独和退缩则可能导致心理问题的出现。因此，正确认识人际交往、掌握人际交往技巧于个人发展而言，尤为重要。

一、人际交往的概念

人际交往是指个体通过一定的语言文字或者肢体动作、表情等表达手段将某种信息传递给其他个体的过程。认知、动机、情感、态度等都会影响人际交往。认知包括个体对自己与他人、他人与自己关系的了解与把握，它使个体能够在交往中更好地、有针对性地调节与他人的关系。动机在人际关系中有着引发、指向和强化功能。人与人的交往总是源于某种需要、愿望与诱因。情感因素是人际关系的重要调节因素，人们在交往过程中，总是伴随着一定的情感体验，如满意与不满意、喜爱与厌恶等，人们正是根据自身的情感体验不断调整人际关系。可以说，情感是人际关系中最重要的部分。态度是人际交往的重要变量，直接影响着人际关系的建立、形成与发展。

在交往的基础上形成的相对稳定的情感纽带就是人际关系。一个人想要拥有良好的人际关系，前提就是人际交往。人际关系的基础就是人际交往。交往是一个动态过程，人际关系的建立与维持取决于人们之间内心的情感联系。交往相比人际关系来说是动态的，不确定性大，而人际关系一旦形成就具有相对的稳定性。这并不是说人际关系是固定的，而是说已经形成的人际关系变数很小。比如，一段高中稳固的友谊到了大学，即使双方不在同一所大学上学，也不会因为长时间的不交往而使这段友谊有很大的变化。但是这种稳定性是相对的，是一个动态的过程而不是一件稳定不变的事情，依赖动态的给予和获取的日常互动。

据统计，大学生每天除了睡眠外，其余时间中有 70% 左右用于人际交往，也有人对成功人士进行分析，得出的结论为 85% 的成功人士表示，其成的与良好的人际关系有关。因此，人际交往对大学生起着重要作用。

二、人际交往的意义

人际关系在人类的发展中，具有不可替代的作用。大量的理论研究和现实生活均表明，正常的人际交往与良好的人际关系是心理正常发展、个性保持健康与生活幸福快乐的必要条件。

（一）人际交往对于人类社会的重要性

1. 人际交往过程促进个体社会化的进程

所谓社会化，是个体从自然人转变为社会人的过程，是一个人接受文化规范形成独立自我的发展过程。人只有生活在一定的人际关系中成为社会化的个体，才能具有完整的人格和品行，才能学习和承担社会角色行为，才能获得社会公认的身份资格。在意识深处，将维持人际关系的原则纳入自己的价值体系来调节和支配行为，这是个体社会化发展不可缺少的重要环节。人际交往可以促进人们的社会化进程，通过交往，接收交往对象的信息，以人为镜，人们可以更客观地认识自我。随着人际交往面的扩大，生活内容变得充实，有利于摆脱孤独和烦躁情绪，让人拥有获得支持和印证的满足感。

2. 人际交往促进个体自我意识的完善

艾里克森认为，青少年时期重要的发展任务是建立自我统合感，明确自己在别人眼中的形象以及自己在社会群体中的位置。所谓自我统合感，是一个人自我一致的心理感受。如果自我感觉与其在他人心目中的印象是相称的，那么个体自我感觉和谐。生活在人类社会的丛林中，一个人如果没有同一性的感觉，就很难确定自身的存在，无法获得心理上的自我。人的自我认知和自我完善是在一定的文化环境中，通过个人和他人的相互作用、相互认识而实现的。与他人比较，接受他人的反馈是自我意识形成的重要途径。在现实生活中，人们都喜欢自觉或不自觉地与人比较。通过比较，人们在进一步认识他人的过程中，也将他人对自己的评价作为参照来修正自己。正确认识自己和周围的环境，才能形成良好的自我形象，塑造完美的人格。

3. 人际交往促进个体之间信息的交流

英国作家萧伯纳说过："如果你有一个苹果，我有一个苹果，我们彼此交换，每人还是一个苹果；如果你有一个思想，我有一种思想，我们彼此交换，每个人就有了两种思想。"这句话形象地说明了交往对于大学生知识的获得和信息的交流是多么重要。人际交往包括人与人之间发生的一切互动过程，其中主要是信息沟通，即人与人之间诸如情感、意向、思想、价值等方面的理解与沟通。有这样一句千古名言："独学而无友，孤陋而寡闻。"人们在与他人交流的过程中获取有效信息，弥补了难以靠自己的亲身体验获得的直接信息的不足，纠正错误认识，满足了学习、生活、个体发展的需要，扩大了知识领域，开阔了精神视野。

4. 人际交往促进个体的心理健康

人本主义心理学家马斯洛在研究人的需要层次时指出，一个人在生理需要得到满足之后就会追求更高级的需要，如安全需要、归属与爱的需要、自尊与尊重的需要，这些高级需要都是在人际交往中得到满足的。如果拥有良好的人际关系，就会产生心理安全感，对人更加信任、宽容。具有归属感的人更容易从朋友中得到理解和支持。爱的获得与给予，更是离不开人际互动。人们在人际交往中不仅可以得到他人的帮助，还可以减少自身内心的孤独和心灵的痛苦，减少心理的恐惧。与他人交往，可以宣泄自己的愤怒和不快乐的情绪，从而减少心理的压力。一般来说，心理健康水平较高的人通常具备积极交往的品质，能与朋友保持长久而深刻的关系。

（二）大学生建立良好人际关系的重要性

大学时期是个体建立人际关系的重要阶段，而人际交往成为人际关系建立并持续存在和进一步发展的前提条件和关键因素。区别于高中时代，大学生首次以成年人身份和相对独立的个体与他人交往，建立健康良好的人际关系具有特殊意义。

1. 完善个性

法国作家巴比塞曾言："当个性与集体相结合时，个性不会消失，反之，只有在集体环境中，个性才能获得更高层次的觉醒和完善。"

健康的性格往往与健康的人与人之间的交往和和谐的人际关系相伴随。有研究表明，心理健康状况越好，与他人的互动就越为主动，更能满足社会的期待，并与他人建立更为深厚的联系。一个心理健康的孩子，不仅能使他成为优秀的人才，而且会使他在未来的人生道路上更加顺利，充满快乐与成功的希望。

美国心理学家奥尔波特观察到，具有成熟个性的人与他人建立了良好的社交和和谐关系，他们能够深刻理解他人，宽容他人的不足和缺点，并能对他人表达同情，具备给予他人温暖、关心、亲近和爱的能力。在现实生活中，人们经常把这种能力称为"自我表现"或"自我完善"。心理学家认为，一个人若没有健全的人格，就不可能成为优秀的人才。马斯洛观察到，那些具有高度自我实现能力的人，对他人展现出更为深厚和强烈的友情，以及更为高尚的爱意。

大部分大学生面临的心理问题与他们缺少正常的社交互动有关，正如宿舍中同伴的心态和性格对人际交往有直接的影响，而室友间的交往模式也会进一步影响大学生对大学生活的满意度和个性成长。因此，寝室人际关系是一种特殊而复杂的心理过程。当室友展现出友善、合作和和谐的态度时，同学们会感到快乐、重视学业和成果、乐于社交和助人为乐，他们的情绪满意度也会很高；相反，若寝室不和谐或不愉快，则会导致人际间的矛盾冲突，甚至发生纠纷、斗殴等恶性事件，使情绪变得更加紧张焦虑，不利于心理健康发展。因此，在高校中加强寝室人际交流对于学生心理健康有着十分重要的作用。

有心理学研究表明，如果一个人长时间没有与他人建立积极的社交关系和稳固的人际关系，那么这个人通常会表现出显著的性格缺点。

2. 增进健康

著名心理学家弗洛伊德认为，人伴随分娩而产生的基本焦虑，只有通过他人的轻拍和安慰才能得到有效的缓解和救赎。心理学家马斯洛认为：人们应当归属于特定的社会群体，并获得他人的关爱和尊重。如果这些需求缺失，那么个体可能会失去安全感，从而对其心理健康产生不良影响。

社会学家认为，一个社会组织是否能够正常运作与其成员间关系的紧密程度有很大关联，在人际关系方面，群体合作比个人独立更加重要。社会学和人类学的研究进一步确认了群体合作在生物保护和适应性方面具有重要作用。个体间的合作关系能有效地提高个人的适应能力和工作能力，促进身心健康发展。如果缺乏群体间的协同合作，不只是人类，许多其他生物都可能面临灭绝的命运。

心理学研究表明，那些心理健康状况较好的人，多数来自关系和谐的家庭，这也间接反映了人与人之间的交往方式对其心理健康的影响。良好的人际关系不仅为大学生的心理健康提供了基础保障，同时也为心理障碍的治疗提供了宝贵的资源。

在当代社会中，由于人际交往的增多，人们面临着各种各样的心理问题和冲突，这些都是由人与人之间关系不和谐引起的。面对各种严重的心理问题和危机，需要有干预者提供援助，在治疗过程中，我们需要建立一个支持系统，其中最核心的部分来自身边的家人、朋友和同学们的关心与理解。他们对我们寄予希望与同情，并给予鼓励与指导。当我们体验到孤单、寂寞、失落、悲观甚至是抑郁的情绪时，亲朋好友和同学给予的关心和安慰能为我们提供精神上的安慰和支撑，帮助我们获得克服困境的勇气；反之则会导致自暴自弃。

3. 促进成才

美国人际学专家鲁道兹认为，人与人之间的关系如同隐形的铺路石，它是所有成功都不应被忽略的关键。如今，"团结一致，共同征战"已成为人们的普遍理念。在当今社会中，人们不仅需要知识和技能，而且更应该具备良好的人际交往能力。

高质量的人才应当是既有道德又有才华、具备合作精神的人，而在合作中，社交技巧被视为一种关键且基础的能力特质。调查结果显示，当前雇主普遍更倾向选择那些既具备专业知识和才能，又擅长团队合作并拥有出色的人际交往技巧的人员。由此可见，培养学生的人际交往能力已成为现代教育所面临的重要课题。

人与人之间的互动实质上是一个信息传递、知识与经验的交流，以及思想与情感的分享过程。一个人只有与别人进行了充分有效的沟通交流之后才能形成自己独特的个性品质，才可能成为社会上的有用之辈。人们在与外界的交往中，无论是有意还是无意，都会展现出对客观世界的兴趣、经验和感悟，并将这些信息传达给身边的人。一个人如果缺乏这种主动积极的人际关系氛围，他就无法建立起正常有效的人际联系，更谈不上实现自身价值。因此，大学生不仅需要拥有与他人合作的精神，还必须掌握人际交往的技巧，并在新环境中适应新的角色定位，这构成了事业成功的基础。

具备良好的人际交往技巧可以提高大学生在社会中的受欢迎度，增强领导和管理的权威性，并提高人与人之间的互助效果。交往是一个动态过程，需要经过观察、比较、分析、判断、选择、决定等步骤来实现。具有出色人际交往能力的人擅长洞察和理解他人的心理状态，他们能够站在别人的角度思考问题，理解对方的感受，并以平等和客观的态度对待他们，尊重他们的观点，同时也擅长理解他人的感受，善于与人相处，展现出成熟的美德。他们不仅注重原则，更注重方法、技能和艺术，拥有稳固的人际关系网络，在复杂的社交环境中表现得游刃有余，因此也更有可能取得成功。

除此之外，今天的校友有很大可能会成为明日的行业同仁和朋友。所以说，人际关系对每个大学生来说都非常重要。在大学的日子里，与同学之间的深厚情感和师生之间的爱将会延续到未来的职业生涯中，这对大学生未来的家庭和个人生活都将带来巨大的支持。而人际能力更是一个大学生综合素质高低的体现，它直接影响着学生能否在社会上立足和发展。因此，拥有"良好的人际关系"是人生中的宝贵财富，如果你想成为一名杰出的现代人才，就必须精通人际交往这门重要的人生课程。

4. 获取信息

与人交往可以帮助大学生更广泛地接触信息，从而加快他们的社会化步伐。人际交往能力强的人往往能适应激烈竞争的时代环境，能够很快地掌握工作与生活实践所必需的各种技能和方法，迅速提高自己的素质水平。

获取信息不只是确保现代人在职业生涯中取得成功的关键，同时也是影响人们日常生活、学习和自我教育的至关重要的元素。因此，大学生必须具备较强的信息意识，学会获取和处理各种信息。对大学生来说，从书籍中直接接触到的知识和信息是相当有限的。即使他们拥有深厚的学识和丰富的经验，在这个充满新信息的现代社会中，这些信息仍然只是冰山一角。他们对外界事物有着强烈的好奇心和求知欲，并愿意与别人分享自己所掌握的各种信息，这就为他们走向社会交往开辟了广阔的天地。更进一步说，人与人之间的交往成为大学生社会化过程中最关键且最高效的手段。

一个人能否顺利地进行各种社会活动，很大程度上取决于他是否具有良好的人际关系。如果家庭被视为人们社会化的首要场所，那么学校则可以被视为人类社会化过程中的另一个重要场所。因此，在大学校园里加强人际交往教育，使学生能够与同伴进行积极的互动交流，对他们将来适应社会生活具有十分重大的意义。

5. 发展亲密关系

美国知名的精神分析学者埃里克森提出，在18~25岁的成人早期，也就是大学阶段，人们会经历亲密与孤独之间的冲突。这一阶段，青年大学生会出现一种强烈而复杂的情感反应，这就要求他们必须有较强的自我意识和独立人格。只有青年人拥有坚定的自我认同时，他们才有勇气承担与他人建立亲密关系时可能会遇到的风险。

大学生处于一个特殊的成长时期，他们渴望被接纳和欣赏。与他人建立深厚的情感联系意味着将自己的身份认同与他人的身份认同完美结合。只有这样，恋爱中的关系才能真正达到紧密和无间的状态，否则可能会感受到深深的孤独。所以，要想保持亲密的感情和良好的人际关系就必须学会积极地进行交往。埃里克森将爱情描述为"压制异性之间遗传的对立性，并始终相互奉献"。而人际交往是大学生培养亲密关系的关键手段。

三、人际交往的过程

人与人之间的关系状态从没有关系到关系密切，要经过一系列的变化过程。

莱文格和斯诺克两位国外学者提出的相互依赖模型，将共同的心理领域和情感融合的范围作为描述人际关系的重要指标，并结合交往双方相互作用水平的递增关系，指出人际关系的发展可以分为以下几个阶段或状态。

（1）零接触。零接触是指两个人都未察觉到彼此的存在，此时两个人是完全没有关系的，也不存在任何基于个人的情感纽带。

（2）单向注意或双向注意。当一方开始对另一方产生关注，或者双方开始互相关心时，这意味着两者之间的互动已经展开。此时，双方可能会产生一种相互了解和信任的情绪状态。一方开始对另一方产生初步的印象，或者双方都对对方产生了初步的印象。然而，在双方尚未进行语言沟通之前，情感的交流仍然是不存在的。

（3）表面接触。这种间接的接触是以双方的语言为媒介的，它既包括对自身行为的描述，也包含对彼此态度和情绪的反映。当双方展开对话时，从直接对话的瞬间开始，便形成了直接的互动。最开始的直接互动仅仅是肤浅的，缺乏情感的介入，它标志着双方情感关系的初始阶段。随着双方沟通的加深，逐步认识到共同心理领域的存在，共同心理领域数量的多少与情感融合的程度是一致的。基于情感融合的深度，人际关系可以被分为轻度介入、中度介入和深度介入。

（4）轻度介入。在交往过程中，双方所认识到的共同心理领域相对有限，仅有这一小部分的心理世界是相互重叠的，而双方的情感也仅在这一特定的心理领域内实现了融合。

（5）中度介入。在交往过程中，双方都发现了许多相似的心理领域，这导致了他们的心理世界有很多重叠之处，因此，他们之间的情感融合范围也相应地扩大了。

（6）深度介入。交往双方发现的共同心理领域大于不同的心理领域，彼此之间的心理世界表现出高度重合，但并不完全一致，情感融合的范围同样表现出高度的重合，但并不完全一致。

一般情况下，在一个人与其他人的交往中，只有很少的人能达到深度介入的状态。有些人可能在一生中都没有与任何人建立过这样的深度关系，只停留在较浅的层次。值得特别强调的是，在人与人之间的关系发展中，不管双方的关系有多么紧密，都不会有完全相同的心理世界，因为每个人都有自己的隐私。

第二节　认识大学生人际交往

大学时期是人生发展的特殊阶段，一方面，大学生离开熟悉的家人和朋友，异地求学，第一次独立面对全新的学习和生活环境。另一方面，大学生正处于特殊的心理发展阶段，自我意识迅速发展但尚不健全，更加渴求和谐的人际关系。因此，人际交往对大学生的成长与发展有着极其重要的意义。

一、大学生人际交往的特点

尽管大学生的人际交往与社会大众有许多相似之处，但是大学生又是一个较为特殊的群体。他们居住在学校环境中，受到高等教育的熏陶，主要的交往对象是教师和学生，因此，大学生之间的人际交往又有着其自身的特点。

1. 交往主群体心理相近与个性心理的差异

大学生人际交往的主要对象是大学生自身，即同学（校友）之间的交往。大多数大学生的心理基础是相近的，有许多共性，这是与年龄相仿、学历相近、生活学习环境相似等基本情况相关联的。然而，当我们深入探讨学生的个性特点时，会发现由于学生在性格、气质、认知能力、道德修养、对新事物的接受能力和接触范围等多个方面的差异，他们在与人交往时会展现出显著的不同。而且，由于学生在学习基础、学习方法的科学性和学习精神上的不同，他们的学习状态和效果会有很大的差异，这也对部分学生的人际交往热情产生了直接的影响。

2. 交往需求的迫切性与行为的被动性

在中学阶段，学生们的首要目标是进入大学学习，他们的主要关注点是学业，很少有时间和精力与他人进行互动，加上社会竞争激烈，导致很多人缺乏人际交往的经验，不善于与他人交流。然而，进入大学后，尽管学习依然是主流，但它已经不是唯一的评价标准。现在，大学中评价一个学生是否优秀，不再仅仅是基于他的成绩，而是基于他的综合素质。大学生们年轻且充满活力，精力旺盛，思维敏捷，他们对事物的认知能力很强，并且具备很强的独立思考能力，因此他们比中学生具有更强的交际能力。鉴于大部分学生已经离开了他们的家庭环境，他们通常都怀有强烈的社交欲望，希望结识更多的人，并寻找新的朋友。然而，在日常的社交互动中，许多大学生表现得却相对消极，这主要归因于他们对社会的了解不够深入，缺乏实际的社会经验，以及对人际交往的基本知识了解不足。另外，一些大学生还存在着自卑、胆怯等不良心理状态。

3. 交往的独立意识强烈，讲究平等

随着年纪的逐渐增长和社会经验的积累，大学生的独立思考能力也日益增强。他们开始减少对父母和老师的依赖，更愿意根据自己的判断来选择与哪些人交往或如何交往，展现出更高的理性和选择性。大学生都处于相同的年龄段，他们在个人经历、社交经验、认知水平和思维方式上都有许多相似之处，这使得他们之间不存在明显的尊卑或长幼差异，从而更容易培养出平等的心态和意识。他们深切地希望得到理解和尊重，并希望与他人平等交往。即便在师生之间的关系中，他们也希望能与教师保持平等的相处方式。因此，在学校环境中，教师不再是高高在上的存在，他们既是教师也是朋友，与大学生形成了一种全新的师生互动模式。这种新型的师生关系给我们带来了希望和信心，同时，也产生了许多困惑和问题。经验告诉我们，那些在与人交往时，把自己的意图强加给他人，表现得高傲、不尊重他人，并具有强烈的控制欲、支配欲、嫉妒心和报复心的大学生，往往不会得到他人的喜爱。

4. 交往对象的局限性与人际关系的单纯性

尽管大学被誉为"小社会"，但它与真实的社会存在显著的区别，它是一个较为封闭的高等教育机构。大多数大学生的学术和日常生活都是在学校环境中进行的。因此，校园中的人际关系就显得格外重要，甚至可以说影响着他们今后一生的发展。尤其在当前许多高等教育机构中，由于距离城市核心区域相当遥远，交通条件也相对不便，这客观上使得大学生的社交对象变得更加有限。他们主要与教师和同学互动，尤其是来自同一宿舍、同一班级、同一专业或同一学院的学生。具有较强交际能力的学生可能更多地与老乡、其他学院的学生或教师建立联系，但总体而言，他们的社交活动主要还是局限在校园内。大学生之间交往的主要目的是交换思想、建立情感联系，探索人生、学术和国家重大事件等，而交往的方式则主要是通过接触和交谈。因此，在大学生群体中，人际交往的复杂性相对较低。显然，由于年轻和缺乏交往经验等因素，大学生在交往过程中可能会遇到各种各样的矛盾和冲突，但他们之间并没有太多根本的利害关系，因此，一旦出现问题，只要双方都愿意，解决起来通常是比较容易的。这就决定了大学生人际交往中往往不存在严重的道德危机问题。近年来，随着社会竞争的日益激烈，大学生之间的人际关系问题也变得越来越多，但即便如此，他们的人

际交往仍然保持着相对的纯净性和稳定性。

5. 对人际关系的认识理想色彩浓厚

大学生的生活轨迹相对直接，从小学到中学再到大学，他们主要专注于学习和学术研究，对社会的了解相当有限，思维方式也比较简单，很少受到世俗观念的影响，因此他们对社会抱有很多幻想，并对未来抱有很高的期望。因此，在交往过程中表现出一种比较开放和宽容的特点。他们倾向于推崇高尚、真挚和纯净的友情，而不是过分追求功利。他们喜欢在校园中与人交往，希望通过交往来获得知识，提高自己，丰富生活。他们持有这样的观点，即朋友应当具有相同的兴趣和爱好，相互关心和协助，并共同实现个人进步。在人际交往中，他们更注重自己与别人之间的感情交流和情感沟通，而不是把目光停留于表面上。真诚的友谊应当是毫无保留、坦率面对的。他们相信自己能够得到别人的信任。然而，如果出现了不完美或不如意的情况，他们通常会认为这是缺乏友情的表现。因此，在人际交往方面，大学生常常表现出过分依赖他人、过分强调自我等特点。正因为对人与人之间的关系过于理想化，很多大学生对现实生活中不和谐的人际关系感到不满和难以接受。

6. 与异性交往愿望的强烈性与拘谨性

正处于青春期中段的大学生，在生理层面上已经达到了完全的成熟，并且他们的性意识已经被激活。随着时间的推移，他们开始对异性产生浓厚的兴趣，并乐于与之互动。如今的大学生在与异性交往时，不再像以前的大学生那样表现得小心翼翼、过于严肃，而是展现出前所未有的勇气和开放性。许多一年级和二年级的学生也迅速地加入到恋爱的队伍中。大学生的恋爱观正在发生着巨大的变化。然而，由于大学生未能为恋爱做好充分的心理预期，这导致校园成为恋爱频繁发生的场所，同时也是失恋事件频繁发生的场所。恋爱是人与人之间的一种特殊的交流形式和情感表达方式，它可以给人们带来欢乐、友谊和爱情，但是如果不正确运用，就会导致许多悲剧的发生。失恋在人生旅途中如同一个雷区，如果处理不当，可能会对自己甚至他人造成伤害。因此，在高校中建立良好的人际关系和正确的恋爱观就显得尤为重要了。当然，鼓励正常的与异性的交往是非常必要的。对异性的过度排斥，对大学生的身体和心理健康都是非常不利的。

二、大学生人际交往的原则

很多大学生处于刚刚脱离父母的阶段，他们来到一个陌生的地方，会遇到各种各样的人，有不同的背景、兴趣爱好和价值观，不免会有很多不适应的地方。很多同学不知道该如何如他人进行交往，因此，大学生知道并遵循一些人际交往原则，可以更好地建立人际关系，促进个人的成长和发展。

（一）平等原则

在人际交往中，必须讲求平等交往，每一个人，无论职务高低、知识多寡、贫富差距、身体强弱、年龄长幼、性别相同与否，在人格上都是平等的。如果在交际中出现以权压人、以势压人、恃强凌弱，把自己看得高人一等，把别人看得一钱不值，那就不可能有真正持久的人际关系，甚至可能会带来恶性循环的不良后果。因为渴望受到尊重是每个人的基本心理需求，自尊心是人的心灵里最敏感的角落，一旦挫伤一个人的自尊心，有时对方会以十倍的疯狂、百倍的力量来与你抗衡。

（二）尊重

只有尊重他人才能得到他人的尊重。尊重包括自尊和尊重他人两个方面。自尊就是在各种场合自重自爱，维护自己的人格；尊重他人就是重视他人的人格、习惯与价值，尤其是对隐私的尊重。尊重是由人人平等的社会伦理规范所决定的人际交往原则。

一个人如果受到别人的尊重，就感觉活得幸福、有尊严。受到他人的尊重，我们的学习、工作、生活就有信心，有创造性，能成功。而要想得到别人的尊重，首先要学会尊重别人，学会为别人喝彩、鼓掌。一个人只有用一种善良的心态来对待别人，才会发现周围的人其实都有值得学习和借鉴之处。把喝彩和掌声送给别人，不是刻意抬高别人、贬低自己，更不是吹牛拍马、阿谀奉承，而是恰到好处地对别人进行肯定和尊重。为别人鼓掌、喝彩，正是在给自己的生命加油。当我们身处低谷，为别人鼓掌、喝彩，就会看到希望、获得力量；当我们走向成功时，更要学会为别人鼓掌，为别人鼓掌的同时就会获得对方的喝彩。我们要尊重别人的爱好、习惯、风俗，甚至于别人的隐私，尊重彼此存在的外显或内在的心理距离，不要轻易地去突破它、破坏它，否则就容易造成对方的戒备、反感和疏远。

（三）诚实守信

诚信是无形的"名片"，关乎一个人的形象和品质。"待人以诚而去其诈"，这是人际交往和相处的重要原则，只有言实意真，对方才能相信和接纳你；相反，哄骗欺诈，有事不敢相托，则什么事情也不会做成。不讲诚信者，就不会有和谐的人际交往。只有言必信行必果，这样别人才有安全感，试想一下，有谁愿意与失信者多交往？

诚信是做人的基本素养，也是社会文明程度的标志。我们国家的经济发展可谓日新月异，精神文明建设也在不断加强。应该大力加强诚信教育。人际交往需要诚信，社会发展也需要诚信。我们需要用诚信来追求自己肝胆相照的友情；我们需要用诚信来追求自己至死不渝的爱情；我们需要用诚信来构建自己事业的基石；我们需要用诚信来打造自己坚实的明天……没有诚信，我们的理想、友谊、爱情、事业和未来都将成为无源之水，无本之木。没有诚信，一切将变得虚无缥缈。因此，在人际交往中人们愈加追寻诚信之光。

诚信之光在哪里？它就在我们每一个人的心里。诚实做人，诚挚待人，诚信做事；真实地对待他人，不粉饰自己，不戴虚伪面具，去掉各种遮掩，体现真正的自我……这是我们对诚信之光应有的追求。当今社会对大学生的诚信有了更高的要求，不少学校都在为大学生建立诚信档案。诚信二字，是中华儿女的传统美德，是警世之珍宝，是为人处世、安身立命的根本原则。将心比心，谁都不愿意失去别人的信任，那么好吧，诚信，就从我们每个人自己做起！

（四）相互性原则

人际交往中，良好人际关系的建立有时可以简单到只是因为他很喜欢我，所以我就喜欢他；只是因为他关心我了，我也要关心他；因为对方帮助了自己，所以也要找机会帮助对方，这种互利互惠就是人际交往中的相互性原则。人际关系要达到和谐，必须保持一定的平衡。任何一个好的关系都是双方受益，如果一方长期受损，这种关系是长久不了的。在交往中，只要我们肯让自己先退一步，肯给足对方面子，肯在自己的底线上留有一定的弹性，肯与对方利益共享、共谋发展，那么，就一定能取得沟通的最佳效果，也一定能使人际关系变得更加和谐。喜欢别人的人也会得到别人的喜欢。

三、影响人际交往的因素

既然人际交往具有如此重要的意义，那么到底哪些因素影响着人们的人际交往呢？研究表明，由于个体主客观多方面原因，影响大学生人际交往的因素也是复杂多样的。下面择其主要因素加以分析。

（一）认知因素

这种因素主要包括人们对自己、他人和交往活动本身的认知。人们通过交流，取得了相互了解，满足了交往的需要以后，才能情感相容、行为一致，因此，认知因素是影响交往过程中首要的、基本的心理成分。对己、对人、对交往活动这三方面的任何一个方面的认知出现偏差，都会影响交往行为，甚至成为交往障碍。因此，要正确认识自己，不过高或过低评价自己，避免交往中的盛气凌人或畏惧心理；要正确认识别人，具有包容之心，克服以偏概全、以貌取人等错误的概念；正确认识交往活动，既要重视相交，提高对交往在个体发展中作用的认识，又要正确认识交往的功能，转变那种交往就是人与人之间的相互利用的错误心理，还要注意避免由于不正确地认为人心难测，从而在交往中戒备心理过重的现象。

（二）情感因素

情感因素是人际交往中的主要特征。对人的好恶往往决定着交往双方的行为。因此在人际交往中，双方是否能实现情感的沟通和相容，影响着人际交往的效果和良好的人际关系的建立。如果交往双方情感相容，从而达到相互的认同和接纳，就会减少人际间的摩擦与冲突，情感因素就会成为建立良好人际关系的心理条件而始终贯彻于人际交往的过程之中。因此，一个人在与人交往的过程中要始终保持良好的情绪状态，对他人充满善意，友好相处，宽容大度，不因小事而斤斤计较；对生活充满希望，积极乐观，不因暂时的挫折而自暴自弃。

（三）人格因素

在交往的过程中，一个人的人格因素至关重要，并且这种因素的作用会随着交往时间的推移越来越强。一个具有豁达大度、谦虚开朗、正直热情、坚强沉稳、尊重他人等良好人格特征的人，具有一种人格魅力，容易与他人建立一种很好的人际关系。这种魅力不仅可以弥补个体气质中的某些不足之处，促进自己身心的健康发展，而且可以在学习和生活中寻找到真正的朋友。相反，人格不健全或心理品质不佳的人不仅会影响自己和他人的关系，妨碍个人的成长与发展，而且不利于自己的身心健康，容易导致心理问题。因此，大学生们都要注重塑造健全的人格，不断修正和完善自我。

（四）时空接近因素

远亲不如近邻。空间距离是影响人际关系的一个重要因素。通常人与人之间在距离上越接近，交往机会越多，越容易认识和了解，感情上也越容易亲近，因此容易形成较密切的关系。例如，一个学校的同学、一个宿舍的室友、来自一个地区的老乡等。大学生应注意与周围的人交往，在交往中寻找朋友，为自己营造良好的人际氛围。同时，还可以主动创造一些交往机会，缩短时空距离，与自己愿意与之结交的人交往。但要注意，一方面应当积极交往，另一方面也要把握好交往的"度"，不能过多、过频，否则不仅会使他人感到厌烦，而且会成为自己的负担，最终影响学习和生活。

（五）相似或互补因素

人与人之间的相似之处很多，如年龄、学历、爱好、态度等。相似性在人际交往中有重要的意义，因为具有较多相似之处的人多趋于参加同类活动，更容易对社会上的人或事产生共同的看法和观点，因而也更容易互相沟通并产生感情上的共鸣，进而增加彼此的相互吸引力，强化进一步交往的意识。俗话所说的"物以类聚，人以群分"，就是这个道理。有人曾做过实验，新生入学先随机分宿舍，三个月后进行自由组合，人们便会发现，态度相似、志趣相投的人总是自愿地组合在一起。与相似相联系的是互补。当人意识到自己的某种不足时，会发自内心地羡慕具有这种特点或能力的人，愿意与其接近。当交往双方的需要和满足途径能够成为互补关系时，双方之间的喜欢程度也会增加。因此大学生在交往的过程中，一定要注意收获和付出的相互性，那种只想"拿来"而不想"给予"的人，不可能有现实意义上的交往，也不会获得真挚的友谊。从表面上看，相似与互补是矛盾的，但实际上，二者是协同的。甚至在某种情况下，互补可能比相似更重要。

（六）能力与外貌因素

一个人的能力和外貌都会影响人际交往的效果。人际交往的最初动力就是外表吸引力。研究表明，人们不仅会被具有外表魅力的人吸引，还会认为这些人具备更美好的品质，能够拥有更幸福的生活。这种研究结果不管是男人评价男人，女人评价女人，都没有不同，在男女互评的情况下，所得的结果也是相同的。当然事实上，外貌好不一定品质好，外表的吸引力对人们的适应能力和终生的幸福只起到微弱的作用。可是在人际交往中，尤其是交往的初始阶段，外表的吸引力是一个重要的影响因素。

第三节　学会人际交往

人际交往的世界是精彩的，可是很多人对这精彩的世界感到很无奈。以自我为中心、嫉妒、自卑、孤独等心理障碍像一张无边无际的大网，将许多人困在网中央，使他们焦虑、痛苦、失望。青年大学生交往的心理伴随生理、心理的成熟发生了很大的变化，不良的交往心理也随之而生，因此，必须重视大学生交往的心理表现，加强对其的矫治与疏导。

一、大学生人际交往中常见的问题

（一）不敢交往

在人与人之间的交往实践中，每个人都会有不同程度的恐惧感，只不过他们的反应强度各不相同。部分大学生在这一领域的反应尤为激烈，受到害羞、自卑等心理因素的影响，他们在与人交往的过程中表现得异常紧张、心跳频繁、呼吸急促、脸色泛红、耳朵发红，甚至不敢直视对方；在与他人交流的过程中，表现出语言混乱和表达不准确的问题。这些现象说明他们的心理素质比较差，不善于运用心理学知识来调节自己，缺乏必要的自我控制能力，不能很好地适应社会生活的需要。特别是在人潮汹涌的环境或团体活动中，人们更容易感到害怕，害怕与他人互动，也不敢展现自己的真实面貌。在严重情况下，可能会导致社交恐惧症。

每个人都渴望拥有良好的人际关系，但在人与人之间的互动中，每个人都会有不同程度的恐惧感，只不过这种恐惧的程度各不相同。在人与人之间的交往中，常见的恐惧情绪有害羞、紧张、焦虑以及自卑。

（二）不愿交往

一些大学生在经历了高考的挑战后，进入大学，身边的同学发生了变化，有部分同学意识到自己不如中学时那么出类拔萃了，这进一步导致他们因为嫉妒和自卑心态而产生人际关系障碍，觉得自己不如他人，不善于运用适当方法和技巧处理人际关系。有的学生由于自卑而产生了自闭倾向，不愿与人交往，不愿与人交流，不愿参加集体活动，甚至拒绝学习，生活中处处表现出冷漠和自私。有些学生过于自负，看不起他人；某些学生群体自我意识过强，过于以自我为中心，对身边的人和事显得漠不关心；还有的同学对老师和领导不尊重等，这些问题都是同学交往过程中容易出现的心理障碍。他们自我封闭、自赏，但又特别敏感，心理承受能力很差，喜欢独自行动，不愿意公开露面，也不愿意与人交往。

不愿意与人交往主要体现在以下方面。

（1）缺乏自信。一些大学生进入大学后，意识到自己并没有中学时代那么出色，这导致了他们的嫉妒和自卑情绪，认为自己不如他人，害怕被人轻视，并因害怕失败而不愿与他人建立联系。

（2）缺少信任。部分学生过于以自我为中心，对身边的人持有疑虑，缺少团队合作的基础，认为他人都不值得信赖，因此不太愿意与他们建立联系。

（3）缺少宽容。部分学生在对待彼此的差异时显得不够宽容，经常因一些琐碎的事情而互相伤害，这进一步影响了他们的交往意愿。

（三）不善交往

部分大学生在交往中并不擅长掌握相关的知识和技巧，他们在交流时可能显得太过生硬、缺乏生机，显得呆板，虽然心中存有感激，但在当时却难以让人真正理解。有些人因为认知上的偏见而导致理解上的困难，不重视交流的方法，并且在劝导、批判或拒绝他人时缺乏艺术性。还有的学生认为自己很聪明，但缺乏人际交往经验，对交往对象不懂礼貌，不知道怎样对待别人的好意见、好建议。部分大学生在与他人互动时，往往忽视了交往的基本原则，不懂得在开玩笑时应选择适当的场合，不知道如何给人留面子，或者说出粗鲁的话，损害了对方的自尊；或者是不知道如何尊重他人的传统和习俗；或者是假装知道要尊重他人但在言语中却对他人的缺点或不足夸大其词等。这些行为不仅损害了个人形象的塑造，还妨碍了同学间更深层次的互动和交流。不善交往主要表现在以下四个方面。

（1）对于交往的基本知识缺乏了解和掌握。在对话过程中，如果表现得过于生硬、缺乏生机、呆板，或内心充满感激而不愿意表达出来，都会导致误解。

（2）忽视了掌握有效沟通手段的重要性。例如，在劝导、批判或拒绝他人的过程中，往往缺乏合适的策略。

（3）对于人与人之间的交往原则缺乏了解。如开玩笑时未考虑场合，不知道如何给人留面子，或者说出粗鲁的话伤害了对方的自尊。

（4）缺乏对他人传统习俗的尊重。不考虑传统习俗和禁忌，也不考虑他人的情感，轻率地开玩笑。

（四）不懂交往

不懂交往多表现为因理想模式与现实的冲突而引发的失望情绪。大多数进入高等教育机构的新生都有强烈的人际交往欲望，却常常觉得人际交往非常困难。这主要是因为很多大学生在追求人际交往时，往往带有浓厚的理想色彩，用友谊的理想模式来衡量生活中的人际关系，这导致了高期待和高挫折感的并存。部分大学生常常对过去的事情津津乐道，但对于现实生活中的人际关系却表现出强烈的不满情绪。因此，在大学阶段提高学生的交往能力就显得非常重要。一些大学生并不真正理解交往是在于日常交往经验的累积，他们总是期望他人能够主动地关心并与他们互动，而他们自己的位置却经常发生变化，这样的交往是不会长久的，也是无法达到目的的。还有就是只在自己需要帮助的时候才去临时抱佛脚，当觉得对方在物质和精神上都无法为自己带来好处，甚至觉得跟对方交往是负担时，这种关系可能就会被打断。不懂交往表现为以下几个方面。

（1）理想的社交方式导致的心灵失落。刚入学的大学新生通常具有很强的人际交往欲望，但他们往往对人际交往的追求带有很强的理想色彩，用友谊的理想模式来衡量生活中的人际关系，这导致了高期待与高挫折感并存。

（2）对过去的过度沉迷已经妨碍了当前的社交活动。有些大学生热衷于回忆过去的社交时光，但对实际生活中的人际关系却持有强烈的不满情绪，这导致了他们与他人交往的困难。

（3）消极的等待态度会对人与人之间的交往积累产生负面影响。有些大学生并不真正理解交往的价值在于日常的社交经验积累，他们总是期望他人能主动与自己建立联系，而自己却常常被置于一个被动的位置。

（五）缺乏技巧

这类学生的表现可能是上述几个因素综合作用的结果，他们可能会表现出羞怯、自卑、孤独、多疑、嫉妒和恐惧等情绪。或者是缺少基本的人际交往技巧。往往在与他人交往时，感到很茫然。他们通常都有交往的渴望，但因为交往方式不恰当、交往能力受限、性格缺点或交往心理障碍等因素，在交往过程中既不了解自己，也不了解他人，因而导致交往的失败。由于长时间的社交不成功，一些学生开始将社交视为一种沉重的负担，并逐渐陷入自我封闭的状态。有些人甚至对交往产生了厌烦情绪，不愿与他人交往，从而使人际交往处于消极被动状态。大学生在人际交往中受到的主要影响因素包括环境条件、空间的距离、交往的频次、相似的背景、互补性需求、交往的态度以及个性特质等。从心理咨询和大学生的日常生活经验中，我们可以明显观察到，部分大学生由于缺少人际交往的技巧和经验，而另一些则因为性格内向或对人际交往的误解等因素，导致他们在人际关系上感到紧张。在人际交往中，大学生经常遇到的问题主要集中在与教师、与同学、与父母以及与异性之间的关系上。

二、人际交往的心理误区及调适

（一）以自我为中心

1. "以自我为中心"心理及其形成

以自我为中心的人，在日常生活中通常不会去关心别人的利益得失，而是一味地追求自己的利益，不去理会别人的感受，而是以自己的需求为中心，以自己的兴趣为中心。"以自我为中心"心理并非人之常情，这种心理形成的影响因素主要是个体的不断发育和教育环境中的不良成分，是一种畸形发展的自我意识的产物。

2. "以自我为中心"心理的特点

以自我为中心的人很少会主动关心他人，时时刻刻保持与他人的社交距离；遇事时时想着自己的利益，不会为了服务于自己而考虑他人的感受，不会把别人当成自己的服务对象；坚持己见，对别人的主张和建议置之不理，往往把自己的主张强加给别人，认为别人应该保持和自己一样的想法或观点。其实，适当地表现出以自我为中心是正常的，但是，当以自我为中心发展为一个人稳定的人格特质，就会是百害而无一利，这种特质会使他们处于自我封闭、自我隔离的状态。

3. "以自我为中心"心理的调适

学会接受批评，正视他人意见，敢于承认自己的错误。与他人平等相处，摆正心态，不过分苛责别人，也不冷眼看人。丰富自己，当一个人越有知识、越有能力、越有修养，就越不会陷入狭隘的以自我为中心之中，立足点就会提高，眼界也会相应开阔。淡化自我，不过分计较别人的一言一行，不过分解读他人言行。可以通过如下几种方式进行调适。

（1）接纳自己，以正确的态度去面对自己的不足，接受来自他人的批评建议，唯有如此，才有可能通过他人的批评来改变自身长期的错误观念。

（2）学会和他人平等相处。在人际交往的世界里，没有谁比别人低，要秉持这个观点，以一个普通人的心态和身份与人相处，才能平衡好人际交往的天平，只有这样，才能做到与人和谐相处。

（3）丰富自己。培根曾说过："读书使人明智。"一个人只有通过不断学习，掌握更多的知识，提升自己的能力，才会胸怀宽阔，从而不会陷入狭隘的以自我为中心之中。

（4）淡化自我。以自我为中心的人通常心目中自我地位较高，因此会过度计较别人的言行。所以要经常淡化自己，在脑子里把自己的位置淡化，以便更好地倾听别人的看法和意见。

（二）自卑心理及形成

1. 自卑心理及形成

自卑心理是一种自认为不如别人、轻视自己的不良心理。日常的自卑表现为：忧郁、阴郁、孤僻。在社交过程中如产生自卑心理，则容易使人产生离群索居、不自信的孤立无援心理。通常，社交自卑的人性格内向、感情脆弱、多愁善感，会自以为是技不如人，对自己进行否定。他们不喜欢在别人面前表现自己，不愿意抛头露面，害怕在大庭广众之下出洋相。

为什么会形成自卑心理？生理上的缺陷，可能会使人产生自卑感；家境贫寒，社会地位低下，可能会使人产生自卑的心理；自知其短，过分否定自己，也可能会使人产生自卑的心理。内向的人往往容易在与别人的比较中，以己之短与人之长做对比，放大自己的短处，忽略自己的长处，从而使自卑心理加重。对自己认识不清的人，可能会出现打击自己自信、否定自己，进而影响和限制个人能力正常发挥的消极心理暗示，如"我不行"。这样多次出现的消极心理暗示，就会慢慢形成自卑心理。同时，经历过很多交往上的挫折，也会使内心相对脆弱的人产生自卑心理。

2. 自卑心理的调适

有强烈自卑感的人在生活、工作中存在很多问题，从而陷入恶性循环。当然，自卑的心理是可以通过长时间的调节转化过来的，是可以克服的。要正确看待、认识生理缺陷与家境贫寒，通过自身的不懈努力，不断学习，增长自己的知识，提高自己的能力，正确认识自我，肯定自己的成绩，从而消除自身缺陷带来的影响。在面对新困难、新问题时，要不断鼓励自己，给自己积极的心理暗示，努力去争取成功。要积极与他人交往。有自卑心理的人，常常会把自己和别人分开，不敢尝试和别人交往，从而陷入害怕和自卑的恶性循环，所以要克服自己的恐惧，积极地和别人交往，这样才能让自己的心胸开阔起来，战胜自卑。

（三）孤独心理

1. 孤独心理及形成

孤独心理是一种孤僻的心理，长期处于独处或孤立无援的状态，很少接触到别人。孤独的心理会使人意志消沉，郁郁寡欢，对身心健康造成严重的影响。孤独心理的形成原因多种多样。个人性格的孤僻，也许会让人产生孤僻的心理。性格孤僻的人，大多经历过心灵的创伤，自卑感很强，与人交往时，由于缺乏必要的人际交往技巧，内心产生抵触情绪，因而会感到孤独。生活环境的限制，也可能会引起孤独心理的产生。缺少与人交往，缺少文化交流，缺少生活情趣，所以才会有离群索居的心理。与他人产生矛盾会产生孤独心理。被别人刻意地孤立，会使人产生孤独心理。失恋也会使人产生孤独心理。

2. 孤独心理的调适

孤独是一种不健康的心理，长期处于孤独心理之中会严重影响自己的心理健康。通过积极的行动，可以让自己摆脱孤独的心理。先明白不良的心理状态会给自己带来哪些不良的影响，再慢慢学习如何与他人沟通。然后应在与人的交往中，积极参与到各种活动中去，感受温暖，感受友情。最后应不断反省自我，勇于承担错误，遇到问题要剖析自己，分析是不是自己的问题。

（四）嫉妒心理

1. 嫉妒心理及形成

人在日常生活中，常与人比才干、比机遇、比名声、比社会地位等，若自愧不如，则会使人的内心产生一种复杂的心理，如羞愤、愤懑等，这就是嫉妒心的表现。嫉妒是具有一定生物学意义的普世情感，是由人与人之间的较量而产生的。嫉妒心在正反两方面也会带来不一样的作用。例如，有人不甘落于人后，拼命工作，这就是嫉妒心理带来的积极效应。不过，嫉妒心理带来的负面效应更多。在人际交往过程中，嫉妒情绪通常具有很强的排他性，人们往往也会在嫉妒心理产生时做出恶意中伤、诋毁他人、给他人带来严重负面影响等行为。人们往往将嫉妒目标当作自身的发泄对象，所以每当我们谈及嫉妒心理时，首先想到的就是其消极影响。

2. 嫉妒心理特点

潜隐性。嫉妒心理一般隐藏在人的内心深处，只有在特殊情况下才会表现出来，但人却不愿承认自身有嫉妒心理存在。

对等性。一般嫉妒产生的对象，往往是境遇突然大转变的人，他们的资历、职务、地位都与自己相近。

变异性。有嫉妒心理的人，当嫉妒对象的优点改变为缺点时，其心理可能会变异，产生怜悯或幸灾乐祸的心态。

3. 嫉妒心理的调适

嫉妒心理是一种会影响人与人之间正常交往，并对自己的心理健康造成影响的不良心理，这种心理会严重影响自己的健康。所以很重要的一点就是要调整自己的嫉妒心理。对自己的认知偏差要抱着改正的态度，取他人之长以补己之短，不能要求以己之短而长于他人。要积极进取，在发现嫉妒目标某方面强于自己时，应将情绪向积极方面引导，从而追求上进。当发现努力也不能超越对方时，要学会扬长避短，这样才能求得大致的平衡。要转移注意力，嫉妒往往产生于闲散时间之中，所以要通过不断向他人学习，让自己的生活充实起来，多参加各种活动，发现他人的优点，提高自己的能力。要改变认知偏差，接受他人的优点，学会赞美他人的成功，培养自身良好的交往态度。

（五）社交恐惧

1. 社交恐惧心理及其形成

恐惧心理是指一种不能立即脱离危险的心理。社交恐惧心理，是人们在社交活动中产生的一种恐惧心理，如见到陌生人害羞、说话紧张、说话结巴，害怕与陌生人进行交往。

产生社交恐惧的原因一般有三种：第一，对未知不安的恐惧心理。有此心理的人，常有不合群、害怕与人交往、畏畏缩缩、焦虑等情绪或表现。第二，挫败型恐惧心理。在人际交往中受到重创，遇到类似场合就表现出害怕的情绪；自尊心受到刺激后，也可能会有这种害怕的心理。第三，自我保护的畏惧感。一般都是怕暴露自己在社交中的弱点，担心受到别人的歧视，所以才会有这样的心理。

2. 恐惧心理的调适

提高自身的认知。要深刻意识到在生活、工作中人际交往是必不可少的，并且需要培养足够的人际交往能力，要以主动、积极向上的态度去同他人交往。在日常的人际交往中，分析自己害怕的对象、原因，提前做好心理准备，使害怕情绪得到缓解或消除。要积极努力克服自身的缺点，提高自己的各项能力，以增强自身同他人交往的自信心。

三、人际交往的技巧

（一）重视良好的第一印象

尽管第一印象多停留于表面，可能是一种肤浅的印象，但作为人际交往的基础，其作用仍然是不可小觑的。为此，大学生在交往时应注意自己的仪表装扮要整洁得体，待人接物要开朗大方、尊重诚恳；与陌生人初次见面时，主动介绍自己，记住并叫出对方的名字；主动地向对方适当介绍一些自己的基本信息、兴趣爱好等；交往中展现出大学生的青春活力，给对方以积极乐观的印象。

（二）学会倾听与交谈

许多大学生都非常关注自己是否善于表达，殊不知交际首先要学会倾听。因为说得好不好是技术问题，听得好不好却是修养问题。技术问题好解决，修养的提高却很困难。在生活中，大家一定都有这样的体验：当我们说话时，总希望别人能够认真倾听，特别是在这个忙碌繁杂的社会里，倾听成为亲人和好友之间互赠的最好礼物。回忆自己的经历，你可能遇到过这样的烦恼：当你在对朋友诉说你的烦恼时，对方无动于衷，并不能体会你的感受，你会感到很沮丧，感到不被理解和接纳。因此，在人际交往中，大学生有必要掌握积极倾听的技巧。具体而言，倾听需要沉着安静、耐心专注，还需要根据对方的话题做出适当的反应，谈到高兴的事情时点头微笑，谈到伤心的事情时面色沉重等。如果你不赞成对方的某些观点，也不要轻易打断别人的话题，实在需要这样做时，才可委婉地用商量的口气问一声"请允许我打断一下"或"请让我插一句"等，这样做会让对方感到你对他的尊重和理解，有助于你与对方信任的建立和情感的融合。倾听时要从对方的立场来理解他的意思，只有这样，才能和对方产生同感、共鸣。

（三）主动交往

要想让一个人尽快与自己从陌生走向熟悉进而成为朋友，首先要丢弃你的"冷落"态度，率先发出你对他人的友好信号，因为处于主动地位的人总是比处于被动地位的人容易得到朋友。同时也要克服你的"怯场"心理，怯场心理同样会让你"出手"被动，此时要想到，你在别人面前是陌生的，别人在你面前同样也是陌生的，其心理和你是一样的，渴望得到友谊而又感到有些拘束。在这种情况下，如果你首先积极主动地伸出友谊之手，你就在使对方成为你的朋友上成功了一半。

大学生共同学习、生活，接触密切，这是建立友情的良好的客观条件，应充分利用这一条件，与同学保持适度的接触频率，才能使人际关系不至于淡化甚至消失。切忌"有事有人，无事无人"。很多同学之所以缺乏成功的交往，仅仅是因为他们在人际交往中总是采取消极、被动、冷漠的退缩方式，总是期待友谊从天而降，这些人只做交往的被动响应者，不做交往的始动者。在人际交往中，别人是没有理由无缘无故对自己感兴趣的。大学生在交往中要注意主动与同学打招呼，主动和同学讲话，主动帮助别人，主动承担一些公共的工作，使同学了解自己，也使自己了解同学。因此，如果你想与别人建立良好的人际关系，就必须主动交往。

（四）换位思考，学会欣赏

人海茫茫，两人相遇。是否想过，你和他相遇的概率，究竟是几分之几？根据联合国的统计，全球人口大约八十亿，两人相遇的概率就为八十亿分之一，如此稀有，况且绝大多数人一辈子相互认识的也只不过寥寥几百人，相遇相识的缘分如此难得，为什么不好好珍惜呢？珍惜缘分，就应该学会理解欣赏对方，要学会"换位思考"，要善于从对方的角度和处境认知对方的观念、体会对方的情感、发现对方处理问题的个性方式。只有设身处地地多为别人着想，才能够最大限度地理解别人和发现对方的闪光点，从而欣赏对方。

（五）掌握非语言艺术

非语言艺术一般包括眼神、手势、面部表情、姿态、位置、距离等。研究表明，在两个人面对面的沟通中，55%以上的信息交流是通过身体语言实现的。人们从经验中体会到言语交际更多的是用来说明思想，非语言交往更多的是用来表达感情，掌握和运用好这种交往艺术，对大学生搞好人际交往是不可缺少的。"眼睛是心灵的窗户""眼睛像嘴一样会说话"，面部表情是内心情绪的外在表现，它们均能表达人的态度和情感。如眉飞色舞表示内心高兴，怒目圆睁表示愤怒等。交往中还可用人体动作来表达思想，如微微前倾表示感兴趣，双手抱胸表示抗击和防卫。大学生在人际交往中根据谈话的内容和场合，正确运用非语言艺术，巧妙地表达自己的思想感情，有时能起到"此时无声胜有声"的作用。但非语言艺术要运用得恰到好处，不可过于频繁和夸张，以免给人手舞足蹈之感。

知识链接

黄金定律、白金定律、刺猬法则

黄金定律。你希望别人怎么对待你，你就怎么对待别人。毫无变通地照黄金定律行事，意味着在处理与别人的关系时，是从自身的角度来看问题。它的言外之意是，我们大家都是毫无差别的，我想要的或希望的也恰恰是你想要和希望的。但是，我们大家并不是一个模子里刻出来的。以对待这些人的方式去对待另外一些需求、愿望和希望都大相径庭的人，显然会遭到拒绝和排斥。

白金定律。别人希望你怎么对待他们，你就怎么对待他们。学会真正了解别人——然后以他们认为最好的方式对待他们，而不是我们中意的方式。这一点还意味着要善于花些时间去观察和分析身边的人，再调整我们自己的行为，以便让他们觉得更称心和自在。白金定律处理问题的出发点是别人，承认人的风格是有区别的，这是白金定律与黄金定律最根本的区别。

刺猬法则。刺猬法则可以用这样一个有趣的现象来形象地说明：两只困倦的刺猬由于寒冷而拥在一起，可怎么也睡不舒服，因为各自身上都长着刺，紧挨在一块，反而无法睡得安宁。几经折腾，两只刺猬拉开距离，尽管外面寒风呼呼，可它们却睡得香甜。刺猬法则强调的就是人际交往中的"心理距离效应"。同学朋友之间要保持亲密关系，但这种关系是"亲密有间"的，是一种不远不近、既尊重亲近又保持一定心理距离的关系。

课堂练习

大学生人际关系综合诊断量表

这是一份人际关系行为困扰的诊断量表，共28个问题，在每个问题上，符合你自己实际情况的画"√"，不符合的画"×"。请你认真完成，然后阅读后面的计分办法和对测验结果的解释。

量表
1. 关于自己的烦恼有口难言。（   ）
2. 和生人见面感觉不自然。（   ）
3. 过分地羡慕和妒忌别人。（   ）
4. 与异性交往太少。（   ）
5. 对连续不断的会谈感到困难。（   ）
6. 在社交场合感到紧张。（   ）
7. 时常伤害别人。（   ）
8. 与异性来往感觉不自然。（   ）

9. 与一大群朋友在一起，常感到孤寂或失落。（　　）

10. 极易受窘。（　　）

11. 与别人不能和睦相处。（　　）

12. 不知道与异性相处如何适可而止。（　　）

13. 当不熟悉的人对自己倾诉他的生平遭遇以求同情时，自己常感到不自在。（　　）

14. 担心别人对自己有什么坏印象。（　　）

15. 总是尽力使别人赏识自己。（　　）

16. 暗自思慕异性。（　　）

17. 时常避免表达自己的感受。（　　）

18. 对自己的仪表（容貌）缺乏信心。（　　）

19. 讨厌某人或被某人所讨厌。（　　）

20. 瞧不起异性。（　　）

21. 不能专注地倾听。（　　）

22. 自己的烦恼无人可倾诉。（　　）

23. 受别人排斥与冷漠。（　　）

24. 被异性瞧不起。（　　）

25. 不能广泛地听取各种意见、看法。（　　）

26. 自己常因受伤害而暗自伤心。（　　）

27. 常被别人谈论、愚弄。（　　）

28. 与异性交往不知如何更好地相处。（　　）

评分标准

画"√"的计1分，画"×"的计0分。

对测查结果的解释与建议

如果你得到的总分在0~8分之间，那么说明你在与朋友相处时的困扰较少。你善于交谈，性格比较开朗，主动关心别人，你对周围的朋友都比较好，愿意和他们在一起，他们也都喜欢你，你们相处得不错。而且，你能够从与朋友相处中得到许多乐趣。你的生活是比较充实而且丰富多彩的，你与异性朋友也相处得很好。一句话，你不存在或较少存在交友方面的困扰，你善于与朋友相处，人缘很好，获得许多人的好感与赞同。

如果你得到的总分在9~14分之间，那么，你与朋友相处存在一定程度的困扰。你的人缘很一般，换句话说，你和朋友的关系并不牢固，时好时坏，经常处在一种起伏波动的状态之中。

如果你得到的总分在15~28分之间，那就表明你在同朋友相处时困扰较严重；分数超过20分，则表明你的人际关系行为困扰程度很严重，而且在心理上出现较为明显的障碍。你可能不善于交谈，也可能是一个性格孤僻的人，不开朗，或者有明显的自高自大、讨人嫌的行为。

大学生在人际关系上所存在的一些心理问题主要表现为以自我为中心、多疑、害羞、孤僻、自卑、嫉妒、社交恐惧症等。一些研究表明，人际关系不和谐的大学生，其个人的成才及其未来的成就会因此而受到严重的影响。及时地诊断并采取必要的措施予以治疗，是消除大学生人际关系方面心理障碍的较好途径。

思考与练习

1. 什么是人际交往？人际交往的意义是什么？
2. 大学生人际交往有哪些特点？原则是什么？
3. 人际交往的心理误区有哪些？怎么调试？
4. 怎样提升自己的人际交往能力？

第十章　做好准备，邂逅爱情

知识导图

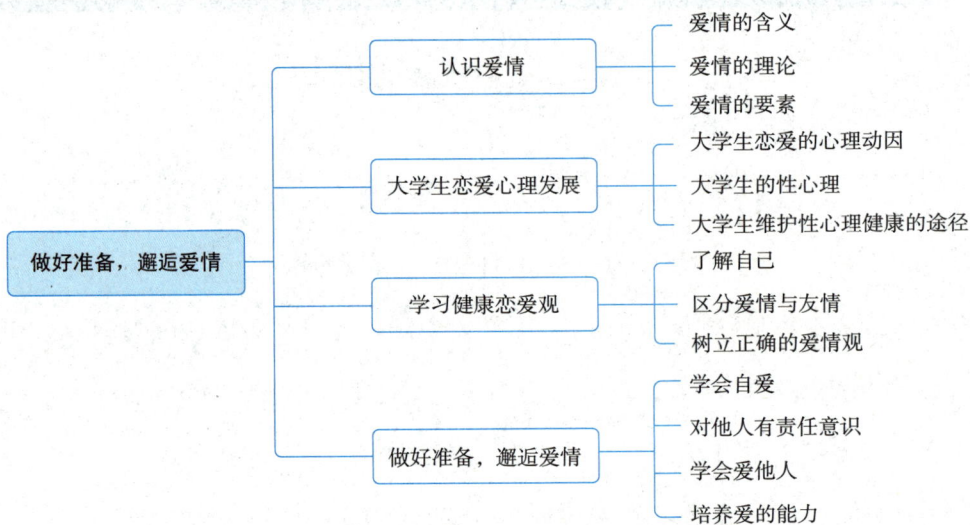

案例导入

　　刚上大学时，小颜感觉自己年龄小，做事投入但遇事易分心，便发誓在大学期间一定不早早找男朋友，而要专心学习，并把自己的想法告诉了父母和同学，请他们监督。一个学期后，她发现周围有许多女同学都找了男朋友。小颜时常有种"自己心理是不是正常"的疑问。不久，年级里的一位男同学向小颜提出了交朋友的请求，说喜欢小颜的活泼、开朗、做事认真。尽管有男生喜欢自己令小颜兴奋不已，但她觉得自己对对方了解较少，不想接受对方的请求，可是又不知道如何表达。后来的事情是小颜始料不及的：对方居然每天手持一枝花，站在小颜宿舍楼下，一站就是一小时。几天后，在同学们的一片鼓动声中，在欣赏对方的浪漫、勇敢的表达激情中，小颜冲下楼，接受了对方手中的玫瑰花。一种从未体验过的幸福感令小颜激动。这就是浪漫爱情吗？

　　思考：大学生恋爱问题是学生心理健康常见的问题之一，不同的恋爱问题是否需要使用不同的方式去解决？

　　爱情是一个常谈常新的古老话题。它并不是神秘话题，而是可以研究和分析的。许多哲学家、心理学家、诗人、教育家都对爱情做过不一样的诠释。例如，苏格拉底说爱情是爱一切的善，是一种动人的欲望；休谟说爱情是人的自然本性，是美貌、肉欲、好感三种情感的结合；黑格尔说爱情是男女双方心灵和精神上的统一；马斯洛说爱的需要涉及给予和接受爱，我们必须懂得爱，必须能教会爱、创造爱、预测爱；弗洛姆说爱是我们对所爱者生命与成长的主动关切，没有关切就没有爱；海德说爱是深度的喜爱。在现实生活中，爱情是一对男女基于一定的社会基础和共同的生活理想，在各自内心形成的相互倾慕并渴望对方成为自己终身伴侣的一种强烈、纯真、专一的感情。

第一节　认识爱情

一、爱情的含义

所谓爱情，是指双方基于一定的客观物质条件和共同的人生理想，在各自内心中形成的相互间最真挚的爱慕，并渴望对方成为自己终身伴侣的一种强烈、专一和稳定的感情。爱情是存在于人类两性之间的一种崇高的情感，是"人类男女间基于生命繁衍的本能和确保身心最大快慰而产生的互相倾心和追求的生理与社会的综合现象"。人类的爱情一般源于人的自然属性，即受人们在社会生活中的活动、地位、需要及社会的伦理观念、价值观念等的支配。它具有特定时代、民族、阶级、国家的具体特点，在爱的形式、内容、求爱方式等方面各不相同。爱情是婚姻的基础，但并不等同于婚姻。

爱情的内容主要涉及生物因素、精神因素和社会因素三个方面。生物因素是指爱情产生于两性之间，异性相吸的生物本能使人产生性欲，从而具有与之相结合的强烈愿望；精神因素主要是指爱情是一种高尚的情操，健康的爱情会愉悦身心，使人产生美好的心理体验；社会因素是指爱情是社会现象，一方面受社会道德、法律规范制约，另一方面将涉及生儿育女、传宗接代的社会功能。

爱情是人的自然属性和社会属性的统一。爱情的自然属性在于它是以性欲、性心理为自然基础并由此而发展起来的，爱情的社会属性在于它是在两性自由、互爱基础上产生渴望，在肉体和精神上融为一体的强烈倾慕之情。现代的爱情同单纯的性欲及古代的爱情是根本不同的，它是两性间一种特殊的社会精神关系，有其鲜明的现代特征：自由、平等、强烈、持久、排他，必须以互爱为前提。同时，爱情还具有崇高的道德价值。由于爱情是一种社会现象，是一种特定的人际亲密交往，因此情侣双方应遵守社会的道德规范。

二、爱情的理论

（一）爱情三元论

1988 年，美国心理学家斯滕伯格提出"爱情三元论"的说法，他认为爱情由以下三种成分组成。

动机成分。爱情行为背后的动机，对人类而言极其复杂。其中，性动机或性驱力以及相应的诱因，如异性的身体、容貌等是重要原因之一。

情绪成分。属于爱情的情绪，除了爱与欲之外，肯定还夹杂着其他的成分，即所谓酸甜苦辣的爱情滋味。

认知成分。爱情中的认知作用，对情绪与动机两种成分而言，是一种控制因素。

斯腾伯格进一步将动机、情绪、认知三者各自单独在两性间发生的爱情关系，分别称为亲密、激情与承诺，并组成爱情三角形，如图10-1所示。

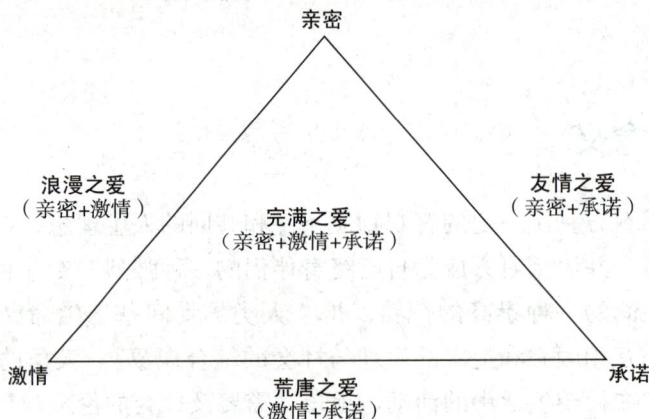

亲密

浪漫之爱
（亲密+激情）

友情之爱
（亲密+承诺）

完满之爱
（亲密+激情+承诺）

激情

荒唐之爱
（激情+承诺）

承诺

图 10-1 爱情三角形

爱情三元论认为，两性间的爱情形式，在不同的情侣间的亲密关系和热烈程度各不相同，但基本上都是由这三元素彼此不等量的配合而演化出来。

亲密是指与伴侣心灵相近，互相契合，有互相归属的感觉，属于爱情的情感成分；激情是指强烈地渴望与伴侣结合，促使关系产生浪漫和外在吸引力的动机，也就是与"性"相关的动机驱力，属于爱情的动机成分；而承诺则包括短期和长期两个部分，短期的部分是指个体决定去爱一个人，长期的部分是指对两人之间亲密关系所做的持久性承诺，属于爱情的认知成分。随着认识时间的增加及相处方式的改变，上述三种元素将有所改变，爱情的三角形会因其中所组成元素的增减，其形状与大小也会跟着改变。三角形的面积代表爱情的质与量，按照斯腾伯格的说法，三角形越大，爱情就越丰富。

（二）美满婚恋关系的三维度匹配理论

美满婚恋关系的建立是否存在规律呢？美满婚恋关系的三维度匹配理论将为大学生揭开幸福婚恋的面纱，帮助那些准备恋爱以及正在恋爱的大学生厘清一些困惑，建立一份信心，收获属于自己的幸福婚恋生活。

美满婚恋三维度匹配理论的基本观点是，美满婚恋应符合三个基本原则，即等价性原则、契合性原则和成长性原则。等价性原则是指相互选择的双方有关婚恋资源条件的等价性，双方的等价性越高越好；契合性原则是指相互选择的双方有关特质的契合性，双方的契合性越高越好；成长性原则是指双方对待婚姻的态度、应对策略、沟通能力和解决矛盾冲突的能力等，成长性越高越有利于婚恋双方的成长和成熟。婚恋的匹配就是两个异性个体所具有的婚姻资源的等价性、婚姻特质的契合性和成长性水平的组合，这三个方面也构成了评价一桩婚恋质量的主要指标。

个体婚恋成长性是指个体对待婚恋的态度、应对策略、沟通能力，即解决冲突矛盾的能力。成长性越高越有利于婚恋双方的成长和成熟。

一般来说，爱情最初大多产生于激情的碰撞，并非理性的选择。热恋中的人，往往会忘乎所以，会有"非她莫娶"或"非他莫嫁"的念头，忽视其他一切，只有让爱做主的心愿。当激情过去，许多人会发现双方的资源缺乏对等性，心理或生理缺乏契合性，双方的互动关系缺乏成长性，往往选择分手或离异。

绝大多数婚恋关系很难达到绝对的对等，也很难达到完全的契合，关系的持续和发展主要靠双方的反思、妥协、沟通等不断地磨合，最后达到动态的平衡，这就是成长的过程。

（三）约翰·李的爱情彩虹图

加拿大社会学家约翰·李（John Alan Lee）将男女之间的爱情分成六种形态：情欲之爱、游戏之爱、友谊之爱、依附之爱、现实之爱及利他之爱。

（1）情欲之爱建立在理想化的外在美，是罗曼蒂克、激情的爱情。其特点是一见钟情式、以貌取人、缺少心灵沟通、热烈而专一、靠激情维持。

（2）游戏之爱者视爱情为一场让异性青睐的游戏，并不会将真实的情感投入，常更换对象，且重视的是过程而非结果；不承担爱的责任，寻求刺激与新鲜感。

（3）友谊之爱是指如青梅竹马般的感情，是一种细水长流型的、稳定的爱。这种爱情以友谊为基础，在长久了解的基础上滋长着，能够协调一致解决分歧，是宁静、融洽、温馨和共同成长的爱情。

（4）依附之爱者对于情感的需求非常大；依附、占有、妒忌、猜疑、狂热，在恋爱中情绪不稳定。在这种爱中，控制对方情感的欲望强烈，将两人牢牢地捆在爱情这条绳索上。

（5）现实之爱者则是会考虑对方的现实条件，以期让自己的酬赏增加且减少付出成本的爱情。这类爱情理性高于情感，是受市场调节的现实主义态度。

（6）利他之爱者带着一种牺牲、奉献的态度，追求爱情且不求对方回报。自我牺牲型爱情是无怨无悔的、是纯洁高尚的。

（四）爱情的依恋理论

爱情依恋理论将爱情与童年依恋联系研究。婴儿时期与人建立的依恋关系，会使个体形成一个持久且稳定的人格特质，这项特质在个体在与异性建立亲密关系时会自然流露出来。

Hazan（哈宗）和Shaver（沙夫）将成人的爱情关系视为一种依恋的过程，分为以下三种类型。

（1）安全依恋：与伴侣的关系良好、稳定，能彼此信任、互相支持。绝大多数人的爱情属于安全依恋。

（2）逃避依恋：害怕且逃避与伴侣的亲密。法国电影《天使爱美丽》中的艾米丽就属于这类。

（3）焦虑/矛盾依恋：时常具有情绪不稳、极端反应的现象，善于忌妒且希望跟伴侣的关系是互惠的。国产电视剧《过把瘾》的男女主人公就属于这类。

Hazan 和 Shaver 在研究中发现，三种不同的爱情依恋风格在成人中所占比例分别为：安全依恋约占56%，逃避依恋约占25%，而焦虑/矛盾依恋约占19%，与婴儿依恋类型的调查比例相当接近。

Bartholomew（巴索）和 Horowitz（霍克斯）以上述爱情依恋风格理论的概念为基础，发展出一个四类型的爱情依恋风格理论。他们以正向或负向的自我意象和正向或负向的他人意象两个不同的向度来分析，得到下述四种类型的爱情依恋风格。

（1）安全依恋：由正向自我意象和正向的他人意象所造成。

（2）焦虑依恋：由负向自我意象和正向的他人意象所造成。

（3）排除依恋：由正向自我意象和负向的他人意象所造成。

（4）逃避依恋：由负向自我意象和负向的他人意象所造成。

（五）经济学的视角——婚恋的市场理论

加里·斯坦利·贝克尔（Gary Stanley Becker）用经济学的方法对婚姻行为进行了分析，提出了经济学的婚姻市场理论。该理论强调个体的择偶遵循婚姻收益最大化或效用最大化原则。

贝克尔认为，两个人只有在共同所得大于单身时的分别所得之和才会结婚。反之，如果双方的期望没有实现，结婚所得低于单身所得时，婚姻将无法缔结，或缔结后很容易解体。也就是说，婚姻应是双方都受益的事情。

经济学家曼瑟·奥尔森（Mancur Olson，1932—1998）等认为婚恋是两个人合作和谈判的结果，结婚和离婚将影响人们的满足程度和福利。为什么许多人会在结婚和离婚的过程中犹豫不决呢？这是因为结婚和离婚都是有成本的，分为交易成本和机会成本。前者是指在结婚或离婚时直接相关的各种费用，后者是指放弃一种生活状态及福利去追求另一种生活状态及福利。这一观点可以帮助我们解释为什么越来越多的人晚婚，甚至不愿意结婚。那么，为什么有些夫妻的婚姻生活能够持续下去，而有的夫妻选择了离异呢？婚姻经济学理论认为，对婚姻的期望与婚姻现实之间的差异也是离婚的重要因素。

知识链接

爱情是一场精确的匹配游戏

美国麻省理工学院经济学家 Dan Ariely（丹·艾瑞里）在《不合理的有利面》中介绍了该实验。

实验人员选出100位大学生志愿者，男女各半。他们制作了100张卡片，卡片上写了从1到100共一百个数字，单数的50张卡片给男生，双数的50张卡片给女生。但他们自己并不知道卡片上写的是什么数字，工作人员将卡片拆封，然后贴在该大学生的背后。实验规则就是要男女都找到适合自己的异性，争取能凑到最大的总和，实验奖金就是两人编号的总和。

实验开始，由于大家都不知道自己背后的数字，因此首先就是观察别人。很快，分数高的男生和女生就被大家了找出来，两人身边围了一大群人，大家都想说服他们和自己配成一对。但人类的一夫一妻制决定了人不可能同时和 N 个人配对，因此他们就变得非常挑剔，他们虽然不知道自己的分数具体是多少，但他们知道一定比普通人的要高。于是，那些碰壁的追求者只能退而求其次，原本要找 90 + 的人配对，现在发现 80 + 甚至 70 +、60 + 也行，而那些数字太小的人就很悲催了，他们到处碰壁，到处被拒，被嫌弃，最后他们想出两个办法：一是找个差不多的凑合算了，虽然拿到的钱少，但比没有强；二是和对方商量"如果你愿意和我配对，那么到时拿到的奖金不是对半分，我愿意给你更多"（现实中就有类似的现象，如交易婚姻，交易条件包括房子、金钱等）。经过漫长的配对过程，眼看时间就要到了，仍有少数人没有成功配对。无奈，这些人只能草草了事，因为单身一人的话是拿不到奖金的，当然也有坚持不配对，单身结束游戏的大学生。

实验结束，心理学家发现，绝大多数人的配对对象其背后的数字都非常接近自己的数字。可见，中国古人说的"门当户对"还是有道理的。

三、爱情的要素

人本主义哲学家和精神分析心理学家艾里希·弗洛姆（Erich Fromm）认为成熟的爱包含以下五个基本要素。

（一）给予

爱情是一种积极的，而不是消极的情绪，即爱情首先是给予而不是索取。给予就是付出，给予是力量的最高表现，人恰恰是通过给予才能体验自己的力量、富裕和活力。给予比索取能够带来更多的愉快，这不是因为给予是一种牺牲，而是因为通过给予可以表现自己的生命力。

但给予并不止于物质范畴，而是存在于人所具有的特殊范畴。给予不仅包括物质的，还包括一个人内心有生命力的东西，如与人分享自己的快乐、兴趣、理解力、知识、幽默和悲伤等。给予不仅丰富了他人，还丰富了自己。

弗洛姆认为人应该用爱换爱，用信任换取信任。如果你想欣赏艺术，你必须是一个有艺术修养的人；如果你想对其他人施加影响，你必须是一个能促进和鼓舞他人的人。如果你在爱别人，却没有唤起他人的爱，即你的爱作为一种爱情不能使对方产生爱情，也就是说，作为一个正在爱的人却不能把自己变成一个被人爱的人，那么你的爱情就是软弱无力的。

（二）关心

爱情是对生命及所爱之物生长的积极关心。如果只注重恋爱过程，强调爱的"现在进行时"，不考虑爱的"将来时和完成时"，则是缺乏爱情责任意识的表现。还有一部分大学生恋爱是出于从众或虚荣心理，把恋爱当作一种充实课余生活、解除寂寞、填补空虚的手段。由这些可以看出，大学生恋爱心理还不太成熟，对感情缺乏深刻的认识。

（三）恋爱不成熟与不稳定

当前大学生的恋爱，低龄人数呈上升趋势。部分大学生一进大学就开始谈恋爱。这些低年级学生由于社会阅历浅、思想单纯，对自己的人生目标和需要还没有一个很清楚的概念，所以对待恋爱问题时表现得简单、幼稚、不成熟。在择偶标准上，这些大学生往往重外表、轻内在；在恋爱方式上，往往重形式、轻内容；在恋爱行为中，往往重过程、轻结果，重享乐、轻责任。这种恋爱问题上的不成熟性，加上经济尚未独立，在恋爱过程中感情和思想易变，缺乏妥善处理恋爱中情感纠葛的能力，极易造成恋爱的周期性中断，或对恋爱对象的选择难以决定，恋爱的成功率较低。

（四）恋爱观念开放，不受传统观念束缚

随着时代的发展，当代大学生的恋爱观念日益开放。随着对外开放的深化，以及各种新闻媒体、网络文学的盛行和渲染，当代大学生对爱情的表达日趋开放和大胆，不愿接受传统观念的束缚，恋爱方式日趋公开化。在爱的激情下，一些大学生甚至在公共场所、大庭广众之下旁若无人地做出过分亲密的举动。

（五）自控力与抗挫折能力差

绝大多数大学生能够正确看待学业与爱情的关系，希望学业和爱情双丰收，具有理智的爱情观。但事实表明，也有很多大学生缺乏理智处理感情事件的经验和心态，一旦陷入热恋中，往往不善于控制自己的情感，缺乏理智的驾驭能力，对恋爱对象过分依赖，稍有波折就痛苦万分。一旦恋爱受挫，他们经常会情绪失控，陷入痛苦无法自拔，对学习造成严重影响。由于缺乏成熟的相处经验，很多大学生不能迁就对方，不能够从容理智地处理爱情进程中遇到的各种问题。

课堂活动

爱情观澄清

目的　了解自己的追求与价值取向，认清生活中最有价值的东西。

形式：8~10人一组，男女各半。

时间：30分钟。

道具：A4纸、笔若干、轻音乐。

程序：

1. 男生填写：你心目中的白雪公主。

依次写出女生最吸引你的三项特质：温柔、漂亮、贤惠、热情、真诚、稳重、聪明勤奋、身材好、有修养、好运动、有主见、活泼外向、内向文静、善于打扮、穿着大方、爱好相近、家庭背景好，或其他你认为重要的特质。

2. 女生填写：你心目中的白马王子。

依次写出男生最吸引你的三项特质：高大、英俊、幽默、真诚、稳重、热情、聪明、勤奋、讲义气、好运动、有主见、有修养、出手大方、乐观外向、穿着潇洒、爱好相近、乐于助人、家庭背景好，或其他你认为重要的特质。

分享：

以小组为单位，分享讨论。

第二节　大学生恋爱心理发展

一、大学生恋爱的心理动因

恋爱是指异性之间在生理、心理和环境因素的交互作用下互相倾慕和培育爱情的过程。恋爱虽然是追求爱情的行为，但并不是生来就有的。一个人对爱情的追求，只有当他的生理和心理发展到一定阶段才会产生。也就是说，恋爱是大学生生理发育和心理发展的结果。

（一）性生理的发育

大学生的平均年龄在 18 岁左右，处于性生理发展的成熟期。两性生理的发育有两个明显标志：一是体征上的变化，如男性骨骼壮大、喉结突出等，女性皮肤细滑，形体苗条。二是指功能上的变化，两性生殖系统发育成熟，男性分泌精液以至出现遗精现象，男子首次遗精大多数在 14～16 岁；女子开始每月规律性排卵，月经来潮。女性月经初潮大多数在 13～14 岁。绝大多数大学生在中学时代就完成了性成熟的关键一步。性生理的成熟为大学生恋爱提供了生理基础。

（二）性心理的发展

科学研究表明，直接影响性生理成熟的是大脑脑垂体前叶分泌的性激素。性激素的激活唤醒了性意识的觉醒。所谓性意识的觉醒，是指个体意识到自己的性别、两性之间的关系，以及对待两性的态度和行为规范。

在 1 岁半到 4 岁的时候，人就能从外部特征分辨周围人的性别，但认为性别是可逆的，学龄前儿童已懂得男女性别是不可逆的。但在第二性征未发育前，孩子都处于性无知期，虽然知道男女有别，但是仍旧两小无猜。性心理的发展是伴随着第二性征的出现和性意识的觉醒而发展的，一般要经历四个阶段。

1. 异性疏远期

青少年在第二性征出现后的 1~2 年内，朦胧地意识到两性的差别，开始有了不安和羞涩的心理，很怕异性注意自己的变化，于是男女彼此疏远，即使是青梅竹马的童年伙伴也较少交往。有的孩子在家里还不由自主地疏远异性长辈。与此同时，他们也开始了对性的好奇心和求知欲，很想知道被成人世界掩饰的秘密到底是什么东西。

2. 异性吸引期

对异性产生好感与爱慕，一般发生在女孩 12~13 岁、男孩 13~14 岁后。这时的少男少女开始好表现自己，男孩乐于在女孩面前展示自己的能力与才华，以赢得女孩的好感与赞许；女孩开始注意修饰打扮，以引起男孩的注意和喜欢。男女相互接近的渴望使他们乐于参加与异性在一起的集体活动，喜欢结伴外出郊游、唱歌、跳舞或参加体育活动等，并对异性表示关心和体贴，乐于帮助异性同学以博得异性的好感。但是，少男少女们毕竟还不懂得应当怎样与异性相处，接触和交往多半没有专一性和排他性。

3. 异性向往期

15~16 岁之后的青少年向成人过渡的步伐加快，在对异性产生好感的基础上各自形成一个或几个异性的"理想模型"，并在众多的男女学生交往中，逐渐由对群体异性的好感转向对个别异性的依恋，有的还形成一对一的"专情"行动，萌生恋情。

4. 择偶尝试期

高中毕业进入大学的学生，对异性的爱慕和向往有了比较严肃的选择和排他性，自然而然地进入了恋爱择偶尝试期。男女双方从内心深处都感到异性存在的美好，并渴望用各种方式接近异性，以引起特定异性的注意与好感。

大学生追求爱情、渴望恋爱，是在性生理成熟的基础上的性心理需要，性生理成熟是性心理发展的基础。

（三）客观环境的影响

大学生入学前后环境的变化，对大学生的恋爱有着特别的影响。入学前，男女虽有对异性的向往，但由于学业的压力和学校、家庭等因素的干涉，青春的骚动被压抑着，不敢释放。入学后，学校不能禁止，家长无法直接干涉，处在自由状态下的异性，在共同的学习与生活中频繁交往，相互了解，为大学生的恋爱提供了客观环境。但是，大学生的恋爱普遍没有结果，这是大学生爱情的一个特点。恋爱是难以驾驭的人生艺术。渴望谈恋爱是一回事，会不会谈则是另一回事。许多大学生疯狂地投入进去，却又惨败地退出来。有的因恋爱引发犯罪甚至轻生。爱情是一门学问，对生理急速成熟和心理相对幼稚的大学生而言，爱情如同夏日里的太阳雨，美丽又忧伤。

二、大学生的性心理

谈到爱情，不能不谈到性。正如瓦西列夫所说："爱情是本能和思想，是疯狂和理性，是自发性和自觉性，是一时的激情和道德修养，是感受的充实和想象的奔放，是残忍和慈悲，是餍足和饥渴，是淡泊和欲望，是烦恼和欢乐，是痛苦和快感，是光明和黑暗。爱情把人的种种体验熔为一炉。"

"SEx（性）"这个词是从拉丁语"Sexus"一词演变而来。无论在中国还是在西方，已经存在几千年。"性"的科学含义可以概括为：人类的性是以生物繁衍的机能为基础，受特定的社会关系影响和人的心理因素支配的性行为。人类的性行为要受社会发展的影响、制约，具有自然属性和社会属性。我们不能离开人的社会性去单纯地理解人类性活动的自然属性。

（一）大学生性心理特征

随着性心理的发展，大学生多会出现一系列的性心理行为，如对性知识的兴趣和追求，对异性的爱慕、性欲望、性幻想、性冲动以及自慰行为等。具体地说大学生性心理特征主要表现在以下几个方面。

1. 本能性与朦胧性

大学生性心理尤其是低年级学生的性心理，通常缺乏深刻的社会内容，基本上还是一种由生理上的急剧变化带来的本能作用。他们往往怀着好奇心，甚至罪恶心理，秘密探求性知识。他们常常在心中汇集自己童年少年时期所经历、所见过的与性有关的现象来解释性秘密。他们对异性产生浓厚的兴趣、好感和爱慕。当心理要求得不到满足时，便借助影视和图书等力图对性知识有一个明确、系统的了解。然而这种心理变化带来的性意识的觉醒和萌动，还披着一层朦胧的轻纱，正是在此基础上，在朦胧纷乱的心理变化中，性意识逐渐强烈和成熟起来。

2. 强烈性与文饰性

青年期心理发展的一个显著特点是闭锁性与求理解性，这就导致了其心理外显方式的文饰型。他们十分重视自己在异性心目中的印象、评价，但表面上却表现得无动于衷，不屑一顾，或者做出故意回避的样子。表面上他们好像很讨厌那种亲昵的动作，但实际上却十分希望体验。像这样心理上的需要与行为上的矛盾表现，使他们产生了种种的冲突苦恼。

3. 动荡性和压抑性

青年期是人一生中性能量旺盛的时期，但由于很多大学生性心理还不成熟，尚未形成稳定的、正确的性道德观和恋爱观，自控能力较弱，因而，他们此时的性心理发展极易受外界的不良影响而动荡不安。现实生活中五花八门的性信息传播，尤其是"黄色文化"的冲击，易使大学生的性意识受到错误强化，以致精神空虚，情趣低下，或沉湎于谈情说爱之中，甚至发生性过失、性犯罪。与此相反，另一些人由于性能量得不到合理疏导和升华，从而导致过分性压抑。少数人以扭曲的方式、不良的甚至是变态的行为表现出来，如"厕所文学""课桌文学"、窥视癖、恋物癖等。

4. 男女性心理的差异性

大学生的性心理因性别的不同而有所差异。在对异性感情的流露上，男性表现得较为外显和热烈，女性往往表现得含蓄和深沉；在内心体验上，男性更多是新奇、喜悦和神秘，而女性则常常是心慌、羞涩和不知所措；在表达方式上，一般是男性较为主动，女性往往采取暗示的方式。不过，这种差异近年来有缩小的趋势。此外，男性的性冲动易被性视觉刺激唤起，而女性则易在听觉、触觉刺激下引起性兴奋。

（二）影响大学生性心理的因素

大学生性观念的影响因素大致分为主体与环境两大部分。主体影响因素主要是大学生自身的性别、成长经历、个性，其中成长经历影响尤大；环境因素包括家庭、学校、社会文化。

1. 主体影响因素

（1）性别。

男女生理上的诸多差异，如性驱力的大小不一、生理结构的不同均会影响大学生的性观念。一般来说，表现在大学男生与女生持有的性观念在某些方面存有差别，也表现在面对一些性现象时男生、女生主体持有不一样的双重评价标准。是否能理解性别形成符合社会规范的性别角色，决定了大学生的性取向。由于文化的差异和社会历史的变迁，每个社会的性别角色标准都不是一成不变的，有时还会发生很大的变化，如当代一些大学生有异性化的倾向。然而如今的大学生大都还是遵从较传统的性别角色标准，对于性别角色错乱持否定态度。大学生性取向不同，则性观念存在一些明显的区别，如大学生同性恋者与异性恋者对同性恋现象的态度区别。

（2）成长经历与个性。

大学生的成长经历对其性观念具有广泛的影响作用。儿时与性有关的经历常潜在地对性观念起影响作用。儿童时期的口欲期是否得到很好的满足和过渡影响着成年后的心理状态，尤其是性心理，进而影响性观念。较早经历与性有关的事件常常会有比同龄人更早的性唤起，性意识会更加早熟，更易发生性行为，性观念更开放。成长经历对性观念的形成更多起正向的影响，即促成认可类似此经历的性观念的形成，偶尔起负向的影响，即不认可类似此现象的经历。

2. 环境影响因素

（1）家庭。

家庭是孩子身心成长也是观念形成的启蒙环境。家庭环境对人身心发展的影响作用是相当广泛的，归纳起来，主要体现在两个方面：一是个性的形成，二是心理发展的方向和水平。大学生正值青春期，父母的性教育态度与方法影响着大学生的性观念。若是父母认为性是禁忌的，对性的提及敏感而小心，则易让孩子认为性是羞耻的、不可提的、应被压抑的；若是父母过于开放地谈及，不考虑是否与孩子的性心理成长特点相匹配，则易让他们性早熟、性行为不羁。除此之外，部分大学生会潜移默化地习得父母的性观念。

（2）学校。

目前学校性教育对大学生性观念更多的是一种缺失性影响，即因为性教育的欠缺和无效而带给学生的。各级学校确实进行了程度不一的性教育，但对大学生的影响却甚微。大部分大学生极少有来源于学校的性知识与性观念。此外校园亚文化以及大学生人际交往中的同伴交往对大学生性观念有明显的影响。获得同伴的认同是大学生自少年期便会存在的交往动机与适应方式。他们从同伴群体中获得认同与肯定，从而满足其成长等价值感。其中亦有从众的心理机制起作用。

（3）社会文化。

大学生与性有关的信息大都通过书籍、网络、电影等渠道获取，这些都是社会文化的产物，属于补偿性的文化。所谓补偿性的文化是指内容与性爱密切相关的艺术，如爱情歌曲、言情小说及有关的影像等。色情文化的渗透常会促使大学生形成较开放的性观念，尤其是性行为观。它们对大学生性观念产生的影响是多方面且较大的，甚至会使大学生产生"晕轮效应"，不由自主地认同其性观念并模仿之，从而内化为自我的性观念。

三、大学生维护性心理健康的途径

性心理健康问题是大学生常见的心理问题，而性是一个人心底最深的秘密。有些大学生有性心理困扰但不知如何解决，严重影响了心理健康。因此，大学生需要通过多种途径来维护自己的性心理健康。

（一）掌握科学的性知识

作为大学生，应该对"性"有一个科学的认识。性包含着丰富的内涵，而性科学是一门综合性的学问，它包括性生理学、性心理学、性社会学、性伦理学、性美学等。性生理学从生理解剖和遗传学上揭示了两性在生理构造上的区别、性器官的功能及性本能的产生，揭示了性的产生、发展和成熟的规律。学习性生理学可以使人们去掉性禁忌，减少性神秘感，降低性压抑。性心理学包括性欲和性爱心理、性别角色心理、恋爱婚姻心理及性变态心理等。了解这些科学知识，能够帮助人们了解自己性心理的发展，学会承担自己的性别角色，正确调控自己的性心理。性社会学揭示了性行为的社会属性，强调人要对自身生理的性进行控制，使其符合社会规范，以促进个人身心健康发展和社会安定繁荣。性美学可以使人们了解如何使个人性行为符合审美需要……因此，大学生应当努力学习掌握性科学知识，避免性无知，消除把性仅仅看作生物的本能的片面认识。面对社会文化中的性信息，大学生要提高自我鉴别能力，自觉抵制不良性文化的影响。

（二）认同自己的性别角色

性别角色意识是一个人社会化成熟与否的重要体现，是心理健康的重要标志。当代大学生应当在生物生理、社会心理和社会、经济、文化参与以及政治方面，进行合乎科学、合乎道德、合乎时代要求的全面的角色认同。大学生应当接纳和欣赏自己的性别角色，发展出适应时代要求的优秀个性特点，如坚毅与刚强、温柔与关爱等。这些特点是现代人必备的个性品质，它们已经不再专属于传统的男性特点与女性特点。性别角色的认同和胜任是现代人成功适应和发展的重要心理基础。

（三）对性行为负有责任感

如果性行为只停留在自慰、性梦等方式的自我宣泄，不会影响他人。但是如果性行为涉及另一个人，那么便关系到许多社会责任。性行为可能会给双方造成肉体和心灵上的伤害。在大学生活中，有的因发生性关系而感到自卑内疚，有的堕胎流产，有的甚至受到学校的处分和法律的制裁。当一个大学生在性方面拥有了短时间的兴奋和满足后，需要思考自己能否承担起这"一时之快"之后的沉重责任。每一个成熟的大学生都应了解个人行为给自我、他人和社会带来的后果，尊重自我，尊重他人，对自己的行为负起责任。大学生要增强自己的性道德和性法律意识，用道德和法律规范自己的性行为。

（四）积极地进行自我调节

性欲是正常的，在科学和正确的性观念指引下，性可以使人们的身心更加健康，生活更加愉快，精力更加充沛。对许多大学生而言，并没有条件通过性交来满足性需求，因此，他们需要适当调控自己的性欲。对性冲动，可以采取一些积极的、富有建设性的、符合社会规范的方式来取代或升华。例如，通过投入学习、工作和参加各种文体活动以及男女正常交往等多种合理途径，陶冶个人的情操。

（五）适度地进行异性交往

适度地进行异性交往，可以满足青年期性心理的需求，缓解性压抑。与异性交往有益于完善自我，对个人的恋爱婚姻及成才发展具有重要的作用。但大学生在与异性交往时要注意把握分寸，注意场合，规范行为，处理好"友情"与"恋爱"的关系。大学生更应当学会自我保护，女生晚上尽量不要单独外出，要敢于说"不"，要以严厉的态度制止和反抗性骚扰，必要时应向别人求救或向公安部门寻求帮助。对受到性骚扰的经历，不要过分恐惧和自责，因为你是无辜者，谁也无法避免遇到突如其来的意外骚扰事件。为了更快地排除自己的心理困扰，可以向父母、老师、知心朋友宣泄自己的情绪，也可以寻求心理咨询帮助。

> **知识链接**
>
> #### 如何正确对待性冲动
>
> 1. 建立科学的性观念。
>
> 大学生应接受性冲动的自然性和合理性，学习性生理和性心理的有关知识，了解青春期性意识发展规律，树立科学与健康的性意识观念。这有利于大学生消除对性意识观念的罪恶感、自卑感和种种自我否定的评价，增强自信心，确立自尊、自爱的独立意识。
>
> 2. 培养良好的意志品质。
>
> 大学生应当努力培养自己良好的意志品质，以克制本能欲望的冲动，增强延迟欲望的自制力，这将有利于自己长久的幸福和今后事业的成功发展。

3. 采取合理的性代偿。

大学生可以通过学习、工作或文体活动等途径使生理能量得到释放、代偿、升华及有效的转移。升华是用一种积极的、富有建设性的、能为社会所接受的方式来取代性欲，转移性欲，如用绘画、音乐、体育活动、娱乐等使性能量得以转移，使性情感得以平衡。一些学者认为，强烈的性冲动可以转移为高水准的情绪活动和理智活动，将其用于工作或创作中，能结出意想不到的硕果。弗洛伊德甚至认为性冲动的升华创造了文学、艺术和社会文明。

4. 大方地与异性交往。

男女交往有利于性压抑的缓解，有助于培养大学生健康的情感，从而调节深层的本能，使之趋于高尚。但是在与异性的交往中，大学生要注意摆脱低级趣味，不要限于身体的吸引，尤其不要与庸俗的异性接触，避开这些人在物质、精神、肉体等方面的诱惑。

第三节 学习健康恋爱观

黑格尔曾这样描述爱情对人生的重要性："爱情构成生命的一个环节，没有这个环节的生命是残缺的。"苏霍姆林斯基曾说："个人的幸福不仅取决于青年一代对这种伟大的智慧爱掌握到何种程度，而且我们全社会的美好、道德纯洁和安宁都取决于它。"真正的爱情是催人向上的，它对道德进步、社会文化水平的提高和整个精神文明的发展产生着巨大的作用。大学生应正视爱情并在爱情中学会了解自我、完善自我，形成一种健康、向上的爱情观、价值观，为拥有完整和谐的人生做准备。

一、了解自己

（一）了解自我，看清楚爱情

很多情况下，大学生的爱情烦恼来自对自我和爱情的怀疑。他们不知道自己拥有的是不是爱情，也不明了到底需要怎样的爱情，终日惶惶不安。因此，我们一方面要让学生对自我有个恰当的评价，了解自己才能知道什么是适合自己的。另一方面要让他们明确知道爱情绝不是风花雪月的浪漫，更不是排遣孤寂的游戏，它是引起双方共鸣的最强烈、最崇高的情感，就像马克思告诉我们的："如果作为一个正在爱的人，你不能把自己变成一个被人爱的人，那么你的爱情是软弱无力的，是一种不幸。""自己若是世界上最好的李子，而你所爱的人却不喜欢李子，那时你可以选择变成杏树，不过经过选择变成的杏子，是次等品质的杏子，只有做原来的李树，才能结出好的果子，如果你甘愿变成次等的杏子，而爱你的人喜欢上等的杏子，你就可能被抛弃，于是只有倾尽全力使自己变成最好的杏子或者找回做李子的感觉。"了解自己，给爱情正确的定位是培养大学生爱情素质的首要前提。弗洛姆说："爱情是一种积极的，而不是消极的情绪。"因为爱情首先是给予而不是获得。然而这种"给"并不是时刻准备牺牲、不要任何快乐，爱情的"给予"是以自己对生命和生活的热爱去燃烧起另一个人对生活的热爱。"他应该把他内心有生命力的东西给予别人，他应该同别人分享他的快乐、兴趣、理解力、知识、幽默和悲伤，简而言之，一切在他身上有生命力的东西。通过他的给予，他丰富了他人，在提高自己生命感的同时也提高了对方的生命感。"所以爱人首先要自爱、自立。

（二）相信爱情，但不爱情至上

大学生特殊的生活环境容易将爱情演绎得超凡脱俗，所以他们常常把爱情当成生命的唯一，而把课业学习能力提升通通抛在一旁。对大学生来讲，今天的学业是明天事业的基础，没有事业我们可能要丧失安身立命之本。教师应当引导恋爱中的大学生摆正学习与爱情的关系，让爱情有一个更新更高更为厚实的起点，而这样获得的爱情才可能真正振奋自我的心灵，激励人生。爱情至上还表现在，能进不能出，不能从容面对爱情挫折。大学生总是激情澎湃，他们的爱情和青春一样生机盎然，总有些人进行时轰轰烈烈，受挫时就山河变色，整个现实版的言情剧。大学生应该认识到恋爱一开始就存在所谓"甩"和"被甩"的可能性，是以此为前提的人际关系，并不稳定；应该明了，爱情是坚贞的，但每个人由于性格、生活背景的差异，相识的未必相爱，相爱的未必长久，拥有的时候要珍惜，失去了就不要追悼。所谓该出手时就出手，该放手时就放手。爱情本就不应成为青年学生生活的主旋律，如果再"为伊消得人憔悴"，甚至为情失魂落魄，丧德丧志那就太不应该了。

（三）真挚，含蓄，文明恋爱

大学生在恋爱的过程中，由于性的吸引和双方情感的逐步加深，会无所顾忌在公共场合众目睽睽之下出现接吻、搂抱、抚摸等边缘性性行为，有的大学生甚至把边缘性性行为的升级看作爱情继续发展的标志，任凭"偷吃禁果"心理肆意发展，对自己的性冲动不加抑制，发生了婚前性行为。马克思说："真正的爱情是表现在恋人对他的偶像采取含蓄、谦恭甚至羞涩的态度，而绝不是表现在随意流露热情和过早的亲昵。"我们中华民族在爱情表达方式上更是讲究含蓄、高雅、委婉、庄重，同时讲究感情表达的时间和空间。作为青年学生更应当尊重民族的特点，注意行为端正文明，用理智控制行为，用道德约束举止。

二、区分爱情与友情

爱情必须以友谊为基础，但友谊不一定能发展成爱情。友谊和爱情是两种具有不同内涵的情感。

友谊，词典上解释为"朋友间的交情"。它是有相同兴趣、爱好或者性格相似的人的一种彼此关心、相互帮助的友情，是在心理相容基础上形成的个人之间强烈而深沉的情绪依恋。它不分男女，也没有范围和年龄的限制。友谊的最显著特点是不排斥他人，可以是三五人或更多的人形成的朋友关系。这种友谊可以是短期的，也可能是长久的。友谊结束不对彼此造成心理伤害，因为友谊是多元化的。

友谊不等于爱情，那么友谊与爱情的界线究竟是什么呢？

第一，友谊是广泛而不排他的，而爱情显著而突出的特点就是排他性，这是一种抗拒其他人对自己的爱慕对象予以任何性亲近的心理倾向。当两性之间存在的只是友情，那么他们彼此都不受约束并乐于和更多的异性交往。反之，如果两性间出现了爱情，那么任何一方都会对对方与其他异性交往表现出不悦、苦恼和嫉妒。

第二，友谊是一种平和、深沉的感情。爱情在感情上是冲动的、激荡的，这种冲动在强度上、力度上是友谊所不可比拟的。即使非常要好的朋友一般也不至于激动得难以自制。大学生要辨别友谊或者是爱情，可以从感情冲动的不同程度和表现形式上进行比较和观察。

第三，友谊与爱情的区别在于爱情的直觉性。所谓直觉性，就是人们常说的"一见钟情"。能否产生爱情往往在双方直觉性的感知中便可判断。而友谊是由双方的互酬因素决定的，在志趣相投、互相帮助等基础上产生的情感共鸣，一般来说是不存在直觉性的。

第四，友谊是公开的，不回避他人，不怕被人知道，在集体和公开的场合下都可以自由自在地充分表达。而爱情则不同，它显示出隐蔽性、不愿让人知道、不想让人看见的特点，是游离于集体之外且是两个个体单独进行的。但有时也会以集体活动做幌子，不过在集体中总能发现双方特别的关系。

根据以上所说的四点区别，我们可以判断自己与异性同学是友谊关系还是超越了友谊而迈入了爱情范畴。

三、树立正确的爱情观

爱情观是人们对爱情问题的根本看法和态度，它的内容主要包括什么是爱情、爱情的本质、爱情在社会生活和个人生活中的位置、择偶标准、如何对待失恋等。爱情观是人生观的反映。爱情观在不同的历史时期由于受不同的经济条件、社会制度、思想文化状态等的影响和制约，有着不同的内容，并且随着社会发展而不断发展和变化。

在大学这个环境中，每个大学生都是带着家人的嘱托、社会的期望和对自己的承诺走进大学。他们品味过寒窗之苦，更熬过"黑色六月"的炼狱，进入大学后，他们认为自己有理由享受生活，享受青春，更要享受青春的激情——爱情。爱情这个普通得不能再普通的名词在现实生活和虚拟世界中都那么让人无法捉摸而又充满诱惑。那么，身处大学校园的学子应该如何看待这一话题呢？

（一）爱情是人生的重要内容，但不是人生的全部

正确认识爱情的本质，摆正爱情的位置，是建立正确恋爱观的基础，也是大学生谨慎驾驶爱情之舟的前提。对大学生谈恋爱，学校采取了一系列的对策，形成过一系列的原则。在

20 世纪 70 年代末至 80 年代中期，学校对大学生恋爱的普遍原则是"不准谈恋爱"；到 20 世纪 90 年代初起演变为"不提倡、不反对，出了问题要严肃处理"；当前学校对大学生的恋爱问题基本上持"承认现实，正面教育，合理引导"的教育态度。应该说这一变化是符合社会的发展和大学生身心健康发展要求的，当前应积极引导以提高大学生的爱与被爱的能力为前提，通过解决大学生恋爱过程中可能出现的问题，促进学生的心理健康和人格完善，树立崇高的恋爱观。

（二）爱要主动给予，理智接受

一起看电影、一块儿散步这种形影不离并不代表爱情的实质，这仅仅是一种表面现象而已。爱的能力首先表现为给予的能力，因为爱情是高尚的，是以互爱为基础的，爱是一种奉献而非索取，是一种给予而不仅仅是获得，但这种给予和奉献并不是一般意义上的给予和奉献，这是用自己的人格来影响对方的人格，用自己的生命力去激发他人的生命力。这表现为如下几个方面。

（1）爱的主动给予来自成长过程中爱的需要的满足。一般情况下，一个得到爱的满足的人会成为积极的爱的给予者，他（她）不必把精力全部花在满足个人需求上面，他（她）有条件为他（她）的幸福和进步付出一定的时间和精力。

（2）爱的主动给予是对爱的价值的肯定。如果一个人意识到爱的可贵必然将寻求爱的机会。他的自尊至少有一部分是建立在主动给予爱的能力的基础上的，假如不处在积极主动的爱的位置，他（她）将感到没有彻底地实现自我。

（3）爱的主动给予也建立在自爱的基础上。一个不爱自己的人，谈不上爱他人。因为爱自己意味着关心自己的幸福和进步，并为实现这一目标而努力，爱自己实际上是爱他人的一种表现。反之，一个不爱自己的人是很难或是不能爱他人的。因为他（她）要求自己为之付出"牺牲"的人的绝对服从。心理学家认为过分的利他表现是一种神经机能病症，马斯洛等人格心理学家对"健康的自私"都予以肯定。所以自爱的程度越高，主动给予爱的能力越强。

（4）理智地接受爱。一些人不能接受他人的爱情，对他们来说，那些爱情表现过分甜蜜，令人畏惧和难堪，怀疑对方可能在做戏或利用其达到某种目的。对此，应避免曲解他人的爱的流露，同时也不应压抑自己爱的愿望，其实接受别人的爱就像其自发地给予爱一样。

（三）勇敢地拒绝爱

这是对自己不愿或不值得接受的爱加以拒绝的能力。拒绝爱要注意如下几点。首先，在不希望得到的爱情到来时，要果断、勇敢地说"不"。因为爱情来不得半点的勉强和将就。如果优柔寡断或屈服于对方的穷追不舍，发展下去对双方都是不利的。其次，要掌握恰当的拒绝方式。虽然每个人都有拒绝爱的权力，但是尊重每一份真挚的感情是对他人的尊重，也是自尊，同时是对一个人道德情操的检验。不顾情面，处理方法简单轻率，甚至恶语相加，结果使对方的感情和自尊心受到伤害，这些做法是很不妥当的。

（四）理性地发展爱的能力

发展爱的能力就是要培养无私的品德和奉献精神，要培养善于处理矛盾的能力。苏联著名教育家马卡连柯说："爱的力量只能在人类非性欲的爱情素养中存在。他的非性欲的爱情范围愈广，他的性爱也就愈为高尚。"发展爱的能力并不是非要具体到对某一异性的爱，可以是更广泛意义上的爱。我们的亲人、同学、朋友、祖国和人民都值得我们去热爱。发展爱的能力，就是要培养无私的品格和奉献精神，要培养善于处理矛盾的能力，有效地化解消除恋爱和家庭生活中的矛盾纠纷，为恋人负责，为社会负责，才能创造出幸福美满的婚恋。

（五）爱情自古至今是一个永恒的主题

从没有一部法律规定什么人在什么时间开始恋爱以及如何恋爱，面对种种爱情观也没有一个评判的标准，更没有谁能阻挡爱情前进的脚步。邓颖超的爱情观是这样的，她说："爱情是默契，是彼此的信任，是同舟共济和相互原谅，是平安时期的忠诚，又是艰难时期的相依，是相同的文化修养和融合的精神生活，是心灵的契合和交流。"年轻的人们，在恋爱之前，请审视自己的爱情观。

心理测试

大学生的恋爱观测试

一、活动目标
测试个体恋爱观。

二、规则与程序
根据实际情况选择一个最符合自己心理状态的答案。不要在一道题上花太多时间，第一反应的答案最准确。

1. 我对爱情的幻想是（　　）。

A. 满足自己人生神秘的欲望和需求

B. 令人心花怒放，充满无限欢乐和诗意

C. 实现自己远大理想的阶梯，使人振奋向上

D. 没有想过

2. 我希望我开始谈恋爱是（　　）。

A. 由于一次偶然的相遇结下了一段美妙的姻缘，彼此追求

B. 由于两人青梅竹马，情深意重，最终成为爱情

C. 由于在工作和学习中产生爱情

D. 无法回答

3. 我认为爱情是（　　）。

A. 男女间的性爱

B. 男女间的一种最纯洁的感情

C. 异性间的相互爱慕，渴望对方成为自己伴侣的感情

D. 不清楚

4. 我希望我的恋人（　　）。

A. 待人和蔼可亲，相貌比较漂亮，有权有势

B. 有漂亮的容貌，健康的身体，待人接物周到，举止优雅

C. 长相一般，用心体贴自己，为人忠厚老实

D. 无法回答

5. 我喜欢我爱人在"三美"之中的（　　　）。

A. 外貌美

B. 姿势、仪表、发式美

C. 心灵美

D. 拒绝回答

6. 我想象中的小家庭的业余时间是这样度过的（　　　）。

A. 个人干个人的事，互不干涉

B. 有共同的事业，互相商讨，共同进取

C. 虽然自己对某事没兴趣，但还是愿意陪对方消磨时间

D. 不想回答

7. 我对爱情的字面解释（　　　）。

A. 爱情、性爱是男女之间友谊的高级形式

B. 有爱不一定有情，而有情必定有爱

C. 爱情两字是不能拆开的，它是男女之间的感情

D. 没想过

8. 我喜欢的爱情格言是（　　　）。

A. 爱情，这疯狂的字眼，为了你还有什么不能办到呢

B. 生命诚可贵，爱情价更高。若为自由故，两者皆可抛

C. 痛苦中最高尚、最纯洁和最无私的乃是爱情的痛苦

D. 都有点喜欢

9. 恋爱后自己有一位异性朋友时（　　　）。

A. 没有必要告诉对方，这是自己的自由权利

B. 让对方知道，但不允许对方干涉自己

C. 让对方知道，并且在对方同意的条件下才与其交往

D. 不能回答

10. 我认为幸福的爱情是（　　　）。

A. 一切故事和传说中，美好的婚姻都是幸福的

B. 以共同的情操、思想和社会活动作为基础

C. 互相尊重对方，包括尊重对方的感情

D. 无法回答

11. 我认为追求和对付高傲的异性的办法是（　　　）。

A. 若无其事，做出一些与自己意志完全相反的动作

B. 大献殷勤，做对方要求做的一些事情

C. 自己也变得很高傲

D. 不愿意作答

12. 我认为（　　）。

A. 人是因为美才可爱

B. 美与可爱是同时产生的

C. 人不是因为美丽而可爱，而是因为可爱才美丽

D. 没想过

13. 一旦发现我的恋人变心时（　　）。

A. 我会把爱转变成恨

B. 无所谓，只当自己看错了人

C. 认为是幸运的，从中可以吸取教训

D. 不知如何是好

14. 下面的 8 个字中，我最喜欢的是（　　）。

A. 郎才女貌，爱如鱼水

B. 形影不离，心心相印

C. 志同道合，忠贞不渝

D. 不知道

15. 我对离婚的看法（　　）。

A. 认为很平常，一旦发现更值得爱的人就抛弃原来的

B. 感到很惊讶，坚信自己的婚姻不会这样

C. 认为离婚很正常，不过离婚者的爱情是不幸的

D. 不知如何作答

三、计分与解释

选 A 得 1 分，选 B 得 3 分，选 C 得 3 分，选 D 得 0 分。

计算总分，得分在 35 分以上者，说明恋爱观非常正确，值得坚持；在 25～35 分说明恋爱观基本正确，有需要调整之处；在 25 分以下者，说明恋爱观存在问题，应树立健康正确的恋爱观。如果所选答案为 D 的个数在 6 个以上，说明恋爱观尚未确立，正处于游移不定之中，需要尽快确立自己的恋爱观。

第四节　做好准备，邂逅爱情

一、学会自爱

爱的能力首先看内心储存了多少爱，如果一个人内心是干枯的，没有爱可以付出，也就缺乏爱的能力的基础。心理学家米尔曾提出，每个人内心都有一个储爱槽，储爱槽是储存爱

的地方，用来解释人对爱的渴望。储爱槽里爱的多少，会对一个人的爱情产生影响。如果储爱槽里缺少爱，就特别渴望爱的补偿，特别害怕失去爱情，却不知道怎样才能得到真正的爱。如果储爱槽的爱是丰盈的，那么他就会切身感到自己是一个可爱的人，就能积极地生活，对爱情有美好的向往，不会过多计较爱的得与失，拥有健康的爱，有传递爱的能力。

自爱是爱他人的基础。自爱与其他任何一种爱非但不矛盾，而且互相联系。一个自爱的人，是一个对自己生活、幸福、成长负责任的人，是一个能够认识自我、发展自我、超越自我的人，是一个有爱的能力的人。爱他人是自爱能力的反映，若一个人有能力爱自己，也就有能力爱他人。

人的自爱不能等同于人的自私，因为自私总是牵涉别人的利益，甚至产生不健康的情感和损人利己的行为，而自爱是关注自己，保全自己的愿望和情感。在心理健康教育领域，自爱作为良好的自我意识的组成部分，主要是指悦纳自己、接纳自己的一切，包括自己的长处和不足，不会因自己的缺陷而感到过分的自责和自卑。自爱是人与人相爱的过程中，既爱他人，也要保持自己的独立人格与尊严，而不是屈服于他人或完全奉献于他人。

二、对他人有责任意识

责任，可能会让人感到沉重。每个人都有很多的社会角色，而每个角色都要做好。负责任不是形式上的分开或者结合，而是一种态度，对自己真诚，对自己的感情、感受能够诚实面对，对自己负责，也对他人负责。爱情不是排遣寂寞的工具，更不是追逐名利的跳板！每个人都要自己去领悟其中的道理，做出选择。大学生对爱情都有美好的憧憬，但真正的爱情仍需根植在现实的土壤里，不然仅是昙花一现。大学生的重要社会角色之一即是学生，学生的根本任务是学好科学文化知识。如果因为爱情荒废了学业，那就是本末倒置，分不清孰轻孰重了。一个不负责任的学生不会得到社会的认可，又怎能得到美好的爱情呢？

大学生爱情责任意识是指大学生在承担爱情责任、履行爱情职责的过程中产生的并指导以后责任行为的道德意识。爱情责任心和责任感是构成爱情责任意识的两种要素。责任心是爱情责任意识中的认知因素，它是大学生作为责任主体对自己在爱情中所要承担的责任的一种认识，也可以称为爱情责任观。责任感是大学生爱情责任意识中的情感因素，是大学生在承担责任、履行义务的恋爱过程中产生的自觉意识和情感体验。大学生爱情责任意识通过其恋爱行为体现出来，而恋爱行为的过程与结果对责任意识的发展同样会产生重大的影响。

在爱情中具备责任意识是恋爱双方感情得以持久的重要保障。苏霍姆林斯基说："真正的爱情能向感情注入道德的力量……只有当感情和思想融合成人对人的道德责任感，爱情才会是高尚的。"真正的爱情中，恋爱者对对方、他人及社会都负有道德责任。恋爱中的责任意识可以促进大学生的身心健康发展。大学生正处于青春发育的重要时期，由于生理、心理的发展使他们对婚恋的关注和对恋爱甚至性的尝试成了大学生活中的一个重要部分。但由于大学生的人生观、道德观、婚恋观、性爱观等还不成熟，加上社会上各种错误思潮的影响，使有些大学生形成了错误的婚恋观，在不同程度上忽略了爱情中的道德责任，导致种种不负责任的行为出现，给恋爱者自己或对方的身体、心理造成了严重的伤害，因此大学生要培养自己在爱情中的责任意识。

三、学会爱他人

爱自己和爱他人是密不可分的。人们只有认识对方、了解对方才能尊重对方。我们只有用他人的目光看待他人，而把对自己的兴趣置于次要位置，才能了解对方。爱他人不是无我状态，不是按照对方要求塑造自己，也不是将你爱的人塑造成你所喜欢的模样。爱他人包括以下几个方面。

（一）尊重你爱的人

尊重，是与人交往的前提，更是奠定感情基础的前提。恋爱既是两人心灵的共鸣，又是自我成长，是使双方积极地发挥潜能而非按照某种愿望或标准塑造对方，使其成为你希望的那样。事实上，每一份爱情中都包含着期待效应，对方都在向着彼此喜欢的方向发展。这就要求更加尊重你所爱的人，让对方在爱的港湾中自由发展，以他自己喜欢的方式发展自我。我们不仅要尊重他人的人格、尊严、习惯，更要尊重他人的私人空间及其选择。学生时代爱情的纯真与浪漫是青年们一心向往的，但这一定是在两情相悦的前提下。不能单凭自己的良好愿望，或痴情的追求，或一厢情愿的苦苦等待，幻想通过自己忠贞不渝的"精诚"来感化对方或死死缠住对方不放。这样的做法是不理智的，也是对他人选择的不尊重。一个有理智的青年人应把无望的爱的感情转移到学习工作及其他事情上。既尊重他人，又自尊自强。

（二）帮助对方积极发展自我

恋爱唤醒沉睡的心灵，积极的恋爱使个体潜在的心理能量得以释放，为所爱的人努力。爱也是积极向上的精神力量，催促着相爱的两个人向着更好的自我发展，更加努力地自我完善、自我发展，而非自我束缚、自我放纵。重要的是将爱情引向积极的有利于人类发展的方向。

（三）共同创造美好未来

真正的爱是内在创造力的表现，是一种关怀。关怀放在大学这样一个环境中似乎又有所延伸。关怀应该在照顾好自己的前提下适当关心他人。如果只是一味依赖、索求，希望他人付出，这样的爱只会在埋怨中痛苦地结束。也许年轻人在恋爱之前应该补上一课"将心比心，换位思考"。真正的关怀不是锦上添花，而是雪中送炭。

爱不是一种消极的冲动，而是积极追求被爱人的发展和幸福，这种追求的基础是爱的能力。正如爱克哈特所说的："你若爱自己，那就会爱所有的人如同爱自己。"爱他人与你爱的人共同创造美好生活的能力。

四、培养爱的能力

（一）表达爱的能力

一个人心中有了爱，在理智分析之后，要敢于表达，善于表达，这是一种能力。爱的表达能力包括求爱的表达，以及爱情发展到一定程度的表达。

1. 求爱的表达

当你爱上某人后，不去向他（她）表达，对方不明白你的感情，不会做出回应，你很可能会陷入单相思。表达爱需要勇气和信心，它不是爱在心口难开，而是随着情感交往的深入，自然而坦率地表达对对方的爱意。表达爱有可能得不到回报或者被拒绝，因此需要做好心理准备。同时，表达爱需要掌握适时、适地、适度原则，需要适合中国的文化特征。比如，选择双方都处于好心情的时间；选择不会给对方和自己造成心理紧张和不适的地点。

2. 爱情发展到一定程度的表达

男女间的爱情达到一定程度，渴望用语言、行为，尤其是身体的接触表达爱意，如牵手、接吻、爱抚、拥抱等，但这里的表达有文雅与低俗之别。含蓄而文明的爱的表达方式，不仅符合社会道德要求，而且有助于爱情的健康发展。距离产生美，过分亲昵的行为，粗俗或者野蛮地示爱，反而会引发不良影响。

（二）接受爱的能力

一个人面对别人的示爱，能及时准确地做出判断，并做出接受、谢绝或者再观察的选择，这也是一种爱的能力。

1. 了解自己

了解自己的择偶观，知道自己喜欢什么、需要什么、适合什么，对自己有清楚的了解。当别人向自己表达爱时，能及时准确地对爱的信号做出判断，通过对求爱者客观地观察分析，勇敢地接受爱。另外，需要具有良好的心理承受能力，能坦然地对待因接受爱所引起的心理变化，保持心理平衡。很多人没有做好充分的心理准备，当爱突然来临时，显得惊慌、不知所措，不敢接受，以至造成终身的悔恨。

2. 摆正恋爱与学业的关系

摆正恋爱与学业的关系，既不是为了学习不允许谈恋爱，也不是把宝贵的时间浪费在谈情说爱上，健康的恋爱是能够促进人的成长的。大学生在做好接受别人爱意，准备步入爱河的时候，一定要摆正恋爱与学业的关系，应当把学业放在首位。因为学业是大学生未来事业的基础环节，如果把恋爱视为生命的唯一而忽视学业和未来所要从事的事业，即使有了爱情，这种爱情也可能经受不起考验和打击。

案例分析

王帅的恋爱困惑

王帅是广州某职业技术学院机电专业大三学生。临近毕业，他回忆大学三年，除了谈恋爱，自身学业并无太大提升。他先谈到所学专业的难度较大，自己学习起来很费劲，学习成绩也一直不理想。随后，谈到自己交往一年的女同学，他们关系不错，平时互相关心，感情很好，两人天天腻在一起，逛街、游玩，以致学习的时间寥寥无几。时光匆匆，马上毕业找工作了，他才意识到学业与求职的压力。"该如何处理好学习和与她交往的关系呢？"王帅困惑起来。

分析：王帅同学遇到的问题其实是爱情与学业的关系问题，不少同学也同样会遇到。在与异性交往的过程中，王帅没有把握好交往的度，没有兼顾爱情与学业，没有将爱情化为学习的动力。临近毕业了，才意识到书到用时方恨少。

（三）拒绝爱的能力

接受爱是一种能力，拒绝爱同样也是一种能力，懂得拒绝爱非常重要。有爱的能力的人不是对爱来者不拒，或者将不符合自己期待的爱简单地拒之千里，抑或是面对别人的示爱，自己优柔寡断，既怕伤害对方，又怕对方误会。拒绝爱也是有技巧的。

1. 态度上要明确、坚决

因为爱情来不得半点勉强和将就，在面对不符合希望的爱情时，要果断、勇敢地拒绝，表达清楚你和对方的关系，将拒绝的理由摆充分，避免让对方误以为你的拒绝只是一种矜持。

2. 拒绝语言上要婉转、恰当

虽然每个人都有拒绝爱的权力，但是感恩每一份真挚的感情是对他人的尊重，也是对一个人道德情操的检验。因此要尊重他人，感谢对方对自己的欣赏和喜爱，做到既拒绝对方，又不伤害对方。避免使用一些带有伤害或刺激性的语言，如"癞蛤蟆想吃天鹅肉"等，使对方的感情和自尊心受到伤害。

3. 场合、时间选择要注意

拒绝难免是一种伤害，或多或少都会引发对方情绪的低落。如果你亲自拒绝别人的追求，应慎重选择拒绝的时机和地点。尽量不要选择阴雨天气，避免加重对方的沮丧情绪，也不要选择浪漫的餐馆或光线昏暗的酒吧，以免对方存有错误的期待，以致失望更大。可以选择阳光明媚的公园等开放性空间，一方面景色宜人有助于人的情绪平复，另一方面公共场合也能保证自身安全。

（四）发展爱的能力

德国心理学家弗洛姆曾说过，爱的能力是需要不断学习的，因此只有不断发展爱的能力，爱情才能持久。

1. 学会解决冲突

相爱的人之间发生冲突是很自然的事情，冲突一方面可能来自日常生活中的不一致或不协调；另一方面可能来自性格的差异。爱需要包容、理解、体谅，沟通是解决冲突非常有效的方式，恋人间需要有效的沟通，表达清楚自己的思想、感受。而伤害性的争吵或者冷战都不利于问题的解决。

2. 恋爱双方要不断学习

爱需要两个人真正地关心对方，走进对方的内心世界，以对方的快乐为自己的快乐。要保持爱情的常新，需要智慧、耐力、持之以恒及付出心血。同时，恋爱双方又要保持自己的个性，有自己的追求，不断提高自己的能力，增加彼此的吸引力，相互欣赏又各自精彩，是爱情最好的状态。

3. 培养爱的责任感

爱的责任感是大学生恋爱朝健康方向发展的保障和动力。它要求恋爱中的双方必须尊重彼此的生活方式和生活态度，不与第三者发生恋爱关系等；对自己的行为负责，对对方的身心健康负责。学会为恋人负责，为社会负责，才能创造出幸福美满的婚恋。松浦弥太郎说过："爱，是让对方活出自己。在长久稳定的伴侣关系中，陪伴只是基本需求，最重要的意义是赋能。这种赋能是相互的，让对方活出最好的状态，才能被称作最好的爱。"

（五）承受失恋的能力

恋爱受多种因素的制约，所以大学生在恋爱的过程中遇到各种挫折是在所难免的。比如，遇到自己喜欢的人而对方不接受、相恋过程中的冲突、失恋等都会给他们带来痛苦，其中，失恋是最为严重的一种挫折。部分大学生心理脆弱，失恋后容易产生一系列消极心理，如羞辱、愤恨、悲伤、失落、孤独、绝望等，很多大学生难以排解、自甘沉沦，有些甚至出现偏激行为甚至选择轻生。因此，具备承受失恋挫折的能力对大学生的健康成长是非常必要的。

1. 增强理智感，正确认识恋爱挫折

爱与被爱是每个人的权利，恋爱的选择是双向的，恋爱关系的中断时有发生，失恋仅仅说明双方中至少有一方觉得恋爱关系不融洽，彼此不能接纳。但失恋并不意味着爱情的失败，而是彼此重新追求幸福的自由和权利。因此，大学生必须客观地面对失恋，当爱情受挫后，用理智来驾驭感情，冷静、客观地分析一下原因，进而总结经验教训，提高自己的心理承受力和思想境界。

2. 寻求调节途径，缓解失恋痛苦

为尽快摆脱失恋带来的痛苦情绪，可以与朋友交流思想，倾吐苦闷，求得开导和安慰；或积极参加各种娱乐活动，陶冶性情；或投身到大自然的怀抱，从而得到抚慰。无论以哪种形式缓解失恋的苦涩，一份超然的心境是最为重要的。

知识链接

爱的五种语言

查普曼（Gary Chapman）博士说："每个人心里，都有一个情绪的箱子，等着被填满爱。"当一个人的"爱箱"是满的，那么他（她）一定会觉得幸福；反之，当他（她）的"爱箱"是空的，他（她）一定会觉得空虚难过、不被爱。当人们的情感的爱箱被填满的时候，他们的举止会很不一样。如果我们想要成为爱情中有效的沟通者，我们必须学习另一半的主要的"爱的语言"，即主要爱语。主要爱语包括五种爱的语言，那么这五种爱的语言是什么呢？

1. 肯定的言词：肯定的言词，就是感觉被人欣赏、被肯定、被爱。恋爱的初期，也正是这些肯定的、欣赏的、赞美的言语，才使得感情快速升温，关系进一步升华。而我们犯的

最大的错误就是，对亲近的人讲最严厉的话。对主要爱语是"肯定的言词"的人，多多赞美他（她），给予肯定的支持。

2. 精心的时刻：精心的时刻是你们在一起集中注意力一同做一些事情，要让对方感受到你是在全心全意地陪伴他（她），而不是敷衍。对主要爱语是"精心的时刻"的人，多多陪伴他（她），用心花费时间和他（她）在一起，幸福就在不远的前方。

3. 接受礼物：礼物，是爱的视觉象征，也是一种仪式感的象征，是直观的、能看到的、有迹可循的爱。对主要爱语是"接受礼物"的人，最简单的事就是送他（她）礼物吧。

4. 服务的行动：对主要爱语是"服务的行动"的人，放下你的架子，为他（她）做一些事情吧。

5. 身体的接触：如果一个人的主要爱的语言是"身体的接触"，那么在争吵中，最有效的方法就是给他（她）一个有力的拥抱。

事实上，这五种爱的语言对感情来说，都是很重要的，但一定会有一种占主要地位，其他辅之。并且，这五种爱的语言不仅适用于爱情，也适用于亲情、友情等。

资料来源：盖瑞·查普曼. 爱的五种语言［M］. 王云良，译. 北京：中国轻工业出版社，2006.

心理测试

爱情偏向测试

一、活动目标
了解个体的爱情偏向。

二、规则与程序

纵使人们对爱情的看法千千万万，总体而言无非两大类，一是"但求曾经拥有"的浪漫主义，二是"追求天长地久"的现实主义。这个测试测量一个人对爱情的总体看法，即对爱情是持浪漫主义还是现实主义态度。请针对每道题目所描述的问题，在 1～5 之间选出你的看法填入题前的括号中。"1"表示你对这种说法"完全同意"；"2"表示"有些同意"；"3"表示"不确定"；"4"表示"有些不同意"；"5"表示"完全不同意"。

（　　）1. 一个真正恋爱的人不会对其他任何人有兴趣。

（　　）2. 爱情毫无意义，的确如此。

（　　）3. 当一个人彻底坠入情网时，爱就是一切。

（　　）4. 爱情不是可以学习的对象，它太感性，无法对它进行科学的观察。

（　　）5. 与人相爱而不能结婚是一种悲剧。

（　　）6. 一旦恋爱了，你就知道什么是爱。

（　　）7. 共同的兴趣真的并不重要，因为只要两个人真正相爱，就会互相调整适应对方。

（　　）8. 只要两个人相爱，那么在短暂地了解之后就结婚也没有什么关系。

（　　）9. 只要两个人相爱，彼此的信仰差异不是什么问题。

（　　）10. 尽管对方的朋友你不喜欢，你依然可能爱上他（她）。

（　　）11. 一旦陷入爱情，你往往神情恍惚，处于眩晕之中。

（　　）12. 一见钟情的爱往往是一种最深刻也最痛苦的爱。

（　　）13. 世界上，你真正爱的往往只是那一两个人，在一起感到真正快乐的也是这一两个人。

（　　）14. 不管有其他什么因素，如果你真正地爱一个人，那么就可以与他（她）结婚了。

（　　）15. 要想幸福就必须与丈夫（妻子）相爱。

（　　）16. 与情侣分手之后，世界在你看来阴沉而令人沮丧。

（　　）17. 父母不应该建议与谁约会，这么做的人忘记了爱情本来的面目。

（　　）18. 爱情是婚姻的前提，这种观点很好。

（　　）19. 当你爱上一个人时，你会考虑与他（她）结合。

（　　）20. 大多数人都注定有一个理想的伴侣，问题在于需要找到他（她）。

（　　）21. 嫉妒往往随爱情而变化，具体而言，对一个人爱得越多，嫉妒心就可能越强。

（　　）22. 如果用一个词形容爱情，那么"激动"比"平和"更贴切。

（　　）23. 任何人都会爱上的人可能只是极少数。

（　　）24. 一旦恋爱了，你的判断往往不太准确。

（　　）25. 爱情往往一生只有一次。

（　　）26. 一个人不能勉强自己与人相爱，爱情要么自己来到，要么没有。

（　　）27. 与爱情比较起来，在选择结婚伴侣时，社会阶层或宗教信仰方面的差异显得微乎其微。

（　　）28. "白日梦"往往追随热恋中的人。

（　　）29. 一旦恋爱，你不会问自己一堆关于爱情的问题，你只要知道在爱着就够了。

评价与分析：选"1"的题目得1分，以此类推。将所有题目的分数相加就得到你在这个测试上的总分。总分高低不同，说明每个人对爱情的看法不同。

男性分数低于93分、女性分数低于98分：倾向于把爱情看作一种浪漫关系，注重爱的体验，通常不在乎最终是否走向婚姻；男性分数高于93分、女性分数高于98分：倾向于把爱情看作婚姻的前奏，认为结婚是恋爱的归宿。

思考与练习

1. 什么是爱情？如何区分友情与爱情？

2. 结合实际，说明如何爱自己和他人。

3. 简述失恋自我调节的方法。

4. 大学生应该怎样维护性心理健康？有哪些途径？

第十一章　大学生压力管理与挫折应对

知识导图

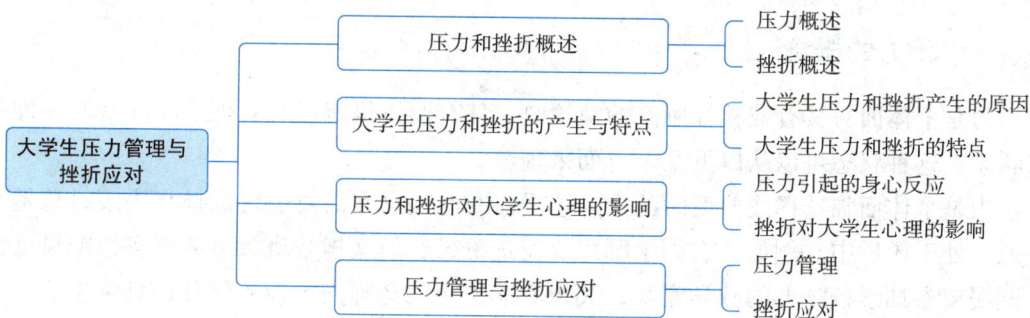

大学生压力管理与挫折应对
- 压力和挫折概述
  - 压力概述
  - 挫折概述
- 大学生压力和挫折的产生与特点
  - 大学生压力和挫折产生的原因
  - 大学生压力和挫折的特点
- 压力和挫折对大学生心理的影响
  - 压力引起的身心反应
  - 挫折对大学生心理的影响
- 压力管理与挫折应对
  - 压力管理
  - 挫折应对

案例导入

无法适应大学生活怎么办

　　小张在经历了高考的考验后，终于从众多考生中脱颖而出，进入了大学校园，憧憬着美好的大学生活。和许多同学一样，小张第一次远离父母和朋友，第一次住进集体宿舍，第一次安排自己的生活。然后，大学生活带来的喜悦逐渐褪去，心情开始变得沮丧，想念家乡父母和朋友，莫名其妙地流眼泪。小张还经常出现腹痛、皮肤过敏等情况，医生说这是适应问题引起的生理反应，建议小张去做一些关于压力管理方面的心理咨询。

　　小张与心理咨询老师讨论了压力的相关问题，对压力的普遍性和应激作用机理有了一定的认识。在心理咨询老师的建议下，小张开始用每日跑步和冥想的方法来缓解自己的压力。通过一个多月的自我调节与训练，小张的情况有了很大的改善，他逐渐融入了班级、宿舍这个大家庭中，并积极参与团体活动，情绪逐渐稳定，身上的病痛也逐渐减轻，很活跃地投身到自己的学习和生活之中。

思考：

1. 你进入大学后是否也有适应不良的问题？
2. 在生活中，出现压力时，你是如何调节的？

第一节　压力和挫折概述

每个人的人生当中都会经历压力与挫折，它会贯穿人的一生，压力与挫折是人生经历当中非常重要的内容，是每个人都必须要面对的人生课题。

一、压力概述

（一）压力的概念

压力是个体面对具有威胁性刺激的情境时，伴有躯体机能以及心理活动改变的一种身心紧张状态。这种状态可以从以下几个方面来理解。

压力是个体面临选择或改变时的个人感受。有些同学在需要进行选择与决策时总是拿不定主意，处于矛盾中。例如，有同学既想要竞选班长，但又担心班级事务繁多影响自己的学习；既渴望参加学校举办的数学竞赛，又担心无法完成老师交给他的任务；日常生活中在选择参加集体活动还是温习功课时又拿不定主意。个体在生活中经常面临双趋冲突、双避冲突等，人们常常拿不定主意，尤其是在需要做出决策并为之承担责任时往往会感到压力很大。

压力是对未知事件的悲观解释。人们在生活中会面对很多事件，也会面对事件发生发展的多种可能性，在面对未知的事件时人们可能向不好的方面联想，这种联想会导致人们产生压力。例如，大学生在考英语四六级时发挥不理想，担心此次考试会考砸，这种不安的心理就会让人很纠结，从而产生压力。

压力是持续不断的精力消耗。人在生活中会经历很多事情，不可避免会面临许多的压力，如果人们长期生活在巨大的压力下，不利于自我身心健康的发展。例如，当你白天连续不断地上了八个小时的课，到了晚上还有一大堆学生会的事务要处理，于是，你开始心烦、不满，压力重重。

压力是面临重大事件时的本能反应。比如，一个投资股市的人，如果决策失误就会损失惨重，血本无归。对他来说，这种投资的压力就是一种威胁生存的本能反应。他人的不合理要求和负性情绪发泄在你身上，人的本能以及对于自尊的需要会引起愤怒和挫败感，这也会引发压力。

人们在压力状态下，会产生生理与心理上的反应。生理反应有心率加快、血压升高、头痛、血清胆固醇增多、呼吸加快、口干舌燥、缺乏食欲、手心出汗等；心理反应有紧张、情绪沮丧、焦虑、行为奇特、易怒等。

压力会对人们产生负面的影响，但有时也有积极的一面，能带来生活的乐趣，适当的压力能促进个人成长。例如，有些运动员在赛场上利用压力的作用，在比赛的时候超水平发挥，最后取得优异的成绩。此外，压力的大小取决于一个人对某事物的认知标准，如果生活当中不使自己消耗过多，不那么紧张，那么压力的积累也就小得多。

（二）压力的来源与种类

1. 压力的来源

大学生在整个大学期间会面临各种各样的压力，但是不同的年级面对的压力有所区别：在大一的时候主要面对的是新生适应、人际交往等压力，在大二大三则会面临学业困惑、人际困惑、经济困难、就业困惑等压力。总的来说，大学生在校期间的压力源有以下几种。

（1）学业困惑。

大学生在入校以后会发现高校的教学方式与高中时期的教学方式存在本质的不同：高中时期的教学方式是以教师课堂讲授为主，学生在理解了知识以后更多地去练习，甚至刷题、背书，完全处于被动接受知识的状态，而大学则是教师讲解与学生自学相结合的方式，尤其是以学生自学为主，这就需要学生转变过去的学习方法。入学一段时间以后，有些学生适应不了大学的教学方式，不知道如何学习，进而消沉自卑，甚至产生厌学心理。此外，还有部分学生在高考填报志愿时不了解所报专业的背景，盲目地填报志愿，或者被调剂到其他专业，入学之后才发现自己并不喜欢所学的专业或者认为本专业就业前景不好，从而不再努力学习，得过且过，甚至出现沉迷于游戏、退学等行为。

（2）人际困惑。

刚刚入校的大学生还处于青春期，这个时期也是社会交往非常活跃的时期。尤其 18 岁以后的大学生自我意识逐渐增强，在人际交往方面更加独立自主，但是部分大学生缺乏足够的阅历以及人际交往的技巧，因此与他人交往的时候容易发生人际冲突，宿舍矛盾和恋爱问题尤为突出。例如，有些大学生处理不好宿舍关系从而被舍友孤立，影响学习与日常生活，甚至向辅导员申请调换宿舍。

（3）经济困难。

高校里有一部分学生家庭收入较少、经济困难，学费和生活费对于学生家庭而言是一笔不小的支出，这不可避免会对学生造成一定的心理压力。经济困难的学生在吃穿住行等方面与其他学生存在巨大的差异，经济比较好的学生经常趁着周末节假日出去游玩，而家庭经济困难的学生则可能出去兼职挣钱。这种落差会使经济困难的学生感到苦闷和压抑，从而造成心理上的负担。

（4）就业困惑。

近年来，高校毕业生人数逐年增加，据教育部和人社部的统计信息，2023 年全国普通高校毕业生的人数为 1 158 万人，而 2024 年全国普通高校毕业生的预计人数为 1 179 万人。社会竞争在逐渐加剧，大学生就业形势愈发严峻，导致大部分学生对于自己毕业后的发展前途感到忧虑。部分大学生毕业后偏向于选择北上广深等大城市，不愿意去基层乡村发展，或者大学生由于就业期望值偏高，在毕业之后很难找到理想的工作，这些都会给学生造成心理压力。

2. 压力的种类

按压力的轻重程度以及构成可将压力分为以下三类。

（1）单一性压力。

在日常生活中，不可避免地会遭遇到各类生活事件，这些事件是人们在生存和发展过程中无法回避的。如考试、完成困难的任务、亲人亡故、迁居等。如果我们在生活的某一时期内，经历着某一种事件并努力去适应它，而且其强度不足以使我们崩溃，那么我们称这时候体验到的压力为一般单一性生活压力。

在适应此类压力的过程中，付出了努力，只要在衰竭阶段没有崩溃，并且没有再发生任何其他事件，那么，经历者就会提高和改善自身的某些适应能力。适应力的提升就好比我们通常所说的"吃一堑，长一智"。

（2）叠加性压力。

叠加性压力有两类：一种是同时性叠加压力，在同一时间里，有若干构成压力的事件发生，当事者体验到的压力称为同时性叠加压力。比如，我们常说的"危机四伏"。另一种是继时性叠加压力，两个以上能构成压力的事件相继发生，后继的压力恰恰发生在第一个压力的第二阶段或第三阶段，这时，当事者体验到的压力称为继时性叠加压力。如"屋漏偏逢连夜雨""祸不单行"等。

（3）破坏性压力。

破坏性压力又称极端压力，包括战争、大地震、空难、遭受攻击等，此类压力并不罕见。人在遭遇或对抗重大压力（破坏性压力）后，其心理状态会失调甚至产生后遗症。心理学上称之为创伤后压力失调（Post–Traumatic Stress Disorder，PTSD），也叫作创伤后压力症、创伤后压力综合征、创伤后精神紧张性障碍、重大打击后遗症。创伤后压力失调一般包括以下阶段。

①迷惘呆滞阶段。个体处在迷惘、呆滞当中，感觉迟钝。此时需要的协助是关心、陪伴，警惕危机再度发生。

②震惊阶段。充满震惊、恐慌、害怕及惊慌，产生手足无措、无所适从、情绪失控的现象。此时需要的协助为陪伴、倾诉、关心、谈话、沟通、关怀、发现等方式及模式，避免当事人反应失当。

③失调创伤阶段。会产生怨天尤人及过度自责现象。此时，需要协助他宣泄、支持他的做法，告诉他："我愿意听你说、关心你。"并且用不同方式（卡片、电话、倾听、行动）表示，我一直会倾听你、支持你，积极地了解其伤痛，同时寻找支持系统。

④追踪解决阶段。当事人认为"我需要人帮忙，我撑不住了，我想改善我的状况"。此时，要协助的是积极地同理、讨论、处置，并且运用助人及治疗方式，以"统整"方法协助当事人进行自我治疗和学习、成长与发展。

⑤长期复健阶段。当事人已准备接受他人及专家的协助。此时应发展心理复健计划，开发社会资源及支持系统，分不同专业予以治疗。

强大自然灾害后的心理反应，有时近似于创伤后压力失调，这类情况被称为"灾难症候群"。经历极端压力后，心理症状是多方面的。对于破坏性压力造成的后果，心理干预是必须的。

二、挫折概述

案例分析

求爱信被拒后

戏剧社团的美女小雪，成绩优异，长相漂亮，对自己要求严格，性格积极向上，个性要强。男生小王和小雪是同班同学，担任学院学生会组织部部长，成绩一般，性格活泼开朗，演讲能力与组织能力强，人际关系好。小雪逐渐对小王产生了好感，并萌生了与小王谈恋爱的想法，但一直缺少勇气向小王表达爱慕之情。3个月以后，小雪鼓足了勇气给小王发信息，表示自己想和他交朋友。但收到了小王委婉拒绝恋爱的回复，她难以置信，从来没有想过自己这么出色的一个人会在初次表白时遭到拒绝。小雪觉得自己的大脑一片空白，不知身在何处，独自在校园里游荡了好久才回到宿舍。

夜里，小雪躺在床上睡不着，泪水浸湿了枕头，心中的悔恨与羞辱之心不能平息。从那以后，小雪走起路来都是低着头，不敢正视同班同学，更不敢正眼看小王。上课时，她看着小王的背影，不知道老师在讲什么，听课注意力下降。晚上的自习课，也集中不了精力去完成作业。经常会控制不住自己去关注小王的一切。一个学期下来，小雪像是换了个人一样，沉默寡言，脸色憔悴，学习成绩直线下降，期末考试有5门课不及格，辅导员老师也找她谈话了。

分析：案例中的小雪经历了失恋的打击，一时没有走出来，进而严重影响了学业。小雪表白被拒是挫折情境，她对于挫折的认知是自己这样优秀的人第一次求爱竟然被拒，很伤自尊心。她的挫折反应较强烈，表现为脑子里空荡荡，不知身在何处，感到后悔和羞辱，行为上表现为独自游荡在校园很久才回宿舍，无法入睡，流泪，不敢正视别人，不能投入学习等。挫折带给个人的影响很大。挫折，可以让人一蹶不振，也可以使人更加成熟有力。

（一）挫折的概念

1. 哲学上的解释

哲学上的挫折是主客体之间的对立，是主体对象化和客体异化这两个过程矛盾运动的结果。辩证唯物主义认为，客观世界在于人。当客体世界能为主体所认识和掌握的时候，主体自身的力量得到彰显，人是自由的；当主体无法认识和把握客体时，客体就反过来支配主体，这时，人是不自由的。反映在心理上，就形成压力与挫折。建构主义哲学认为人们的主观世界是由自身在已有的经验之上所建构的，也就是说外部世界能否成为主体的异化力量，很大程度上依赖于主体自身怎么理解和诠释。比如，老师对自己严格要求，你可以把教师的这种要求理解为对自己自由的一种干涉，是自己意志行为中的一种挫折。但是如果你知道这位老师一贯对学生要求严格，并且在生活中很爱护学生，那么，你会将老师的这种行为理解为一种爱，是对自己成长的一种监督和帮助。在我们的大学生活中，主客体矛盾主要表现为现实与理想的矛盾。一方面，大学生希望能够按照自己的意志去成长；另一方面，生活并不是按照我们计划的那样去发展，于是我们就会产生挫折。

2. 心理学上的解释

心理学上的挫折有别于日常生活中的挫折，它不是阻碍、干扰等客观事物本身或情景，而是一种对阻碍不满足的主观感受和体验。这种感受可能表现为紧张、恐惧、焦虑、惆怅，也可能表现为忧伤、沮丧、悲观、绝望。

挫折包含三个因素：第一是挫折情景，它是阻碍需要获得满足的内外障碍等情感状态或情景条件。如考试不及格、交往受挫、失恋、没有评上奖学金、求职不成功等。第二是挫折认知，是个体对挫折情境的认知和评价，它受个体的认知结构影响。影响某个人的挫折情境和事件，对另一个人不一定构成挫折，这是个体感受或者感知的差异。挫折情境能否构成挫折，在很大程度上取决于个体的挫折认知。第三是挫折反应，是个体对挫折情境产生的情绪和行为反应。如困惑、愤怒、焦虑、紧张或者攻击等。

（1）挫折是意志行为。

人们的大多数行为都是一种有目标的意志行为，当这种行为受到阻碍和困难的时候就会产生焦虑、苦恼等消极情绪体验。假设人的某一行为没有目标和意志性的时候，即使遇到阻碍也无法产生挫折。例如，一个学生仅仅是抱着试一试的态度去参加专升本考试，考上与否对他来说无关紧要，即使是失败了也不会产生挫折。

（2）挫折是主体的情绪体验。

人们在遇到挫折之后会产生消极的情绪体验和情感反应，如自信心的丧失感、行为的失败感、自尊心的损伤感等复杂的情绪情感，随之产生焦虑、不安、忧愁等情绪交织在一起的心情。在这种巨大的负性情绪体验下，人们会产生痛苦进而不愿意面对挫折，甚至会采取一些心理防御机制来避免这种痛苦。

（3）挫折是主体的认识。

引起挫折的刺激源是客观存在的，但是对它的认识却是主观因人而异的，同样的刺激对于不同的人会引起不同的反应。如"半杯水的哲学"，同样面对半杯水，悲观者想的是还有半杯就没有了，总是消极等待最后一刻的到来，而阳光和空气最终会将那半杯水蒸发干净。乐观者则认为还有半杯水就满了，他会千方百计地把水加满。这就说明同样的境遇，不同的认识会导致不同的结果。

（二）挫折的种类与反应

关于挫折的种类有很多划分的维度，一般来讲挫折可以分为如下几种。

1. 需要挫折

需要挫折是指由于各种原因而造成行为者的需要无法得到满足时的情绪状态。需要挫折又可以分为需要冲突和需要受挫。需要冲突是指人们有多种需要，在多种需要之间不能很好地进行取舍与选择时导致的内心冲突，如双趋冲突、双避冲突、趋避冲突、多重趋避冲突；需要受挫是指自己的需要因为主客观因素导致的不被满足的体验感。

人们的需要多种多样，美国人本主义心理学家马斯洛把需要划分为七个层次，从低到高分别为生理的需要、安全的需要、归属与爱的需要、尊重的需要、求知的需要、审美的需要、自我实现的需要。马斯洛认为只有低层次的需要完全满足或者部分满足时，人们才会追求更高层次的需要，并且人们在不同阶段对需要的追求是不同的，例如，人们在婴幼儿时期会经常因为饥饿而啼哭，在少年时期因为交朋友而苦恼，在青年期因为理想抱负无法实现而惆怅，在成年期因为子女教育或老人赡养问题而忧心。人们虽然会面临多种需要，但肯定有某种需要占据主导地位，如果这种需要得不到满足就会体验到挫折感。

2. 行为挫折

行为挫折是指行为者在一定的动机支配下，并且有了行为的意向，但是因各种条件的影响，行为无法付诸实现时的情绪状态。人们的任何需要和动机都要通过行动来达到最终的目标，但是在达到目标的过程中，会因为各种各样的阻碍导致行为受挫的情形，如有些大学生喜欢画画，将来的梦想是成为一名画家，但是父母不同意学生的选择并断绝学生的经济来源，使得学生在达到目标的过程中产生挫折体验，这就是行为挫折。

行为挫折产生的原因主要有几种：首先是自然因素的影响，人们在日常生活或者执行任务过程中，往往会因为各种各样的自然因素导致行为受挫，如大学生因为大风大雨天气导致上课迟到。其次是社会因素的影响，如有些大学生因为舍友在宿舍聊天或者打游戏而无法安心学习。最后是自身因素的影响也可能导致行为受挫，如一个大学生想当歌唱家，但是自身嗓音条件不好从而无法实现自己的理想。

3. 目标挫折

目标挫折是指行为者在行为过程中由于遇到无法克服的障碍，不能达到目标时的情绪状态。当需要转化为动机之后，人们会进行活动以便达成目标，但往往人们进行了相应活动之后也没有达成目标，就会产生目标挫折。

目标挫折可以分为两种：一种是人们想要达成的目标是有限的，但是想要达成目标的人数是众多的，比如，大学生在毕业季升本、考研、就业，很多学生都想拥有优异的成绩以便考入一个好的学校，或者能够进入薪酬待遇发展空间都很好的企业工作，但是学校或企业需要的人才是有限的，这就导致有一部分学生付诸了行动最终也没有实现目标，从而产生挫折感；另一种是人们想要的目标有多个，但是由于各种原因只能选择其中一个目标而舍弃其余的目标，从而导致的挫折感，例如，大学生毕业之后是继续升本深造还是去企业就业等，这些目标不可能同时获得，必须要有所取舍。

4. 丧失挫折

丧失挫折是指行为者认为本来就是自己所拥有的东西，但是由于某种原因丧失了，从而感受到的情绪状态。这与前面三种挫折有所区别，上述三种挫折都是人们认为自己应该得到却没有得到导致的挫折感，而丧失挫折是人们认为自己不应丢掉但是却丢掉了，因而受挫，例如，英语成绩非常好的学生因为耳机损坏导致自己没有通过英语四六级考试。

第二节　大学生压力和挫折的产生与特点

进入大学之后，学生会面临一系列的压力和挫折，如学习问题、环境适应问题、人际交往问题等，这些都会对大学生产生困扰，想要很好地应对压力与挫折，我们首先需要了解大学生压力和挫折产生的原因和特点。

一、大学生压力和挫折产生的原因

产生挫折的原因很多，一般分为两类：一是客观外在因素，包括自然环境因素、社会环境因素、家庭环境因素和学校环境因素；二是主观内在因素，包括生理因素、心理因素等。

（一）客观外在因素

客观外在因素是指个体因素以外的环境方面的原因，通常是受个人能力无法克服的自然、社会等外界因素的限制，使个体的需要和目标无法得到满足和实现的事件。

1. 自然环境因素

自然环境因素是指个体不能预料、控制、抗拒及克服的自然灾害，如地震、海啸、泥石流等；以及由于自然环境引起的意外事件，如生老病死、交通事故等。

2. 社会环境因素

社会环境因素是指个体在社会生活中受到的人为因素的限制与阻碍，包括政治、经济、宗教、法律、道德、文化风俗习惯等因素的制约。

3. 家庭环境因素

父母是孩子的第一任老师，家长对孩子的教养方式、所灌输的人格观念、家庭的经济状况以及家庭成员之间的关系都会对学生产生影响。家长溺爱或过分限制、家庭经济的困难、亲子关系的疏远、夫妻关系的紧张甚至破裂，都是当代大学生产生挫折感的部分原因。

4. 学校环境因素

学校教学内容与管理方式的滞后、教育方法的不当、校园文化品位不高、良好设施的缺乏以及教育体制的改革带来的冲击等，都是当代大学生产生挫折感的原因。

案例分析

怎么处理人际关系

某大学的一名女学生，学习成绩在班上名列前茅。但她的性格就是自卑，看不起自己。不敢在公共场所讲话，与他人交流时，尤其是与老师或陌生人交谈时，无法恰当地表达自己的意思。与人交流时总是感觉很尴尬，不知道该怎么办，脸红得很厉害。很羡慕其他同学能在公共场合从容地与人交流。强烈希望改变自己，虽然付出了很大的努力，但是没能看到什么明显的变化，感到很苦恼。从高中到大学，她很少和异性同学交往。别人评价她冷漠、孤傲。再加上从小养成了以自我为中心的习惯，因此，在成长和交往的过程中，朋友越来越少，慢慢导致她脱离了群体，封闭了自己。后来她开始反思自己，责备自己，觉得这一切都是自己的错。随着时间的推移发现自己好像已经没有脾气了。无论和谁发生矛盾，她总会认为是自己的错，然后深深地自责，或者把怨恨埋在心里。她总是觉得很难与周围的同学建立和谐的关系，很担心自己毕业后无法适应社会生活。最近感觉自己一无是处，极度自卑，没有勇气参加任何活动。

1. 分析与诊断

这个女孩遇到的心理问题是社会适应挫折造成的人际关系压力。首先，她直接感受到的心理压力来自不和谐的人际关系，她经历了两种极端的方式，先是过分地以自我为中心，把自我与群体、社会隔离开来，后又过于以他人为中心，凡事都责怪自己，忽视自己。其次，根本原因是她缺乏人际沟通能力，这使她在现实生活中迫切感受到社会适应性压力。再次，从她自身的成长经历中，可以清楚地认识到人际冲突导致的自我孤立是她性格形成的主要原因。因此，她有意识地开放自己，但突兀的开放环境必然会在一段时间内给她带来更大的人际压力，如果她不能恰当地回应或评价自己，很有可能给自己带来某种程度上的心理问题。最后，当面临紧迫的人际压力时，她起初会采取更积极的应对方式，但由于对个性和能力的培养过程缺乏科学认识而过于急功近利，在受挫后，极易滑向消极的应对方式，导致错误的自我评价和心理问题的恶化。

2. 调节对策

（1）学会处理人际关系。大学生思想观念、价值标准、生活习惯等方面存在明显差异，彼此之间难免会发生矛盾。学会宽容和理解他人，主动与他人交往。（2）认识变化，调整心态。需要认识到，大学里的学习方式、生活环境、人际关系、社交活动等与高中时期有所不同。要及时调整心态，以新的视角看待大学。（3）敞开心扉，寻求支持。去找有经验的老师和学长交谈，阅读一些关于大学生的书籍和杂志。（4）直面挫折，迎接挑战。面对生活中不可避免的挫折，我们要勇敢地接受它们。可以报一些演讲口才之类的培训班，系统地学习，并多练习和实践。

（二）主观内在因素

主观内在因素主要是指个体生理、心理认知等因素的阻碍和限制，使人的需求无法实现，成为挫折的来源。

1. 生理因素

生理因素是指个体因为与生俱来的身高、容貌、健康情况、生理缺陷与疾病等个体条件因素引起的挫折。如因近视或者身高等因素，不能入伍当军人；先天性色盲的人很难成为画家；耳聋的人无法从事音乐方面的工作；近视眼的人无法成为飞行员；身材矮小的人很难成为优秀的篮球运动员。同时，在人际交往等社会活动中，可能由于相貌劣势无法在社交场合中潇洒自如，甚至正常交友也受影响，可能带来挫折感。

2. 心理因素

个体心理因素引起的挫折感经常发生。如个体因智力、能力、需要、动机、气质、性格等心理因素的不足或冲突，导致目标无法实现。在心理因素中，个体动机冲突、自我认知偏差以及期望值过高是产生挫折感的重要原因。

一是动机冲突。人的多种需要可能同时产生两个或两个以上的动机，当需要在动机间做出选择又难以取舍时，就会形成动机冲突。

二是自我认知偏差。认知是我们对周围事物的看法或观点，一个人是否有正确健康的认知方式直接关系到他的心理状况。例如，有两个学生，考试都得了80分。一个为自己的成绩而感到高兴，因为他认为自己顺利地通过了这门考试；而另一学生则感到失望痛苦，因为他认为80分未达到优秀水平，对他来说，达不到优秀就意味着拿不到奖学金，也就意味着失败，由此而情绪低落，责备自己。因此，认知偏差会使我们的抗挫能力大大降低。

三是期望值过高。期望水平是指个体对自己所要达到的目标规定的标准。如果一个人自我评价过高，就容易产生当前无法实现的需要和动机，因设定的目标过高且不现实，无论怎样努力都难以达到，于是挫折便产生了。如某大学生认为自己能力很强，立下目标利用四年大学时间自己创办一家高科技公司。他组织同宿舍四名同学按计划实施，结果很快便以失败告终。又如有的学生当初报志愿时报得太高，以至于没被第一志愿录取。

二、大学生压力和挫折的特点

（一）普遍性

从时间维度上来看，人的一生中总会经历各种各样的压力与挫折，压力与挫折存在于人们成长的每一个时期。从空间维度上来看，压力与挫折存在于生活的方方面面，在各个领域人们都会遇到挫折。而大学生的经历和阅历都比较简单，缺乏社会生活的历练，适应能力和调节能力不强，因此每个大学生在校期间也会面临很多的压力与挫折，尤其是在自我成长、人际关系、情感关系等方面。在大学生身上也会存在多种冲突，如自信与自卑、独立与依赖、交往与孤独等，这些都是大学生在大学期间所遇到的问题，因此大学生在成长期间，总会伴随着压力与挫折。

（二）个体性

每一个人都会经历压力与挫折，导致人们产生压力与挫折的事情是客观的，这个没有差异之分，比如，大学生参加英语四六级考试，考试难度是一定的，是客观存在的，但是不同大学生感受到的压力有所不同，说明不同的人面临相同的压力与挫折会有不同的反应。担任班长、参加演讲比赛、出去野餐、主持晚会等类似活动对有些人来说非常愉快且具有挑战性，但是有些人反而感到有压力并且不愿意面对，这说明压力与挫折具有个体性。这也就能理解为何有的人以积极的心态面对挫折会愈战愈勇，而有的人以消极的心态面对挫折则一蹶不振。

（三）正负性

压力与挫折是一把双刃剑，既有积极的一面也有消极的一面。一方面过重的压力会使人情绪紧张、意志消沉、焦虑等，给大学生的学习和生活带来消极的影响；有损人们的身心健康，影响大学生参与活动的积极性，降低效率；另一方面适度的压力对人们的行动具有积极作用，使人们的生活充满动力，锻炼心智，在活动中发挥出良好的状态。挫折虽然会对人造成一定的打击和痛苦，但是它能够锤炼人们的意志，使人们在挫折中吸取经验，提高解决问题的能力，从而更加坚强。

（四）变化性

人们第一次经历一些事情的时候往往会感到压力比较大，比如，第一次上台讲话、第一次当班干部、第一次谈恋爱等，但是随着人们经历的次数增多，就不会再像第一次那样感到压力那么大。压力和挫折不是一成不变的，它随着年龄的增加而不断变化，同样的事情对于以前的你是一种压力，对于现在的你或未来的你不一定是一种压力，压力和挫折只是暂时的，只要我们有坚强的意志和信心，就一定可以战胜它。

有研究表明，大学生在校期间遇到的挫折在不同年级是有区别的，遇到的挫折强度随着入校时间增加而不断地减弱。在大一遇到的挫折主要是适应环境方面；大二遇到的挫折主要是学习问题、人际关系问题、恋爱问题以及自我意识问题；大三、大四遇到的挫折主要是就业问题，例如，社会就业形势严峻，就业市场容量不足，就业期望偏高。

（五）累积性

人们在经历压力和挫折时间较短的情况下，可能会情绪紧张、焦虑等，但是不会那么严重，若长期经受压力与挫折，就会让人感到疲劳、心灰意冷、情绪崩溃。尤其是在学生入校以后，之前遇到的压力和挫折还没缓解又遇到另外的压力与挫折，如此循环往复，虽然每一个压力事件学生都可以面对，但是多个压力事件累积起来就形成巨大的压力，学生难以面对，可能后续的某个微小事件就成了"压垮骆驼的最后一根稻草"。例如，大一新生刚刚离开家，独立性差，生活自理能力差，到了学校以后难以适应大学生活，从而影响了学习，人际关系紧张，这些压力与挫折累积起来，造成了学生巨大的心理困扰，从而产生心理问题。

第三节　压力和挫折对大学生心理的影响

当人们遇到压力和挫折时会产生一系列的反应，包括生理反应和心理反应，这些反应在一定程度上能够激发出人们的潜能，使人们更好地适应周围的环境，但是如果压力和挫折超出人们承受的范围或者人们的反应过于强烈，就会导致生理心理功能紊乱，甚至产生身心疾病。

一、压力引起的身心反应

压力反应是机体为了适应或满足某种新情况而做出的一种反应。有机体针对压力做出相应的反应自古就有。例如，在非洲大草原上一只羚羊正在悠闲地散步，突然一只狮子冲了过来，这时羚羊会迅速做出身心反应，心跳、呼吸加快，肾上腺素、血压、体温升高等，这些反应有助于羚羊逃脱狮子的追捕，等到羚羊逃脱追捕之后反应也就结束了。在现代生活中，人们面临的环境时时刻刻都在变化，经常处在一定的压力之下，也会产生相应的反应。

（一） 生理反应

在压力状态下，有机体会做出不同程度的生理反应，主要表现在中枢神经内分泌系统和免疫系统等方面。比如，会心跳加快、血压升高、心机收缩力增强、呼吸急促、出汗、激素分泌增多等，这些生理反应可以帮助有机体调动身体的潜能，以更好地应对外界的环境。但压力状态下也会引起人体不良的反应，如恶心、肠胃失调、溃疡；肌肉不由自主地抽搐和紧张；感到气闷、消化不良、食欲不振；免疫力下降；全身无力、疲劳，即便休息后也很难恢复；睡眠不好、头疼、疼痛等方面。

（二） 心理反应

压力引起的心理反应既有良性的也有不良的。人们在压力状态下会有更加警觉、注意力更加集中、思维敏捷、情绪唤醒等良性的反应，这些反应有助于人们应对压力。但压力过大会导致消极的心理反应，如烦躁、抑郁、恐惧、迷茫、愤怒、沮丧、消沉、倦怠、易激惹等，这些反应容易使人们自我评价降低、自卑、自信心不足，在压力状态下无所适从。

一般来说，在压力状态下人们的心理反应分为如下三个阶段。

1. 警觉阶段

警觉阶段也可以称为唤醒期或准备期。这个阶段，人们能够发现压力事件并引起警觉，调动身体的能量准备应对，交感神经支配肾上腺分泌肾上腺素来促进人体的新陈代谢、血液循环，释放身体的能量以应对外界压力。在这种状态下，身体处于兴奋状态，呼吸、心跳加快；汗腺分泌加速；血压、体温升高；肌肉紧张等。

2. 搏斗阶段

搏斗阶段又叫战斗期或反抗期。在搏斗阶段，人们会全身心投入战斗以便消除压力，或者适应压力或退却。这时人们会产生一系列的生理、心理和行为特征。表面上生理指标恢复正常，行为平复，实际上还是处于意识控制下的抑制状态；有机体内部的生理心理资源及能量被巨大地消耗；个体会变得敏感脆弱，即便一个很小的刺激都能使有机体产生强烈的反应，如父母的唠叨或妻子的抱怨让精疲力竭的丈夫勃然大怒。

3. 衰竭阶段

衰竭阶段也叫枯竭期或倦怠期。这一阶段精力、体力耗竭，且压力源基本消失或者个体已经适应压力状态，那么这种情况下个体经过一段时间休息仍可以恢复到正常的状态，但是在压力源存在而个体仍然不能适应的情况下，有机体无法应对长期、慢性的高度警觉状态，对于巨大精力体力的支出逐渐不能耐受，一旦到了身心耗竭心力交瘁的情况下，有机体会更容易受到疾病的侵袭，这种情况下很可能发生危险甚至死亡。

（三） 行为反应

人们在压力状态下会产生相应的行为反应，可以分为直接反应与间接反应。直接反应是指直接面临紧张刺激时为了消除刺激源而做出的反应，比如，大学生临近期末考试时通宵达且地背书做练习题；间接反应是指为了减少或暂时消除与压力体验有关的苦恼而做出的反应，如借用烟酒、麻醉品来暂时缓解自己的紧张状态。

二、挫折对大学生心理的影响

大学生在生活中会不断地遇到挫折，挫折对大学生心理的影响具有双重性，既有积极的一面，又有消极的一面，关键是大学生如何去看待挫折。如果大学生拥有正确的挫折观，那么挫折就是成功路上的垫脚石，反之会使大学生一蹶不振。因此，大学生应拥有正确的挫折观，辩证地看待挫折对人们的影响。

（一）积极影响

事实证明，人们成功的过程一定会战胜挫折，挫折能够磨练人们的意志，使人更加坚强、成熟，挫折对大学生有积极的一面，具体表现在以下几个方面。

1. 有利于磨练大学生的性格和意志

人们经过挫折和长期的磨练，会拥有坚强的意志和品格。在现代社会，大多数大学生的成长环境较为舒适，很少经历比较大的挫折或者繁忙的劳动，固然这种环境能够让学生更好地学习，但也减少了大学生所要经历的挫折，也就无法拥有磨练意志的机会，挫折承受力及适应力很难提高，一旦遇到挫折会使大学生感到巨大的压力。如果让大学生适量经受挫折，适度得到历练，那么其挫折承受力肯定会更强，解决问题时会更加清醒、有条理，意志也会更加坚强。

2. 有利于增强情绪反应能力和解决实际问题的能力

大学生在面临挫折时，神经系统兴奋水平会提高，神经中枢受到强烈刺激会使情绪高亢、注意力更加集中，在这种情况下，人们会精神焕发，思维更加敏捷，反应迅速，情绪反应大大提高。并且大学生在面对挫折和解决问题的过程中也能得到历练，吸取经验教训，丰富自己的人生阅历。常言道"吃一堑，长一智"，这句话指的就是人们经历过挫折和困难后，经验智慧会得到增长。

3. 有利于大学生正确地认识自我，提高生活适应能力

许多大学生都会对未来有些不现实的设想，如毕业之后想要找一份待遇好、压力小、离家近的工作，当他们努力去实现这个目标时，不可避免会遇到挫折与困难，这时挫折会让他们更加清醒，更加客观地认识现实，对自己有一个更加合乎实际的评价，这样的经历会增强其适应现实生活的能力。

（二）消极影响

挫折不仅会对大学生产生积极的影响，也会产生消极的影响，消极影响主要有如下几个方面。

1. 降低大学生的学习效率

学习是一种积极的思维活动，学习效率受到很多因素的影响，如个体的智力水平、知识

水平、情绪状态、自信心、意志力、性格等。大学生遇到挫折的时候，可能会自信心降低、心理退缩、自卑、自我效能感下降，情绪状态也会受到很大的影响，出现焦虑、紧张、不安、不满等，从而影响其学习效率。在现实生活中，有很多大学生在遇到失恋、考试失败、失去亲人、父母离异等挫折之后，情绪状态、自信心等受到影响，学习成绩下滑，这就是挫折对大学生消极影响的表现之一。

2. 降低大学生的思维能力与生活能力

大学生在遇到挫折之后，往往会出现消极情绪，如焦虑、不安、紧张、悲伤等，这些情绪如果不能及时地调节，就会影响人体大脑功能的发挥，降低大脑思维活动水平，生活适应能力下降等。有研究表明，人体在消极的情绪状态下，大脑会释放出一种让人身心疲劳的物质，从而影响个体对问题的分析和解决。在消极情绪状态下，这种物质会引起大脑神经元联系精确度的变化，引起主体心理状态的改变，进而影响思维的敏捷性。

3. 促使大学生改变性格与出现行为偏差

当大学生面临重大挫折或者持续时间较久的挫折，自己无法解决又没有及时地做出相应的调整时，就会使自己的一些行为形成固有的习惯模式或个性特征。比如，一位刚刚踏入校园的女大学生对美好的爱情充满憧憬、热情又开朗，但是在经历几次失败的爱情后，会对男生怀有过度的戒心，对待爱情也不再充满憧憬，这种消极态度的变化也会使其个性发生改变，从热情开朗变得深沉世故。一般来说，正在遭受挫折的大学生正处于应激的状态下，情绪易激惹，自我控制能力较差，不能约束自己的行为，不能客观地评价自己的行为及后果，很可能会做出违反社会规范甚至法律的行为。如有些大学生在一起聚餐喝酒，喝醉之后闹事斗殴，甚至走上犯罪的道路。

4. 损害大学生的身心健康

大学生在遭受挫折后，其身心状态会处于紧张、焦虑、不满、压抑、焦躁等消极的状态下，如果这些消极的情绪长期积压在大学生内心之中，得不到释放或者调节，势必会损害大学生的身心健康，甚至可能会诱发精神疾病。例如，一个人由于人际关系紧张导致其长期处于紧张焦虑之中，他的食欲会明显下降，失眠次数明显增多，学习时注意力不够集中，这样下去会严重影响其身心健康。

（案例分析）

贫困生的心理调节

南京某大学的学生小李，因家庭贫困未加入学生组织，而在学生组织中活跃的大部分都是家庭条件相对优越的"富学生"。这是因为加入学生组织可能会增加很多交际，而郊示活动的开展需要有一定的经济基础。因此，对家庭条件较好的学生来说，他们更容易、更喜欢去学生组织交朋结友和开展社交，而贫困一点的学生自然会远离。由于在学校社交范围的宽窄迥异、消费能力上的差别，学生之间的精神状态也显现出很明显的差别。

1. 分析与诊断

部分经济困难的学生过于强调所谓的"自尊"，并将贫困作为别人厚待自己的理由，向他人源源不断地索取着物质、精神上的需要。有的贫困生对别人的帮助产生了依赖，将个人希望全盘寄托于他人身上，致使内心十分敏感脆弱，总会认为自己得到的关心和照顾没有别人多，心理难以平衡，消极情绪随之而生。

下面我们来探讨一下贫困大学生容易出现的几种心理表现。

（1）自卑心理。经济困难的学生由于家庭缺乏甚至没有稳定的来源，经常要为生活费发愁，感到自己低人一等，担心别人瞧不起自己，不能获得平等的尊重。另外，由于成长环境的不允许，没有学习之外的特长，不敢参加集体活动。究其原因，都是自卑心理在作怪。

（2）封闭心理。很多同学担心自己寒酸的外表和拮据的消费让人看不起，便经常独来独往，与周围的人缺乏思想交流和感情沟通。

（3）粉饰心理。由于过分自卑又不愿意让大家知道自己经济上的困难，一部分家庭困难的同学采用各种手法伪装自己，掩饰自己，甚至衣着讲究，出手阔绰，傲气凌人，掩盖自己的真实内心。

（4）嫉妒心理。在物质条件的鲜明对比之下，部分经济困难学生容易产生对现实生活的不满以及对他人的憎恨，出现极端的嫉妒心理。这会给心灵带来极大的痛苦，甚至影响他们的健康成长。

（5）偏执心理。封闭心理使经济困难的同学与其他学生沟通较少，久而久之被集体边缘化，会或多或少产生偏激偏执的心理，如固执、走极端，对社会失望、怀疑等，对学校和老师的教育产生反感并与之对立。

（6）依赖心理。现在国家和社会对困难学生的资助体系已经比较完善，导致个别贫困学生产生了"受助惯性"，缺乏自立自强和主动克服困难的精神。学习和生活上遇到障碍和困难时，不去积极主动解决，而是坐等他人的援助。

2. 调节对策

（1）要正视自己的实际经济条件，不盲目攀比，不怨天尤人，了解国家和社会的扶助政策，自立自强，不辜负父母的期望。

（2）不要因为自己的成绩而否定自己，大学对一个学生的评价标准是多元化的，不再是高中阶段的成绩一元论。要发挥自己的特长，完善自身的不足，使自己成长为心智健康的大学生。

（3）正视自己经济上的不足，怀着一颗感恩的心认识到自己来到大学的主要目的是学习，是要通过自己的努力改变家庭困难的现状，完成父母对自己的期望，为社会发展贡献自己的力量，最终实现自己的人生价值。

第四节　压力管理与挫折应对

大学生处于一个特殊的时期，虽然没有完全地进入社会，但是承担着其特殊使命和社会角色。近年来就业环境日趋激烈，大学生不管是在校期间还是毕业之后都要面对挫折和压力。面对挫折和压力时如果不能正确地调节，将会对自身心理健康造成严重的影响。

一、压力管理

（一）压力应对的策略

1. 正确认识压力

大学生在校期间时时刻刻都会面临压力，只不过不同时间面临的压力有大小之分。大学生面临的压力按其程度可以划分为轻度压力、中度压力及高度压力。大学生在轻度压力的状态下会感觉比较舒服、放松、平静，但如果长时间处于轻度压力状态之下，可能会变得懒散、毫无斗志；大学生在中度的压力状态之下会觉得比较舒适，较之平时也会更加有活力，积极地参与活动；如果大学生在高度的压力状态之下，会产生焦虑、紧张等消极情绪，从而不能发挥出正常的功能，甚至产生心理疾病。

虽然过度的压力会对大学生心理健康造成严重的危害，但是不能没有压力，俗话说得好"人无压力轻飘飘"，当一个人长期没有压力，也会带来心理和生理问题。压力是人们生活的一部分，有时人们为了磨练自己还会给自己创造压力。甚至一些人一定要感受到压力时才能更好地完成任务，如法国伟大的文学家巴尔扎克只有在债台高筑时才会文思泉涌。

现代社会生活节奏明显加快，每个人也随着时代的发展变得越发忙碌，压力缺乏仿佛已经成为过去。人们为了完成每年不断增高的目标，不断地学习，每天忙碌地工作，并且要处理复杂的人际关系，从某种程度上来说，过度的压力已经成为时代的特征。

实际上人们所感受到的压力大小与时间并非有着绝对的关系，关键要看个体如何看待压力事件。压力是个体对压力事件主观评估的结果，并不由事件决定。因此大学生对压力要有正确的认识，充分估计压力事件所造成的后果。现在的社会充满竞争，大学生随时随地都会面临压力，需要对未来出现的压力做好心理准备。

2. 做个压力日志，评鉴压力

不同的人会因为不同的事件而感受到压力，大学生想要充分地评鉴压力、解决压力，应当知道自己的生活中哪些压力能够处理，哪些压力很难处理，这就需要对自己的压力源有充分的了解。寻找压力源的最好方法就是做好压力日志，通过压力日志来记录自己所面临的压力种类及大小，并且还要记录自己感受压力的过程，如怎么感受到压力、何时感受到压力、哪个事件感受到压力等。

通常情况下人们会很明显地感受到自己所面临的压力，但有时候很难感受到，因为人们忙碌地工作学习，压力可能通过其他方式表现出来。压力的表现主要体现在四个方面：首先是精神症状方面的表现，如记忆力突然变差，注意力不集中，大脑空白，甚至大脑混乱等；其次是情感方面的表现，如愤怒、焦急、失望、抑郁、害怕、沮丧、罪恶感、羞耻、暴躁、悲观、无力、怨恨、坐立不安、急躁等；再次是身体症状方面的表现，比如会出现胸口疼、感冒、头疼、心跳加快、肌肉酸痛、身心疲惫、恶心、流汗等；最后就是行为方面的表现，如抽烟、喝酒、打架、摔东西、哭泣、喊叫等。

3. 压力是可以控制的

有学者对压力与外界刺激的关系进行了研究，发现他们之间存在着有趣的联系，即便在没有外界刺激的状态下，人们也会感觉到压力，同理，外界刺激也有可能不产生压力。

压力与外界刺激的关系并不是不可分割的。假设一个人相信地球是平的，那么当他看到一艘船驶向地平线的时候会感觉到担忧，担忧船上的人在地球边上会掉下去，也就是说想象中的事件也能产生压力。压力与个体的感知也有密切的联系，从不同的角度看待事情也许会有不一样的感受，从而改变对压力的感知。比如，面对同样半瓶水，一种看法是"太好了，还有半瓶水"；另一种看法是"唉，就剩半瓶水了"，两种感知会使人体有不一样的感受。

当人们处于某种环境时，人体的技能和观念决定如何对待从环境中感受到的压力。技能可以改进，观念可以改变，环境也能改变，因此可以说大学生能够"控制压力"。

案例分析

退学的危机

男生小帅，满怀憧憬地进入某双一流大学，在学习一年后，发现自己在众多科目上的表现并不尽如人意，那些曾经让他心潮澎湃、充满热情的学习瞬间变得索然无味。随着时间的推移和成绩的一次次打击，他逐渐失去了对学习的那份热爱和坚持。面对学业上的困境，小帅开始沉溺于虚拟世界的网络游戏中，那里的刺激与挑战似乎成了他逃避现实压力的避风港。游戏中的胜利与成就给了他短暂的满足感，但与此同时，课程学分的缺口也越来越大，最终导致他无法达到学校规定的最低修读要求。现在的小帅正站在人生的十字路口，面临退学的危机，这不仅意味着他将失去宝贵的大学时光，还可能影响到他未来的职业生涯。

1. 分析与诊断

该男生属于典型的大学新生学习不适应案例。大学生的学习目的、学习内容、学习方式与中学生不同。因此，在适应大学学习环境的过程中，可能会出现诸如动机、兴趣、方法等各种问题。此外，角色、身份的转变是每个大学生都要面对的。多数大学生在进入重点大学前都是当地学校的尖子生，自我感觉良好。但进入大学后，身边的同学也都是来自全国各地的优秀学生，原来的优越感不复存在。如果不能正确接受和对待这一现实，而采取逃避或否认等防御方式，就会导致心理健康问题。

2. 调节对策

（1）掌握正确的学习方法。大学的学习方式和中学有很大不同，很多时间需要自己安排。大学的学习需要化被动为主动。

（2）充分利用学校资源。一些大学生认为，掌握老师在课堂上讲的内容就足够了。事实上，还应该充分利用校园里的宝贵资源，如图书馆、教授讲堂、学科带头人等，并很好地整合所学的知识。

（3）入学后，要制定清晰的目标，经常问自己"我来大学干什么？""我将来想成为什么样的人？""在现在的环境下，我能成为什么样的人？"等问题，有利于角色定位，适应新环境。

（二）压力应对的具体方法

1. 目标分解法

将自己所面临的所有压力全部罗列出来，然后对压力进行逐一分析，制定好计划，对各个压力进行"逐个击破"；或者对某一较大的压力进行分解，将其分解为若干个较小的目标，然后逐一去实现，以达到最终将其化解的程度。这里面重要的是制定目标，包括大目标和小目标、长期目标和短期目标等，在执行目标的过程中不断地调整自己，检查进度，最终达到总目标以化解压力。

2. 多与老师同学交流

离开家乡步入大学校园，大学生日常生活中经常接触的是身边的同学、老师、朋友。当遇到压力时，多与周围的同学交流，找老师谈心，向对方请教解决问题或者化解压力的方法。当自己遇到问题，心情郁闷难以缓解时，可以找老师和同学诉说一下，这是宣泄压力的一种方式，也是寻找问题解决的一种有效途径。

3. 学会丢包袱

大学生在日常生活中面临许多的问题与压力，这些问题会消耗我们的时间与精力，使我们没有充足的时间去完成重要的任务，这样就会感受到巨大的压力。因此，我们可以对遇到的问题进行分析，哪个对我们最重要，哪个次重要甚至不重要，然后进行取舍，放弃次重要或者不重要的问题，集中精力先解决最重要的问题，为自己争取更多的时间。

4. 放松训练

放松是指身体或者精神由紧张状态转向松弛状态的过程。当个体面临压力时，会感到紧张、焦虑等，这时进行全身心的放松显得尤为重要。常见的放松方法有听音乐、散步、游泳等，还可以学习专门的放松技术来应对压力，如全身放松、渐进放松、想象放松、静坐放松、呼吸放松、肌肉控制放松等，通过放松训练可以调节生理心理活动，降低机体唤醒水平，增强适应能力。

5. 劳逸结合

人们在巨大的压力之后会感到疲劳、紧张、活动效率下降、焦急等，此时可以进行适度的休息，放空自己，不仅可以缓解疲劳，还可以放松紧张的心情，减少内心的压力。

6. 降低标准

一些人感觉自己的压力大，并不是因为目标很难实现，而是对自己的要求太高、太苛刻，不管做什么事情都追求完美将会给自己造成巨大的压力。至善至美是不现实的，不要想着任何一件事情都做得毫无瑕疵，适当放低标准，善待自己，缓解自己的压力，放松自己的心情。

7. 远离虚荣

在日常生活中，有些人工作忙忙碌碌，天天加班，拼命赚钱，仅仅为了买名牌衣服、化妆品，以此来满足自己的虚荣心，这种情况也会给人们造成压力。比如，大学校园里面，有些学生家庭经济状况比较差，但是因为虚荣心不顾自己的现实状况，去购买奢侈品，甚至为此去网贷、裸贷，最终酿成严重的后果。金钱、地位这些无足轻重的东西却往往被某些人看作最重要的，要学会享受生活，远离虚荣心。

8. 运动减压

经常运动可以有效减轻人们面临的压力。一方面运动可以锻炼人们的体魄，增强体质，使人们精力更加充沛，从而应对压力的能力更强；另一方面经常运动使人们处在压力情境中的时间变少，通过运动也可以使大脑放松休息，对遇到的问题进行反思，寻求解决问题的策略。当然，体育运动应当以娱乐和休闲为主，过量运动不仅不能减轻压力，反而会成为新的压力源。

二、挫折应对

（一）挫折反应

大学生在遭遇挫折后会产生一系列的反应，反应可能是积极的，也可能是消极的。反应的性质除了与挫折自身有关，更重要的是与大学生对待挫折的观念有关。有些大学生能够采取积极的态度面对挫折，如升华、幽默等，而有的大学生会做出消极的反应，如攻击、逃避等。

1. 积极的行为反应

（1）认同。

认同是指把别人具有的使自己感到羡慕的品质强加到自己身上，使自己的失意与不满得到一定程度减轻的行为反应。认同常常表现为向他人学习，模仿他人的良好品质，获得他人成功的经验，以便使自己适应社会环境。例如，向成功的人学习，有助于大学生增长自己的才干，但是如果为了掩饰自己内心的自卑而去盲目地模仿别人则不利于大学生的成长与发展。

（2）升华。

升华即用一种比较崇高的具有创造性和建设性的目标代替，借以弥补因受挫而丧失的自尊与自信，进而减轻痛苦的行为反应。升华是将自己的受挫感转化为前进上升的动力以宣泄自身的消极情绪，释放自己原始的动机冲突，同时还能够创造个人价值与社会价值，升华是最积极的反应方式。例如，司马迁遭宫刑之后写出《史记》这一千古巨著，屈原被放逐之后作出《离骚》这一千古名篇，贝多芬遭遇众多厄难而没有向命运屈服，创作出《命运交响曲》这一伟大的作品，这些都是升华的典型表现。

（3）补偿。

补偿是指个人在实现某一目标的过程中遭遇挫折后，转向另一个更适合自己的目标并取得成功的行为方式。"失之桑榆，收之东隅"就是补偿的典型表现，例如，有的大学生因为自己内心的自卑或者生理缺陷，转而在专业学习上努力钻研或者在某一领域中取得优异成绩，以此来取得心理上的平衡。

合理运用补偿可以增强个人自信心，维护自尊感，但是过分运用补偿则会产生不良影响，例如，某性格柔弱的男生为了证明自己是男子汉，满口脏话，抽烟酗酒甚至打架，这便是过分运用补偿的例子。因此大学生在运用补偿的时候应该选择正面积极的目标。

（4）幽默。

幽默是指当一个人处境困难或陷入尴尬境地时，以自嘲和调侃来化解内心焦虑和不安的一种行为反应。幽默是比较高尚的反应方式，不是每一个人都能够做到的，它需要个人具有积极的生活态度，灵活的应变能力，才能够在不同的场合使用幽默来化解尴尬，例如，有人被嘲笑个子矮，便说："浓缩的都是精华。"

2. 消极的行为反应

（1）攻击。

攻击分为直接攻击和转向攻击。直接攻击是指把愤怒发泄到使之受挫的人或物上，多以动作、表情、语言、文字等方式表现出来，如侮辱、破口大骂、动手打架等；转向攻击是指由于种种原因不能直接攻击使之受挫的对象而发生的变相攻击，一般以寻求"替罪羊"的形式出现，如摔东西、向别人发泄怨气等，当然，转向攻击的目标也可能是自己，如某女生因遭男友分手，内心痛苦便割腕自残。

（2）退行。

退行也称倒退或退化，是指个体遭受挫折后表现出来的一种与年龄、身份不相称的幼稚行为。一般来说，人格会随着时间的推移发展得更加成熟，其对于挫折也会采取成熟的方式应对，假如一个成人在面对挫折时采取幼稚的方式来应对，就是退行现象，如撒泼打滚、哭闹、撒娇等。

（3）固执。

固执是指个体遭遇挫折后，不去分析失败的原因和总结经验教训，而是采取刻板的方式盲目重复这种无效的行为。这种状态的大学生往往表现为麻木、重复错误行为、无动于衷等。例如，有的大学生越是被指责，越是我行我素，故意重复先前错误的行为，这种表现就是固执的反应方式。

（4）逃避。

逃避是指个体遭受挫折后，不敢面对挫折和正视现实，放弃了原有目标以逃避现实的行为反应。例如，沉迷于网络游戏的大学生因不去上课，导致好几门专业考试不及格，不仅不去想办法补救，还对此熟视无睹，当作什么都没有发生，继续沉迷游戏。逃避固然可以减轻自身的心理压力，但没有从根本上解决问题，对于自身的成长发展是不利的。

（5）压抑。

压抑是指把不能被意识所接受的念头、情感和行动在不知不觉中排除于活动或意识之外，压抑到潜意识之中。压抑是心理防御机制中最基本的方式。当一个人的某种观念、情感或者冲动不能被意识所接受时，就会被压抑到潜意识当中，这样人们就"意识"不到了，也就不会产生痛苦、焦虑、紧张，这种反应方式本质上是一种主动遗忘。当然，它只是表面上遗忘了，实质上还存在于人们的潜意识当中，在某些时刻还会影响人们的行为，以至于在日常生活中我们会做出一些自己都觉得可笑的事情，例如，口误、笔误、偶尔的失态行为、做梦等，这些都是压抑的表现。

（6）否认。

否认与压抑相似，但是有所不同，压抑是将自己所不能接受的痛苦、观念等"遗忘"

了，压抑到潜意识当中了，而否认是自己能够意识到但是对其"否定"，从而来逃避自己面临的痛苦。例如，突然得知亲人去世，否定这个事实来躲避这件事情带来的痛苦。"掩耳盗铃""眼不见为净"都是否认的典型表现。

（7）合理化。

合理化也叫文饰，它是指个体在遭受挫折时，为了缓解紧张情绪，从而给自己找一个在他人看来主观的理由的一种心理反应，起着自我欺骗和自我麻痹的作用。关于合理化比较典型的例子就是"吃不到葡萄说葡萄酸"，即自己得不到的东西就是不好的，以此来减少心中的痛苦和冲突。大学生在日常生活中也会经常使用合理化来应对自己遇到的挫折，比如，考试成绩不好就说考试不重要，向自己心爱的女生表白被拒就说女生不可爱等。适当运用合理化能够有效地减少内心冲突，但是过度使用会造成自欺欺人的现象。

（8）投射。

投射是指个体将自己不喜欢或不能承受但又是自己具有的冲动、动机、态度和行为转移到他人或周围的事物上，认为他人或周围事物也有这样的动机和行为，从而掩盖自己那些不受欢迎的特征，以减轻自己内心不安和紧张的一种心理反应。"以小心之心，度君子之腹"就是投射的典型表现。

苏轼与佛印有一个非常著名的故事。苏轼非常喜欢谈佛论道，和佛印禅师关系很好。有一天他登门拜访佛印，问道："你看我是什么？"佛印说："我看你是一尊佛。"苏轼闻之飘飘然，佛印又问苏轼："你看我是什么？"苏轼想难为一下佛印，就说道："我看你是一坨屎。"佛印听后默然不语（也许是气得说不出话）。于是苏轼很得意地跑回家见到苏小妹，向她吹嘘自己今天如何一句话噎住了佛印禅师。苏小妹听了直摇头，说道："哥哥，你的境界太低，佛印心中有佛，看万物都是佛。你心中有屎，所以看别人也就都是一坨屎。"这个故事反应的就是投射的典型表现。

（9）反向。

反向是指个人某些很强的动机或欲望如果与社会规范相悖，不愿表现出来，就会采取自我压抑的态度，将其压抑到潜意识中去，但在表面上常常表现出一种同内部动机或欲望相反的态度或行为。如"此地无银三百两""口蜜腹剑"，内心自卑但是却表现得高傲自大等。

（二）大学生挫折应对

1. 树立科学的挫折观

挫折就像一把双刃剑，对人们既有积极的一面也有消极的一面，但是最关键的还是人们如何看待它，就像法国作家巴尔扎克说的那样，"挫折就像一块石头，对弱者来说是绊脚石，让你却步不前；而对强者来说却是垫脚石，使你站得更高"。正确的挫折观有利于人们成长和发展，因为每经历一次挫折，人们就会得到相应的经验和教训，获得一次成长的机会，从而增强自身的挫折承受力。因此，拥有科学的挫折观是战胜挫折的前提。

2. 对挫折进行正确归因

心理学家韦纳认为，人们在对行为成败进行归因时有三个维度六个因素，三个维度分别是内部归因与外部归因、稳定性归因与非稳定性归因、可控归因与不可控归因。六个因素分别是能力、努力、工作难度、运气、身心状态和外界环境。如果大学生将失败归因为自己能力差，由于能力为内部、相对稳定、不可控制的因素，就会担心自己以后会继续失败，甚至次数多了之后会形成"习得性无助"的现象；而如果将失败归因为努力，由于努力属于内部、不稳定、可以控制的因素，人们就会继续努力以寻求下次的成功。因此大学生在对自己遭遇的挫折后果进行归因时，应该冷静分析，正确地归因，这样才能战胜挫折，增强挫折承受力。

（三）正确评价自我，调整自身抱负水平

很多大学生在遭遇挫折后焦虑、不安、紧张甚至一蹶不振，是因为没有正确地评价自己，自身的抱负水平太高导致的。如果对自己的能力水平评估太高，大学生对自己所制定的目标也就会不切实际，就会因很难达成目标从而体会到挫折感；但是如果对自身的能力评估过低，就会容易自卑，没有自信心，在面对挫折的时候缺乏战胜它的勇气，从而惧怕困难。因此，大学生应该正确地分析自身的长处和不足，对自身有一个正确客观的评价，根据自己的能力确立合适的目标，调整与自己能力相适的抱负水平。

（四）加强实践，提升能力

很多大学生在面临挫折时会感到紧张、焦虑、自信心不足等，很大一部分原因是其挫折承受力差导致的。通过各种形式的实践让大学生在校园中体会挫折，战胜挫折，这将有效地提升其挫折承受力，如军训、勤工俭学、寒暑假训练、素质拓展等。通过这些实践可以让大学生直面挫折，战胜挫折，提升挫折承受力，增强适应能力，锻炼坚强的意志，帮助自身更快地成长和发展。

（五）积极寻求社会支持

大学生在面对挫折时往往会更加敏感和脆弱，这个时候更加需要朋友、家人的关心与支持。因此，在别人遇到挫折的时候给予其关心和关爱，使他人感到温暖，当自己遇到挫折时寻求他人的支持和帮助也是一种非常重要的能力。提升挫折承受力的一个重要方法就是建立和谐的人际关系，在必要的时候获得家人、朋友、同学、同事等的帮助和爱护能够有效地帮助其应对挫折。有心理学家研究发现，一个人与他人一起面对挫折比自己独立面对挫折时心中的消极情绪体验会更低。因此，大学生在面临挫折的时候，除了提升自己的挫折承受力、锻炼坚强的意志之外，还应建立和谐的人际关系，积极寻求社会支持，这对于内心压力的缓解有很大帮助，也是提升挫折应对能力的重要途径。

心理测试

我的压力指数

你的压力有多少？程度如何？请回想最近这一个月（或一直持续）以来，是否有以下情形（请将符合的项目圈起来）。

1. 比以前更觉得容易头晕、脑袋昏沉。

2. 眼睛比以前更容易疲劳、视力模糊。

3. 有时会鼻塞，有时鼻子感觉不舒服。

4. 时常感觉站起来时会头晕，而且还会瞬间头晕眼花，站不稳。

5. 有时会耳鸣，但以前并没有此情形。

6. 火气大（口腔溃疡、长痘）的情形比以前更容易发生。

7. 经常感觉喉咙痛或干涩。

8. 常感冒，而且不容易好，感觉抵抗力变差了。

9. 舌头经常长白色舌苔，但以前并不会。

10. 以前喜欢吃的东西，现在并不觉得那么想吃，对食物的喜好逐渐改变。

11. 觉得胃里的食物没有被消化，常觉得胃不舒服。

12. 肚子发胀、疼痛及比以前更常出现腹泻便秘交替的情形。

13. 肩、颈、背部和腰部常感到疼痛或僵硬。

14. 比以前更容易疲劳，而且疲劳好像不太能消除。

15. 体重下降，有时会没有食欲，或反之，无食欲性地暴饮暴食。

16. 稍微做点事就立刻感到疲惫或情绪烦躁。

17. 有时早上起床时仍觉得精神差，好像没睡好。

18. 觉得身体生病了，却检查不出原因。

19. 对工作提不起精神，注意力也无法集中。

20. 跟以前比起来，夜里难以入睡。

21. 常常做梦，但以前并不会。

22. 半夜常会醒过来，然后就不容易睡着了。

23. 常会突然觉得喘不过气来，好像缺氧快死了一样。

24. 有时会有心悸的症状，以前并不会。

25. 有时觉得胸口好像被勒紧般疼痛或闷闷的。

26. 容易为一点小事就生气，觉得烦躁不安。

27. 容易迁怒到跟自己亲近的亲友身上。

28. 手脚常觉得冰冷，以前不太会有这种情形。

29. 容易流汗，尤其是手掌及腋下。

30. 大家觉得好笑的事，自己却觉得笑不出来。

31. 不太想与人接触，觉得麻烦，情愿一个人待在家，但以前并不会。

心理测试评分标准：每题 1 分。

0～5 分：平常的你应该很快乐哦！不仅感觉很自在、舒服，也不会有困扰自己的想法，身体状况维持得还不错。想必你是个知道如何调适自己压力的人，恭喜你！

6～10 分：建议改变心情，维持正常的生活作息。最近在生活上有些令你感到有压力的事情哦！虽然是小事情，不过好像有一点让你感受到情绪紧张哦！不过没什么太大的关系，现代的人有轻度的焦虑是很正常的现象。你只要多关心一下自己的身体和你在意的事情，想想有什么方法可以解决问题，或找朋友谈谈你的状况，相信可以慢慢让自己感觉舒服。

11～18 分：最近是不是生活上有些令你感到有压力的事情，让你感到有点喘不过气来？那种压力，虽然还不是很严重，可似乎已经影响了你现在的生活，建议你可以找朋友聊聊天，或者是找时间去户外走走，或做些会让自己放松和快乐的事情。总之，适当地照顾自己，疏解一下自己的生活压力是很重要的。这样，压力才不会更严重地影响你，让你身心受到更大的煎熬。

19～23 分：现在的你，可能会觉得全身都不太对劲，感觉很紧绷。而这样的状况，假如只出现在最近这几天还好，假如已经持续好几个月了，那么也许你可以到咨询中心与老师谈谈，或看一些自助的书籍！通过这些，你可以重新舒服、自在地过生活。

24～31 分：最近的你，可能会觉得心情非常烦躁，常常心跳很快，注意力不能集中也有可能觉得睡眠很不安稳，难以入睡，或容易感到口干舌燥、疲劳、不安。如果上述的情况多次发生在你身上，那么你真的非常需要找医生帮你缓解焦虑的状态，吃些药也许可以缓解生理上的不舒适。同时，若你能与咨询中心的老师谈一谈，通过与他们的谈话和帮助，你将不会觉得无助。

生活压力事件表

表 11-1 是世界著名的压力事件程度排名，最初是由美国学者霍尔姆斯和雷赫在 1967 年研制的。压力事件程度排名表是根据生活事件或生活中的变故专门用来测定其相应的心理压力程度的。该表列有 39 种不同的生活事件或生活经历，并配合相应的分值；范围从失去亲人等不幸事件，到结婚和迁居等幸运事件；程度从最高的 100 分值到最低的 11 分值。在长期的研究中，心理学家们发现，一个人在该表中的分数，可以表示其所承受的心理压力的程度。同时，这种心理压力的程度，与其健康状况、身体的发病率，有着密切的联系。

选出你在近一年内经历的压力事件，并且计算出最后的压力总分。

表 11-1　压力事件程度排名

压力事件	分值	压力事件	分值
配偶死亡	100 分	儿子或者女儿离开家	29 分
离婚	73 分	与亲家发生矛盾	29 分
分居	65 分	显著的个人成就	29 分
判刑	63 分	配偶停止工作	28 分
亲密家庭成员的死亡	63 分	开始上学或者结束学业	26 分
受伤或者生病	53 分	生活条件改变	26 分
结婚	50 分	个人习惯改变	25 分
失业	47 分	与老板发生矛盾	24 分
结婚和解	45 分	工作时间和条件改变	23 分
退休	45 分	居住地点改变	20 分
家庭成员的健康变化	44 分	学校改变	20 分

续表

压力事件	分值	压力事件	分值
性障碍	40 分	娱乐方式改变	20 分
新增家庭成员	39 分	社会活动改变	18 分
商业调整	39 分	一年纯收入的抵押或贷款	17 分
经济状况发生变化	39 分	睡眠习惯变化	16 分
好友死亡	38 分	家庭成员团聚的次数发生变化	15 分
换工作	37 分	饮食习惯改变	15 分
与配偶的争吵越来越多	36 分	假期	13 分
超过两年纯收入的抵押	35 分	春节	12 分
丧失抵押品或贷款的赎回权	31 分	轻微违法	11 分
工作职责改变	30 分		

算算你的压力总分吧，如果你的分数在：

150~190 分，那么你一年内的压力处于低水平，生活中你需要适当的刺激和改变。

200~299 分，压力处于适当水平。

超过 300 分，你的压力过大，急需缓解压力。

挫折心理测试

指导语：心理学上所说的挫折，是指人们为实现预定目标采取行动而受到阻碍且不能克服时，所产生的一种紧张心理和情绪反应。请在每道题的答案中选择 A、B、C 任一项。

1. 在过去的一年中，你自认为遭受挫折的次数（　　　）。

A. 0~2 次　　B. 3~4 次　　C. 5 次以上

2. 你每次遇到挫折（　　　）。

A. 大部分都能自己解决

B. 有一部分能解决

C. 大部分解决不了

3. 你对自己才华和能力的自信程度（　　　）。

A. 十分自信

B. 比较自信

C. 不太自信

4. 你对问题经常采用的方法是（　　　）。

A. 知难而进

B. 找人帮助

C. 放弃目标

5. 有非常令人担心的事时，你会（　　　）。

A. 无法工作

B. 工作照样不误

C. 介于 A、B 之间

6. 碰到讨厌的对手时，你会（   ）。

A. 无法应付

B. 应付自如

C. 介于 A、B 之间

7. 面临失败时，你会（   ）。

A. 破罐破摔

B. 使失败转化为成功

C. 介于 A、B 之间

8. 工作进展不快时，你会（   ）。

A. 焦躁万分

B. 冷静地想办法

C. 介于 A、B 之间

9. 碰到难题时，你会（   ）。

A. 失去自信

B. 为解决问题而动脑筋

C. 介于 A、B 之间

10. 工作中感到疲劳时，你会（   ）。

A. 总是想着疲劳，脑子不好使了

B. 休息一段时间，就忘了疲劳

C. 介于 A、B 之间

11. 工作条件恶劣时，你会（   ）。

A. 无法工作

B. 能克服困难干好工作

C. 介于 A、B 之间

12. 产生自卑感时，你（   ）。

A. 不想再工作

B. 立即振奋精神去工作

C. 介于 A、B 之间

13. 上级给了你很难完成的任务时，你会（   ）。

A. 顶回去了事

B. 千方百计干好

C. 介于 A、B 之间

14. 困难落到自己头上时，你会（   ）。

A. 厌恶之极

B. 认为是个锻炼

C. 介于 A、B 之间

评估说明：

1～4题，选择A、B、C分别得2、1、0分。5～14题，选择A、B、C分别得0、2、1分。19分以上：说明你的抗挫折能力很强。9～18分：说明你虽有一定的抗挫折能力，但对某些挫折的抵抗力薄弱。8分以下：说明你的抗挫折能力很弱。

挫折承受力测验

指导语：这是一个有关挫折承受力的测试，共有30道题目。请根据自己的实际情况认真回答下面的问题。答案没有对错之分，只需要做出"是"或"否"的回答，并记录自己的答案。做完测试后，你可以根据自己的回答，对照测试题后的评分办法，了解自己的挫折承受力水平。

1. 你认为自己是个弱者吗？

2. 你是否喜欢冒险和刺激？

3. 你生活在使你感到快乐和温暖的班级吗？

4. 如果现在就去睡，你是否担心自己会睡不着？

5. 生病时你依旧乐观吗？

6. 你是否认为家人需要你？

7. 晚睡两个小时会使你第二天明显精神不振吗？

8. 看完惊悚片的很长一段时间内，你一直会觉得心有余悸吗？

9. 你常常觉得生活很累吗？

10. 你是否有一些无话不说的知心朋友？

11. 当考试成绩不理想时，你会感到非常沮丧吗？

12. 你认为自己健壮吗？

13. 当你与某个同学或同事闹意见后，你一直无法消除相处时的尴尬吗？

14. 大部分时间，你对未来充满信心吗？

15. 你有一个关心、爱护你的家吗？

16. 当你在课堂上回答不出问题时，你在课后还会久久地感到烦恼吗？

17. 每到一个新地方，你是否常常会出现问题？如吃不下饭、睡不着觉、拉肚子、头晕等。

18. 即使在困难时，你还是相信困难终将过去吗？

19. 你存在明显偏食吗？

20. 当你与父母发生不愉快时，你是否曾想过离家出走？

21. 你是否每周至少进行一次所喜欢的体育活动，如登山、打球、游泳等？

22. 你觉得自己有些神经衰弱吗？

23. 你认为你的老师喜欢你吗？

24. 心情不愉快时，你的饭量和平时差不多吗？

25. 看到苍蝇、蟑螂等小昆虫，你会感到害怕吗？

26. 你相信自己能够战胜任何挫折吗？

27. 你是否常常和同学交流看法？

28. 你常常因为想心事而躺在床上久久不能入睡吗？

29. 在人多的场合或者在陌生人面前说话，你是否感到窘迫？

30. 你是否认为，自己受到的挫折和别人相比，根本算不了什么？

分数解释：

根据你的回答，对照下面的标准计分。

2、3、5、6、10、12、14、15、18、21、23、24、26、27、30 这 15 题，回答"是"计 1 分，回答"否"，计 0 分；其余 15 题，回答"是"，计 0 分，回答"否"，计 1 分。各题分数相加，统计总分。

如果你的总分在 0~9 分，说明你的心理承受能力差，在遇到困难时容易灰心，经常有挫折感。

如果你的总分在 10~20 分，说明你的心理承受能力一般，通常能够轻松承受一些小的压力，但遇到大的打击时，还是容易产生心理危机。

如果你的总分在 21~30 分，说明你的心理承受能力强，可以在各种艰难困苦面前保持旺盛的斗志。

如果你的心理承受能力差，或者一般，那么就非常需要学习一些提高自己心理承受能力的方法，以便自己在未来的学习和生活中能够更好地应对挫折。但这并不是说心理承受能力好就不需要提升自己的心理承受能力了。

知识链接

女大学生就业压力太大闭经半年

小美今年 24 岁，她是北京一所著名大学的大四学生，最近半年一直在努力学习，忙着写毕业论文，还去了上海、广州等地的招聘会找工作。半年前，小美发现自己月经不调，然后月经都不来了。因为她没有感到任何身体上的其他不适，也没有在意。后来，小美的家人得知情况后，感到很不对劲，立即带她去医院中医科就诊。经过连续两个月的中药调理，服用了一些补肝肾、补气血的汤药，月经很快恢复正常。

据医生介绍，最近已经收治了好几例这样的患者，大多数是 20 岁左右的年轻女性，工作、学习压力过大导致出现闭经症状，如果长期不治疗，可能导致不孕。据专家称，女性月经与神经系统和内分泌系统有着密切的联系，如果是处在激烈竞争中的女性或是需处理复杂人际关系的女性，大脑神经系统长期处于高度紧张状态，情绪的波动极易影响到神经系统和内分泌系统的正常工作，心理因素导致女性闭经，这在现在的上班族中最为常见。专家建议，女性应注意保持好自己的心态，避免情绪出现较大波动，积极调整，使月经周期正常。

心理压力的 10 种无声信号

现代生活充满压力，要想活得轻松，就必须解压。要想有效减压，就必须了解压力。美国《预防》杂志载文刊出美国拉什大学医学中心行为科学部主任斯泰万·E·霍博佛尔博士总结出的心理压力的"10 种无声信号"。

1. 周末头痛，华盛顿大学头痛研究中心主任托德·施韦特博士表示，从高压力状态下突然放松会诱发偏头痛。周末保持平时的睡眠和饮食模式，有助于最小化头痛诱因。

2. 痛经，哈佛大学研究发现，压力太大的女性发生痛经的危险是一般女性的两倍，健身有助于缓解痛经和压力。

3. 口腔疼痛，美国牙科协会消费顾问马修·米斯纳博士表示，口腔上颚部疼痛可能是夜间磨牙所致，而压力会加重磨牙症状，可试戴保护牙套。

4. 怪梦，压力过大会导致睡眠中多次惊醒，干扰"好梦"后还可能出现不愉快的怪梦，睡前应避免咖啡因及酒精，以保证充足的优质睡眠。

5. 牙龈出血，巴西的研究人员发现，压力大的人罹患牙周病的危险更大，经常锻炼和充足的睡眠有助于解压，也有助于保护牙齿。

6. 突然出现痤疮，维克森林大学皮肤病学教授吉尔·尤斯帕维奇表示，压力会增加患痤疮炎症的概率，可用水杨酸清洗创面，并抹上不致粉刺的保湿霜，如果经几周治疗仍无效，则应看医生。

7. 偏爱甜食，比利亚大学研究人员发现，与雌激素相比，压力更可能是女性偏爱巧克力等甜食的诱因。

8. 皮肤瘙痒，日本一项涉及 2 000 多人的研究发现，身体长期瘙痒者比正常人发生压力过大的概率高两倍，焦虑紧张也会加剧皮炎、湿疹和牛皮癣等症状。

9. 过敏加重，美国俄亥俄州立大学医学院的试验发现，过敏患者焦虑后，其症状会更多更严重。

10. 肚子痛，除了头痛、背痛和失眠之外，焦虑和压力也会导致肚子疼，一项涉及 1 953 名男女参试者的研究发现，压力水平最高的人比放松的人发生肚子痛的概率高 3 倍。

放松技术

放松技术有很多种，利用放松技术可以使人从紧张、抑郁、焦虑等不良情绪中解脱出来。它们都是比较有效的，关键是要掌握要领，勤于练习。

1. 想象放松法。

当你遇到紧张和烦恼时，适当使用想象放松法会使你得到一定的帮助。效果的大小因人而异，主要取决于是否真能掌握要领。要领主要有两个：一是在整个放松过程中要始终保持深慢而均匀的呼吸；二是要真能体验到随着想象有股暖流在身体内运动。显然，要想掌握好这两条要领必须要经过多次的练习和反复认真的体会。在放松时，最好是在安静的环境中，仰卧在床上，将四肢伸展放平使其有舒适的感觉，同时闭上眼睛，并配合深慢而均匀的呼吸。

2. 肌肉放松法。

找到一个舒服的姿势，使你处于轻松、不紧张的状态，可以靠在沙发上，也可以躺在床上。环境要保持安静，光线不要太亮，尽量减少其他无关的刺激。放松的顺序：手臂部＋头部＋躯干部＋腿部。

（1）手臂部的放松。伸出右手，握紧拳，紧伸右前臂；伸出左手，握紧拳，紧伸左前臂；双臂伸直，两手同时握紧拳，紧伸手和臂部。（2）头部放松。皱起前额部肌肉，像老人的额部那样皱起；皱起眉头；皱起鼻子和脸颊（可咬紧牙关，使嘴角尽量向两边咧，鼓起两腮，仿佛在极痛苦状态下使劲一样）。（3）躯干部位的放松。耸起双肩，紧伸肩部肌肉；挺起胸部，紧伸胸部肌肉；拱起背部，紧伸背部肌肉；屏住呼吸，紧伸腹部肌肉。（4）腿部的放松。伸出右腿，右脚向前用力蹬，像在蹬一堵墙，紧伸右腿；伸出左腿，左脚向前用力蹬，像在蹬一堵墙，紧伸左腿。

放松的方法：国外有研究者把每一部分肌肉放松的训练过程总结为五个步骤，即集中注意—肌肉紧张—保持紧张—解除紧张—肌肉松弛。

3. 深呼吸放松法。

站定后，双肩自然下垂，两眼微闭，然后做缓慢的深呼吸。深深地吸气，慢慢地呼，一般持续数分钟便可达到放松的目的（见图 11-1）。

腹式呼吸法

吸~ 腹部鼓起来

吐~ 腹部凹进去

图 11-1 深呼吸放松法

4. 从平凡的生活中寻找快乐。

法国雕塑艺术家奥古斯特·罗丹说过："在我们的生活中，不是缺少美，而是缺少发现美的眼睛。"普通人过的是平凡的生活，所接触的事物是普通的事物，因此，只有善于从平凡和普通之中寻找快乐，才能找到不竭的快乐之源。在每天所经历的事情中，的确会有许多看起来不起眼的小事，若能细细品味就会发现令人快乐的因子早已蕴含其中。人的不良情绪有些确实是因为生活中的不利境遇所引起的，但也有些不良情绪是由于人们对事情的真实情况缺乏了解或认识有偏差而盲目地生长起来的。同一事物，由于出发点和认识的不同，心情就不同。若从积极的角度理性地分析问题，就能获得愉快体验。

课堂活动

材料对比——失落的花季

1. 一个 14 岁的少年由于学习问题与父母发生矛盾，以跳楼的方式结束了生命。
2. 沉溺于打电子游戏的 16 岁学生王某，因偷钱被家人教育后在家中卫生间割腕自杀身亡。
3. 一名高考生因估分不理想自杀，但实际分数超过本科线 33 分。

问题与思考：

1. 看完上述材料，展开讨论：请说说你在成长过程中所遇到的挫折有哪些。
2. 当这些挫折出现的时候你是如何看待的？

逆境突围

在表 11 - 2 个人挫折总结中写出近一年来遇到的对自己影响最大的 3 次挫折，并标明当时的反应方式，然后按反应强度和持续时间的长短排序，客观分析这些反应方式在应对挫折时的积极和消极影响，探讨个人应对挫折的最佳方式。

表 11 - 2　个人挫折总结

挫折事件	应对方式	积极影响	消极影响	替代方式

心理探索

你遇到过挫折吗？回忆你印象最深刻的一次挫折经历，给你一些提示线索。

时间：

挫折经过：

挫折之后的感受：

挫折后做了些什么：

对挫折原因的自我分析：

你觉得这次挫折给你的生活带来什么改变：

用一句话概括你对挫折的认识：

心理游戏

活动体验：晋级游戏（鸡蛋—小鸡—母鸡—人）。

活动要求：所有成员蹲在地上，扮装鸡蛋，然后一对一，采用猜拳的方式进行 PK，决出胜负，胜者晋升一级，即为小鸡，做半蹲状，并与其他胜者进行猜拳 PK，争取下一次晋升；负者仍为鸡蛋，继续寻找其他负者进行猜拳 PK 争取晋升机会。以此类推：小鸡与小鸡 PK 的胜者即晋升为母鸡，可以站立，母鸡与母鸡 PK 的胜利者便晋升为人，可以回到自己的座位。如此进行，直至绝大部分成员都成功晋升为人为止。请大家相互分享游戏体验。

推荐影片

《肖申克的救赎》

影片简介：《肖申克的救赎》（*The Shawshank Redemption*）是由弗兰克·达拉邦特执导，蒂姆·罗宾斯、摩根·弗里曼等主演的影片。该片改编自斯蒂芬·金《四季奇谭》中收录的同名小说，该片的主题是"希望"，全片通过监狱这一强制剥夺自由、高度强调纪律的特殊背景来展现作为个体的人对"时间流逝、环境改造"的恐惧。影片的结局有基督山伯爵式的复仇宣泄。这部影片在 IMDb（互联网电影资料库）中被 160 多万会员选为 250 部佳片中第一名，并入选美国电影学会 20 世纪百大电影清单。

《当幸福来敲门》

影片简介：《当幸福来敲门》是由加布里尔·穆奇诺执导，威尔·史密斯、贾登·史密斯、桑迪·牛顿等主演的美国电影。影片取材于真实故事，主角是美国黑人投资专家克里斯·加德纳。影片讲述了一位濒临破产、老婆离家的落魄业务员如何刻苦耐劳地善尽单亲责任，奋发向上成为股市交易员，最后成为知名的金融投资家的励志故事。影片获得 2007 年奥斯卡金像奖最佳男主角提名。

观看感受：

思考与练习

1. 什么是压力？如何理解挫折？

2. 大学生压力和挫折产生的原因有哪些？大学生压力和挫折的特点有哪些？

3. 压力一般引起哪些反应？什么是挫折承受力？挫折对大学生心理的影响有哪些？

4. 大学生应该怎样应对挫折？